À BEIRA DO ABISMO FINANCEIRO

Preencha a **ficha de cadastro** no final deste livro
e receba gratuitamente informações
sobre os lançamentos e as promoções da Elsevier.

Consulte também nosso catálogo
completo, últimos lançamentos
e serviços exclusivos no site
www.elsevier.com.br

HENRY M. PAULSON, Jr.

À BEIRA
DO ABISMO
FINANCEIRO

A corrida para salvar a economia global do colapso

Tradução
Afonso Celso da Cunha Serra
*Professor de Especialização
em Tradução, PUC-Rio, CCE*

ELSEVIER

CAMPUS

Do original: *On the Brink*
Tradução autorizada do idioma inglês da edição publicada por Business Plus
Copyright © 2009, by Henry M. Paulson, Jr.

© 2010, Elsevier Editora Ltda.

Todos os direitos reservados e protegidos pela Lei nº 9.610, de 19/02/1998.

Nenhuma parte deste livro, sem autorização prévia por escrito da editora, poderá ser reproduzida ou transmitida sejam quais forem os meios empregados: eletrônicos, mecânicos, fotográficos, gravação ou quaisquer outros.

Copidesque: Ana Cristina Assis Serra
Revisão: Jayme Teotônio Borges Luiz e Roberta Borges
Editoração Eletrônica: Estúdio Castellani

Elsevier Editora Ltda.
Conhecimento sem Fronteiras
Rua Sete de Setembro, 111 – 16º andar
20050-006 – Centro – Rio de Janeiro – RJ – Brasil

Rua Quintana, 753 – 8º andar
04569-011 – Brooklin – São Paulo – SP – Brasil

Serviço de Atendimento ao Cliente
0800-0265340
sac@elsevier.com.br

ISBN 978-85-352-3656-9
Edição original: ISBN 978-0-446-56193-8

Nota: Muito zelo e técnica foram empregados na edição desta obra. No entanto, podem ocorrer erros de digitação, impressão ou dúvida conceitual. Em qualquer das hipóteses, solicitamos a comunicação ao nosso Serviço de Atendimento ao Cliente, para que possamos esclarecer ou encaminhar a questão.
 Nem a editora nem o autor assumem qualquer responsabilidade por eventuais danos ou perdas a pessoas ou bens, originados do uso desta publicação.

CIP-Brasil. Catalogação-na-fonte
Sindicato Nacional dos Editores de Livros, RJ

P357b   Paulson, Henry M.
 À beira do abismo financeiro : a corrida para salvar a economia global do colapso / Henry M. Paulson ; tradução Afonso Celso da Cunha Costa. - Rio de Janeiro : Elsevier, 2010.

 Tradução de: On the brink
 Inclui bibliografia
 ISBN 978-85-352-3656-9

 1. Crise econômica. 2. Crises financeiras. 3. Finanças internacionais. I. Título.

10-1471.   CDD: 338.542
                                                   CDU: 338.1244

Para Wendy

Prefácio à edição brasileira

A crise vista por dentro

O conhecimento avança com erros e acertos e o confronto da teoria e da pesquisa com os fatos empíricos da vida real.

À beira do abismo financeiro, de Henry Paulson, é um relato impressionante, pois descreve as premissas que levaram à crise e as ações que a mitigaram, do ponto de vista do então secretário do Tesouro. Paulson faz uma descrição detalhada dos fatos cuja análise pode trazer lições importantes para a política econômica. Mesmo para quem discordar das decisões tomadas pelos agentes envolvidos, esta obra traz uma inegável contribuição histórica.

Ao longo dos anos, os Estados Unidos haviam adotado um conjunto de políticas que levaram à expansão desequilibrada do crédito, com a assunção, pelas instituições financeiras e pelos investidores, de riscos acima dos padrões aceitáveis.

A política monetária acomodatícia por longo período, a regulamentação prudencial permissiva, a inexistência de uma agência responsável pela estabilidade financeira e as contínuas medidas de estímulo ao financiamento imobiliário residencial criaram condições para a emergência dos problemas.

Alguns aspectos dessa crise foram amplamente discutidos pela mídia e em trabalhos acadêmicos. O principal deles foi a ausência de regulamentação mais rigorosa das normas de assunção de risco por parte das instituições financeiras, a falta de transparência dos riscos repassados aos investidores e os elevados níveis de alavancagem das instituições financeiras sistemicamente importantes.

Existe, ainda, outro fator decisivo para a criação das condições financeiras indutoras da crise: as distorções criadas nos mercados pelos incentivos governamentais ao financiamento imobiliário por meio das agências apoiadas pelo governo americano – Freddie Mac e Fannie Mae. O aspecto mais relevante eram as garantias implícitas do Tesouro americano aos títulos emitidos por essas duas agências, que, por serem informais, não faziam parte das contas públicas.

Parecia o melhor dos dois mundos: o governo poderia, por meio da garantia implícita, permitir que as duas agências assumissem riscos crescentes – incentivando a emissão dos títulos que exerceram papel relevante na expansão desequilibrada do crédito imobiliário americano –, sem, no entanto, assumir formalmente o risco dos papéis, não registrados no orçamento e na dívida pública.

Quando a realidade prevaleceu, o governo americano defrontou-se com um dilema dramático: ou honrava essa garantia e assumia o passivo – o que foi efetivado com a aprovação do Congresso americano – ou, não o fazendo, deixaria essas agências entrarem em colapso, levando à ruptura o sistema financeiro norte-americano.

Nesse último caso, as consequências seriam devastadoras para a economia, precipitando uma crise bem mais grave do que a ocorrida, o que provavelmente deixaria saudades nos sobreviventes de 1929. O pior foi evitado, com a decisão de assumir o passivo das duas agências e com a sequência de ações de combate à crise, mas o custo será pago pela sociedade norte-americana nos próximos anos, pelo aumento da dívida pública.

As lições tiradas da crise são, de um lado, a necessidade do funcionamento de mercados equilibrados – bem regulados, com políticas de análise e de limites de risco adequadas e com responsabilidades definidas – e de regras de transparência e de responsabilização para a securitização de títulos; e de outro, a urgência de evitar políticas de estímulo oficial que gerem distorções nos mercados e aumento descontrolado do risco moral.

A falência do Lehman Brothers também oferece, na narrativa do ex-secretário do Tesouro americano, lições valiosas, entre elas a necessidade de uma agência – ou de agências – responsável pela estabilidade do sistema financeiro. Essas entidades devem ter poderes e recursos definidos, para atuarem na prevenção e na resolução de crises sistêmicas.

A melhor compreensão do processo exige entender como a crise atingiu o Brasil apesar do sistema financeiro brasileiro já contar com regras prudenciais rigorosas e estar em condições de solvência e liquidez muito além do recomendado pelo Comitê da Basileia. A crise atingiu o país depois da falência do Lehman Brothers pelo canal de crédito externo. O colapso do sistema pós-Lehman, bem descrito neste livro, levou à paralisação quase total das linhas de empréstimos no Brasil, onde cerca de 20% do crédito provinha de financiamento externo, por intermédio dos bancos brasileiros ou diretamente das empresas brasileiras que tomavam empréstimos ou emitiam títulos no exterior.

A taxa de rolagem dos empréstimos externos vincendos até agosto/setembro de 2008 situava-se ao redor de 130% dos vencimentos. Em outubro, ela caiu para 22%, o que causou graves consequências. Em primeiro lugar, houve queda brutal da oferta de crédito interno, que, por sua vez, gerou uma série de outros efeitos em cadeia: grandes corporações passaram a tomar recursos em reais no sistema financeiro doméstico para pagar empréstimos externos; muitas instituições financeiras concentraram recursos para atender à demanda desses grandes clientes; esse comportamento gerou a crise de liquidez nos mercados interbancários, o que, por sua vez, levou as instituições a procurarem fazer caixa e a elevar seus níveis de liquidez.

Nesse ponto, a crise nos mercados interbancários ocasionou um aprofundamento da escassez de crédito para setores específicos da economia. Exemplo disso foi o financiamento de bens duráveis, em particular, o de veículos. A falta de crédito provocou a queda pronunciada das vendas desses bens no último trimestre de 2008, o que conduziu à redução da produção e à progressiva diminuição dos estoques, com reflexos em toda a cadeia produtiva. O passo seguinte foi a queda de confiança dos empresários, dos banqueiros, dos consumidores e dos investidores, o que fez com que a crise atingisse o Brasil de uma forma que, no primeiro momento, parecia devastadora.

Adicionalmente, os movimentos de capitais internacionais com reflexos sobre o mercado brasileiro, combinados com a compra de moeda estrangeira pelas instituições que pagavam seus empréstimos externos, geraram um fluxo de saída sem precedentes, provocando uma acentuada depreciação do real. Foi o gatilho para o acionamento de contratos dos chamados derivativos exóticos assinados pelas empresas que apostaram que o caminho do dólar em relação ao real era apenas o de queda.

Muitos acreditaram no discurso fácil de que, "com os maiores juros do mundo", o dólar apenas cairia frente à moeda brasileira, e não levaram a sério o alerta de que diversas causas influenciavam a taxa de câmbio: a aversão ao risco internacional, o fluxo de capitais, os preços das *commodities* e, no médio prazo, a evolução das contas correntes. Esta conjugação negativa de fatores e a consequente depreciação do real geraram desdobramentos na liquidez dos mercados futuros.

A diferença no grau de comprometimento final das economias americana e brasileira foi resultante do trabalho de estabilização da nossa economia nos últimos anos. O Brasil contava, felizmente, com reservas internacionais acima de US$200 bilhões e depósitos compulsórios no BC acima de R$260 bilhões; o Tesouro Nacional era – como ainda é – credor líquido em moeda estrangeira. Além do mais, o sistema financeiro brasileiro apresentava, entre outros fatores, índices de capitalização substancialmente superiores aos padrões internacionais, situação até hoje preservada. A qualidade de crédito no sistema financeiro também era adequada, em função das regras prudenciais adotadas pelo Banco Central.

O diagnóstico correto dos canais de transmissão da crise e a existência de recursos permitiram que o Banco Central agisse rapidamente, usando as reservas para "substituir" o sistema financeiro internacional.

Foram disponibilizados empréstimos em dólar para bancos e empresas brasileiras honrarem as suas obrigações no exterior e as suas necessidades à frente. O BC vendeu dólares no mercado à vista para fazer frente aos movimentos de capitais e anunciou uma intervenção de até US$50 bilhões nos mercados futuros. A liquidez em reais foi normalizada por meio da liberação de R$100 bilhões dos compulsórios, sendo R$42 bilhões direcionados para o mercado interbancário. O objetivo principal era atender às necessidades dos bancos que captavam recursos no mercado bancário de atacado.

Essa combinação de ações promoveu o restabelecimento da funcionalidade dos mercados e do crédito. Retrospectivamente, é possível verificar que foi um processo relativamente rápido. Com isso, os estímulos fiscal e monetário aplicados posteriormente tiveram sua eficácia muito ampliada pelo satisfatório funcionamento dos mercados.

Em muitos outros países, a disfuncionalidade dos mercados demandou estímulos fiscais várias vezes superior aos brasileiros, medidos como percentagem do PIB, com resultados muito inferiores. Em mercados disfuncionais, as políticas monetária e fiscal perdem tração, fazendo com que o custo fiscal seja extremamente elevado. No Brasil, a restauração da funcionalidade dos mercados permitiu a eficácia dos estímulos fiscal, monetário e creditício. Como resultado, o país enfrentou uma das recessões mais curtas entre todos os países afetados pela crise e teve recuperação rápida e vigorosa, como hoje mostram nossos indicadores econômicos. Anteriormente, crises menores haviam causado impacto devastador no Brasil.

Em resumo, quanto maior o entendimento sobre as causas e os efeitos da crise, os erros e acertos no seu combate e na sua reversão, assim como os custos incorridos nesse processo, menores as possibilidades de repeti-la. Daí o valor dessa obra, publicada quando o mundo ainda se recupera do abalo financeiro e econômico. O livro enfatiza também a dimensão do desastre econômico adicional que foi evitado.

A descrição detalhada de Henry Paulson permite avanços não apenas no conhecimento econômico, mas também do amadurecimento institucional, da administração pública, do processo de tomada de decisão, e, finalmente, detecta algumas das limitações a que muitas vezes estão submetidos os gestores públicos. Por outro lado, ilustra bem a necessidade do uso responsável dos poderes legais, bem como a necessidade dos controles institucionais e dos mecanismos de prestação de contas à sociedade.

É uma leitura instigante, na visão de quem estava no centro da crise.

Aproveite, portanto, o livro.

Henrique de Campos Meirelles

AGRADECIMENTOS

Escrever este livro exigiu não só que eu vivesse a crise financeira em tempo real, na primeira vez, mas também que eu a revivesse em retrospectiva na minha memória. Em ambas as ocasiões recebi a colaboração de minha equipe no Departamento do Tesouro e do staff da Casa Branca. Todos dedicaram muito tempo em me ajudar a lembrar e a reconstruir os acontecimentos que se sucederam à velocidade da luz. Nem sempre tive anotações ou documentos em que me basear, mas contei com muitas e muitas horas de ajuda de Dan Jester, David Nason, Michele Davis, Kevin Fromer, Neel Kashkari, Bob Hoyt, Phill Swagel, David McCormick, Dan Price, Steve Shafran, Joel Kaplan, Josh Bolten, Jim Lambright, Jim Wilkinson, Ken Wilson, Bob Steel, Taiya Smith, Karthik Ramanathan, Jeremiah Norton, Keith Hennessey e Christal West. Minha chefe de gabinete, Lindsay Valdeon, que trabalhava 24 horas por dia, organizando nossas iniciativas e contribuindo com seu discernimento, merece elogios especiais. Estendo meus agradecimentos a meu ex-chefe, o presidente George Bush, por seu apoio a esse projeto.

Sinto-me muito feliz por ter tido como colaborador, Michael Carroll, ex-editor da *Institutional Investor*, cujos conhecimentos em finanças e a experiência em produção de textos me ajudaram a tornar a narrativa mais interessante. Sua disciplina, profundidade e talento foram inestimáveis. Ele montou uma equipe muito capaz e dedicada, composta de Deborah

McClellan, Ruth Hamel, Katherine Ryder e Will Blythe, que trabalharam horas sem fim para concluir este livro.

Sou grato a meu advogado, Robert Barnett, da Williams & Connolly, e a meu valioso editor, Rick Wolff, pelas orientações oportunas e exatas, pelo apoio constante e pelo estímulo indispensável ao longo de todo o projeto. Meus agradecimentos também à equipe da Business Plus, abrangendo Dorothea Halliday, Mark Steven Long, Tracy Martin, Harvey-Jane Kowal, Bob Castillo, Tom Whatley, Ellen Rosenblatt, Barbara Brown, Jimmy Franco, Rob Nissen, Deborah Wiseman, Susan Benson Gutentag, Lynn von Hassel e Stephen Callahan.

FactSet Research Syhstems Inc. e Credit Market Analysis Ltd. nos prestaram serviços de pesquisa de mercado. A ajuda de Monica Boyer e de David Wray sempre foi bem-vinda.

Agradeço a Jessica Einhorn, reitora da Paul H. Nitze School of Advanced International Studies, da Johns Hopkins University, por levar-me a essa grande instituição, que se beneficia com sua vigorosa liderança. Também sou grato pelo apoio que recebi dos alunos da SAIS e de Seth Colby, em pesquisas e análises.

E à minha esposa, Wendy, em especial, manifesto minha gratidão pela força que me transmitiu durante todo o meu mandato como secretário do Tesouro e por suportar o que se revelou um projeto exaustivo, de oito meses de dedicação exclusiva – a elaboração deste livro.

Sobre o autor

Henry M. Paulson, Jr. serviu como 74º secretário do Tesouro dos Estados Unidos, durante a presidência de George W. Bush, de julho de 2006 a janeiro de 2009. Nessa condição, foi o principal assessor do presidente em ampla variedade de questões econômicas nacionais e internacionais.

Antes de ingressar no Departamento do Tesouro, Paulson fez carreira de 32 anos no Goldman Sachs, inclusive como chairman e CEO, depois da oferta pública inicial de ações da empresa, em 1999. Paulson participa de numerosas iniciativas conservacionistas e ambientalistas, tendo servido como chairman do Peregrine Fund, presidente do Conselho de Administração do Nature Conservancy e co-chairman do Asia-Pacific Council.

Antes de entrar no Goldman Sachs, Paulson foi membro do Domestic Council da Casa Branca, atuando como membro do staff do secretário de Defesa Adjunto, no Pentágono, de 1970 a 1972

Paulson formou-se por Dartmouth, em 1968, onde se especializou em inglês e foi membro da Phi Beta Kappa. Também foi jogador de futebol americano. Graduou-se em MBA por Harvard, em 1970.

Nota do Autor

O ritmo dos acontecimentos durante a crise financeira de 2008 foi realmente de tirar o fôlego. Neste livro, fiz o melhor possível para descrever minhas iniciativas e ideias que impulsionaram o desenrolar dos acontecimentos e para transmitir a velocidade vertiginosa com que evoluía a situação ao nosso redor.

Acredito que a parte mais importante dessa história é a maneira como Ben Bernanke, Tim Geithner e eu trabalhamos como equipe em meio à pior crise financeira desde a Grande Depressão. Não pode haver muitos outros exemplos de líderes econômicos, responsáveis pela gestão de grave crise, que tenham atuado com tanta confiança e integração uns com os outros. Nossa parceria se revelou inestimável fator de vantagem durante um período extremamente difícil. Porém, ao mesmo tempo, essa é a minha história, e, por mais que eu tenha tentado refletir as contribuições de todos os personagens da trama, trata-se, aqui, basicamente de meu trabalho e do desempenho de minha talentosa e dedicada equipe no Departamento do Tesouro dos Estados Unidos.

Fui aquinhoado com boa memória, razão por que quase nunca precisava tomar notas. Não uso e-mails. Poucas vezes levo papéis para reuniões. Não raro percebia a exasperação de meu pessoal no Tesouro por praticamente não recorrer a relatórios. Boa parte de meu trabalho era executado por telefone, mas não há registro oficial de muitos dos telefonemas. Minha lista de telefonemas contém inexatidões e omissões. Para escrever este livro, baseei-me nas recordações de muitas das pessoas que estiveram comigo ao longo dos acontecimentos. No entanto, considerando o alto nível de estresse que predominava naquela época e em face da extraordinária diversidade de problemas que equilibrávamos no ar, como malabaristas, num mesmo dia, muitas vezes numa única hora, estou certo de que não nos lembramos de muitos detalhes.

Sou franco e autêntico por natureza; como tal, tentei expor a verdade sem restrições e omissões. Apresento os fatos como os percebo.

Em Washington, em geral, não se atribui o devido valor aos líderes do Legislativo e do Executivo, pela ética e pelo talento que aplicam em situações difíceis. Este livro, contudo, tem muitos heróis.

Também tentei redigir essa história de maneira a torná-la facilmente compreensível para leitores com diferentes graus de expertise financeira. Isto dito, não tenho dúvidas de que este relato está demasiado simplista em alguns pontos e demasiado complexo em outros. Ao longo de toda a narrativa, cito mudanças nos preços das ações e nas taxas dos swaps de crédito (credit default swaps – CDS), não porque esses números importassem em si mesmos, mas, sim, porque eles eram a maneira mais eficaz de captar a precipitação da desconfiança e a exacerbação do sentimento de crise nos mercados financeiros e na economia, durante aquele período.

Depois do empreendimento que este livro representou para mim, desenvolvi enorme respeito por quem quer que já tenha escrito um livro. Mesmo com a ajuda de outras pessoas, constatei que o processo é dos mais desafiadores.

Não há dúvida de que aqueles foram tempos extraordinários e tumultuosos. Eis a minha história.

Elenco
(Em ordem alfabética)

CONGRESSO DOS ESTADOS UNIDOS

BARNEY FRANK: deputado democrata, Massachusetts, presidente da Comissão de Serviços Financeiros da Câmara dos Deputados
CHARLES SCHUMER: senador democrata, Nova York, vice-chairman da Conferência Democrata do Senado
CHRISTOPHER DODD: senador democrata, Connecticut, presidente da Comissão de Bancos, Habitação e Assuntos Urbanos do Senado
HARRY REID: senador democrata, Nevada, líder da maioria no Senado
HILLARY RODHAM CLINTON: senadora democrata, Nova York.
JIM BUNNING: senador republicano, Kentucky, membro da Comissão de Bancos, Habitação e Assuntos Urbanos do Senado
JOHN BOEHNER: deputado republicano, Ohio, líder da minoria na Câmara dos Deputados
JUDD GREGG: senador republicano, New Hampshire, membro da Comissão de Orçamentos do Senado
LINDSEY GRAHAM: senador republicano, Carolina do Sul, co-chairman da campanha nacional do senador John McCain à presidência
MAX BAUCUS: senador democrata, Montana, presidente da Comissão de Finanças do Senado
MITCH MCCONNELL: senador republicano, líder da minoria no Senado

Nancy Pelosi: deputada democrata, Califórnia, presidente da Câmara dos Deputados
Rahm Emanuel: deputado democrata, Illinois, presidente do Cáucus Democrata da Câmara dos Deputados, posteriormente nomeado chefe do gabinete civil do presidente eleito Barack Obama
Richard Shelby: senador republicano, Alabama, membro da Comissão de Bancos, Habitação e Assuntos Urbanos do Senado
Roy Blunt: deputado republicano, Missouri, controlador do processo decisório formal do partido na Câmara dos Deputados
Spencer Bachus: deputado republicano, Alabama, membro da Comissão de Serviços Financeiros da Câmara dos Representantes

LÍDERES DO MERCADO FINANCEIRO E SEUS ASSESSORES

Alan Schwartz: CEO do Bear Stearns
Daniel Mudd: presidente e CEO da Fannie Mae
Edward Herlihy: co-chairman do comitê executivo da Wachtell, Lipton, Rosen & Katz
Edward Liddy: chairman e CEO da AIG
H. Rodgin Cohen: chairman da Sullivan & Cromwell
Herbert (Bart) McDade III: presidente do Lehman Brothers
Herbert Allison, Jr.: chairman e CEO da TIAA-CREF; depois presidente e CEO da Fannie Mae
J. Christopher Flowers: CEO da J. C. Flowers & Company
James Dimon: chairman e CEO do JPMorgan Chase
Jeffrey Immelt: chairman e CEO da General Electric
John Mack: chairman e CEO do Morgan Stanley
John Thain: chairman e CEO do Merrill Lynch
Josef Ackermann: presidente do Conselho de Administração e CEO do Deutsche Bank
Kenneth Lewis: chairman e CEO do Bank of America
Lawrence Summers: ex-secretário do Tesouro; nomeado diretor do Conselho Econômico Nacional pelo presidente eleito Barack Obama
Lloyd Blankfein: chairman e CEO do Goldman Sachs
Mervyn Davies: chairman do Standard Chartered Bank
Richard Fuld: chairman e CEO do Lehman Brothers

Richard Kovacevich: chairman do Wells Fargo
Richard Syron: chairman e CEO da Freddie Mac
Robert Kelly: chairman e CEO do Bank of New York Mellon
Robert Rubin: ex-secretário do Tesouro; diretor e conselheiro sênior do Citigroup
Robert Scully: vice-chairman do Morgan Stanley
Robert Willumstad: CEO da AIG
Vikram Pandit: CEO do Citigroup
Warren Buffett: chairman e CEO da Berkshire Hathway.

REGULADORES FINANCEIROS

Ben Bernanke: chairman do Federal Reserve Board
Callum McCarthy: chairman da Financial Services Authority (Reino Unido)
Christopher Cox: chairman da SEC (Securities and Exchange Commission)
Donald Kohn: vice-chairman do Federal Reserve Board
James Lockhart: diretor da Federal Housing Finance Agency
John Dugan: comptroller of the currency (órgão do Departamento do Tesouro responsável pelo controle da moeda e regulação dos bancos nacionais)
Kevin Warsh: governador do Federal Reserve Board
Sheila Bair: presidente da Federal Deposit Insurance Corporation
Timothy Geithner: presidente do Federal Reserve Bank de Nova York, nomeado posteriormente secretário do Tesouro pelo presidente eleito Barack Obama

LÍDERES INTERNACIONAIS

Alexei Kudrin: ministro das Finanças da Rússia
Alistair Darling: ministro da Fazenda do Reino Unido
Angela Merkel: chanceler da Alemanha
Christine Lagarde: ministro das Finanças da França
Hu Jintao: presidente da República Popular da China

JEAN-CLAUDE TRICHET: presidente do Banco Central Europeu
MERVYN KING: governador do Banco da Inglaterra
NICOLAS SARKOZY: presidente da França
VLADIMIR PUTIN: primeiro-ministro da Rússia
WANG QISHAN: vice-premier do Conselho de Estado da República Popular da China
WU YI: vice-premier do Conselho de Estado da República Popular da China
ZHOU XIAOCHUAN: presidente do Banco Central da República Popular da China

CANDIDATOS PRESIDENCIAIS
E SEUS COLEGAS DE CHAPA

BARACK OBAMA: senador democrata, candidato a presidente pelo Partido Democrata; depois eleito 44º presidente dos Estados Unidos
JOHN MCCAIN: senador republicano, Arizona, candidato a presidente pelo Partido Republicano
JOSEPH BIDEN, JR.: senador democrata, Delaware, candidato a vice-presidente pelo Partido Democrata; depois eleito 47º vice-presidente dos Estados Unidos
SARAH PALIN: governadora republicana, Alasca, candidata a vice-presidente pelo Partido Republicano

DEPARTAMENTO DO TESOURO

ANTHONY RYAN: secretário adjunto para mercados financeiros
CLAY LOWERY: subsecretário em exercício para assuntos internacionais
DAN JESTER: prestador de serviços
DAVID MCCORMICK: subsecretário para assuntos internacionais
DAVID NASON: secretário adjunto para instituições financeiras
JAMES LAMBRIGHT: diretor de investimento do TARP (Troubled Assets Relief Program - Programa de Recuperação de Ativos Problemáticos)
JEB MASON: vice-secretário adjunto para assuntos de negócios

Jeremiah Norton: vice-secretário assistente para políticas referentes a instituições financeiras
Karthik Ramanathan: diretor do Escritório de Gestão de Dívidas
Kendrick Wilson: prestador de serviços
Kevin Fromer: secretária adjunta para assuntos legislativos
Michele Davis: secretária adjunta para assuntos públicos e diretora de planejamento político
Neel Kashkari: secretário adjunto para economia internacional e desenvolvimento; secretário adjunto interino para estabilidade financeira
Phillip Swagel: secretário adjunto de política econômica James Wilkinson: chefe de gabinete
Robert Hoyt: advogado geral (general counsel)
Robert Steel: subsecretário para finanças internas; depois, presidente e CEO do Wachovia
Steven Shafran: assessor sênior do secretário do Tesouro

CASA BRANCA

Daniel Meyer: assistente do presidente para assuntos legislativos
Edward Gillespie: conselheiro do presidente
Edward Lazear: chairman do Conselho de Assessores Econômicos
George W. Bush: 43º presidente dos Estados Unidos
Joel Kaplan: subchefe da Casa Civil para políticas públicas
Joshua Bolten: chefe da Casa Civil
Keith Hennessey: assistente do presidente para política econômica; depois diretor do Conselho Econômico Nacional
Richard Cheney: 46º vice-presidente dos Estados Unidos
Stephen Hadley: assessor de segurança nacional

Capítulo 1

Quinta-feira, 4 de setembro de 2008

"Eles sabem o que está acontecendo, Hank?", perguntou-me o presidente Bush.

"Senhor presidente", respondi, "estamos agindo com rapidez e vamos pegá-los desprevenidos. O primeiro som que eles vão ouvir é o da cabeça deles caindo no chão".

Era uma quinta-feira, de manhã, 4 de setembro de 2008, e estávamos no Salão Oval da Casa Branca, discutindo o destino da Fannie Mae e da Freddie Mac, as gigantescas e problemáticas instituições de financiamento imobiliário. Para o bem do país, eu havia proposto que assumíssemos o controle das empresas, demitíssemos seus chefes e nos preparássemos para injetar em cada uma delas até US$100 bilhões. Eu receava que, se não agíssemos imediatamente, a Fannie e a Freddie derrubariam o sistema financeiro americano e, com ele, a economia global.

Sou objetivo. Gosto de ser direto com as pessoas. Mas eu sabia que seria preciso atacar de emboscada a Fannie e a Freddie. Não podíamos dar-lhes espaço para manobra. Não havia como, de modo algum, procurar Daniel Mudd, da Fannie Mae, ou Richard Syron, da Freddie Mac, e dizer: "Nossa ideia para salvar vocês é assumir o controle e demitir os principais executivos, de maneira a proteger os contribuintes em detrimento dos acionistas."

A notícia vazaria e eles resistiriam. Eles procurariam seus muitos amigos poderosos no Congresso ou nos tribunais, e as demoras daí resultantes provocariam pânico nos mercados. Nós próprios precipitaríamos o desastre que estávamos tentando evitar.

Eu chegara sozinho à Casa Branca, de uma reunião no Tesouro com Ben Bernanke, chairman do Federal Reserve Board, cujas preocupações eram semelhantes às minhas, e com Jim Lockhart, chefe da Agência Federal de Financiamento Habitacional (Federal Housing Finance Agency – FHFA), principal agência reguladora da Fannie e da Freddie. Boa parte de nosso pessoal passara toda noite acordado – todos nós vínhamos trabalhando 18 horas por dia desde o começo daquele verão, inclusive durante o feriadão do Dia do Trabalho, no fim de semana anterior – na elaboração dos textos e dos documentos que nos permitiriam executar a manobra. Ainda não concluíramos todo o trabalho, mas era hora de obter a aprovação oficial do presidente. Queríamos decretar e iniciar a recuperação (conservatorship) na Fannie e na Freddie durante o fim de semana, garantindo que tudo estaria em ordem e sob controle quando os mercados asiáticos abrissem no domingo à noite.

O clima se anuviava à medida que eu expunha nossos planos ao presidente e a seus principais assessores, entre os quais se incluíam Josh Bolten, chefe da casa civil; Joel Kaplan, subchefe da Casa Civil; Ed Lazear, chairman do Conselho de Assessores Econômicos; Keith Hennessey, diretor do Conselho Econômico Nacional (NEC); e Jim Nussle, diretor do Escritório de Gestão e Orçamento (Office of Management and Budget). Na noite anterior, a governadora do Alasca, Sarah Palin, empolgara a Convenção Nacional Republicana, em St. Paul, Minnesota, com seu discurso de aceitação de sua candidatura à vice-presidência dos Estados Unidos, mas não se fez menção ao acontecimento no Salão Oval. Era como se St. Paul estivesse em outro planeta.

O presidente e seus assessores estavam bem informados sobre a seriedade da situação. Menos de duas semanas antes, participei de uma videoconferência segura, na Ala Oeste da Casa Branca, com o presidente, no rancho dele, em Crawford, Texas, para relatar-lhe a conjuntura e explicar minhas ideias. Como ele, sou crente convicto no livre mercado e, decerto, não estava em Washington para intrometer o governo no setor privado. Porém, a Fannie e a Freddie eram empresas de capital privado, patrocinadas pelo governo (government-sponsored enterprises – GSEs), já muito dependentes do apoio implícito do poder público. Em agosto, junto com Bernanke, eu havia chegado à conclusão de que assumir o controle das duas instituições era a melhor maneira de evitar o colapso, de garantir a disponibilidade de financiamentos hipotecários, de estabilizar os mercados e de proteger os contribuintes. O presidente concordara.

É difícil exagerar a importância da Fannie e da Freddie para os mercados americanos. Em conjunto, ambas detinham ou garantiam mais de US$5 trilhões em hipotecas residenciais e em certificados de recebíveis imobiliários (mortgage-backed securities) – cerca de metade do total nacional. Para financiar suas operações, elas se incluíam entre os maiores emissores de dívida do mundo: um total de mais ou menos US$1,7 trilhão. Atuavam no mercado incessantemente, levantando, às vezes, empréstimos de valor superior a US$20 bilhões por semana.

Porém, os investidores estavam perdendo a confiança em ambas – com boas razões. Combinadas, já haviam acumulado prejuízo líquido acima de US$5,5 bilhões no ano. O preço de suas ações ordinárias mergulhara para US$7,32, no caso da Fannie, na véspera, em comparação com US$66 um ano antes. No mês anterior, a Standard and Poor's, agência de classificação de risco de crédito, rebaixara duas vezes o rating das ações preferenciais das duas empresas. Os investidores estavam evitando seus leilões, aumentando os custos de seus empréstimos e assustando cada vez mais os detentores de títulos de sua emissão. Em fins de agosto, nenhuma das duas instituições conseguia levantar capital próprio de investidores privados ou nos mercados públicos.

Além disso, o sistema financeiro se mostrava cada vez mais frágil. As ações dos bancos comerciais e de investimentos estavam sob pressão, e monitorávamos com ansiedade a saúde de várias instituições enfermas, como Wachovia Corporation, Washington Mutual e Lehman Brothers. Já víramos o que acontecera em março, quando as contrapartes do Bear Stearns – outros bancos e empresas financeiras que lhes haviam emprestado dinheiro ou tinham comprado seus títulos – de repente rejeitaram novos negócios. Havíamos sobrevivido àquelas tribulações, mas o colapso da Fannie e da Freddie seria catastrófico. Aparentemente, todos os participantes do mercado – pequenos bancos, grandes bancos, bancos centrais estrangeiros, fundos money market (de liquidez imediata) – eram credores ou contrapartes de ambas as instituições. Os investidores sofreriam perdas de dezenas de bilhões; os estrangeiros perderiam a confiança nos Estados Unidos. O desastre talvez desencadeasse uma corrida contra o dólar.

O presidente, de paletó e gravata como sempre, era todo negócios, engajado e concentrado em nossas táticas, inclinando-se para a frente em sua poltrona listrada de azul e amarelo. Eu estava sentado na poltrona à direita dele, enquanto os outros se apertavam nos sofás mais afastados.

Disse ao presidente que pretendíamos convocar a alta administração da Fannie e da Freddie para uma reunião com Bernanke, com Lockhart e comigo, na tarde seguinte, quando exporíamos nossa decisão. No sábado, nos reuniríamos com os Conselhos de Administração das entidades: Poríamos US$100 bilhões à disposição de cada uma, garantindo-lhes mais centenas de bilhões de dólares, em caso de necessidade, e asseguraríamos às duas empresas amplas linhas de crédito público. Obviamente, preferiríamos que aquiescessem espontaneamente; mas, em caso contrário, estaríamos prontos para encampá-las.

Expliquei aos presentes que contávamos com equipes de advogados, auditores de bancos, especialistas em computação e outros experts, todos em prontidão, preparados para entrar a qualquer momento nos escritórios das instituições, assumindo o controle de suas dependências, salas de negociações, livros e registros e tudo o mais. Já havíamos escolhido CEOs substitutos. David Moffett, ex-diretor financeiro do U.S. Bancorp, um dos poucos grandes bancos dos Estados Unidos ainda quase imaculado, estava a bordo para assumir a Freddie Mac. Para a Fannie Mae, havíamos escolhido Herb Allison, ex CEO e chairman da TIAA-CREF. (Ele estava em férias no Caribe e protestou, de início, quando o procurei e o forcei a vir a Washington no dia seguinte: "Hank, estou de bermuda e chinelo. Nem mesmo tenho terno aqui." Mas acabou concordando em vir.)

O pessoal da Casa Branca ficou chocado, de início, quando sugeri a recuperação da Fannie e da Freddie, que tinham a reputação de serem bons de briga em Washington. Mas todos pareceram gostar da ousadia da ideia, assim como o presidente. Ele tinha profundo desprezo por entidades como a Fannie e a Freddie, que considerava parte da elite permanente de Washington, alienada do grande público, cujas fileiras eram constituídas por ex-autoridades públicas e por lobistas influentes, enquanto as empresas efetivamente imprimiam dinheiro, graças, na verdade, ao credenciamento federal.

O presidente perguntou quais eram minhas ideias sobre o modelo de longo prazo para a Fannie e para a Freddie. Eu estava muito preocupado em evitar qualquer discussão filosófica sobre as duas empresas, que pudesse degenerar em política partidária no Congresso americano, onde a Fannie e a Freddie tinham amigos e inimigos ardentes.

"Senhor presidente", respondi, "acho que não nos convém entrar em debate público sobre essa questão neste momento. Ninguém pode negar que seus modelos envolvam graves defeitos e imponham riscos sistêmicos, mas a última coisa que queremos deflagrar agora é uma guerra santa."

"O que você sugere?"

"Entrarei nesse mérito no momento oportuno e postergarei qualquer decisão sobre estrutura. Apenas direi a todos que nosso objetivo imediato é estabilizar as duas instituições e os mercados de capitais, assegurando a presença do governo federal na retaguarda de seus créditos, para garantir a disponibilidade de financiamento hipotecário ao país."

"Concordo", disse o presidente. "Também não proporia um novo modelo agora. Mas precisaremos fazê-lo no momento certo, e devemos deixar claro que o que estamos fazendo agora é transitório, pois, do contrário, parecerá estatização."

Eu disse que, em minha opinião, o que fazia mais sentido em prazo mais longo era alguma espécie de estrutura substancialmente reduzida, com definição nítida do apoio governamental e cujo funcionamento se assemelhasse ao de empresas de utilidade pública. O modelo vigente, em que os lucros eram dos acionistas e os prejuízos eram dos contribuintes, não fazia sentido.

O presidente levantou-se para sinalizar que a reunião chegara ao fim. "Certamente será interessante ver se eles correrão para o Congresso", disse.

Deixei a Casa Branca e caminhei de volta ao Tesouro, onde teríamos de preparar o script do que diríamos às duas agências hipotecárias, no dia seguinte. Queríamos ter a certeza de que disporíamos dos argumentos mais poderosos possíveis no caso de eles partirem para a briga. Porém, mesmo agora, na última hora, ainda receávamos que a FHFA não tivesse documentado com eficácia a gravidade da insuficiência de capital da Fannie e da Freddie e a necessidade de decretar e iniciar imediatamente a recuperação.

A cooperação entre os órgãos federais geralmente era excelente; porém, não obstante a concordância entre o Tesouro, o Fed e o Office of the Comptroller of the Currency (OCC), a FHFA desde o começo se mostrara refratária, o que era um grande problema, pois apenas esse órgão tinha poder estatutário para determinar a recuperação na Fannie e na Freddie. Tínhamos de convencer seu pessoal de que essa era a decisão mais acertada e, ao mesmo tempo, imbuí-los do sentimento de que ainda exerciam o controle.

Eu passara boa parte de agosto trabalhando com Lockhart, amigo do presidente desde os tempos de escola do ensino fundamental. Jim compreendia a gravidade da situação, mas seu pessoal, que havia afirmado pouco tempo atrás que a Fannie e a Freddie estavam bem capitalizadas, receava comprometer sua reputação. O próprio presidente não interferiria, por não ser comportamento apropriado pressionar uma agência reguladora; mas ele estava convencido de que, no fim das contas, Lockhart se conformaria com a decisão. Em todo caso, eu invocava reiteradamente o nome do presidente.

"Jim", dizia-lhe, "você não quer provocar um colapso e arruinar a presidência de seu amigo, quer?"

Na véspera de minha ida à Casa Branca, conversei com Lockhart pelo telefone, ao menos umas quatro vezes: às 9h45; às 15h45; às 16h30 e, mais uma vez, tarde da noite. "Jim, terá de ser neste fim de semana. Temos de aceitar a realidade", insisti.

Em parte, a relutância da FHFA tinha raízes históricas. Ela só começara a existir em julho, como parte de uma legislação reformista conquistada a duras penas. A FHFA e seu predecessor, o Office of Federal Housing Enterprise Oversight, que também fora liderado por Lockhart, eram reguladores fracos, com recursos insuficientes, em situação de inferioridade no confronto com as empresas sob sua supervisão, além de ser ainda mais tolhida pela visão estreita a respeito de seu estatuto e autoridade. A história da FHFA condicionava seu staff a julgar a Fannie e a Freddie com base em suas exigências estatutárias de capital mínimo, em vez de sob a perspectiva de necessidades de capital muito maiores, para atender às demandas do mercado. Ademais, cofiavam nas análises das próprias empresas, por carecerem dos recursos e das qualificações indispensáveis para fazer avaliações independentes, como o Fed e o OCC. A FHFA preferia autuar as empresas por infrações e promover mudanças por meio de sentenças judiciais. Essa abordagem não era nem de longe suficiente e demandava tempo, algo que, para nós, era recurso escasso.

Complicando a questão, a FHFA emitira recentemente certidões negativas referentes a duas empresas, atestando a observância das exigências de capital mínimo, que, como vimos, eram insuficientes. Lockhart receava – no que contava com o apoio de Bob Hoyt, advogado geral do Tesouro – que seria suicídio tentar assumir o controle da Fannie e da Freddie, pois ambas poderiam recorrer ao judiciário, sob a alegação de que a própria agência reguladora havia reconhecido, recentemente, a inexistência de problemas.

Estávamos empenhados em convencer a FHFA a adotar visão mais realista dos problemas de capital e havíamos despachado equipes de auditores do Fed e do OCC para ajudá-los a compreender e a desdobrar os problemas até o último dólar. O Fed e o OCC detectaram enorme buraco de capital na Fannie e na Freddie; precisávamos combater a cegueira dos auditores da FHFA.

Lockhart vinha trabalhando com habilidade para convencer seus auditores a elaborar relatórios compatíveis com nossos objetivos. Mas, na quinta-feira, eles ainda não haviam demonstrado de maneira irretorquível os problemas de capital. Enviamos mais ajuda. Sheila Bair, presidente da Federal Deposit Insurance Corporation, que tinha grande experiência em fechar bancos, concordou em ceder seu melhor profissional para ajudar-me na elaboração do relatório.

Finalmente, Lockhart conseguiu que seus auditores se sintonizassem com nossas necessidades. Ou Jim vencera pelo cansaço ou seus auditores de fato se deram conta de que decretar e iniciar imediatamente a recuperação era a melhor saída para essa conjuntura perigosa, sem comprometer sua reputação.

Na noite de quinta-feira, Jim convocou os CEOs da Fannie e da Freddie para uma reunião na tarde do dia seguinte, na sede da FHFA, em G Street, da qual também participaríamos Ben e eu. (Jim não conversou diretamente com Mudd até a manhã da sexta-feira.) Marcamos a primeira reunião para pouco antes das 16 horas, de modo que os mercados já estivessem fechados ao término do encontro. Resolvemos começar com a Fannie Mae, na suposição de que, provavelmente, eles oporiam maior resistência.

As empresas, evidentemente, sabiam que alguma coisa estava prestes a acontecer, e não demorou muito para que eu começasse a receber contragolpes. Dan Mudd telefonou-me na sexta-feira de manhã e foi direto ao ponto.

"Hank", perguntou, "o que está acontecendo? Fizemos tudo o que você pediu. Temos cooperado. O que vocês estão armando?"

"Dan", disse, "se fosse para lhe dizer, eu não estaria convocando a reunião."

Operamos em segredo e conseguimos evitar qualquer vazamento durante várias semanas, o que era um recorde em Washington. Para manter todos no escuro, recorremos a pequena dose de intriga naquela tarde. Dirigi-me para a FHFA com Kevin Fromer, meu secretário adjunto para assuntos legislativos, e Jim Wilkinson, meu chefe de gabinete. Em vez de saltarmos na calçada diante do prédio, fomos diretos para a garagem, de modo a não sermos vistos. Infelizmente, Ben Bernanke saiu do carro defronte à portaria e foi identificado por um repórter do *Wall Street Journal*, que logo postou a notícia no site do jornal.

Juntamo-nos aos demais membros de nossas equipes no quarto andar. As dependências da FHFA contrastavam intensamente com as instalações do Fed e do Tesouro, ambas grandiosas e espaçosas, com muito mármore, tetos altos e paredes adornadas por quadros elegantes. Os escritórios da FHFA eram modestos e apinhados, o piso era revestido por um tapete fino.

Conforme planejado, chegamos poucos minutos antes da hora, e assim que vi Lookhrat, chamei-o à parte, para animá-lo e encorajá-lo. Ele estava preparado, mas ainda um pouco transtornado. Era um grande passo para ele.

Nossa primeira reunião foi com a Fannie, numa sala adjacente à de Jim. Pedimos a ambos os CEOs para trazerem seus principais diretores. O chairman da Fannie, Stephen Ashley, e a advogada geral, Beth Wilkinson, acompanharam Mudd. Ele também trouxe seu advogado externo, H. Rodgin Cohen, chairman da Sullivan & Cromwell e destacado especialista em direito financeiro, que viera às pressas de Nova York.

No todo, considerando nosso grupo do Tesouro, a equipe do Fed, o pessoal de Lockhart e os executivos da Fannie, havia cerca de uma dúzia de pessoas na sala de reuniões envidraçada, sentadas em torno da mesa principal ou em cadeiras junto às paredes.

Lockhart falou primeiro. Ele expôs à Fannie Mae, com detalhes, longa sequência de infrações aos regulamentos. Francamente, a maioria não era muito grave, mais parecendo, no cômputo geral, multas por estacionamento irregular. Ele estava um pouco nervoso e hesitante, mas conduziu o discurso até o ponto-chave: Seus auditores haviam constatado séria deficiência de capital, a empresa vinha operando de maneira insegura e perigosa, e a FHFA tinha decidido deixá-la em recuperação. Também enfatizou a expectativa geral de que eles aceitassem o novo regime; caso contrário, assumiríamos o controle. Já havíamos escolhido um novo CEO e já tínhamos equipes prontas para cuidar das operações.

Enquanto ele falava, fiquei observando a delegação da Fannie Mae. Eles estavam furiosos. A fisionomia de Mudd alternava entre expressões de cólera e de escárnio. Em certo momento, colocou a cabeça entre as mãos e a sacudiu. Na verdade, senti forte empatia em relação a ele. Mudd havia recebido um golpe duro. A Fannie podia ser arrogante, até pomposa, mas ele se tornara CEO depois de tortuoso escândalo contábil e, naquelas circunstâncias, até que havia cooperado na tentativa de esclarecer e limpar a situação.

Falei depois de Lockhart e expus meus argumentos da maneira mais simples possível. Jim, disse eu, havia descrito uma séria insuficiência de capital. Ratifiquei a análise dele, e acrescentei que, embora já tivesse autorização do Congresso, eu concluíra que, naquelas circunstâncias, tal como ela se encontrava, não poderíamos injetar nenhum capital na instituição. Disse-lhes que, em minha opinião, a Fannie Mae, que havia levantado US$7,4 bilhões no começo do ano, trabalhara melhor que a Freddie Mac, que não fizera nada e agora padecia de lacuna de capital ainda maior. No entanto, na situação vigente, nenhuma das duas seria capaz de conseguir dinheiro no mercado de capitais. Os investidores privados simplesmente não diferenciavam entre Fannie e Freddie. Tampouco nós. Confirmei que decretaríamos a recuperação e disse que Mudd teria de afastar-se. Apenas sob essas novas condições estaríamos dispostos a investir capital nas instituições.

"Se vocês concordarem", concluí, "deixarei claro para todos que não estou culpando a administração. Vocês não criaram o modelo de negócios de ambas as empresas, que é falho; tampouco o modelo regulatório em curso, que, da mesma maneira, também é deficiente."

Não mencionei o que declararia em público, se eles não aquiescessem.

Ben Bernanke se manifestou em seguida, num discurso muito forte. Afirmou que apoiava sem restrições aquelas iniciativas. Em razão da deficiência de capital, a segurança e a solidez da Fannie Mae estava em risco, o que, por seu turno, ameaçava a estabilidade do sistema financeiro. Agir daquela maneira atendia aos melhores interesses do país, concluiu.

Embora perplexos e irados, a equipe da Fannie foi rápida em suscitar questões. Mudd deixou claro que, para ele, a Fannie estava sendo tratada com grande injustiça. Ele e sua equipe estavam ansiosos para abrir espaço entre a instituição deles e a Freddie, e a verdade é que haviam sido mais eficazes. Contra-argumentei que aquela era uma distinção irrelevante – para os investidores de ambas as empresas, o mais importante eram o endosso do Congresso e as garantias implícitas do governo dos Estados Unidos. O mercado as considerava indiscerníveis, e essa era a realidade. Os executivos da Fannie perguntaram quanto capital próprio pretendíamos injetar. Como reestruturaríamos a empresa? Não diríamos. Não estávamos propensos a fornecer muitos detalhes, pois não queríamos lê-los nos jornais.

"Dan é um homem muito elegante para levantar essa questão", disse Beth Wilkinson. "Mas somos uma equipe gerencial integrada. Por que cargas-d'água ele é o único a ser demitido e por que vocês o estão demitindo?"

"Não vejo como fazer algo tão drástico e não mudar o CEO", respondi. "Além disso, francamente, quero restringir-me ao mínimo em termos de mudança da administração."

"Nosso Conselho de Administração insistirá em analisar a situação em profundidade", afirmou Mudd, na tentativa de resistir.

Richard Alexander, sócio-gerente da Arnold & Porter, advogado externo da FHFA, respondeu: "Preciso que você compreenda que quando esses cavalheiros" – ou seja, Lockhart, Bernanke e eu – "comparecerem perante seu Conselho de Administração amanhã, a intenção deles não será dialogar."

"Tudo bem", disse Rodge Cohen, e não havia dúvida de que para ele o jogo chegara ao fim.

Depois da reunião, dei alguns telefonemas rápidos para legisladores importantes. Eu aprendera muito, mas nada de bom, desde que compareci ao Congresso em julho, como parte do esforço sem precedentes para estabilizar a Fannie e a Freddie. Na ocasião, afirmei que, se os legisladores me dessem uma arma bastante poderosa – uma "bazuca", especifiquei, dificilmente eu teria de usá-la. Mas, na época, ainda não sabia exatamente a extensão dos problemas das empresas. Depois de descobrir o buraco no capital, não havia como me referir a ele em público, pois a recuperação despontaria como um choque, assim como o ônus para os contribuintes. Eu também estava muito preocupado com a hipótese de os congressistas estarem aborrecidos comigo, por eu ter convertido os poderes temporários que me haviam outorgado para investir na Fannie e na Freddie, que expirariam no fim de 2009, no que efetivamente se constituiu em garantia permanente de todas as dívidas de ambas as instituições.

Primeiro foram Barney Frank, chairman da Comissão de Serviços Financeiros da Câmara dos Representantes, e Chris Dodd, seu colega na Comissão de Bancos do Senado. Barney era extremamente inteligente, sempre pronto para disparar algum gracejo. Trabalhar com ele em geral era muito prazeroso. Ele era legislador dinâmico, capaz e pragmático, cujo principal interesse era fazer o que considerava melhor para o país. Ele regateava muito, mas cumpria a palavra. Dodd era um desafio maior. Trabalháramos juntos na reforma da Fannie e da Freddie. Agora, contudo, ele se deixara abater pelo insucesso de sua campanha pela nomeação como candidato do partido democrata nas eleições presidenciais, e parecia exausto. Embora habilidoso e esclarecido, ele não era tão coerente e previsível quanto Barney. Além disso, seu cargo era mais árduo, pois era mais difícil conseguir resultados no Senado. Como ele e o staff dele mantinham estreito relacionamento com a Fannie, eu sabia que, se decidisse brigar, Dodd seria seu santo guerreiro.

Como depois se constatou, os telefonemas produziram resultados. Expliquei que estávamos agindo por necessidade, não por ideologia; tínhamos de prevenir o pânico no mercado. Eu sabia que aquela reação inicial favorável poderia mudar – depois que tomassem conhecimento de todos os fatos e tivessem avaliado a reação pública. Mas o começo tinha sido bom.

Fui, então, para a reunião com a Freddie. Dick Syron trouxera seu advogado externo, além de alguns de seus diretores, inclusive Geoff Boisi, velho colega dos tempos do Goldman Sachs.

Seguimos o mesmo script com a Freddie, e a diferença era evidente: Enquanto Mudd fora ebuliente, Syron parecia relaxado, até aliviado. Quando dirigia a empresa, parecia frustrado e exausto; agora, era como se estivesse torcendo por esse desfecho. Ele estava pronto para cumprir o seu dever – como o homem a quem entregam um revólver e dizem: "Vá em frente e faça-o pelo batalhão."

Ele e a equipe se limitaram a questões de procedimento. Os diretores poderiam entender-se por telefone ou teriam de comparecer pessoalmente? Como se daria a notícia aos empregados?

Como ocorrera com a Fannie Mae, fizemos com que todos no recinto jurassem silêncio. (No entanto, a notícia vazou quase imediatamente.) Quando a reunião terminou, dei outros telefonemas para o Congresso e para a Casa Branca, inclusive recomendando que Josh Bolten se mantivesse em alerta. Entre outras pessoas, conversei com Chuck Schumer, senador por Nova York; Richard Shelby, senador pelo Alabama e republicano mais graduado na Comissão de Bancos do Senado; e com Spencer Bachus, deputado pelo Alabama, republicano mais graduado na Comissão de Serviços Financeiros da Câmara dos Representantes.

Fui para casa exausto; jantei com minha mulher, Wendy, e me deitei às 21h30. (Sou do tipo "dorme cedo e acorda cedo". Preciso de oito horas de sono. Gostaria que não fosse assim, mas é.)

Às 22h30, o telefone de casa tocou e eu atendi. Meu primeiro pensamento, refletindo meu maior receio, era que talvez alguém estivesse ligando para dizer-me que a Fannie partiria para a briga. Em vez disso, ouvi a voz do senador Barack Obama, candidato democrata a presidente.

"Hank", começou, "você deve ser o único cara no país que está trabalhando tanto quanto eu."

Ele parecia estar telefonando enquanto dirigia. Ele soubera de nossas manobras e queria conversar sobre o que significava tudo aquilo. Eu não o conhecia muito bem. Em minha última missão oficial como CEO do Goldman Sachs, antes de mudar-me para Washington, convidei-o para dar uma palestra a nossos parceiros, numa convenção que realizaríamos em Chicago. O outro palestrante importante do evento foi Warren Buffett, CEO da Berkshire Hathaway.

Na verdade, eu viria a conhecer melhor Obama no outono, quando conversávamos com frequência, não raro várias vezes por dia, sobre a crise. Fiquei impressionado com ele. Sempre estava bem informado, a par dos acontecimentos, e mostrava-se autoconfiante. Ele discutia sobre as questões em andamento de maneira inteligente.

Naquela noite, ele queria saber tudo que tínhamos feito, como e por quê. Expus ao senador nossas ideias e nossas táticas. Ele compreendeu com rapidez por que achávamos que as duas agências eram tão importantes para estabilizar os mercados e para garantir a disponibilidade de financiamentos hipotecários de baixo custo. E também elogiou nossa intenção de proteger os contribuintes.

"Operações de socorro como essa são muito impopulares", observou.

Respondi que realmente não se tratava de operação de socorro. Os acionistas ordinários e preferenciais não estavam sendo poupados e havíamos substituído os CEOs.

"Parece um remédio muito forte", disse Obama. O candidato democrata demonstrou satisfação por estarmos substituindo os CEOs e perguntou se os executivos demitidos estavam recebendo indenizações rescisórias (golden parachutes).

Disse-lhe que cuidaríamos desse aspecto, e ele mudou de assunto, para discutir as questões mais amplas dos mercados de capitais e da economia em geral. Ele queria ouvir minha opinião sobre como chegáramos a esse ponto e sobre a real gravidade do problema.

"É sério", disse, "e vai ficar pior."

No todo, conversamos pelo telefone naquela noite durante cerca de 30 minutos. A escolha de Sarah Palin, como companheira de chapa, por John McCain, senador pelo Arizona, candidato republicano à presidência dos Estados Unidos, energizara a base partidária, e McCain estava subindo nas pesquisas, mas, ao menos abertamente, não parecia haver intenção nem manobra política naquela aproximação de Obama. Durante toda a crise, ele jogou limpo. De fato, parecia bem intencionado. Ele queria evitar qualquer iniciativa, pública ou privada, que prejudicasse nossos esforços para estabilizar os mercados e a economia.

Mas, evidentemente, a política sempre está em cena: no dia seguinte às eleições, Obama, de repente, parou de falar comigo.

Quando acordei na manhã seguinte, a notícia de nosso plano para assumir o controle da Fannie e da Freddie era manchete em todos os principais jornais. Quando cheguei ao escritório, conversei com meu staff sobre minha conversa com Obama. Todos ficaram um pouco assustados. Como alguns republicanos me consideravam democrata enrustido, meus assessores questionavam qualquer iniciativa minha que pudesse ser interpretada como favorável a Obama. E, assim, recomendaram que eu telefonasse para McCain e o colocasse a par da situação.

Liguei para o candidato republicano no fim da manhã. Mantinha relacionamento cordial com John, mas não éramos dos mais próximos e nunca havíamos discutido questões econômicas. Nossas conversas mais profundas foram sobre mudança climática. Mas, naquele dia, McCain estava empolgado e amistoso. A escolha de Palin sem dúvida o havia revigorado, e começou dizendo que queria apresentar-me sua companheira de chapa, que ele pôs na ligação conosco, em viva voz.

McCain fez poucos comentários, depois que descrevi e expliquei o que havíamos feito, mas a governadora Palin de pronto fez sentir a sua presença. Imediatamente, começou a chamar-me de Hank. Minha secretária se dirige a mim como Hank. Todos do meu staff, de alto a baixo, me tratam como Hank. É como gosto. Mas, por algum motivo, a maneira como ela disse ao telefone, embora nunca tivéssemos conversado antes, me impressionou da maneira errada.

Também não sei se ela compreendeu todas as dimensões da situação que esbocei ao telefone – assim me fez supor alguns de seus comentários. Mas ela pegou os aspectos políticos com muita rapidez.

"Hank", perguntou ela, "algum dos executivos demitidos têm direito a indenização rescisória? Você desligou todo o pessoal que não podia continuar na instituição? Hank, podemos recuperar parte dessa remuneração?"

Depois daquele telefonema, ao meio-dia, entrei numa reunião com o Conselho de Administração da Freddie Mac. À tarde, por volta das 15 horas, foi a vez da Fannie Mae. Para evitar publicidade, saímos da sede da FHFA para uma sala de reuniões no térreo do prédio da Federal Housing Finance Board, a poucos quarteirões de Lafayette Square.

Lockhart, Bernanke e eu seguimos o mesmo script da tarde anterior: Jim deu a partida, explicando o que havíamos decidido sobre a recuperação, mencionando a inadequação do capital e sua lista de infrações. Eu defini nossas condições e Ben prosseguiu com sua descrição da catástrofe que ocorreria se não tomássemos essas providências.

Durante o fim de semana, avultou-se algum receio em nossa equipe de que as duas empresas patrocinadas pelo governo (government-sponsored enterprises – GSEs), mormente a Fannie, resistiriam. Porém, depois de tantos anos como banqueiro do Goldman Sachs, eu conhecia os Conselhos de Administração, e tinha a certeza de que eles compreenderiam nossas razões. Obviamente, eles tinham deveres fiduciários em relação aos acionistas e insistiriam em que desenvolvêssemos a argumentação mais convincente possível. Enfatizamos que, se o governo não decretasse a recuperação, as empresas logo se tornariam insolventes e os acionistas ficariam em situação ainda pior. Eu também sabia que esses argumentos, partindo da agência reguladora das empresas, do secretário do Tesouro e do chairman do Federal Reserve Board, teriam enorme peso.

Da mesma maneira como as primeiras reuniões do dia anterior, a sessão com o Conselho de Administração da Freddie foi muito mais fácil que a com os Conselheiros da instituição irmã. Os membros do Conselho de Administração da Fannie, como seus gestores, queriam diferenciar sua empresa em relação à Freddie, mas deixamos claro que não poderíamos agir dessa maneira.

No sábado e no domingo, dei vários telefonemas para líderes do Congresso, assim como para altos executivos do setor financeiro, descrevendo nossas ações e enfatizando a importância de estabilizar a Fannie e a Freddie. Quase todos se mostraram solidários, e até congratulatórios, embora me lembre que Chris Dodd não ocultou a irritação quando conversei com ele pela segunda vez, no domingo.

"O que aconteceu com a sua bazuca, Hank?", perguntou.

Expliquei que nunca imaginei ter de usar os poderes de emergência que o Congresso me havia outorgado em julho, mas, considerando a situação das GSEs, não tive escolha. No entanto, eu sabia que teria de passar algum tempo com Chris, para que ele se sentisse mais seguro.

Depois da reunião do Conselho de Administração da Fannie, recebi um telefonema que eu esperara durante quase todo o dia. Depois de se espalhar a notícia de que eu havia conversado com Palin, assim eu imaginara, *Joe Biden também deverá telefonar*. E, sem dúvida, ele o fez. Tamanha previsibilidade ensejou minha única gargalhada naquele dia, mas o candidato democrata à vice-presidência estava por cima da situação; ele compreendia a natureza do problema que tínhamos pela frente e apoiou nossas iniciativas.

No domingo, às 11 horas, Jim Lockhart e eu anunciamos formalmente a operação de socorro da Fannie Mae e da Freddie Mac, com um comunicado à imprensa, em que descrevi as quatro medidas principais de nosso plano: A FHFA poria as duas empresas em recuperação; o governo forneceria até US$ 100 bilhões a cada empresa para suprir qualquer falta de capital; o Tesouro estabeleceria nova linha de crédito garantida para a Fannie e para a Freddie e iniciaria um programa temporário para comprar certificados de recebíveis imobiliários garantidos por ambas as instituições, para incentivar o mercado habitacional.

Minha intenção era passar por cima de toda a complexidade financeira da operação, chegar ao âmago de nossas iniciativas e mostrar o que elas significavam para os americanos e suas famílias. As GSEs eram tão grandes e estavam de tal forma entremeadas no tecido do sistema financeiro, que a falência de qualquer uma delas geraria grave tensão nos mercados financeiros de todo o mundo.

"Esse tumulto", disse, "provocaria impacto direto e negativo na riqueza das famílias, envolvendo os orçamentos domésticos, o valor das casas e as poupanças para a educação dos filhos e para a aposentadoria. A falência afetaria a capacidade dos americanos de obter financiamento para a aquisição da casa própria, para a compra do carro e para a obtenção de crédito ao consumidor ou de empréstimos para os negócios. Acima de tudo, o colapso dessas instituições seria danoso para o crescimento econômico e para a criação de empregos."

O desastre também desencadearia ondas de choque nos mercados financeiros de todo o mundo. Entre os muitos líderes financeiros com quem falei naquele dia estavam meus velhos amigos Zhou Xiaochuan, chefe do Banco Central da China, e Wang Qishan, vice-premier da China, encarregado de assuntos econômicos e financeiros. Era importante informar o que estava acontecendo aos chineses, que detêm grande quantidade de títulos públicos americanos, inclusive centenas de bilhões de dólares em dívidas das GSEs. Eles haviam confiado em nossas garantias e mantiveram os papéis em momento crucial de um mercado debilitado. Felizmente, eu conhecia bem meus dois interlocutores e mantivemos diálogo franco durante toda a crise.

"Eu sempre disse que honraríamos nossas obrigações", lembrei a Wang. "Nós as levamos a sério".

"Vocês estão fazendo tudo que sabem fazer", disse Wang, acrescentando que os chineses continuariam a manter suas posições. Ele me cumprimentou por minhas iniciativas, mas terminou a conversa com uma advertência: "Sei que para você esse talvez seja o fim de seus problemas, mas é possível que eles ainda não tenham acabado."

No entanto, naquela tarde de domingo, em meu escritório, disparando telefonemas para todo o mundo, não pude evitar certa sensação de alívio. Acabáramos de deflagrar talvez a maior operação de socorro de toda a história. A Fannie e a Freddie não nos impediram de agir, o Congresso foi solidário e o mercado pareceu aceitar nossas manobras.

Eu estava sozinho, olhando pelas janelas altas de meu gabinete no Tesouro, que dá para o sul, na direção do National Mall. Não sou ingênuo. Eu sabia que havia muitos pontos de perigo no sistema financeiro e na economia em geral, mas senti certo desencargo de consciência ao olhar para o Monumento de Washington. Eu viera para a capital do país com o objetivo de fazer diferença e achava que acabáramos de salvar o país – e o mundo – de uma catástrofe financeira.

No dia seguinte, o Lehman Brothers começou a afundar.

Capítulo 2

Domingo, 28 de maio de 2006

Venho de uma linhagem de mulheres fortes – inteligentes, independentes e objetivas. Quando minha mãe soube que o presidente Bush me convidara para ser secretário do Tesouro e que eu aceitara o cargo, ela não mediu palavras.

"Você começou com Nixon e vai terminar com Bush?", resmungou. "Por que cargas-d'água você faria isso?"

Era o domingo do fim de semana do Memorial Day, em 2006. Minha mãe e eu estávamos na cozinha da casa da minha infância, em Barrington, Illinois. Minha esposa, Wendy, e eu tínhamos uma casa um pouco abaixo, na mesma rua, e havíamos viajado para passar o fim de semana lá, ordenar as ideias – e falar com minha mãe, Marianna Gallauer.

O presidente programara anunciar sua intenção de nomear-me secretário do Tesouro na terça-feira. Eu voltaria para Nova York ainda naquele dia, para conversar com o Conselho de Administração do Goldman Sachs e para me reunir com Lloyd Blankfein, meu sucessor como CEO, no Memorial Day, na segunda-feira. Naquela manhã, eu cometera o erro de comentar a novidade com uma boa amiga na igreja, mas me esquecera de dizer que ainda não havia dado a notícia à minha mãe. Quando cheguei à casa de minha mãe, ela estava em prantos.

"Faça o que quiser", disse ela. "Mas espero que sua nomeação não seja homologada".

Era pouco depois do meio-dia e minha mãe estava sentada numa cadeira de madeira, junto à mesa da copa, olhando pela janela para um magnífico carvalho branco, no jardim ensolarado. Não me lembrava da última vez em que a vira chorar. Aquela crítica severa também era inédita – em geral, ela era mãe leal e adorável, que apoiava minhas decisões sem hesitação.

Os sentimentos de minha mãe eram típicos de uma mudança dramática que ocorrera ainda na minha juventude. Republicanos convictos, ela e meu pai vibraram quando, em meu primeiro emprego, ao sair da escola de negócios, fui trabalhar no Pentágono e, em seguida, na Casa Branca de Richard Nixon. Porém, depois de Watergate, e à medida que envelhecia – mormente depois do falecimento de meu pai, em 1995 – minha mãe foi ficando cada vez mais liberal, sobretudo em suas ideias sobre questões referentes a mulheres e ao meio ambiente. Os republicanos a exasperavam em relação ao aborto. E, assim, passou a apoiar vários candidatos democratas, odiava a Guerra do Iraque e era muito anti-George W. Bush.

Ela não estava sozinha na família. Wendy, colega de turma e eleitora de Hillary Clinton, se opunha com veemência a que eu assumisse o cargo, da mesma maneira como nosso filho, Merritt. Apenas nossa filha, Amanda, o membro mais liberal de nossa família, compreendia e apoiava minha decisão.

"Mamãe, fui chamado para servir ao país", disse-lhe, fazendo o possível para acalmá-la. "E é o que vou fazer."

"Bem", respondeu ela, inconsolável, "você está saltando para dentro de um navio na iminência de naufragar."

Voltei para Nova York naquela tarde. Wendy não me acompanhou e ficou com minha mãe, para consolá-la, voltando para casa dois dias depois. Ela se lembra de quando estava de pé, diante de um monitor de televisão, no aeroporto O'Hare, assistindo, angustiada, ao anúncio de minha nomeação pelo presidente, no Rose Garden da Casa Branca, comigo ao lado dele.

Minha mãe não atendeu a telefonemas durante 24 horas. Então, na quarta-feira, quando na imprensa predominavam notícias favoráveis, minha mãe começou a responder às chamadas. Ainda bem que ninguém disse: "Como é que o idiota de seu filho pode fazer uma coisa dessas?". Ao contrário, todos telefonavam para cumprimentá-la.

Minha mãe herdou toda sua energia e determinação de minha avó, Kathryn Schmidt, que se formou por Wellesley College, em 1914, e sustentou a família durante a Depressão com um negócio de fornecimento de alimentação. Ela morreu quando eu tinha apenas seis meses.

Marianna Gallauer seguiu o exemplo materno e também se formou pela mesma instituição, em 1944. Atlética, manteve-se ativa durante toda a vida – atuando em assuntos comunitários e praticando atividades esportivas. Ainda aos 86 anos praticava esqui encosta abaixo. Durante a temporada de beisebol, dirige o carro ela própria até Chicago, para assistir aos jogos do Cubs em Wrigley Field.

Ela e meu pai, Henry Merritt Paulson, se casaram em 1944. Sou o mais velho de três filhos, seguido por meu irmão e melhor amigo, Dick, dois anos mais moço que eu, que trabalhou como vendedor de títulos no Lehman Brothers, antes de transferir-se para o Barclays. Minha irmã, Kay, cinco anos mais moça, é corretora de imóveis residenciais, no Colorado.

Meu pai também veio do Meio-Oeste. A mãe dele, Rosina Merritt, descendente de Wesley Merritt, general da Guerra Civil e superintendente de West Point, cresceu numa fazenda de Wisconsin. Depois de receber o grau de mestre em Psicologia pela Columbia University, em Nova York, ela voltou a Wisconsin como professora. Meu avô, Henry Paulson, frequentou a escola até a oitava série, mas esse filho de um imigrante norueguês, agricultor, era um autodidata motivado. Ele fundou e dirigiu a Henry Paulson & Company, bem-sucedida atacadista de fornecimento e manutenção de relógios, em Chicago que, no apogeu, nos garantia estilo de vida próspero; meus avós moravam em Evanston, nas cercanias de Chicago, e tinham uma casa de veraneio modesta em Palm Beach, Flórida.

Meu pai queria ser fazendeiro. Ele amava a natureza, a terra e a vida selvagem, pássaros em especial. Herdei dele meu interesse por aves predadoras. Depois de formar-se pelo Principia College, no sul de Illinois, meu pai convenceu meu avô a comprar terras em Stuart, Flórida, para criar gado bovino Brahma, pouco depois da Segunda Guerra Mundial. Minha mãe odiava aquilo. Nasci em 1946, em Palm Beach, quando meus pais moravam no rancho.

Naquele ano, durante a grave queda da atividade econômica do pósguerra, a empresa de meu avô enfrentou tempos difíceis. Meu pai teve de vender o rancho por quase nada e voltou a Illinois para ajudar meu avô a gerenciar o negócio agonizante. Moramos num pequeno apartamento, em cima de uma garagem, em Winnetka, durante alguns anos, antes de nos mudarmos para uma fazenda de 30 hectares em Barrington, cidadezinha com 3.500 habitantes a uns 60 quilômetros do centro de Chicago. Na época, não se podia morar mais longe que isso do local de trabalho na cidade, para viagens diárias de ida e volta.

Sempre tivemos cavalos, porcos, vacas, carneiros e galinhas, para não falar em meu guaxinim e em meu corvo de estimação. Durante muito tempo cuidei de alguns afazeres domésticos – ordenhar vacas, limpar estábulos e enfardar feno. Batíamos nata para fazer manteiga e bebíamos o leite ainda morno das vacas. Acumulávamos alimentos para o inverno, abatendo frangos, porcos e carneiros. Minha mãe congelava legumes e verduras do pomar.

Meu pai cultivava rigorosa ética do trabalho; era laborioso e austero. Desde a infância, compreendi que não se rola na cama de manhã, que não se fica no chuveiro por mais de dois minutos. Pula-se cedo da cama, trabalha-se e produz-se.

A certa altura, quando eu tinha 9 ou 10 anos e a família lutava com dificuldade, meu pai decidiu que passaria a cortar nosso cabelo, encomendando pelo correio uma máquina de cortar cabelo. Só que ele trabalhou tão mal que deixou caminhos de rato em nosso couro cabeludo, que ele procurou disfarçar com lápis, garantindo que ninguém perceberia as falhas. Só depois de vários cortes ele adquiriu alguma prática. A experiência traumatizou meu irmão, mas eu pouco ligava para minha aparência física e para minhas roupas, falta de senso estético que ainda não superei de todo.

A verdadeira felicidade, meu pai gostava de dizer, deriva não do que se ganha de graça ou do que se consegue com facilidade; mas, sim, do esforço persistente e da realização dos objetivos. É preciso fazer certo as coisas. Se você cortar o gramado às pressas e deixá-lo cheio de tufos, você terá de repetir o trabalho.

Mas meu pai não era só trabalho sem diversão. Ele ajudou a abrir ampla rede de trilhas de cavalgada, convencendo os fazendeiros da região a construir porteiras nos campos, para permitir a passagem dos vizinhos a cavalo. Meus pais se dedicaram à prática do esqui, quando acharam que os filhos se interessariam pelo esporte. Eu adorava atividades ao ar livre – especialmente pesca. Eles alimentaram essa paixão, levando-nos para excursões em canoa, inclusive em trechos difíceis do Quetico Provincial Park, no Canadá, pouco acima de Ely, Minnesota. (Não que isso fosse alguma extravagância: meu pai um dia disse com orgulho que gastávamos menos em nossas excursões anuais de duas semanas do que se ficássemos em casa.) Wendy foi conosco, no verão anterior ao nosso casamento, e, anos depois, levamos nossos filhos para passeios de canoa com a mamãe e o papai.

Em 1958, pouco antes de eu começar a sétima série, meus pais concluíram que éramos ricos em terras, mas pobres em dinheiro, o que os levou a vender a fazenda e a mudar-se para uma área menor, um pouco mais distante da cidade. Em nossos seis hectares, tínhamos celeiro, sete cavalos e um grande pomar, mas acabáramos com as criações de animais. Agora, precisávamos comprar frango, carne de boi e leite no supermercado, como qualquer outra pessoa, embora ainda comêssemos frutas, legumes e verduras de nosso próprio cultivo.

Frequentei escolas locais e depois Barrington High. Ainda garoto, já era obstinado a realizar metas cada vez mais difíceis e superar-me continuamente. É o que Wendy chama de mentalidade "medalha de ouro". Mal me tornara lobinho e já queria ser escoteiro, o que consegui, aos 14 anos. Depois, desloquei o foco para a escola, destacando-me no futebol, em lutas e nos estudos.

A ideia de ir para uma universidade no Leste foi de minha mãe, que queria que eu me matriculasse e Amherst. Naquela época, os alunos usavam paletó e gravata. Dartmouth College não soava bem para ela, mas fui recrutado para jogar futebol lá.

Adorei Dartmouth. Fiz bons amigos dentro e fora do time de futebol – e os professores me desafiavam. Especializei-me em inglês, pois adorava literatura. Embora não gostasse de economia, escolhi várias disciplinas correlatas, além de muita matemática e física. Eu era um atacante com quase 1,90 metros e 90 quilos, que não raro se chocava com adversários quase 25 quilos mais pesados. Nosso técnico, Bob Blackman, era excelente professor, que preparava muitos outros treinadores. Conquistamos a taça Lambert como melhor equipe da Divisão 1-A, em 1965, não porque contássemos com os atletas mais brilhantes, mas, sim, porque éramos os mais bem treinados. Como sênior, conquistei o prêmio de melhor atacante da Nova Inglaterra.

Durante dois dos verões que passei em Dartmouth, trabalhei num campo da Ciência Cristã, em Buena Vista, Colorado, denominado Adventure Unlimited. Escalávamos montanhas, descíamos o Arkansas River em float trips e saíamos em longas cavalgadas – eu não poderia ter sido mais feliz. Também foi ótima preparação para o futuro. No primeiro ano, fui conselheiro de campo e, no segundo ano, líder de unidade, responsável pelos garotos mais velhos, de até 17 e 18 anos, assim como por conselheiros que eram mais velhos que eu. Foi uma chance de gerenciar e de liderar.

A Ciência Cristã sempre exerceu grande influência sobre mim. É uma religião baseada num Deus amoroso, não num deus rancoroso e amedrontador. Daí decorre um sentimento de confiança autêntico. Você compreende que tem grande capacidade de realizar o bem que deriva de Deus. A humildade se situa no núcleo da religião. Como escreveu o evangelista João, "Não posso fazer nada por mim mesmo".

A Ciência Cristã é conhecida pelo público principalmente por um aspecto, as curas físicas, mormente como alternativa para a medicina moderna e suas drogas. Não há, na realidade, proibição contra tratamentos médicos, mas me sinto confortável em recorrer a orações, pois elas já demonstraram, reiteradas vezes, sua eficácia para solucionar problemas de saúde, para lidar com os desafios de minha carreira e para o crescimento espiritual.

Como veterano na universidade, poucas semanas antes de minha formatura, conheci Wendy Judge, caloura em Wellesley, em encontro intermediado por um amigo. Eu ainda era imaturo e me comportei mal. Fomos a um concerto da Boston Pops. Infelizmente, ela não se impressionou quando fiz uma gaivota de papel com o programa do espetáculo e a lancei em direção a Arthur Fiedler, o maestro. Wendy pediu que eu a levasse para casa cedo e achei que nunca a veria de novo. Mas ela me telefonou depois e convidou a mim e a meu colega de quarto para o Tree Day (Dia da Árvore), celebração da primavera em Wellesley. E, assim, comecei a achar que ainda restava alguma esperança.

Formei-me em Dartmouth, em 1968, em plena Guerra do Vietnã. Como membro do programa Naval ROTC (Corpo de Treinamento de Oficiais da Reserva da Marinha), passei o verão, antes de entrar na Harvard Business School, no campus da Purdue University, em West Lafayette, Indiana. Era um lugar estranho para o Naval ROTC – cercado por trigais, sem água à vista.

Wendy e eu começamos a namorar no meu primeiro outono na Harvard Business School. Saía-me muito bem lá, sem estudar demais, e passava boa parte do tempo em Wellesley. Eu tinha 22 anos e ela, 21, ainda extremamente jovens, mas passamos a nos conhecer muito bem. Ela era envolvente e atlética, determinada e competitiva. Compartilhávamos valores e interesses semelhantes. O pai dela era coronel dos Fuzileiros Navais e ela era bolsista. Membro da sociedade Phi Beta Kappa, com especialização em inglês, ela amava atividades ao ar livre, usava roupas de segunda mão, praticava remo e era excelente jogadora de squash. Custeava todas as suas despesas do dia a dia distribuindo roupas de cama e mesa e entregando jornais, além de dar aulas particulares e de trabalhar como vigia noturna. Ela era extremamente confiável e perseverante.

Wendy e Hillary Rodham Clinton eram da mesma turma. Como ambas participavam de atividades estudantis, cultivavam relações amistosas. Wendy era representante de turma de veteranos e Hillary era presidente do diretório estudantil. Mantiveram contatos ao longo dos anos e Wendy foi uma das primeiras angariadoras de recursos em Nova York para a campanha de Hillary ao Senado, em 2000.

Minha primeira experiência com a política de Washington ocorreu entre meu primeiro e meu segundo ano na Harvard Business School. Como todos os cadetes da Naval ROTC, eu deveria partir em cruzeiro marítimo no verão. Wendy passaria o verão, depois da formatura, ensinando navegação a vela e natação, em Quântico, Virginia. Como eu estava muito apaixonado e queria ficar perto dela, procurei sem agendamento prévio o gabinete do secretário da Marinha e acabei conversando com um capitão chamado Stansfield Turner, que mais tarde foi diretor da CIA durante a presidência de Jimmy Carter. Propus fazer um estudo sobre a questão da ROTC nas oito melhores universidades do nordeste dos Estados Unidos, da chamada Ivy League (Brown University, Columbia University, Cornell University, Dartmouth College, Harvard University, Princeton University, University of Pennsylvania e Yale University). Na época, manifestantes contrários à guerra estavam incendiando a sede da ROTC em universidades espalhadas pelos Estados Unidos. Turner concordou, e meu cruzeiro marítimo foi feito a bordo de um cubículo no Pentágono. Minha grande realização naquele verão foi propor matrimônio a Wendy e casar-me oito semanas depois, antes do início de meu segundo ano na escola de negócios. Já naquela época eu avançava com rapidez!

Concluí Harvard na primavera seguinte e nos mudamos para Washington, onde comecei no meu primeiro emprego, também no Pentágono. Trabalhava numa unidade denominada Grupo de Análise, uma pequena equipe que executava projetos especiais para um secretário de Defesa Adjunto. Era uma equipe e tanto. Trabalhei com John Spratt, hoje chairman da Comissão de Orçamentos da Câmara dos Representantes, e Walt Minnick, que seria eleito para a Câmara dos Representantes por Idaho, em 2008. Bill George, que mais tarde dirigiu a Medtronic, precedeu-nos; Stephen Hadley, assessor de segurança nacional do presidente Bush, sucedeu-nos.

Um dos projetos – um tanto irônico quando se considera meu mandato no Tesouro – consistiu na análise de controversa garantia de empréstimo para a Lockheed Corporation, a grande empreiteira de material de Defesa, que enfrentara problemas ao desenvolver o jato comercial L-1011 TriStar. John Spratt e eu trabalhávamos diretamente para o vice-secretário de defesa, David Packard, lendário cofundador da Hewlett-Packard, pioneira em alta tecnologia. Um dia, dirigindo o carro para o trabalho, eu estava tão concentrado em minha primeira apresentação para ele, que fiquei sem gasolina na George Washington Parkway. Deixei o carro no acostamento e peguei uma carona para o Pentágono, apenas para descobrir que deixara o paletó em casa. Spratt se apressou em conseguir algo emprestado que me servisse. Quando finalmente chegou a hora da exposição a Packard sobre a Lockheed, ele reagiu exatamente como eu me portaria hoje – com grande impaciência. Tirou os óculos, olhou pela janela, girou os óculos nas mãos, enquanto eu prosseguia na ladainha. Ele não disse uma palavra. Wendy insiste em que ainda não aprendi a lição. Gosto que os outros sejam breves, mas a brevidade não é uma de minhas virtudes.

Packard deixou o Departamento da Defesa em dezembro de 1971. Não muito depois, consegui um lugar na Casa Branca, no Domestic Council, então dirigido por John Ehrlichman. Entrei lá em abril de 1972. Foi uma época extraordinária. A Guerra do Vietnã perdia o ímpeto, mas o país continuava polarizado. A economia se encontrava sob forte tensão – Nixon retirara os Estados Unidos do padrão-ouro no ano anterior.

Eu atuava em vários assuntos, como política tributária, minorias e salário mínimo. Trabalhei com um advogado inteligente, chamado Lew Engman, que foi um grande mentor. Quando ele saiu para dirigir a Federal

Trade Commission, depois da eleição de 1972, assumi o lugar dele – uma grande promoção.

No começo de 1973, tornei-me oficial de ligação com o Departamento do Tesouro, que na época era dirigido por George Shultz. Até que os escombros de Watergate desabaram sobre todos nós. Eu trabalhara bem com Ehrlichman. Ele era pessoa marcante e dedicada, que se importava profundamente com questões de política pública. Também me deu bons conselhos. Lembro-me de quando ele me disse que não bastava fazer as coisas certas. Também é muito importante que os outros saibam que você está fazendo as coisas certas.

Ehrlichman me preveniu quanto a certas pessoas na Casa Branca, em especial em relação a Chuck Colson, assessor especial do presidente.

"Nixon é um cara muito complexo", explicou Ehrlichman antes da eleição de 1972. "Ele tem um lado liberal, encarnado por Len Garment. Também tem uma faceta intelectual, representada por Henry Kissinger." Mas, prosseguiu, Nixon também é paranoico. "Ele nunca enfrentou uma eleição fácil. Ele acha que os Kennedys lhe roubaram a presidência, em 1960, e que, em 1968, seria derrotado, se a campanha durasse mais dois dias. Portanto, ele não quer entrar nessas eleições sem uma pequena pistola escondida no tornozelo. Essa arma de cano curto e calibre grosso, é Chuck Colson."

Evidentemente, acabei decepcionado com Ehrlichman, que passou algum tempo na cadeia por perjúrio, conspiração e obstrução da justiça; Colson foi condenado por obstrução da justiça. Ao deparar com essa situação de homens que, um dia, estavam no topo do mundo e, no outro, no fundo do poço, encarcerados como delinquentes, aprendi uma lição duradoura: nunca se inebrie com títulos e posições. Mais tarde, sempre aconselhei jovens profissionais a nunca fazer algo que considerem errado apenas porque o chefe mandou.

Não passei muito tempo com Nixon, mas me dei bem com ele enquanto estive na Casa Branca. Ele admirava atletas e gostava de trabalhar com jovens. Eu não era muito habilidoso e, vez por outra, o interrompia na ânsia de transmitir minhas ideias, mas ele não se ofendia.

Quando me preparava para deixar meu posto, em dezembro de 1973, fui chamado pelo presidente. Entrei no Salão Oval, onde Nixon e eu conversamos por pouco tempo. Eu tinha a ideia de melhorar a qualidade da educação, substituindo os impostos incidentes sobre imóveis em áreas urbanas degradadas por impostos sobre o valor agregado, basicamente, um imposto sobre vendas de âmbito nacional, usando a receita tributária para financiar o sistema de vouchers. "Deixa eu lhe dizer algo a respeito desse imposto sobre o valor agregado", disse Nixon. "Gostei da ideia, mas eu não a adoto porque os liberais vão acusá-la de regressiva, o que é verdade; mas, se algum dia a aceitarem, gostarão tanto que nunca a abandonarão, pois essa forma de tributação levanta tanto dinheiro, com tão pouca dor, que financiaria todos os programas da Grande Sociedade."

As repercussões de Watergate me deram muito tempo para procurar emprego. Escolhi o Goldman Sachs porque queria trabalhar no Meio-Oeste, e banco de investimentos me daria a chance de trabalhar em vários projetos diferentes ao mesmo tempo. O Goldman tinha presença muito forte em Chicago e eu fiquei impressionado com o pessoal de lá: Jim Gorter, sócio sênior em Chicago, e Bob Rubin e Steve Friedman, sócios juniores em Nova York. O período em que trabalhei para o governo me ensinou que com quem você trabalha é tão importante quanto o que você faz.

Na época, o Goldman ainda não estava no alto da pilha nem era o melhor em emissões públicas e em fusões, incorporações e aquisições, como viria a tornar-se. Com efeito, na época, não fazia tantos negócios. Passei um ano sendo treinado em Nova York, antes de ser transferido para a chamada unidade de serviços de banco de investimentos: Éramos um grupo de generalistas que conheciam todas as áreas de finanças e gerenciavam relacionamentos com clientes.

Naquele ano, Wendy e eu nos mudamos para Barrington, onde compramos dois dos seis hectares de meu pai. Então, nós dois pedimos dinheiro emprestado a nossos pais para construir a casa que ainda hoje chamamos de lar. É uma construção rústica, aconchegada no canto de um bosque, no alto de uma colina, que se debruça sobre uma pastagem. Abri o caminho para a entrada de automóveis com uma serra de cadeia, construí o muro de arrimo e quebrei boa parte dos seixos com que construímos nossa lareira. Wendy, que tem jeito para mecânica, instalou o sistema de exaustão central e construiu uma grande área para as crianças.

Talvez porque eu já estivesse começando a ficar careca e parecesse mais velho que meus 28 anos, o Goldman me mandou visitar clientes no começo de minha carreira, o que não era muito comum. Minha experiência na Casa Branca, interagindo com ministros e com o presidente, me proporcionou a confiança necessária para lidar diretamente com os CEOs de empresas.

Gorter, que dirigia os negócios do Goldman no Meio-Oeste, me ajudou muito. Ele me disse que, se eu fosse paciente e sempre colocasse os clientes em primeiro lugar, eu assumiria a dianteira, no longo prazo.

Ele estava certo, mas foi muito difícil e estive sob muito estresse. Antes, bastava ser inteligente e trabalhar com afinco – o sucesso era consequência natural. Agora, eu também tinha de convencer outras pessoas a confiar em mim. Ainda por cima, todos os clientes potenciais já eram clientes de outros. Mas eu dei duro e construí grande base de clientes no Meio-Oeste. Tinha de lutar com unhas e dentes por eles. Por exemplo, Sara Lee, então denominada Consolidated Foods, era cliente do Morgan Stanley havia muito tempo, mas visitei a empresa com sucessivas ideias, desenvolvendo nosso relacionamento com pequenas transações. Por fim, conquistamos fatias mais significativas. No percurso, aproximei-me do CEO, John Bryan, homem extraordinário, que eu admirava como executivo, assim como pelos valores: era filantropo muito ativo fora do escritório e veio a ser meu amigo e mentor. Quando o Goldman abriu o capital, convenci-o a entrar para nosso Conselho de Administração.

Várias são as maneiras de construir relacionamentos. As redes sociais são boas, mas eu gostava de vender substância. Minha abordagem era muito direta e os clientes precisavam de tempo para se acostumar com ela. Eu queria que as pessoas sentissem que tinham aprendido alguma coisa comigo sempre que nos encontrávamos. Aconselhava os clientes em todos os tipos de coisas que, no sentido estrito, não tinham nada a ver com banco de investimentos, como ajuda em estratégia de negócios, opiniões sobre competição externa e até palpites sobre a qualidade de seus executivos. Vivíamos no começo da febre de tomadas de controle hostis e de compras alavancadas. Na década de 1980, assessorávamos muitas empresas na montagem de estratégias de defesa contra assédios indesejáveis.

Longas jornadas no escritório podem fazer mal em casa e esse foi um período de grande estresse em meu casamento. Eu chegava do trabalho muito cansado para fazer alguma coisa com as crianças, quando elas eram muito pequenas. Como não tínhamos dinheiro para construir o quarto do casal, dormíamos num loft aberto, com os quartos das crianças em área contígua. Às vezes, eu me trancava no banheiro com a *Sports Illustrated* para relaxar em silêncio. Wendy insistia em que eu tinha de chegar mais cedo, ajudar em casa, dar banho nos filhos, contar-lhes histórias e fazê-los dormir.

Com o apoio de Gorter, passei a sair do escritório às 16h30, pegar o trem de 16h42 e chegar em casa às 17h25. Depois do jantar, lia para as crianças. Habituei-as a compreender as histórias mesmo quando eu falava muito rápido. Uma noite, Wendy entrou no quarto e me exortou: "Vá devagar e leia com expressão." Tentei, mas logo as crianças começaram a chorar: "Não, não! Lê como o papai, não como a mamãe." Depois que elas dormiam, eu ia para o telefone e começava a conversar com os clientes, que diziam: "Meu Deus, você ainda está no escritório?"

Quando conto essa história sobre o equilíbrio entre vida profissional e pessoal, as pessoas dizem: "Paulson, seu f.d.p, ninguém no Goldman Sachs fazia as pessoas trabalharem mais". Muito justo. Mas eu sempre dizia à turma do Goldman: não compete a seu chefe administrar sua vida. Seria bom que você se empenhasse no gerenciamento de sua vida particular com o mesmo afinco com que programa seu trabalho e planeja sua carreira. Aprenda a dizer não. Lembre-se, não basta ser pé de boi para chegar lá.

Hoje, Amanda é chefe do bureau do *Christian Science Monitor*, em Chicago; ela e o marido, Josh, têm dois filhos. Merritt é proprietário e dirigente do time de basquete Triple-A Portland Beavers, assim como da equipe de futebol Portland Timers. Ele e a esposa, Heather, têm uma filha.

Ao longo dos anos, passei a interessar-me por administração. Quando Gorter foi transferido para a direção do banco de investimentos do Goldman, ele me incentivou a assumir a região do Meio-Oeste. Eu presidi umas duas comissões de planejamento estratégico e, em 1990, quando John Weinberg se aposentou como CEO da empresa, seus sucessores, Steve Friedman e Bob Rubin, me selecionaram para dirigir o banco de investimentos com Bob Hurst e Mike Overlock. Também me pediram para elaborar uma estratégia de desenvolvimento de nosso negócio de private equity e para supervisionar sua execução. Quando decidimos expandir nossos negócios na Ásia, meus colegas de Nova York me disseram: "Chicago é mais perto da Ásia que Nova York. Por que você não assume aquilo lá?"

Aceitei de bom grado o desafio. A Ásia e a China, em especial, estavam na iminência de entrar no incrível surto de prosperidade dos últimos anos, mas não fazíamos quase nada no continente até então. Meu primeiro encontro com altas autoridades chinesas ocorreu em 1992, quando Tung Chee-hwa, que então dirigia sua própria empresa e depois se tornou principal executivo da Região Administrativa especial de Hong Kong, levou-

-me para conhecer o presidente Jiang Zemin. Estávamos conversando sobre reforma econômica e Jiang me disse que andava lendo sobre a economia dos Estados Unidos, desfiando, então, os nomes de empresas que lhe eram familiares, como General Electric, Boeing e IBM. Então, ele olhou diretamente em meus olhos e sentenciou: "Ativo é igual a passivo mais patrimônio líquido."

Não estou certo de que os líderes de nosso país sejam capazes de resumir um balanço patrimonial com a mesma objetividade e brevidade desse comunista de nascimento e de criação. Voltei para os Estados Unidos e disse a Rubin e a Friedman que havia enormes oportunidades na China e que deveríamos expandir-nos agressivamente naquele país. Praticamente ausentes em 1992, passamos a ter talvez 1.500 pessoas no país, quando deixei o Goldman, em 2006. Nesse ínterim, fiz cerca de 70 viagens à China.

O esforço compensou sob muitos aspectos – inclusive alguns que eu não imaginara antes. Para começar, o Goldman tornou-se a principal empresa de consultoria em serviços bancários na economia em mais rápido crescimento do mundo, o que me proporcionou muitos relacionamentos estreitos e ampla rede de contatos com os principais líderes chineses, situação que muito nos ajudou quando eu era secretário do Tesouro, principalmente durante a crise. Por causa da alta visibilidade do trabalho – em geral, privatizações de empresas estatais – eu participei ativamente de nossas primeiras iniciativas. Esses negócios envolviam enorme volume de trabalho estratégico e técnico, à medida que preparávamos as empresas estatais chinesas, quase sempre inchadas e decrépitas, para atender às demandas dos investidores ocidentais, que exigiam operações de negócios de classe mundial e boa governança corporativa. Os chineses, por sua vez, estavam ansiosos para adotar as melhores práticas do Ocidente.

Nessa época, o Goldman crescia em ritmo acelerado em todo o mundo e atravessava fase de grande prosperidade. Porém, também enfrentamos dois grandes choques que me forçaram a reconsiderar minhas opiniões sobre risco. Ambos os episódios me induziram a assumir papel mais ativo na gestão da empresa.

O primeiro ocorreu em 1994, quando o Goldman enfrentou ano muito difícil, com grandes problemas em operações de mercado. A empresa perdeu mais de cem milhões de dólares por mês, durante vários meses. Nossa estrutura de capital também era extremamente desfavorável. Ao saírem do negócio, os sócios levantavam metade de sua participação e deixavam o resto na empresa, rendendo juros. Naquele ano, assustados com os grandes prejuízos nas operações de mercado, muitos mais sócios se retiraram, deixando nosso capital sob grande pressão. Enquanto conseguimos reter os sócios, nunca se questionou a viabilidade da empresa. Embora nosso balanço patrimonial tenha aumentado muito, a liderança do Goldman sempre compreendeu que, quando se depende de financiamento por atacado, como ocorre com os bancos de investimento, é melhor dispor de grande excesso de liquidez – em termos leigos, caixa mais do que suficiente para, a qualquer momento, pagar imediatamente o exigível de curto prazo.

Complicando ainda mais a situação, Steve Friedman, mentor e amigo que vinha dirigindo a empresa sozinho – Bob Rubin fora para o governo Clinton – decidiu aposentar-se em setembro, por motivos de saúde. Jon Corzine foi nomeado chairman, enquanto eu passava a exercer as funções de vice-chairman e diretor de operações. Para superar aquela conjuntura de quase desastre, constituímos novos comitês de supervisão e instalamos novos sistemas, processos e controles para gerenciar o risco.

O novo choque ocorreu em 1998. Naquela primavera, os sócios aprovaram a abertura do capital da empresa. Numerosos bancos de investimentos haviam feito grandes apostas na Rússia, que acabou dando o calote. Depois de sofrerem enormes prejuízos, essas empresas correram para levantar dinheiro. Como não tinham condições de vender suas posições na Rússia, que agora não valiam nada, elas começaram a vender outros investimentos, como certificados de recebíveis imobiliários (mortgage-backed securities), o que derrubou seus preços.

Mesmo quem tinha gerenciado de maneira conservadora seus negócios hipotecários, como o Goldman, deparou com grandes perdas. Os mercados começaram a grimpar, e títulos até então muito líquidos tornaram-se ilíquidos. A principal vítima da conjuntura foi o fundo de hedge Long-Term Capital Management, cuja falência, receava-se, poderia provocar amplo colapso nos mercados. O setor de bancos de investimento, sob pressão do Federal Reserve, arregimentou-se para socorrer a LTCM, mas a dor era mais difusa. Lembro-me de ver alguns de nossos concorrentes se debatendo pela sobrevivência, por terem recorrido a financiamento de curto prazo, que não mais podiam rolar. O Goldman ganhou dinheiro – acho que acabamos com lucro de 12% sobre o capital naquele ano – mas sangramos durante um ou dois meses, o que foi assustador. Tivemos de adiar nossa oferta pública inicial, que fora programada para o outono.

Enquanto isso, a tensão aumentava entre Jon Corzine e eu. Eu fora nomeado co-chairman e co-CEO, em junho, e, francamente, aquele casamento nunca daria certo. A estrutura não funcionaria numa companhia aberta, e concluí que não tinha condições de trabalhar com Jon como co-CEO. Consegui o apoio de nosso comitê gestor e, no começo de janeiro de 1999, John Thain, então nosso diretor-financeiro, amigo e protegido de Corzine, foi conversar com ele. Procurei-o em seguida e disse que ele precisava afastar-se.

"Hank", ainda me lembro do comentário dele, "eu subestimei você. Não sabia que você era tão durão."

Mas não se tratava de ser durão, mas, sim, do que eu considerava ser o melhor para o Goldman. Corzine afastou-se imediatamente como CEO e saiu em maio de 1999, quando o Goldman abriu o capital, terminando uma sociedade de 130 anos.

Como muitos executivos do Goldman, preocupei-me com o que a abertura do capital significaria para a cultura e para o etos da empresa. Trabalhamos com afinco no intuito de manter a coesão e a franqueza da velha cultura societária. Eu estava decidido a alinhar adequadamente meus interesses com o de nossos acionistas. Durante meus últimos três anos como CEO, meus bônus foram pagos inteiramente em ações. À exceção de minhas doações filantrópicas (inclusive para a fundação de nossa família), resolvi que, enquanto continuasse CEO, não venderia uma única ação do acervo que recebi em troca de minha participação societária, quando abrimos o capital, nem as que eu viesse a receber como parte de minha remuneração anual. A situação era muito semelhante à do Goldman Sachs, antes da abertura do capital, quando os líderes eram proprietários de longo prazo, com boa parte de todo o seu patrimônio na própria empresa.

Aqueles primeiros anos foram muito atribulados. Deparamos com o estouro da bolha pontocom e com a recessão subsequente. Também sofremos o impacto dos ataques terroristas do 11 de Setembro e navegamos no mercado de ações em baixa. Mas acho justo afirmar que, sob qualquer critério, fomos bem-sucedidos. Nos sete anos entre maio de 1999 e maio de 2006, até pouco antes de minha saída, o número de empregados do Goldman (inclusive coligadas) cresceu de quase 15.000 para cerca de 24.000. O lucro líquido de US$5,6 bilhões, em 2005, foi mais que o dobro do lucro líquido *pro forma* de US$2,6 bilhões, em 1999.

Apesar desses resultados, a indústria financeira tinha muitos problemas, e também suportamos nosso quinhão. Boa parte de Wall Street, inclusive o Goldman Sachs, foi atingida pelo escândalo das manipulações em pesquisas de títulos mobiliários, que veio à luz em 2002. Eu estava preocupado com esses lapsos de julgamento, em especial no Goldman Sachs. Tinha a certeza de que poderíamos fazer melhor, e comecei a falar.

Em breve, ganhei a reputação de cruzado ou ao menos de moralista. No entanto, não me considerava reformador extremista e nunca quis um microfone. Para mim, a questão era simples: em negócios, como na vida, devemos fazer não só o que é legal, mas também o que é certo. Eu nunca ouvira ninguém afirmar esse princípio tão óbvio, e foi o que tentei fazer ao proferir discurso no National Press Club, em junho de 2002, que veio a ser muito comentado.

"Em minha vida, as empresas americanas nunca enfrentaram tantas críticas", disse. "E, para ser objetivo, boa parte desse escrutínio é merecido."

Depois me disseram que meu discurso contribuíra para a aprovação da Lei Sarbanes-Oxley, promulgada depois de um surto de escândalos empresariais e contábeis, dos quais o mais notório foi o da Enron. A nova lei impôs padrões mais rigorosos às empresas de contabilidade e auditoria, assim como à diretoria e ao Conselho de Administração de companhias abertas.

À toda hora eu admoestava meus colegas quanto aos perigos do estilo de vida ostentatório que constatei entre muitos financistas do Goldman. Dirigia-me aos sócios – nunca tinha scripts para esses confrontos – e dizia coisas do tipo: "Vocês devem lembrar-se de que ninguém gosta de banqueiros de investimentos. Vocês tornam a vida mais difícil quando constroem uma casa com 1.500 m²." Evidentemente, também reconhecia que para parte de nosso pessoal, o desejo de ganhar dinheiro era o que os levava a trabalhar tanto e a preservar o bom desempenho do Goldman Sachs.

Acho justo dizer que os excessos dos banqueiros de investimentos se constituíam apenas em um exemplo extremo de consumo conspícuo na era do descartável. Wendy protestava contra essa situação o tempo todo – pessoas comprando coisas de que não precisavam – para logo jogá-las fora. Wendy é ambientalista obstinada: ela retira o próprio lixo dos aviões, para depois reciclá-lo. Ainda veste roupas do começo da década de 1970 e insiste em usar panelas e frigideiras que foram de meus pais. Nossa torradeira é a mesma que compramos ao nos casarmos 40 anos atrás. E por que não? Ela ainda funciona perfeitamente bem.

Wendy e eu temos em comum o amor pela natureza e pela vida selvagem, que nos despertou forte interesse pelo preservacionismo. Somos filantropos proativos, empenhados na conservação de nossa herança natural, tanto aqui nos Estados Unidos, quanto em todo o mundo. Esse sentimento me motivou a servir como presidente do Conselho de Administração da Nature Conservancy, co-presidente do Asia Pacific Council of the Nature Conservancy (onde, entre outras iniciativas, nos empenhamos em construir parques na Província Yunnan, da China), e presidente do Conselho de Administração do Peregrine Fund, que se dedica à proteção de aves predatórias em todo o mundo.

Na primavera de 2006, o Goldman Sachs atingira níveis sem precedentes de atividade e de receita, suas ações alcançaram a máxima de todos os tempos e eu não pensava em qualquer mudança em minha vida, quando a possibilidade de minha ida para o Departamento do Tesouro começou a ser discutida. Havia rumores de que o secretário do Tesouro, John Snow, estava demissionário. Ao acordar num domingo de manhã, deparei com um artigo no *New York Times,* com uma fotografia minha, ao lado da bandeira americana, sugerindo que eu seria o próximo secretário do Tesouro.

Não muito depois disso, recebi um telefonema a de Josh Bolten, novo chefe de gabinete do presidente Bush e ex-executivo do Goldman, para sondar meu interesse pelo cargo. O Goldman atravessava sua melhor fase e eu não estava ansioso por deixá-lo. Disse a Josh que não conseguia me imaginar naquela posição, e recorri a Wendy como desculpa: ela não queria ir para Washington e, ainda por cima, apoiava Hillary Clinton. Não sabia ao certo o que poderia fazer no final de um segundo mandato presidencial.

Josh foi persistente. Ele sabia que eu havia sido convidado para um almoço na Casa Branca, em 20 de abril, em homenagem a Hu Jintao, presidente da China, e sugeriu que eu me reunisse com o presidente Bush, na ocasião. "O presidente normalmente só se reúne com futuros colaboradores quando eles se mostram dispostos a aceitar o convite", explicou Josh. "Mas ele gostaria de se encontrar com você pessoalmente, na residência dele, na noite anterior ao almoço."

"Tudo bem", disse. "Estarei lá."

Um ou dois dias antes de minha ida a Washington, John Rogers, meu chefe de gabinete no Goldman, me perguntou se eu estava propenso a aceitar o cargo.

"Provavelmente não. Não consigo imaginar o que ele poderia dizer para me convencer", disse.

"Então você não deve se encontrar com ele", respondeu John, que conhecia muito bem os trejeitos e meneios de Washington. "Não é fácil dizer não ao presidente."

Telefonei para Josh imediatamente e lhe expliquei que não iria ver o presidente porque eu já havia decidido não assumir o cargo.

Wendy e eu voamos para Washington para o almoço com Hu Jintao, e antes me encontrei com Zhou Xiaochuan, presidente do Banco Central da China, na sede do Fundo Monetário Internacional. Ele pediu para conversar comigo a sós, e fomos para uma sala onde ninguém podia escutar-nos e onde não havia ninguém fazendo anotações.

"Acho que você deveria ser secretário do Tesouro", disse ele.

"Não posso", respondi, sem entrar em detalhes. Fiquei estarrecido ao me dar conta de como ele estava bem informado.

"Acho que mais tarde você vai lamentar essa decisão", retrucou Zhou. "Sou alguém que passou a vida no governo. Você é uma pessoa imbuída de espírito público e acho que hoje você pode fazer muita coisa pelo mundo."

O almoço na Casa Branca foi um evento impressionante. No entanto, senti que o presidente estava frio comigo quando o vi, assim como o vice-presidente Dick Cheney, com quem mantinha boas relações. Alguém na fila de cumprimentos, que tinha bons contatos no governo, me disse: "Hank, você seria um ótimo secretário do Tesouro. E você sabe que talvez não haja chance para outro republicano nos próximos anos. Você tem ideia do que esta fazendo ao rejeitar esse convite?"

Quando o almoço terminou, Wendy e eu caminhamos pelas imediações da Casa Branca, até a entrada da Secretaria do Tesouro. Era um dia maravilhoso. As magnólias e cerejeiras em pleno viço contrastavam intensamente com o azul do céu radiante.

Senti-me horrível.

Não sou bom em esconder as emoções e Wendy percebeu que eu estava transtornado. E disse: "Querido, espero que você não tenha recusado o convite por minha causa. Você sabe que se isso fosse realmente importante para você, eu lhe teria dado todo o apoio."

Ela supunha que a questão já estivesse superada.

"Não", respondi. "Não foi isso."

Pouco depois, fui à península de Yucatán para uma reunião da Nature Conservation. Sentia-me péssimo, com a sensação de que havia cometido um erro. Quase todas as pessoas com quem euconversava me aconselharam a não aceitar o cargo. Diziam: "Você é o chefe do Goldman Sachs. Você é o homem; por que ir para Washington? O presidente só tem mais dois anos e meio de mandato. Veja a impopularidade dele. Os republicanos estão na iminência de perder o Congresso. O que você poderia fazer nessas circunstâncias?"

No entanto, alguma coisa no meu âmago gritava que eu devia muito a meu país, e algo me incomodava ao dizer não ao presidente, quando ele pedia minha ajuda. Meu bom amigo John Bryan me lembrou: "Na vida, não existe ensaio geral. Será que você gostaria de chegar aos 75 anos e ficar dizendo por aí: 'Eu *poderia ter sido* secretário do Tesouro'?"

Telefonei para Rogers e disse: "John, não acredito que eu tenha recusado a oferta."

Ele respondeu: "Bem, você talvez tenha outra chance. Talvez eles voltem."

E voltaram. Eu estava na Alemanha, a negócios, em maio, quando Josh telefonou de novo, e concordei em me encontrar com ele em Washington, na minha ida para a Costa-Oeste, onde participaria de uma conferência da Microsoft. Conversamos numa suíte particular do Willard Hotel sobre o que poderia ser feito naqueles últimos anos do governo. Também falamos sobre o estilo de trabalho do presidente e sobre questões políticas prementes, como a necessidade de reforma dos programas sociais, e sobre outras áreas em que ele considerava que eu poderia ser útil, como relações com o Irã e combate ao financiamento do terrorismo.

Aconselhei-me com muita gente. Jim Baker, ex-secretário do Tesouro e ex-secretário de Estado, que me havia recomendado ao presidente e me exortou a aceitar a posição, disse que eu deveria pedir para ser o principal assessor e porta-voz em todas as questões econômicas nacionais e internacionais. "Isso", como ele disse, "realmente abrange tudo."

Eu ainda estava ruminando a decisão. Meu momento de epifania ocorreu durante o voo para a reunião da Microsoft. De repente, reconheci que a fonte de tanta ansiedade era simplesmente medo. Medo do fracasso, medo do desconhecido: a incerteza de trabalhar com um grupo com o qual eu nunca lidara antes e de liderar pessoas que eu nunca dirigira antes.

Depois dessa constatação, reagi intensamente contra o medo. Não me renderia ao medo. Rezei para ter a humildade de fazer alguma coisa sem a motivação exclusiva do senso do ego, mas, sim, com base na compreensão primordial de que nossa função na vida é expressar o bem emanado de Deus. Sempre acreditei que a melhor maneira de lidar com problemas e desafios era enfrentá-los com inteligência e determinação, em vez de contorná-los ou fugir deles; era o que eu dizia às crianças no campo, quando eu era conselheiro, e o que agora eu repetia para mim mesmo. O medo do fracasso é, em última instância, egocentrismo; reflete a obsessão com o eu, a ponto de ignorar a realidade de que nossas forças e capacidades derivam da Mente divina.

Combinei de voltar a Washington para nova reunião com Josh. Sentados diante da lareira na sala dele, sob um retrato de Abraham Lincoln, fiz minhas "perguntas". Além de ser o principal assessor e porta-voz econômico, queria dispor de poderes para substituir nomeados políticos e trazer minha própria equipe; também queria ter acesso regular ao presidente, em igualdade de condições com os secretários de Defesa e de Estado. Pedi para presidir o almoço sobre política econômica realizado na Casa Branca. Josh telefonou para Al Hubbard, diretor do Conselho Econômico Nacional, na casa dele, em Indianápolis, para certificar-se de que estaria tudo bem com ele, e estava.

Depois que Josh e eu esmiuçamos esses detalhes, subi para ver o presidente na ala residencial. Achei George Bush amistoso, direto e muito participativo. Ele estava descontraído, depois de voltar de um passeio de bicicleta naquela manhã. Conversamos sobre várias tópicos: como seria importante tratar da questão dos programas sociais, e que a liderança do secretário do Tesouro nessa área, em lugar da do próprio presidente, talvez contribuísse para angariar apoio de ambos os lados. Também falamos sobre a possibilidade de que sanções financeiras contra o Irã e contra a Coreia do Norte poderiam fazer diferença. Depois de uma hora de reunião, disse a ele que estava propenso a aceitar o cargo.

A partir de então, o ritmo dos acontecimentos se acelerou. Precisávamos divulgar a notícia antes de qualquer vazamento de informações. Peguei um avião para passar o fim de semana em Barrington, para ficar algum tempo com Wendy, que estava desesperada com a perda de privacidade, à medida que éramos triturados pelo moedor de carne de Washington, e para dar a notícia à minha mãe. Depois, voltei a Nova York e telefonei para Lloyd Blankfein, arrancando-o de um fim de semana com a família para analisar os acontecimentos. Convidei Lindsay Valdeon, minha assistente de confiança no Goldman Sachs, a ir para Washington comigo, e ela concordou.

Telefonei, então, para os membros do Conselho de Administração e para os 17 executivos do comitê gestor do Goldman para dar-lhes a notícia, e pedi a Lloyd e a John Rogers para irem comigo a Washington e participarem da cerimônia.

Em seguida, fomos a Chicago para uma reunião já programada dos sócios. Ao acordar na manhã seguinte, vi-me na primeira página de todos os jornais. Perdi o fôlego. Embora positiva, toda aquela cobertura era exasperadora.

O Senado homologou minha nomeação antes do recesso de 4 de julho. Restava um único obstáculo – minha mãe. Receava o que ela pudesse dizer quando se encontrasse com o presidente. Ela prometeu que se comportaria bem.

Tomei posse em 10 de julho de 2006. A cerimônia ocorreu na Cash Room do Edifício do Tesouro, espaço magnífico projetado, na década de 1860, para parecer um palazzo italiano. O piso e as paredes são de mármore, que se erguem até um teto ornado com cantoneiras douradas, donde pendem grandes lustres de bronze. Até ter sido fechado por motivos de segurança, na década de 1970, o salão estava aberto ao público: lá se podiam descontar cheques do governo e comprar títulos públicos. Minha posse foi presidida por John Roberts, presidente da Suprema Corte, na presença do presidente Bush – com minha mãe na plateia.

Minha mãe sofreu com a derrota de Hillary Clinton nas primárias do Partido Democrata, em 2008, para Barack Obama; ela quer viver o suficiente para ver uma mulher na presidência dos Estados Unidos e para assistir a uma vitória do Cubs na World Series. Mas ela acabou votando em Obama. Se pudesse voltar ao passado, ela provavelmente de novo não votaria em George W. Bush nas eleições de 2000 e de 2004. Porém, depois de acompanhar a maneira como ele trabalhou comigo e de ouvir meus relatos sobre sucessivas questões, posso garantir-lhes o seguinte: hoje, ela vê o ex-presidente de maneira muito diferente, com olhos que de modo algum são os mesmos com que o encarou quando tomei posse em Washington. O mesmo aconteceu com Wendy, Merritt e Amanda.

Capítulo 3

Quinta-feira, 17 de agosto de 2006

Em agosto de 2006, o presidente Bush reuniu sua equipe econômica em Camp David. O retiro presidencial é uma bela área arborizada, com chalés rústicos e trilhas recobertas de folhas secas, a uma hora e meia de carro de Washington, situada no Catoctin Mountain Park, na região oeste de Maryland. Eu estava no cargo de secretário do Tesouro havia apenas cinco semanas e ainda apalpava meu caminho como forasteiro numa administração coesa e entrelaçada.

As perspectivas econômicas eram positivas. As ações estavam sendo negociadas pouco abaixo das máximas quase recordes de maio. O dólar vinha mostrando alguma debilidade, principalmente em relação ao euro, mas, em geral, a economia estava tinindo – o produto interno bruto subira quase 5% no primeiro trimestre e quase 3% no segundo trimestre.

No entanto, eu me sentia intranquilo. No ambiente macro, os Estados Unidos estavam lutando em duas guerras, as despesas com os furacões Katrina, Rita e Wilma se acumulavam, e nossos gastos com programas sociais continuavam aumentando, mesmo com o encolhimento dos déficits orçamentários. Essa situação estranha era, em última análise, consequência de desequilíbrios financeiros globais que inquietavam os formuladores de políticas havia anos. Para suportar gastos com consumo sem precedentes e para contrabalançar as baixas taxas de poupança interna, os Estados Unidos estavam se endividando demais no exterior, enquanto os países exportadores – mormente China e outras economias asiáticas, e os produtores de petróleo – injetavam capital na economia americana, impulsionando, inadvertidamente, nossos hábitos perdulários. Os dólares reciclados desses países enriqueciam Wall Street e inflavam a arrecadação tributária no curto prazo, mas comprometia a estabilidade no longo prazo e, entre outras consequências, exacerbava a desigualdade de renda nos Estados Unidos. Quanto tempo poderia durar essa situação?

Meu principal receio era a probabilidade de uma crise financeira. Os mercados raramente passavam muitos anos sem alguma ruptura grave, e o crédito esteve tão abundante durante tanto tempo que as pessoas não estavam preparadas para um choque sistêmico. Não enfrentávamos grande estouro financeiro desde 1998.

Chegamos a Camp David nas últimas horas da manhã de terça-feira, 17 de agosto, almoçamos e passamos a tarde caminhando. À noite, Wendy, sempre atleta, derrotou todos os convidados, inclusive eu, num torneio de boliche. Embora o retiro seja conhecido do grande público pela hospedagem de dignitários estrangeiros, a atmosfera é muito descontraída. Por sugestão de Josh Bolten, até comprei umas duas calças cáqui – na época, eu só tinha calças esportivas mais formais ou jeans.

De manhã, saí para uma corrida revigorante, sob o canto envolvente das cambaxirras, e, no alto da abóbada radiante, aves migratórias voavam em formação. Numa curva do caminho, deparei com Wendy e com a primeira-dama, Laura Bush, acompanhadas a certa distância por uma escolta do Serviço Secreto, entretidas na observação de pássaros. Mal sabia eu que estava a ponto de descobrir espécies mais exóticas na fauna de Washington.

Depois do café da manhã, a equipe econômica do presidente se reuniu em uma grande sala de conferências revestida de lambris de madeira, na Casa de Louro (Laurel), como é conhecida a residência principal do complexo (todos os prédios de Camp David são batizados com nomes de árvores). Ed Lazear, chairman do Conselho de Assessores Econômicos, foi o primeiro a falar, analisando a situação dos salários e, em seguida, falando sobre iniciativas de estímulo ao crescimento. Rob Portman, ex-parlamentar, que na época era chefe do Escritório de Gestão e Orçamento, dissecou questões orçamentárias, enquanto Al Hubbard, então diretor do Conselho

Econômico Nacional, e seu vice-diretor, Keith Hennessey, ciceronearam-nos ao longo dos meandros dos programas sociais.

O estilo operacional do presidente manifestava-se com toda a sua pujança. Ele cultivou a atmosfera informal propiciada pelo local e pelos trajes, mas também garantiu a agilidade e a objetividade das discussões, avançando propositadamente de um para outro item da agenda, com o mínimo de digressões e bate-papos paralelos. Há quem diga que, como presidente, George W. Bush carecia de curiosidade e não estimulava o dissenso. Nada poderia estar mais longe de minha experiência. Ele encorajava o debate e a discussão e pegava os assuntos com rapidez, não se satisfazendo com as explicações, se não fossem convincentes.

Concentrei-me na prevenção de crises. Expliquei que deveríamos estar preparados para enfrentar qualquer ameaça, desde ataques terroristas, até desastres naturais, passando por choques do petróleo, colapsos de grandes bancos ou queda mais acentuada no valor do dólar.

"Se vocês observarem a história recente, constatarão que ocorrem comoções nos mercados de capitais a intervalos de quatro a oito anos", disse, citando a crise das associações de poupança e empréstimo, de fins da década de 1980 e começo da de 1990; ou estouro do mercado de títulos de crédito, de 1994, e a crise que começou na Ásia, em 1997, e prosseguiu com o calote da dívida da Rússia, em 1998. Eu não tinha dúvidas de que estávamos na iminência de outra ruptura.

Detalhei o grande aumento nos pools de capital não regulados, como fundos de hedge e fundos de private equity, além do crescimento exponencial dos derivativos de mercado de balcão (over-the-counter – OTC), como swaps de crédito (credit default swaps – CDS).

"Tudo isso", concluí, "permitiu que altos níveis de endividamento – e risco – contaminassem os mercados financeiros."

"Como isso aconteceu?", perguntou o presidente.

Era uma pergunta embaraçosa para alguém do setor financeiro – afinal, éramos os responsáveis. Eu também estava plenamente consciente do desprezo arraigado do presidente por Wall Street e por sua reputação de arrogância e excessos. Mas era evidente que o governo, até então, ainda não se concentrara nessas áreas, razão por que lhes transmiti algumas noções sobre hedging; explicando-lhes como e por que essas estratégias eram necessárias.

"As empresas de aviação", expliquei, "podem querer proteger-se contra aumentos nos custos de combustível das aeronaves, comprando contratos futuros para travar os preços vigentes nas próximas transações. Ou um exportador como o México pode concordar em vender petróleo no mercado futuro aos preços de hoje, se achar que as cotações tendem a cair."

Expliquei como em Wall Street, quando se tem grande estoque de títulos, é possível hedgear-se ou proteger-se, comprando derivativos de crédito, instrumentos financeiros relativamente novos que garantem o principal e os rendimentos dos detentores, na hipótese de os títulos de crédito por eles garantidos darem o calote ou serem rebaixados por uma agência de classificação de riscos. Minha explicação envolveu detalhes consideráveis e complexos, que o presidente ouviu com atenção. Ele talvez não tenha meus conhecimentos técnicos sobre finanças, mas é detentor de um MBA por Harvard e de boa sensibilidade natural em relação aos mercados.

"Quanto dessas atividades é apenas especulação?", perguntou.

Era uma boa pergunta, que, ultimamente, eu me fazia com frequência. Os derivativos de crédito, em especial os swaps de crédito, vinham sendo motivo de preocupação crescente para mim, ao longo dos últimos dois anos. O conceito básico era límpido e profícuo. Mas o diabo se esconde nos detalhes – e os detalhes eram turvos e traiçoeiros. Ninguém sabia o volume de seguro assim emitido sobre qualquer crédito, nesse mercado de balcão privado e não regulado. A liquidação das operações se convertera em mixórdia assustadora: em alguns casos, o processo durava alguns meses.

Tim Geithner, presidente do Federal Reserve Bank de Nova York, compartilhava minhas preocupações e exercera forte pressão sobre as empresas de Wall Street para que limpassem seus registros enquanto eu estava no Goldman. Eu havia emprestado a ele Gerry Corrigan, eficaz e objetivo diretor-gerente e especialista em risco do Goldman, que o antecedera no Fed de Nova York. Gerry liderou um estudo, divulgado em 2005, recomendando grandes mudanças nos processos de apoio administrativo, entre outras. Desde então, fez-se algum progresso, mas a falta de transparência desses contratos de CDS, agravada por seu crescimento surpreendente, deixava-me muito inquieto.

"Não podemos prever quando eclodirá a próxima crise", disse. "Mas precisamos estar preparados."

Em resposta a uma pergunta do presidente, afirmei que era impossível saber o que poderia precipitar a ruptura. Recorrendo à analogia do incêndio em floresta, expliquei que era menos importante saber como o fogo começara do que dispor de meios para contê-lo – e, em seguida, apagá-lo.

Eu estava certo por manter-me em guarda, mas errei no diagnóstico e na escala do desastre iminente. Falha retumbante naquela minha apresentação foi qualquer menção a problemas no mercado habitacional e nas hipotecas residenciais.

Deixei o retiro nas montanhas convencido de que manteria bom relacionamento com meu novo chefe. Wendy compartilhava minha convicção, apesar de suas restrições iniciais quanto a se eu deveria aceitar o cargo. Soube depois que o presidente também estava apreensivo quanto a como Wendy e eu nos encaixaríamos no novo contexto, considerando a participação dela na campanha de levantamento de fundos para a candidatura de Hillary Clinton, para não falar em meus laços com Wall Street e em nosso apoio fervoroso à causa ambientalista. No entanto, também ele parecia sentir-se cada vez mais à vontade e mais confiante em relação a nós. Na verdade, viríamos a ser dos poucos convidados não pertencentes à família a passar o último fim de semana do presidente e da primeira-dama em Camp David, em janeiro de 2009.

Meus primeiros meses foram trabalhosos e produtivos. O Tesouro não mais seria coadjuvante na formulação de políticas públicas pelo governo, à espera de que a Casa Branca lhe dissesse o que fazer. Ao montar minha equipe de alto nível, mantive Bob Kimmitt como vice-secretário, mas mudei a função dele. Tipicamente, os vice-secretários dirigem as operações rotineiras do gabinete, mas, como CEO de longa data, eu pretendia me incumbir pessoalmente dessas atribuições. Usaria Bob, que conhecia Washington e tinha ampla experiência em diplomacia e em relações exteriores, para complementar-me nessas áreas. Bob contribuía com expertise, bons conselhos e mão firme, à medida que a crise se aproximava. Também tive a sorte de herdar um subsecretário talentoso para terrorismo e inteligência financeira, Stuart Levey, com quem trabalhei para excluir o Irã do sistema financeiro global.

O primeiro recrutamento externo para equipe foi o de Jim Wilkinson, pensador brilhante, imaginoso e não convencional, ex-assessor sênior da secretária de Estado Condoleezza Rice, o qual veio a ser meu chefe de Gabinete. Em seguida, arregimentei Bob Steel como subsecretário para finanças. Colega e amigo de longa data, ele fora vice-chairman do Goldman Sachs, de onde saiu no começo de 2004, depois de uma carreira de 28 anos. Essa foi uma nomeação extremamente importante, considerando meus maus presságios e o conhecimento profundo dele a respeito dos mercados de capitais.

Havia muito a fazer. O Tesouro precisava desesperadamente de modernização. Sua infraestrutura tecnológica era dolorosamente antiquada. Os exemplos lastimáveis eram muitos. Um dos sistemas internos mais importantes ainda se baseava num computador mainframe da década de 1970. Em outro caso lancinante, um extraordinário servidor público, Fred Adams, calculava os juros sobre trilhões de dólares em dívida ativa do Tesouro manualmente, todos os anos, havia quase 30 anos. Inclusive feriados. E ele estava próximo da aposentadoria!

Para reduzir as despesas, um de meus antecessores havia fechado a Sala dos Mercados (Markets Room), impedindo-nos de monitorar com independência e em tempo real o que estava acontecendo em Wall Street e em todo o mundo. Rapidamente construí novas instalações no segundo andar, com a ajuda de Tim Geithner, que nos emprestou os melhores e mais brilhantes astros de sua equipe de primeira linha do Fed de Nova York. A Sala dos Mercados era minha primeira parada em muitas manhãs. Durante a crise, ficava apavorado quando Matt Rutherford, oficial de ligação do Fed de Nova York com os mercados, aparecia em minha porta para trazer as últimas notícias. Quase sempre as novidades não eram boas.

Sou gestor mão na massa e adotei tom e estilo que foi de encontro à formalidade da maioria das organizações públicas. Insisti em ser chamado de Hank, em vez do costumeiro "senhor secretário". Retornava os telefonemas com rapidez e sempre saía de meu gabinete para ver as pessoas. Tipicamente, o secretário do Tesouro não passava muito tempo com os chefes das agências e birôs – desde o Bureau of the Public Debt (Birô da Dívida Pública) até o Bureau of Engraving and Printing (Birô de Cunhagem e Impressão) – que abrangem quase a totalidade dos 110.000 servidores do Departamento do Tesouro. Mas eu achava que a comunicação face a face nos ajudaria a evitar erros e a melhorar o moral. Essa atitude se mostraria útil mais tarde, quando eu precisaria trabalhar em estreito entrosamento com pessoas como John Dugan, o comptroller of the currency, cujo órgão supervisionava os bancos nacionais e que se reportava a mim sobre políticas públicas e questões orçamentárias. Quando a crise estourou, eu sabia que poderia contar com a cabeça fria e com a acuidade de julgamento de John.

Em minha opinião, secretário do Tesouro talvez seja o melhor cargo do Gabinete: a função abrange aspectos de política interna e de política externa, e a maioria das questões importantes do país é de natureza econômica ou tem importantes implicações econômicas. Porém, o secretário do Tesouro tem muito menos poder do que supõe a maioria dos cidadãos.

O Tesouro é, primordialmente, uma instituição política, incumbida de assessorar o presidente sobre questões econômicas e financeiras, promovendo a estabilidade e o crescimento e supervisionando órgãos públicos fundamentais para o sistema financeiro, inclusive o Internal Revenue Service, que cuida da receita tributária federal, e o U.S. Mint, responsável pela cunhagem e impressão da moeda em circulação. Porém, a autoridade do Departamento do Tesouro é muito limitada, e a lei proíbe o secretário do Tesouro de interferir nas funções de reguladores como o Office of the Comptroller of the Currency e o Office of Thrift Supervision, embora, formalmente, ambos sejam partes do Departamento do Tesouro. A garantia de observância da legislação tributária também está fora da alçada do Departamento do Tesouro. Legislação da época da Grande Depressão permite que o presidente e o secretário do Tesouro invoquem poderes regulatórios de emergência, mas essas prerrogativas se limitam a bancos sob a supervisão do Federal Reserve System, não abrangendo outras instituições, como os bancos de investimentos ou fundos de hedge, que hoje desempenham importante papel no sistema Financeiro.

O poder do secretário do Tesouro decorre da autoridade que lhe é delegada pelo presidente, de sua capacidade convocatória e de sua habilidade de influenciar e de persuadir outros membros do Gabinete, reguladores independentes, ministros das Finanças de outros países e chefes das instituições de Bretton Woods, como o Banco Mundial e o Fundo Monetário Internacional.

Cheguei a Washington decidido a explorar ao máximo minha posição, a bem do país. Minha prioridade inicial foi restaurar a credibilidade do Tesouro, construindo forte relacionamento com o presidente Bush e deixando claro que eu era seu principal assessor econômico. Também foi bom deixar claro para o presidente que eu sempre seria franco e objetivo com ele a portas fechadas, mas nunca ocorreria dissenso público entre ele e eu.

Optei por definir minha função em termos amplos. Eu mantinha reuniões regulares com Tim Geithner e com o chairman do Federal Reserve

Board, Ben Bernanke, consciente de que, em qualquer crise, teríamos de trabalhar em estreita coordenação. Também tentei aprimorar meu relacionamento com o Congresso. Eu viera para Washington sem muitos contatos em Capitol Hill, porém, da maneira como encarava minhas atribuições, eu agora tinha 535 clientes com quem precisava aprimorar o relacionamento, qualquer que fosse sua filiação partidária. Tive a sorte de herdar notável secretário adjunto para assuntos legislativos, Kevin Fromer, dotado de grande capacidade de julgamento e de um jeito incomum para conseguir coisas difíceis. Não gosto de relatórios, e Kevin podia informar-me de tudo que eu precisava, em dois minutos, em nossas corridas de uma para outra reunião no Congresso. Depois, ele não se acanhava em dizer-me o que eu poderia ter feito melhor. Formávamos uma boa equipe.

Em 2 de agosto, participei de minha primeira reunião do Grupo de Trabalho sobre Mercados Financeiros (President's Working Group on Financial Markets – PWG), na grande sala de reuniões, em frente a meu gabinete, no outro lado do corredor. Liderado pelo secretário do Tesouro, o PWG era composto dos chefes do Federal Reserve Board (Fed), da Securities and Exchange Commission (SEC) e da Commodities Futures Trading Commission, e fora constituído depois do crash do mercado de 1987, com o objetivo de elaborar recomendações de políticas públicas, mas seu funcionamento, até então, era mais ou menos ritualista. O pouco que se desenvolvia de trabalhos preparatórios se concentrava em nível hierárquico muito baixo. Os órgãos participantes competiam entre si e não trocavam informações uns com os outros. As reuniões eram breves e superficiais, sem apresentações do pessoal de apoio, e em geral eram realizadas de improviso.

Decidi mudar essa situação. Incluí Tim Geithner em nosso grupo de participantes, com base no raciocínio de que o Fed de Nova York estaria na linha de frente do combate a qualquer crise. Também pedi a John Dugan para comparecer às reuniões, pois o OCC desempenhava importante papel como regulador dos maiores bancos. Eu estava decidido a formar um grupo coeso, cujos membros mantivessem entre si estreitas relações de trabalho, o que seria fundamental para nosso desempenho durante as crises.

Nossas reuniões se realizavam a cada quatro ou seis semanas e eram agendadas com um ano de antecedência. Em breve, estávamos bem ajustados uns com os outros, trocando informações e desenvolvendo programas substantivos. As reuniões duravam três horas e eram bem organizadas, com apresentações detalhadas, inclusive uma que se tornou memorável, do Fed de Nova York, sobre como várias instituições financeiras gerenciavam o risco.

No começo, nos concentramos nas questões referentes aos derivativos de mercado de balcão e à alavancagem do sistema. Convergimos o foco principalmente sobre os fundos de hedge. A partir de fevereiro de 2006, a SEC passou a exigir que os fundos de hedge se registrassem como assessores de investimento, sujeitando-se pela primeira vez ao escrutínio regulatório (outras instituições já tinham se submetido, voluntariamente, à regulação). No entanto, em junho, um tribunal de recursos federal revogou a norma.

O PWG empenhou-se na auditoria dos relacionamentos entre os fundos de hedge e as instituições regulamentadas que, entre outros serviços, lhes ofereciam financiamentos. Em fevereiro de 2007, divulgamos um relatório em que exortávamos os fundos de hedge a serem mais transparentes e a seguir um conjunto de melhores práticas e de princípios de investimento. Um ano depois, propusemos que os maiores fundos, que representavam risco sistêmico, fossem obrigados a obter credenciamento ou licença federal.

Ao se preparar para as reuniões do PWG, o staff do Tesouro, sob a direção de Tony Ryan, secretário adjunto para mercados financeiros, estudava cenários que incluíam a falência de grandes bancos, o estouro de um banco de investimentos e a formação de espigões nos preços do petróleo. De início, haviam planejado realizar exercícios simulados de falência de empresa patrocinada pelo governo (government-sponsored enterprise – GSE), como a Fannie Mae, e o colapso do dólar, mas desistiram dessas simulações, com medo de que a notícia vazasse para a imprensa, levando o público a acreditar que considerávamos provável a ocorrência desses cenários a qualquer momento.

Quando aceitei o cargo de secretário do Tesouro, disse ao presidente Bush que gostaria de participar do manejo de nossas relações econômicas com a China. Para sermos bem-sucedidos, precisávamos envolver os principais formuladores de políticas de ambos os países, e eu estava convencido de que poderia ajudar o governo, tendo em vista minha experiência acumulada ao longo dos anos em negociações com as autoridades chinesas. Lançado em setembro de 2006, o Diálogo Econômico Estratégico (Strategic Economic Dialogue – SED) reuniu a mais alta liderança de ambos os países, para tratar de questões econômicas de longo prazo, como desequilíbrios, comércio, investimentos, finanças, energia e meio ambiente. Liderei o lado americano, enquanto o pressuroso vice-premier Wu Yi (sucedido em 2008 pelo capacíssimo Wang Qishan) representava a China.

O sucesso do SED é uma das realizações de que mais me orgulho e vejo com enorme satisfação sua continuidade pelo governo Obama. Ao se concentrar em nossas relações estratégicas bilaterais, o SED manteve em equilíbrio nossas relações com os chineses, não obstante sucessivas dificuldades referentes aos padrões de segurança de alimentos e outros produtos. E quando eclodiu a crise financeira, as relações que havíamos construído e fortalecido com as autoridades chinesas nos ajudaram a manter a confiança em nosso sistema, o que foi crucial, considerando que a China é credora de boa parte da dívida dos Estados Unidos.

Embora eu tenha ampliado as minhas funções, tive o cuidado de não invadir os territórios de outros secretários do Gabinete. Lembro-me muito bem de Steve Hadley, assessor de segurança nacional do presidente, advertindo-me de que deveria ser muito cauteloso com Condollezza Rice. "A primeira preocupação dela", disse, "será a de que não é possível ter dois secretários de Estado, um para economia e outro para tudo o mais."

Quando conversei com Condi sobre minhas ideias a respeito do SED, insisti em que relações econômicas fortes a ajudariam na liderança da política externa. E deixei claro para ela: "Há uma secretária de Estado: você. Quero apenas alinhar-me e trabalhar com você, e ajudá-la a realizar seus objetivos."

Condi e eu nos afinamos desde o começo. Eu a conhecera quando ela era reitora da Stanford University e eu era CEO do Goldman Sachs. George Shultz, ex-secretário de Estado e ex-secretário do Tesouro, que trabalhava na Hoover Institution, de Stanford, me telefonara para saber se eu estava disposto a me reunir com ela. Condi era especialista em Rússia e estava interessada em trabalhar para o Goldman. Como nem eu nem ninguém detectáramos antecipadamente a formação da crise financeira russa, achei que ela poderia ser muito útil. Mas, ao contrário, ela decidiu trabalhar na campanha de George W. Bush.

Condi e eu almoçamos em meu segundo dia no Tesouro. Ela conhecia o presidente muito bem e me deu ótimos conselhos sobre como me relacionar com ele, sugerindo que eu me empenhasse em termos reuniões individuais. Condi é mais inteligente e mais articulada que eu, não sou diplomata e, ainda por cima, sou terrível em observar as regras do protocolo – onde me postar e esse tipo de coisas – mas realmente sei fazer o que precisa ser feito. Mais de uma vez, ela precisou repetir: "Lembre-se, você é o segundo no protocolo, atrás da secretária de Estado. Caminhe atrás de mim."

Nos primeiros dias, sob os olhares vigilantes de Condi, até que eu me saí bem. Mas quando ela não estava presente, às vezes surgiam problemas. Em 2007, o presidente Bush recebeu os governadores dos estados para uma conferência em Washington, na Casa Branca. Como Condi não estava presente, Wendy e eu deveríamos sentar-nos ao lado de George e Laura Bush, durante a sessão de entretenimento na Ala Leste. Começamos a conversar com o governador da Califórnia, Arnold Schwarzenegger, sobre questões ambientais e na hora de todos se sentarem, Wendy e eu nos acomodamos no fundo da sala, deixando dois lugares vazios ao lado do presidente e da primeira-dama. Finalmente, Bob Gates, secretário da Defesa, se adiantou e se sentou num dos lugares vazios. Todos estavam rindo, especialmente meus colegas de Gabinete. Ao sairmos, depois do evento, o presidente me disse: "Paulson, você quer ser governador?"

Mas esse não foi meu pior passo em falso. O presidente Bush detestava quando telefones celulares soavam durante reuniões. Em janeiro de 2007, eu estava no Salão Oval para uma reunião com José Manuel Barroso, presidente da Comissão Europeia. Conforme determinava o protocolo, sentei-me no sofá à esquerda do presidente, ao lado de Condi. Supus que meu telefone estivesse desligado.

Todos ouvíamos com atenção a conversa agradável dos dois líderes, quando meu telefone celular começou a tocar. Sobressaltei-me como se tivesse sido atingido por um ferro em brasa. Apalpei-me, procurando primeiro no bolso do paletó, onde sempre deixava o telefone, mas não consegui encontrá-lo. Em desespero, levantei-me e verifiquei debaixo das almofadas do sofá, supondo que tivesse caído de meu bolso – em vão. A engenhoca continuou tocando, enquanto meu nível de mortificação aumentava. Finalmente, Condi descobriu onde ele estava e apontou para o bolso direito de minha calça. Desliguei-o o mais rápido possível.

"Paulson", o presidente mexeu comigo depois, "foram três mancadas: no Salão Oval; com um chefe de Estado visitante; e não encontrar o celular." Aquilo nunca aconteceu de novo.

Gostaria de justificar-me, alegando que aquele telefonema inoportuno era sobre alguma urgência no Tesouro; mas, na verdade, era de meu filho, que queria falar sobre o Chicago Bulls.

Ninguém jamais me acusou de ser mole demais. Dirijo-me às pessoas com assertividade e digo-lhes como acho que o problema deve ser resolvido. Ouço qualquer um que tenha boas ideias e me empenho em tomar a melhor decisão, considerando todos os aspectos. Embora esse método seja eficaz nos negócios, concluí que o processo decisório é muito mais complexo e difícil em Washington, sobretudo no Congresso.

Não importa qual seja o problema, grande ou pequeno, não existem decisões rápidas quando se lida com o Congresso. Francamente, não se conseguem mudanças importantes e difíceis, a não ser que estoure uma crise, o que torna muito difícil a interceptação de crises.

Trabalhar de maneira eficaz com os legisladores é grande parte do trabalho de um secretário do Tesouro, e, embora eu soubesse que seria frustrante, subestimei a intensidade dessa frustração.

Conseguimos alguns êxitos preliminares na arena internacional, rechaçando legislação protecionista potencialmente danosa contra a China e promovendo nova lei que esclareceu o processo de investimentos estrangeiros nos Estados Unidos. Mas empacamos em numerosas iniciativas internas, inclusive na tentativa do governo de reformar a Seguridade Social e o Medicare.

Fannie Mae e Freddie Mac, os gigantes do mercado de hipotecas, eram outros desafios legislativos extremamente árduos. Quando cheguei a Washington, hospedei-me no St. Regis Hotel, na esquina das ruas 16 e K. Os verões em Washington são quentes e úmidos, mas eu gostava de correr em torno do National Mall, passando pelos monumentos e museus, entrelaçando meu caminho em meio a multidões de turistas. Um dia, em fins de junho de 2006, eu acabara de voltar ao hotel, depois de uma corrida, gotejando suor, quando Emil Henry, secretário do Tesouro adjunto para instituições financeiras, e seu vice, David Nason, apareceram em meu quarto para informar-me sobre as duas GSEs.

Eu não era especialista no assunto, mas o governo e o Fed havia anos advertiam sobre os perigos dessas empresas, e não precisava ser gênio para ver que algo devia ser feito com urgência.

Sentado lá, com as roupas de correr encharcadas, ouvi a exposição de Emil e de David sobre como a Fannie e a Freddie eram constructos bizarros. Embora fossem companhias abertas, com papéis negociados no mercado, elas haviam sido constituídas pelo Congresso, com o objetivo de estabilizar os mercados hipotecários e promover a construção de moradias acessíveis. Nenhuma das duas concedia financiamentos diretos aos compradores. Basicamente, vendiam seguro, garantindo o pagamento pontual das hipotecas, que eram enfardadas e fatiadas em títulos, distribuídos por bancos entre os investidores. Conforme seus termos de constituição, elas eram isentas de impostos estaduais e municipais e dispunham de linhas de crédito de emergência com o Tesouro. Esses vínculos levaram investidores em todo o mundo a acreditar que os papéis emitidos pela Fannie e pela Freddie eram plenamente garantidos pelo governo dos Estados Unidos. Essa suposição não era verdadeira, conforme deixaram claro, reiteradamente, as administrações Clinton e Bush. No entanto, mesmo assim, muitos investidores optaram por entender o contrário.

Em meio a toda essa obscuridade, a Fannie e a Freddie prosperaram. Elas ganhavam dinheiro de duas maneiras: (a) cobrando taxas pelas garantias e (b) comprando e retendo grandes portfólios de certificados de recebíveis imobiliários (mortgage-backed securities) e embolsando a diferença – ou, no jargão bancário, o "spread" – entre os juros cobrados sobre esses títulos e o custo do dinheiro. O apoio implícito do governo, de que desfrutavam, significava que pagavam juros incrivelmente baixos por suas dívidas – pouco acima da remuneração dos títulos do Tesouro.

As duas empresas também desfrutam de exceção quanto às exigências de capital. O Congresso determinou que mantivessem apenas baixo nível de reservas: capital mínimo igual a 0,45% de suas obrigações extracontábeis mais 2,5% de seu portfólio de ativos, que, em grande parte, consistem de certificados de recebíveis imobiliários (mortgage-backed securities). Os reguladores exigiram que, temporariamente, também mantivessem superávit de 30%, mas mesmo assim as GSEs ainda estavam subcapitalizadas, em comparação com os bancos comerciais de tamanho comparável. Em conjunto, as empresas detinham ou garantiam cerca de metade de todas as hipotecas residenciais dos Estados Unidos – no valor espantoso de nada menos que US$4,4 trilhões, na época.

A supervisão era fraca. Dois eram os reguladores: o Departamento de Habitação e Desenvolvimento Urbano (Department of Housing and Urban Development – HUD) cuidava do lado habitacional, enquanto o Office of Federal Housing Enterprise Oversight (OFHEO), braço subalterno do HUD, criado em 1992, acompanhava o lado financeiro.

Em suma, a Fannie e a Freddie eram desastres a espera de acontecer, exemplos extremos de um problema mais amplo que, em breve, se tornaria notório – instituições financeiras muito grandes, com excesso de endividamento e sob regulação leniente.

Porém, era difícil mudar a situação vigente. As GSEs manejavam incrível poder no Congresso, graças, não em pequena parte, à longa historia de empregar – e enriquecer – insiders de Washington, à medida que esses interlocutores privilegiados percorriam ciclos de entradas e de saídas em sucessivos governos. Depois que os escândalos contábeis forçaram ambas as GSEs a republicar anos de lucros, seus CEOs foram demitidos, e as iniciativas de reforma da Câmara e do Senado degeneraram em controvérsias infindáveis sobre como gerenciar o tamanho e a composição dos portfólios das GSEs, que se expandiam rapidamente e se tornavam cada vez mais incertos – expondo a Fannie e a Freddie a maiores riscos.

Respondendo a uma de minhas perguntas, Nason observou um fato simples: "Dois terços da receitas delas derivam dos portfólios e um terço decorre do negócio de securitização."

Eu não precisava ouvir muito mais para chegar a uma conclusão. "É por isso que a missão é quase impossível", afirmei. Os Conselhos de Administração delas têm o dever de lealdade de resistir à perda de dois terços do lucro, e resistirão.

O governo, concluí, tinha de ser mais flexível para promover qualquer reforma significativa. Minha ideia era derrubar um projeto de lei, já aprovado pela Câmara, no ano anterior, por margem de três a um, que teria criado nova entidade, a Agência Federal de Financiamento Habitacional (Federal Housing Finance Agency), com poderes semelhantes aos das agências reguladoras de bancos, para supervisionar os portfólios da Fannie e da Freddie.

O projeto da Câmara havia sido aprovado com apoio bipartidário. Mas eu estava convencido de que poderíamos negociar normas mais rigorosas. A Casa Branca, contudo, se opusera. Convencida de que a Fannie e a Freddie eram simplesmente poderosas demais para serem controladas por uma agência reguladora, o governo queria que o Congresso elaborasse normas claras, limitando os portfólios de investimentos dessas entidades. As ideias do governo coincidiam com um projeto do Senado, com o apoio dos republicanos, que autorizava regulador mais poderoso e restringia o portfólio das GSEs.

Felizmente, eu vinha forjando bons relacionamentos em ambos os lados do Congresso. Num deles, com o deputado democrata Barney Frank, de Massachusetts. Com sua voz grave e seu jeito belicoso, Barney é famoso não só nos meios políticos de Washington, mas também, por motivos muito diferentes, entre os fãs de "The O'Reilly Factor" e "Saturday Night Live". Barney é um showman de grande sagacidade e enorme capacidade de improviso. Mas também é político pragmático, disciplinado e absolutamente honesto: ele nunca me decepcionou. Seguro no mandato, ele se empenha no que considera certo. Para realizar seus objetivos, ele sempre está disposto a negociar e a ficar com meia fatia.

Desde o começo, ele demonstrou que estava disposto a trabalhar comigo na reforma das GSEs, defendendo as questões de limitação dos portfólios e de regulação das atividades. Mesmo à medida que progredíamos, enfrentei oposição no governo, o que levou a uma das piores reuniões de que já participei na Casa Branca.

Em 21 de novembro, David Nason e eu nos reunimos no Salão Roosevelt com Alphonso Jackson, secretário do Departamento de Habitação e Desenvolvimento Urbano (Hud), e com um grande grupo do staff da Casa Branca, em que estavam Al Hubbard, diretor do Conselho Econômico Nacional (NEC), Harriet Miers, advogada da Casa Branca, e Karl Rove, vice-chefe da Casa Civil. No outro lado do corredor, defronte ao Salão Oval, o Salão Roosevelt é a sala de reuniões do staff da Casa Branca. Com uma claraboia falsa e sem janelas, ela foi projetada para reuniões sérias, e aquela não era exceção.

Expliquei minha posição de que deveríamos estar dispostos a negociar sobre as GSEs, e, então, demos a palavra a cada participante, para que todos expusessem suas ideias. Hubbard recusou-se a se manifestar, mas todos os demais se opuseram à minha abordagem. Eu estava acostumado a dissidências nos debates, mas não me lembrava da última vez em que todos na sala me fizeram oposição em algum tema. Para mim, essa experiência foi extremamente frustrante. Em princípio, eles estavam certos, mas se não cedêssemos não haveria reforma.

Minha resposta, mais ou menos nos seguintes termos, foi um tanto petulante: "Sei mais do que todos vocês sobre este assunto. Vou enviar um memorando ao presidente."

Redigi o memorando e o circulei entre meu pessoal. Rove argumentou que os termos da minuta pareciam acintosos à posição não conciliatória do governo e se dispôs a me ajudar a reescrevê-lo durante o fim de semana do Dia de Ação de Graças. Engoli meu orgulho e aceitei. Em todo o caso, Rove deixou claro que eu conseguiria o meu intento.

"Você vencerá, pois o presidente não desautorizará seu novo secretário do Tesouro", garantiu-me ele, discretamente.

Poucos dias depois, no domingo seguinte ao Dia de Ação de Graças, participei de uma reunião com o presidente Bush, na residência dele. No final, ele me levou para um canto, entregou-me o memorando e se limitou a dizer: "Hank, foi por isso que eu o trouxe para cá. Siga em frente."

Não conseguimos a aprovação do projeto por aquele Congresso em fim de mandato, mas Barney cumpriu a promessa de honrar nossos acordos na nova legislatura, que seria instalada no ano seguinte. Ao término de nossas negociações, em fins de maio, havíamos conseguido a aprovação pela Câmara de um projeto longe da perfeição. Porém, nossos esforços foram infrutíferos no Senado. O novo chairman da Comissão Bancária, Chris Dodd, estava concorrendo à presidência, razão por que, para todos os fins práticos, os trabalhos daquele importante comitê ficaram em compasso de espera, e o Senado nada fez a respeito das GSEs.

Não tinha muita paciência com as pessoas que saíam da moita depois que pusemos a Fannie e a Freddie em recuperação e declaravam: "Eu já tinha prevenido. Eu sabia que isso ia acontecer." Apontar problemas é fácil; o difícil é solucioná-los, trabalhando duro e engolindo sapos.

Vim para Washington decidido a conciliar, quando necessário, para promover mudanças. Mas essa não é a cultura de nossa capital. Só em julho de 2008 conseguimos aprovar reformas significativas nas GSEs. Mas, então, já era tarde demais.

Capítulo 4

Quinta-feira, 9 de agosto de 2007

A crise que eu havia previsto irrompeu nos mercados financeiros com toda a força em 9 de agosto de 2007. Seu estopim foi inesperado – o mercado habitacional – e seus danos foram muito mais profundos e prolongados do que poderíamos ter imaginado.

Eu estava em meu carro, a caminho do Federal Reserve, quando recebi um telefonema, pouco depois das 7 horas, de Clay Lowery, subsecretário interino de assuntos internacionais, dizendo que os mercados europeus estavam em tumulto. Mais cedo, naquela manhã, hora continental, o BNP Paribas, maior banco da França, havia suspendido o resgate em três fundos de investimentos que mantinham em carteira títulos hipotecários, sob a justificativa de "completa evaporação da liquidez", impossibilitando a "justa avaliação de certos ativos, independentemente de sua qualidade e classificação de risco."

A iniciativa em si já era perturbadora, mas a ela se seguiram notícias ainda mais alarmantes: Os mercados de crédito da Europa já se haviam contraído drasticamente, na medida em que os bancos hesitavam em emprestar dinheiro uns aos outros. Em resposta, o Banco Central Europeu (ECB) anunciou que atenderia plenamente às necessidades de recursos dos bancos europeus, à taxa oficial de 4%. As taxas de juros de empréstimo overnight da Eurozona, que, normalmente, acompanhavam a taxa oficial, chegaram a 4,7%. Duas horas depois de seu anúncio, o ECB revelaria que 49 bancos haviam tomado empréstimos no total espantoso de 94.8 bilhões de euros, ou US$130 bilhões. Já era mais do que o banco central havia emprestado depois dos ataques do 11 de Setembro.

Apressei-me para o café da manhã programado com Ben Bernanke. Estava ansioso por vê-lo – desmarcáramos o café da manhã da semana anterior, pois eu acabara de voltar da China. Antes de chegar a Washington, mal conhecia Ben, mas gostei dele imediatamente, e, pouco depois de me instalar no Tesouro, ele e eu começamos a nos reunir todas as semanas no café da manhã. A rotina estava tão arraigada, e eu sou muito dado a hábitos, que, ao chegar ao Fed, já encontrava a tigela com mingau de aveia, jarras com suco de laranja e água gelada, além de Diet Coke.

Durante meu mandato no governo, Ben e eu desenvolvemos laços especiais. Embora compartilhássemos interesses comuns, como o amor por beisebol, nosso relacionamento era 95% negócios. O que o tornava especial era nossa completa franqueza – colocando todas as cartas na mesa, determinando onde havia diferenças e conversando sobre elas com muita objetividade. Eu sempre o mantinha a par do que eu percebia nos mercados, transmitindo-lhe todas as nuances que eu captava, sob as lentes de minhas conversas com importantes banqueiros dos Estados Unidos e de todo o mundo, inclusive as dificuldades de financiamento que começamos a detectar em julho, com base na London Interbank Offered Rate (LIBOR).

Por lei, o Federal Reserve opera com independência em relação ao Departamento do Tesouro. Embora tivéssemos o cuidado de observar essa segregação, Ben, Tim Geithner e eu desenvolvemos o espírito de equipe que nos permitiu conversar continuamente ao longo da crise financeira, sem comprometer a independência do Fed.

Ben sempre estava disposto a cooperar e era um prazer trabalhar com ele. É, sem dúvida, uma das pessoas mais brilhantes que já conheci, admiravelmente claro no discurso oral e escrito – sobre ampla variedade de assuntos, desde desigualdade de renda até globalização. E ele ainda era bastante amável para passar os olhos por alguns de meus discursos, antes que eu os proferisse. Também tinha o dom de explicar assuntos complexos com clareza; um bate-papo com ele era como um seminário de pós-graduação.

Ben compartilhava minhas preocupações com os acontecimentos na Europa. Concordamos em manter nossos staffs em estreito entrosamento, enquanto eu conversaria pessoalmente com os banqueiros e transmitiria a Ben o que eles achavam do problema. Naquela manhã, o Fed emprestou US$24 bilhões aos bancos, via Fed de Nova York. Na sexta-feira, seguiram-se outros US$38 bilhões, ao mesmo tempo em que o BCE emprestava outros 61 bilhões de euros, ou US$83,4 bilhões.

Ao retornar ao meu escritório, encontrei o Tesouro em alerta total. Bob Steel, subsecretário para finanças internas, relatou a situação dos mercados e propôs possíveis respostas. Keith Hennessey telefonou da Casa Branca para saber o que estava acontecendo. Imediatamente, comecei a fazer ligações para ver como Wall Street estava reagindo: Dick Fuld, do Lehman, Stan O'Neal, do Merrill Lynch, Steve Schwarzman, do Blackstone, e Lloyd Blankfein, do Goldman Sachs. Todos esses CEOs estavam no limite. Também telefonei para Tim Geithner e Chris Cox, chairman da Securities and Exchange Commission.

Durante toda a crise, de fato, eu me manteria em contato constante com os CEOs de Wall Street, enquanto Bob Steel e outros membros de minha equipe conversavam com operadores, investidores e financistas em todo o mundo. Para saber o que realmente estava acontecendo, eu tive de esmiuçar os números que monitorávamos nas telas da Bloomberg. Sabíamos, evidentemente, que estávamos lidando com partes interessadas, mas obter esse conhecimento prático do mercado era absolutamente essencial.

Já naquela manhã, engatamos a marcha de alta velocidade. Bob Hoyt, nosso procurador-geral, incumbiu a equipe dele no departamento jurídico de examinar a legislação e os precedentes históricos, para verificar quais eram os poderes do Tesouro e de outros órgãos para lidar com emergências do mercado. Antes, naquele verão, eu pedira a Bob Steel que desenvolvesse soluções para o problema das hipotecas, embora, na época, ainda não tivéssemos ideia da extensão dessas dificuldades. Agora, pedi a ele que acelerasse as análises. Na segunda-feira, depois de um longo fim de semana de trabalho, Bob e eu expusemos o problema em detalhes ao presidente, definindo-se que proporíamos um plano de ação no Labor Day (primeira segunda-feira de setembro).

Com base no que eu coligira de minhas conversas, já não havia dúvida de que o mercado enfrentaria turbulências. Naquela sexta-feira, o Dow Jones Industrial Average, que, em meados de julho, ultrapassara 14.000 pela primeira vez, caiu quase 400 pontos, a segunda maior queda em cinco anos. Eu já percebia os indícios da grande tempestade no horizonte.

Em retrospectiva, a crise que eclodira em agosto de 2007 estava em formação havia anos. Diferenças estruturais nas economias do mundo produziram o que os analistas denominam "desequilíbrios", os quais, por sua vez, desencadearam fluxos de capital transfronteiriços maciços e desestabilizadores. Em suma, estávamos vivendo além de nossos meios – na base do dinheiro emprestado e do tempo emprestado.

Os perigos para a economia americana haviam sido obscurecidos pela bonança habitacional sem precedentes, fomentada, em parte, pelas baixas taxas de juros que nos ajudaram a sair da queda na atividade econômica que se seguiu ao estouro da bolha de tecnologia de fins da década de 1990 e ao impacto dos ataques do 11 de Setembro. A bolha habitacional foi inflada pelo grande aumento dos empréstimos a tomadores menos confiáveis, ou subprime, que elevaram a proporção de detentores de casa própria a níveis sem precedentes. Na época em que assumi como secretário do Tesouro, em julho de 2006, nada menos que 69% das famílias americanas residiam em casa própria, em comparação com 64%, em 1994. Os empréstimos subprime dispararam de 5% do total das hipotecas, em 1994, para aproximadamente 20%, em julho de 2006.

Medidas de estímulo à aquisição da casa própria sempre foram componente importante das políticas públicas internas dos Estados Unidos – tanto para os democratas quanto para os republicanos. A casa própria, segundo a crença generalizada, ajuda as famílias a construir riqueza, estabiliza os bairros cria empregos e promove o crescimento econômico.

No entanto, também é fundamental combinar a pessoa certa com a casa certa. Evidentemente, os mutuários devem ter condições de pagar o financiamento da casa própria e os mutuantes devem analisar o conceito creditício dos pretendentes e exigir a liquidação dos financiamentos. À medida que a bonança se convertia em bolha, essa abordagem disciplinada desmoronou. Casas demais foram compradas com pouco ou nenhum dinheiro. Empréstimos demais foram pleiteados e concedidos de maneira negligente e até fraudulenta. Mutuantes predatórios e corretores inescrupulosos empurravam hipotecas cada vez mais complexas a compradores ingênuos, enquanto pretendentes desqualificados e defraudadores contumazes mentiam e simulavam, para comprar imóveis além de seus recursos. Os reguladores não viram nem detectaram os piores excessos. Todas as bolhas envolvem especulação, endividamento excessivo, propensão ao risco desmesurada, negligência, falta de transparência e fraude ostensiva, mas poucas bolhas explodiram com tamanho estrondo.

No quarto trimestre de 2006, o mercado habitacional apresentava sinais de virada para baixo. Os níveis de inadimplência dos financiamentos subprime dispararam, desencadeando uma onda de execuções de hipotecas e acarretando grandes prejuízos para os mutuantes subprime. Em 7 de fevereiro de 2007, a HSBC Holdings, com sede em Londres, o terceiro maior banco do mundo, anunciou que estava segregando US$10,6 bilhões, para cobrir créditos duvidosos nos portfólios de empréstimos subprime dos Estados Unidos. No mesmo dia, a New Century Financial Corporation, segundo maior mutuante subprime dos Estados Unidos, disse estar prevendo perdas no quarto trimestre de 2006. Em 2 de abril de 2007, a instituição estava falida. Duas semanas depois, a Washington Mutual, a maior associação de poupança e empréstimo dos Estados Unidos, informou que 9,5% de seu portfólio de empréstimos, de US$217 bilhões, era composto de operações subprime e que seu lucro no primeiro trimestre de 2007 caíra 21%.

O mercado habitacional, em especial o setor subprime, evidentemente passava por fortes correções. Porém, qual seria a extensão dos danos? Steel promovera uma série de reuniões, com a participação de representantes de diferentes órgãos do governo, no intuito de conhecer melhor a situação, esquadrinhando as novas licenças para construções, os níveis de vendas de moradias e as taxas de execuções de hipotecas. Os economistas do Tesouro e do Fed concluíram que o problema das execuções de hipotecas continuaria a piorar, até culminar, em 2008. De talvez 55 milhões de hipotecas, totalizando cerca de US$13 trilhões, mais ou menos 13%, ou 7 milhões de hipotecas, no valor provável de US$1,3 trilhão, eram empréstimos subprime. Na pior das hipóteses, achávamos que possivelmente um quarto, ou algo em torno de US$300 bilhões, se tornaria inadimplente. As perdas efetivas seriam muito menores, depois da realização das vendas das casas retomadas. Infelizmente, a dor seria muito grande para os mutuários inadimplentes; porém, numa economia diversificada e saudável, com PIB de US$14 trilhões, achávamos que provavelmente absorveríamos os danos.

Tudo isso me levou, em fins de abril de 2007, a afirmar em discurso perante o Comitê dos 100, grupo de promoção de melhores relações sino-americanas, que os problemas das hipotecas subprime estavam "em grande parte sob controle". Repeti essa linha de raciocínio em outros eventos públicos, durante uns dois meses.

Hoje, evidentemente, tenho vontade de chutar-me. Estávamos redondamente errados, no que não nos faltavam boas companhias. Em depoimento ao Congresso, em meados de julho, Ben Bernanke citou estimativas de que as perdas do subprime se situariam entre US$50 bilhões e US$100 bilhões. (Em meados de 2008, as perdas com os empréstimos subprime já haviam chegado, segundo estimativas da época, em US$250 bilhões, mais ou menos.)

Por que estávamos tão longe da realidade? Não consideramos a péssima qualidade das hipotecas mais recentes e acreditávamos que o problema se restringia, mormente, aos empréstimos subprime. Os níveis de inadimplência das hipotecas subprime com taxas ajustáveis (adjustable-rate mortgage loans – ARMs) de 2005 a 2007 chegavam à metade dos empréstimos dessa categoria, ou aproximadamente 6,5% de todas as hipotecas, mas correspondiam a 50% de todas as execuções de hipotecas. Ainda pior, a situação se agravava com rapidez cada vez maior. Em alguns casos, os mutuários não pagavam nem a primeira prestação.

Também o comportamento dos proprietários de casas mudara. Mais mutuários optaram por fazer algo até então impensável: simplesmente paravam de pagar quando se viram "submersos", ou seja, quando o saldo devedor dos empréstimos ultrapassava o novo valor de mercado das casas, o que acontecia principalmente quando a entrada era baixa ou inexistente e em áreas onde a queda do mercado habitacional era mais acentuada.

O simples declínio do preço das moradias já seria um problema em si. Poderia até ter causado recessão – embora dificilmente tão profunda e duradoura quanto a que viríamos a experimentar. Porém, o que não percebemos na época e depois compreendemos muito bem foi como as mudanças na elaboração e na venda das hipotecas, combinadas com as reformulações do sistema financeiro, haviam ampliado em muito os danos para as instituições financeiras bancárias e não bancárias, ameaçando gravemente essas empresas, o sistema inteiro e, em última instância, todo o país.

Essas mudanças haviam ocorrido no intervalo de uma geração. Tradicionalmente, as instituições de empréstimo e poupança, assim como os bancos comerciais dos Estados Unidos, concediam empréstimos hipotecários e os mantinham nos livros até sua completa liquidação. Nessas condições, os mutuantes monitoravam de perto os riscos de crédito de seus portfólios, auferindo como lucro a diferença entre os juros e encargos pagos pelos mutuários e o custo do dinheiro levantado no mercado para a concessão dessas hipotecas.

Mas essa abordagem "gerar e reter" (originate to hold), de manter os créditos em carteira até sua amortização total, começou a mudar com o advento da securitização, técnica financeira desenvolvida na década de 1970 pela Associação Nacional de Hipotecas do Governo dos Estados Unidos (U.S. Government National Mortgage Association), que permitia aos mutuantes embalar as diferentes hipotecas individuais em pacotes de empréstimos e emitir títulos de crédito lastreados nesses pools hipotecários. O novo modelo "gerar e distribuir" criava condições para que bancos e mutuantes especializados vendessem certificados de recebíveis imobiliários a ampla variedade de diferentes compradores, que abrangiam desde outros bancos até investidores institucionais, como fundos de pensão.

A securitização decolou na década de 1980, ao se difundir também para outros ativos, como recebíveis de cartão de crédito e financiamentos para a compra de automóveis. Em fins de 2006, o saldo em aberto de certificados de recebíveis imobiliários (CRI) de imóveis comerciais e residenciais (mortgage-backed securities) chegava a US$6,6 trilhões, em comparação com US$4,2 trilhões, ao término de 2002.

Em teoria, tudo isso era muito bom. Os bancos poderiam cobrar taxas de serviços pela embalagem e venda dos empréstimos. Se quisessem exposição ao risco hipotecário, reteriam os próprios empréstimos ou comprariam os certificados de recebíveis imobiliários de outros emitentes e diversificariam suas carteiras geograficamente. Os fundos de pensão e outros investidores também teriam condições de comprar produtos securitizados, ajustados às características almejadas de fluxos de caixa e de risco. Os distribuidores de títulos, dos bancos americanos para investidores em todo o mundo agiam como amortecedores, ao espalharem o risco com mais dispersão que o sistema bancário.

Mas havia um lado escuro. O mercado ficava cada vez mais opaco à medida que os produtos estruturados se tornavam mais complexos e difíceis de compreender, mesmo para os investidores mais sofisticados. As obrigações de dívidas colateralizadas (collateralized debt obligations – CDOs) foram criadas para desdobrar títulos hipotecários e outros instrumentos de dívida em componentes, ou tranches, cada vez mais exóticos, com grande diversidade de características de pagamento e risco. Não demorou muito para que engenheiros financistas extraíssem CDOs de outros CDOs – ou CDOs ao quadrado (CDOs-squared).

Sem a capacidade dos credores tradicionais de analisar a qualidade creditícia dos empréstimos subjacentes a esses títulos, os investidores confiavam nas agências de classificação de risco de crédito, que adotavam técnicas de análise estatística, em vez de efetuarem estudos detalhados de cada mutuário – para classificar os produtos estruturados. Como os investidores, em geral, queriam papéis com mais alta classificação de risco, os estruturadores das CDOs por vezes recorriam às chamadas empresas seguradoras monoline, que, cobravam honorários para garantir a credibilidade desses produtos, muitos dos quais se baseavam em hipotecas subprime. Investidores experientes, em busca de proteção, geralmente compravam de empresas financeiras sólidas, como a American International Group (AIG), swaps de crédito (credit default swaps) sobre as CDOs e outros produtos lastreados em hipotecas que mantinham em carteira,

À medida que as empresas financeiras procuravam abastecer a máquina de lucro com certificados de recebíveis imobiliários, os padrões de empréstimo se deterioravam cada vez mais. O impulso para conceder tantos empréstimos quanto possíveis, combinado com a ruptura das relações prudenciais costumeiras entre mutuários e mutuantes, se revelou letal. Mascateavam-se a torto e a direito produtos financeiros questionáveis, como empréstimos nas modalidades option adjustable-rate mortgages (hipoteca de taxa ajustável) e a mutuários no-income-no-job-no-assets – NINJA (sem renda, sem emprego, sem bens). Em fins de 2006, 20% de todas as novas hipotecas eram subprime; em 2007, mais de 50% de todos os empréstimos subprime foram gerados por corretores hipotecários.

Toda essa complexidade era agravada ainda mais pelos níveis crescentes de alavancagem ou endividamento no sistema financeiro e pelos esforços de muitas instituições financeiras, em busca de lucros cada vez maiores, para se esquivar das restrições de capital impostas pelas agências reguladoras. O excesso de dívidas era evidente em quase todos os quadrantes.

Esse endividamento não se limitava de modo algum a títulos hipotecários. Estávamos em meio a grande bolha de crédito difusa. Os bancos comerciais e de investimentos financiavam volumes sem precedentes de compras alavancadas de empresas, em condições cada vez mais lenientes. Desenvolveram-se novas modalidades de "covenant-lite", ou contratos de baixos teores, com poucas cláusulas de proteção aos credores, em que os bancos atenuavam as restrições, para que os tomadores, como empresas de private equity, desfrutassem de mais facilidade na amortização.

Com efeito, lembro-me de um jantar no Fed de Nova York, em 26 de junho de 2007, de que participaram os chefões de alguns dos maiores bancos de Nova York. Todos manifestaram preocupação com o excesso de assunção de riscos nos mercados e não ocultaram a perplexidade com a erosão dos padrões de underwriting. Os financistas se queixaram da ampla variedade de empréstimos covenant-lite e de bridge loans, ou empréstimos ponte, que se viam obrigados a conceder, por pressões competitivas.

Lembro-me de quando Jamie Dimon, chairman e CEO do JPMorgan, disse que esses empréstimos, concedidos principalmente a empresas de private equity, não faziam sentido e que seu banco não mais participaria dessas operações. Lloyd Blankfein afirmou que também o Goldman deixaria de envolver-se nessas transações. Steve Schwarzman, CEO da Blackstone, importante empresa de private equity, reconheceu que ele vinha conseguindo condições atraentes e acrescentou que não recusava dinheiro atraente.

Chuck Prince, CEO do Citigroup, perguntou se, considerando as pressões competitivas, não caberia aos reguladores coibir algumas das práticas mais arriscadas. Basicamente, ele perguntou: "Será que não há algo que vocês possam fazer para nos impedir de assumir todos esses riscos?"

Lembro-me de que, não muito depois, Prince teria afirmado: "Enquanto a música tocar, é preciso dançar."

Em retrospectiva, tratava-se do fim de uma era. Em breve, a música parou. Dois dos CEOs presentes naquele jantar, Prince e Jimmy Cayne, do Bear Stearns, cujas instituições já estavam cambaleando, logo sairiam de cena.

A alavancagem funciona muito bem em tempos de bonança, mas, em épocas de recessão, o excesso de endividamento amplia as perdas com muita rapidez. Entre os primeiros a sofrer quando os preços das moradias caíram estavam dois fundos de hedge multibilionários, constituídos pelo Bear Stearns, que haviam feito investimentos alavancados em títulos hipotecários. Em fins de julho, ambos os fundos de fato já haviam fechado.

As más notícias se espalham em ritmo acelerado, dentro e fora dos Estados Unidos. Investidores assustados começaram a evitar certos tipos de títulos hipotecários, secando a liquidez e pressionando veículos de investimento, como os agora notórios SIVs (structured investment vehicles). Vários bancos administravam SIVs para não só facilitar o lançamento de produtos hipotecários e outros, mas também para minimizar suas exigências de capital, uma vez que os ativos vinculados aos SIVs podiam ser mantidos fora dos balanços patrimoniais.

Essas entidades contraíam grandes empréstimos nos mercados de curto prazo para comprar títulos de dívida estruturados, com prazos mais longos e com alta classificação de crédito – como CDOs e semelhantes. Para financiar essas compras, esses SIVs tipicamente emitiam notas promissórias comerciais, ou papéis de curto prazo vendidos a investidores fora do sistema bancário. Tais títulos eram lastreados nos ativos dos SIVs. Embora os SIVs quase sempre fossem constituídos como entidades isoladas, não incluídas na contabilidade dos bancos, alguns deles mantinham linhas de crédito contingentes com os bancos, para tranquilizar os compradores dos chamados certificados de recebíveis mobiliários de curto prazo (asset-backed commercial paper – ABCP).

O financiamento de ativos ilíquidos, como imóveis, com empréstimos de curto prazo de há muito é receita eficaz para o desastre, como demonstrou a crise das associações de poupança e empréstimo da década de 1980 e do começo da década de 1990. Porém, em 2007, várias dezenas de SIVs possuíam cerca de US$400 bilhões em ativos, comprados com financiamentos que poderiam desaparecer praticamente da noite para o dia. E realmente desapareceram – quando os investidores se recusaram a rolar empréstimos, mesmo quando pareciam totalmente garantidos. Bancos como o Citi, que se situavam na retaguarda dos SIVs, agora deparavam com o risco de enormes perdas de capital, exatamente no momento em que enfrentavam grave aperto de liquidez.

Os SIVs não eram os únicos emissores de certificados de recebíveis mobiliários de curto prazo. Outras entidades que investiam em títulos de dívida recorriam a esse mercado – assim como numerosos mutuantes hipotecários especializados, sem acesso aos depósitos de varejo dos bancos comerciais, seus rivais. Todos eram partes de um mercado bancário paralelo (shadow banking market), que se desenvolvera com rapidez, fora das vistas dos reguladores. Em 2007, havia em aberto cerca de US$1,2 trilhão em certificados de recebíveis mobiliários de curto prazo.

Esses emissores encontraram compradores potenciais em fundos de pensão, em fundos de money market e em outros investidores institucionais ansiosos por obter pequeno rendimento adicional em relação aos títulos do tesouro americano, com base no que consideravam investimento perfeitamente seguro. Porém, depois do estouro dos fundos de hedge do Bear Stearns e com o rebaixamento dos títulos hipotecários pelas agências de classificação de risco de crédito, os ativos que lastreavam os ABCPs já não pareciam tão seguros. Os investidores pararam de comprar, o que foi um desastre para os fundos de investimento que detinham títulos mobiliários de mais longo prazo, difíceis de vender.

O IKB Deutsche Industriebank, instituição financeira alemã que se especializou em empréstimos para empresas industriais de médio porte, deparou com essa realidade em fins de julho de 2007, quando um SIV que dirigia enfrentava dificuldade para rolar suas notas promissórias comerciais. O governo alemão interveio e organizou uma operação de socorro de 3,5 bilhões de euros (US$4,8 bilhões). Ao observarmos a contração dos financiamentos com base na LIBOR, começamos a questionar se os bancos europeus estavam em tão boa forma quanto alegavam.

Então, em 6 de agosto, as atenções de novo convergiram para os Estados Unidos, quando a American Home Mortgage Investment Corporation, mutuante hipotecário de médio prazo, ajuizou pedido de falência, ante a incapacidade de vender notas promissórias comerciais. O mercado estava cada vez mais inquieto. Com o valor dos títulos hipotecários despencando – o segmento Triple-A (Triplo A) do índice ABX despencou para 45% do valor nominal em fins de julho – e com os certificados de recebíveis mobiliários de curto prazo sem compradores, os negócios de securitização paralisaram, enquanto os bancos se retraiam nos empréstimos uns aos outros, lançando para cima as taxas LIBOR.

Parte do problema residia na natureza dos mercados bancários paralelos: a falta de transparência impossibilitava que os investidores avaliassem seus investimentos, fossem eles SIVs, CDOs ou CDOs-squared. Talvez apenas um terço dos US$400 bilhões em ativos dos SIVS se relacionava com hipotecas, mas os investidores não tinham como saber exatamente o que havia nos portfólios dos SIVs a que haviam emprestado ou de que tinham comprado um pedaço.

Na descrição memorável de Bob Steel, era a versão financeira insana da doença da vaca louca: apenas fração muito pequena da oferta de carne estava contaminada, mas a infecção era tão mortal que os consumidores evitam qualquer tipo de carne. Da mesma maneira, os investidores rechaçavam tudo que poderia estar infectado por títulos hipotecários tóxicos. Em termos práticos, isso significava que mesmo os mutuários mais sólidos – como o Children's Hospital of Pittsburgh e o New Jersey Turnpike Authority – se davam conta da evaporação de suas fontes de financiamento normais.

Não obstante as iniciativas do EBC e do Fed, a contração dos mercados era implacável. Em 15 de agosto, a Countrywide Financial Corporation, a maior geradora de hipotecas dos Estados Unidos, apresentou problemas. Ela havia levantado recursos para seus empréstimos em um mercado obscuro, conhecido como "repurchase market" (mercado de recompra) ou "repo", onde podia obter fundos com a oferta de garantias. De repente, as contrapartes passaram a evitar essas operações. No dia seguinte, a empresa anunciou que estava sacando US$11,5 bilhões de linhas de crédito bancárias, enervando o mercado. Uma semana depois, o Bank of America Corporation investiu US$2 bilhões na empresa, em troca de ações preferenciais conversíveis, com o valor potencial de 16% da empresa, acabando por concordar em comprar a Countrywide em janeiro de 2008.

Em 17 de agosto, o Fed reagiu às dificuldades do mercado, reduzindo a taxa de redesconto em meio ponto percentual, para 5,75% e mencionando as ameaças ao crescimento, decorrentes da contração do crédito. O banco central americano também anunciou mudança temporária em suas normas, para permitir que os bancos contraíssem empréstimos pelo prazo de até 30 dias, em comparação com as condições normais de um dia, até que se constatasse melhoria na liquidez.

Os investidores fugiram de títulos que os deixassem nervosos – o que aumentou o rendimento dos ABCPs de 30 dias para 6% (em comparação com 5,28% em meados de julho) – e começaram a acumular obrigações e notas do Tesouro, inequivocamente os títulos mais seguros do planeta. Essa situação clássica de fuga para a qualidade quase resultou no fracasso de um leilão de letras do tesouro de quatro semanas, em 21 de agosto, quando a demanda maciça por papéis do governo de tal forma turvaram o processo de descoberta do preço que, ironicamente, alguns dealers deixaram de dar lances para evitar possíveis perdas. Em consequência, quase não houve lances suficientes para realizar o leilão, razão por que os rendimentos dispararam, não obstante a grande demanda. Karthik Ramanathan, chefe do Escritório de Gestão de Dívidas do Tesouro, teve de tranquilizar os investidores globais, esclarecendo que o problema decorria de excesso de demanda, não do contrário. No fim das contas, o Tesouro leiloou US$32 bilhões em letras de quatro semanas, à taxa de desconto de 4,75%, quase dois pontos percentuais a mais que o rendimento no fechamento da véspera.

Na manhã seguinte, Ben e eu relatamos a situação ao presidente da Comissão de Bancos do Senado, Chris Dodd. Dodd havia interrompido sua campanha presidencial para o que lhe pareceu ser um evento publicitário. Eu era ainda bastante novo no Senado para me deixar irritar por aquela convocação; ainda por cima, também me sentia aborrecido com a lerdeza na tramitação da proposta de reforma das GSEs durante o ano.

Ben e eu nos reunimos com Dodd na sala dele, no Russell Senate Office Building, para analisar os mercados e a crise habitacional. O afável Dodd se mostrou amistoso, porém, depois, criticou meu desempenho, em entrevistas à imprensa, questionando se eu compreendia a importância do problema das hipotecas subprime.

Na verdade, eu vinha analisando o mercado de hipotecas com mais minúcias e profundidade do que supunha o senador. Quanto mais cedo se corrigissem as falhas do mercado habitacional, mais rápido também se estabilizariam os mercados de crédito.

O presidente me estimulara a montar um programa de mitigação das execuções de hipotecas e retomadas de imóveis, a ser lançado antes do reinício das sessões do Congresso, em seguida ao Labor Day. Em 31 de agosto, eu estava ao lado do presidente Bush, quando ele me incumbiu, juntamente com o secretário de Habitação e Desenvolvimento Urbano, Alphonso Jackson, de liderar o esforço de identificação de mutuantes hipotecários em dificuldade, ajudando-os a continuar com suas residências. Começamos anunciando a expansão de um programa da Federal Housing Administration e uma proposta de reforma tributária para facilitar a reestruturação de hipotecas.

O objetivo da administração era atenuar tanto quanto possível a dor da perda da casa própria para os americanos, sem recompensar os especuladores ou os inadimplentes que deixaram de pagar as dívidas quando se viram "submersos", ou seja, quando constataram que o valor do saldo devedor dos financiamentos se tornou maior que o valor de mercado das casas desvalorizadas. Sabíamos que não poderíamos impedir todas as execuções de hipotecas – em média, retomavam-se 600.000 casas por ano, mas procuramos prevenir o que denominávamos "retomadas evitáveis", ajudando os que queriam continuar com a casa e que, com algum abrandamento nas condições do empréstimo, tinham capacidade financeira básica para cumprir seus compromissos. Na prática, isso significava trabalhar com mutuários de hipotecas subprime ajustáveis, que conseguiam pagar os juros iniciais baixos, mas enfrentavam dificuldades para arcar com os encargos financeiros depois do primeiro reajuste.

Complicando a questão, descobrimos que muitas retomadas ocorriam pela razão simples e surpreendente de que os mutuários frequentemente não se comunicavam com os mutuantes. Com efeito, depois da concessão e securitização dos empréstimos hipotecários, os mutuários passavam a entender-se apenas com as provedoras de serviços hipotecários (mortgage servicers), as instituições que cobravam e processavam os pagamentos. Temendo as execuções, apenas de 2% a 5% dos mutuários inadimplentes, em média, respondiam às cartas das provedoras de serviços sobre suas hipotecas, e as que o faziam tinham problemas em conversar com a pessoa apta a ajudá-las. As provedoras de serviços não estavam preparadas para o tsunami de mutuários que precisavam modificar seus contratos.

Além disso, a mecânica da securitização impedia alterações rápidas: os mutuários não mais lidavam com um único mutuante. Suas hipotecas haviam sido fatiadas, picadas e vendidas a investidores de todo o mundo, tornando as mudanças contratuais muito mais difíceis.

Recorri à ajuda do adjunto especial Neel Kashkari, pedindo-lhe que assumisse o programa de mitigação de execuções de hipotecas e retomadas de imóveis. De imediato, ele promoveu uma série de reuniões, envolvendo mutuantes, provedoras de serviços subprime, órgãos de orientação e grupos de pressão, como American Securitization Forum (ASF) e Mortgage Bankers Association, com o objetivo de melhorar a comunicação entre as partes e coordenar as iniciativas de cada uma, para prevenir retomadas evitáveis. Eu disse à minha equipe que não queria que se executasse a hipoteca de uma única família, caso os mutuários fossem capazes de cumprir as obrigações contratuais depois de mudanças factíveis nas condições financeiras.

Em 10 de outubro, o HUD e o Tesouro divulgaram os resultados das providências de Neel: a HOPE Now Alliance, constituída com o objetivo de dialogar com mutuários em dificuldade, induzindo-os a trabalhar com assessores e com as provedoras de serviços, no intuito de resolver seus problemas. A ideia parecia simples, mas nunca fora experimentada antes. O mais notável é que o programa não exigia recursos públicos.

Todos nós estávamos imbuídos do senso de urgência. Por pior que já estivesse a situação, tínhamos consciência de que se tornaria muito mais grave. Calculamos que cerca de 1,8 milhão de hipotecas subprime com taxas ajustáveis seriam reconfiguradas entre 2008 e 2010.

Para enfrentar esse problema, Neel trabalhou com a ASF e com grandes mutuantes, em busca de maneiras de dinamizar as mudanças nas condições dos empréstimos. Para surpresa geral, as provedoras de serviços argumentaram que as alterações dos termos contratuais não eram a questão crítica. Muitos mutuantes, isto sim, deparavam com outras circunstâncias que os levavam a não pagar os empréstimos; muitos já estavam endividados demais, com as prestações do carro ou dos cartões de crédito, por exemplo. Ao analisar os empréstimos, o economista-chefe do Tesouro, Phill Swagel, se deu conta de que muitas vezes o contrato em si não era a única causa das inadimplências. Como ele disse, "muitos mutuários estavam na casa errada, não com a hipoteca errada".

No entanto, as reconfigurações das hipotecas ajustáveis continuaram sendo fonte de preocupação constante e insistimos com o setor para apressar as mudanças nos contratos. Considerando o volume de hipotecas problemáticas, os mutuantes não mais podiam tratar de cada hipoteca em separado; precisávamos de uma solução mais dinâmica. A presidente da FDIC, Sheila Bair, que merece créditos por ter sido a primeira a identificar o desastre da retomada de moradias, propôs o congelamento das taxas de juros. O Tesouro trabalhou com a HOPE Now Alliance e com a ASF na elaboração de um plano realista. Em 6 de dezembro de 2007, eu anunciei que, graças a essa iniciativa, até dois terços dos empréstimos subprime programados que seriam reconfigurados em 2008 e 2009 poderiam ser reestruturados ou modificados por meio de trâmites processuais simplificados e rápidos.

O anúncio foi parte de evento mais amplo, naquele mesmo dia, na Casa Branca, em que o presidente Bush divulgou programa que congelaria as taxas de juros durante cinco anos, no caso de mutuários que dispusessem de condições mínimas para pagar as hipotecas e preservar as casas. O presidente também explicou nosso programa de comunicação com os mutuários, mas cometeu pequeno deslize: na hora de anunciar a linha direta de aconselhamento, em vez de dizer "1-888-995-HOPE", ele leu: "1-800-995-HOPE", que era o número de um grupo texano que fornecia material escolar.

Não obstante esse início acidentado, muita gente recorreu à linha direta, conseguiu ajuda e conservou a casa. Porém, depois de toda a nossa inquietação com as reconfigurações das hipotecas, as taxas acabaram não sendo grande problema, uma vez que o Fed começou a reduzir os juros. Em fins de janeiro de 2008, o banco central cortara o custo dos fundos federais para 3%, em comparação com 5,25% em meados de agosto.

A HOPE Now recebeu críticas de todos os lados do espectro político. Os conservadores não gostaram da ideia de socorrer mutuários em dificuldade, embora a iniciativa não envolvesse dinheiro dos contribuintes. Muitos democratas e ativistas se queixaram de que não estávamos fazendo o suficiente; porém, boa parte do clamor (ao menos no que se refere aos legisladores) era uma questão de atitude – até fins de 2008, o Congresso não apoiou o gasto de recursos públicos para evitar a retomada de moradias.

O programa não era perfeito, mas acho que, no todo, foi bem-sucedido. A ação do governo foi essencial, pois mesmo apenas algumas execuções de hipotecas poderiam afetar toda uma comunidade, desvalorizando as casas de mutuantes pontuais, semeando o desemprego e desencadeando uma espiral descendente. O programa ajudou muitos mutuários a renegociar seus contratos, inclusive convertendo hipotecas com taxas ajustáveis em hipotecas com taxas fixas – quase 700.000 apenas nos últimos três meses de 2008, mais da metade dos mutuários subprime. A Alliance acabou envolvendo provedoras de serviços responsáveis por 90% das hipotecas subprime.

Porém, o fato concreto é que não podíamos ajudar pessoas com grandes problemas financeiros – quem havia perdido o emprego, por exemplo. E, com a continuação da crise de crédito, comecei a recear que a contração do crédito aos consumidores poderia provocar grave recessão. Depois que os investidores deixaram de comprar certificados de recebíveis mobiliários de curto prazo, em consequência do colapso do crédito, em agosto, ficou mais difícil conseguir qualquer tipo de financiamento – cartão de crédito, para a compra de bens duráveis, como automóveis, e até crédito educativo. Os bancos, obrigados a incluir em seus balanços patrimoniais empréstimos até então financiados por certificados de recebíveis mobiliários de curto prazo, de repente se tornaram austeros em relação a novos créditos.

Durante todo o outono de 2007, os mercados continuaram contraídos e imprevisíveis. Em meados de setembro, a Northern Rock, mutuante hipotecário inglês, recorreu ao apoio de emergência do Banco da Inglaterra, deflagrando uma corrida dos depositantes. Coincidentemente, eu tinha programado uma viagem à França e ao Reino Unido para dois dias depois, indo primeiro a Paris, em 16 de setembro, para uma reunião com o presidente Nicolas Sarkozy e com sua ministra das Finanças, Christine Lagarde. Durante o encontro, percebi como o chefe de Estado francês adotava abordagem política em relação aos mercados financeiros. Na visão dele, os líderes políticos precisavam tomar providências decisivas para restabelecer a confiança do público – e pretendia transformar as agências de classificação de risco de crédito em bodes expiatórios.

Discordei. "As agências de classificação de risco de crédito cometeram muitos erros", disse-lhe. "Mas é difícil afirmar que elas sejam as culpadas por tudo isso."

No entanto, tive de dar crédito a Sarkozy. Ele compreendia o crescente ressentimento popular e se dava conta da necessidade de os governos serem mais proativos para minorar esse negativismo. E as agências de classificação de risco de crédito efetivamente precisavam de reformas.

No cômputo geral, o presidente da França pareceu-me envolvente, dotado de notável senso de humor sarcástico. Ele brincou comigo sobre os muitos líderes do Goldman Sachs que haviam trabalhado no governo. Talvez daí a alguns anos ele devesse procurar emprego no Goldman. Não posso deixar de imaginar o que ele estaria pensando hoje.

No verão, comecei a sentir-me cada vez mais preocupado com a alavancagem oculta dos grandes bancos americanos. Embora entidades como os SIVs operassem para efeitos externos fora dos balanços patrimoniais, os bancos frequentemente se mantinham ligados a elas por meio de linhas de crédito de apoio, entre outros vínculos. Famintos de fundos, os SIVs tiveram de recorrer aos bancos patrocinadores em busca de ajuda, não lhes restando alternativa, senão alienar seus ativos a preços de liquidação, arrasando, em consequência ampla variedade de participantes do mercado.

Pedi a Bob Steel, a Tony Ryan e a Karthik Ramanatham para desenvolverem alguma solução via setor privado. Em resposta, apresentaram-me um plano do que denominamos Master Liquidy Conduit Enhancement (Conduíte Mestre de Ampliação da Liquidez), ou MLEC. (Como a sigla não soava bem, a imprensa preferiu o apelido Super SIV.)

A ideia era simples. Os bancos privados constituiriam um fundo de investimentos para compra dos SIVs ativos com alta classificação de risco, mas com pouca liquidez. Com o respaldo explícito dos maiores bancos e o encorajamento do Tesouro, o MLEC tinha condições de autofinanciar-se, mediante a emissão de notas promissórias comerciais. Dispondo de fontes de financiamento seguras para manter os títulos por prazos mais longos, o esquema evitaria vendas a preços de liquidação, movidas pelo pânico, ajudaria a formar preços mais racionais no mercado, permitiria a desativação gradual mais ordeira dos SIVs existentes e restauraria a liquidez de curto prazo nos mercados. Apenas precisaríamos engajar a marujada.

Os líderes setoriais responderam diferentemente ao plano, cada um à sua maneira. Finalmente, em 15 de outubro de 2007, um mês depois da primeira reunião, o JPMorgan, o Bank of America e o Citi anunciaram que a tríade e outros bancos angariariam US$75 bilhões para financiar o MLEC, mas o anúncio foi recebido com ceticismo pela imprensa. Os críticos previam que a indústria jamais aderiria ao plano e, no fim das contas, estavam certos. Os bancos lidaram, eles próprios, com seus ativos problemáticos, incluindo-os nos balanços patrimoniais ou vendendo-os no mercado.

As más notícias se amontoavam. Sucessivos bancos anunciaram baixas contábeis, perdas ou reduções nos lucros, em quantias bilionárias, à medida que divulgavam resultados desastrosos referentes ao terceiro trimestre e faziam previsões desalentadoras para o quarto trimestre. Nos Estados Unidos, o Merrill Lynch foi o primeiro grande banco a estremecer. Em 24 de outubro, essa instituição anunciou o maior prejuízo trimestral de sua história – US$2,3 bilhões – e o CEO Stan O'Neal renunciou menos de uma semana depois. Em seguida, o Citi explodiu. No começo de novembro, divulgou possível baixa contábil de US$11 bilhões, além dos US$5,90 bilhões de perdas em que já havia incorrido no mês anterior. Em breve, Chuck Prince também era descartado. (No fim do ano, John Thain substituiu O'Neal e Vikram Pandit foi escolhido para suceder a Prince.)

No dia seguinte, 5 de novembro, a Fitch Ratings informou que estava revisando a força financeira da classificação Triple-A das seguradoras monoline. Daí surgiu a possibilidade de uma onda de rebaixamentos, envolvendo mais de US$2 trilhões em títulos por elas segurados, muitos deles atrelados a hipotecas. Os bancos seriam obrigados a assumir perdas, na medida em que efetuassem a baixa contábil do valor dos ativos cujas garantias de seguro não mais eram confiáveis. Com os operadores de mercado apostando que o Fed diminuiria ainda mais as taxas de juros, o dólar americano despencou, enquanto o euro e a libra atingiam novas máximas.

Desde o início da crise, eu recomendava aos bancos que levantassem capital para se fortalecerem num período difícil, e muitos deles aceitaram meu conselho, emitindo ações e procurando investidores no exterior. Em outubro, o Bear Stearns fechou um acordo com a Citic Securities, empresa de investimentos estatal chinesa, pelo qual cada empresa investiria US$1 bilhão na outra. O esquema conferiria à Citic participação de 6% no Bear, com a opção de comprar 3,9% mais. Em dezembro, o Morgan Stanley vendeu participação de 9,9% à estatal China Investment Corporation, por US$5 bilhões, e o Merrill Lynch anunciou que venderia participação de US$4,4 bilhões, além da opção de compra de mais US$600 milhões em ações, à estatal Temasek Holdings, de Cingapura.

Mas nem todos estavam recuando. Em outubro, o Lehman e o Bank of America assumiram, respectivamente, US$17,1 bilhões em dívidas e US$4,6 em bridge equity (capital próprio provisório) para financiar a aquisição da Archstone-Smith Trust, proprietária e gestora de prédios de apartamentos residenciais em âmbito nacional.

Mesmo enquanto se fechava esse negócio pirotécnico, a economia com um todo enfrentava estresse crescente. Os custos de energia atingiram a estratosfera, com o barril de petróleo se aproximando da marca de US$100, ao mesmo tempo em que a confiança dos consumidores despencava, arrastando para o fundo as vendas de imóveis novos e os preços das moradias. Os Estados Unidos, de há muito o motor do crescimento da economia mundial, estava perdendo a força. A volatilidade sacudia os mercados: entre 1 e 7 de novembro, o Dow caiu 362 pontos num dia, subiu 117 pontos cinco dias depois e mergulhou 361 pontos no dia seguinte, em parte por causa do dólar debilitado. Em meados de novembro, o dólar já caíra 14% em relação ao ano anterior, em comparação com o euro, que chegara ao nível de US$1,46.

Muita gente em todo o mundo culpava os Estados Unidos pela crise – e, em especial, o capitalismo no estilo anglo-americano. O chairman do

Federal Reserve, Ben Bernanke, e eu voamos em diferentes aviões para a reunião do G-20, na Cidade do Cabo, África do Sul, naquele mês, com uma única intenção: reforçar a confiança nos Estados Unidos. A época foi oportuna. O G-20 tornava-se cada vez mais importante, por incluir economias desenvolvidas e potências emergentes, como China, Índia e Brasil. Naquele encontro, teríamos a oportunidade de acessar e tranquilizar diretamente os representantes de países que abrangiam pouco menos de 75% do produto interno bruto (PIB) global.

Na reunião, Ben e eu nos empenhamos em reafirmar aos nossos colegas, ministros das Finanças e presidentes de bancos centrais, nosso compromisso com o poderio da economia e da moeda dos Estados Unidos. Ao mesmo tempo, tentamos deixar claro que o principal problema não era o dólar, mas o sistema financeiro em geral – sob a tensão da rápida desalavancagem global e da ameaça daí resultante para a economia americana. Também enfatizamos como estávamos empenhados em resolver esse problema.

Antes de deixar a Cidade do Cabo, tive a sorte de reunir-me pessoalmente, durante o café da manhã no quarto de meu hotel, com o governador do Banco Central da China, Zhou Xiaochuan, velho amigo, cativante e objetivo, além de reformista contumaz. Nosso grupo se hospedara em maravilhoso resort, o Hotel Le Vendôme, nas cercanias de Cape Town, e de meu quarto descortinava-se o mar e um campo de golfe, onde, no dia anterior, eu dedicara alguns momentos à observação de pássaros. A certa altura, Zhou e eu fomos à varanda para admirar o esplendor daquela manhã de verão sul-africana.

Eu vinha pressionando os chineses para avançar na liberalização de seus mercados financeiros, abrindo-os mais à competição estrangeira, mas agora Zhou me dizia que, com a desordem dos mercados americanos, a China não estava em condições de nos oferecer a abertura de seus mercados de capitais, como queríamos. Mas Zhou me afirmou que estava confiante em que ocorreriam progressos em outras áreas importantes.

Não muito depois da reunião do G-20, fui a Beijing para a terceira reunião do Diálogo Econômico Estratégico (Strategic Economic Dialogue), e minha subchefe de gabinete, Taiya Smith, e eu nos encontramos com minha colega chinesa, a vice-premier Wu Yi, antes do início das sessões formais. Depois de meses de negociações com os chineses, Taiya conseguira essa reunião especial para que eu fizesse uma última tentativa de aumentar a participação societária máxima de estrangeiros em instituições financeiras chinesas. Os chineses enfrentavam pressões dos Estados Unidos e de outros países para permitir a depreciação da moeda nacional, cuja sobrevalorização artificial impedia que as forças de mercado ajudassem a China a reequilibrar sua economia, demasiado dependente de exportações baratas. A opinião popular atribuía os grandes desequilíbrios comerciais e as enormes reservas de capital da China à sua política cambial, mas isso era apenas parte da história, O principal fator, em minha opinião, era a falta de poupança por parte dos americanos, o que se convertia em níveis maciços de importações e em excesso de dependência a fluxos de capitais externos. Como os chineses gerenciavam a taxa de câmbio para que se movimentasse em sincronia com o dólar, outros parceiros comerciais, em especial o Canadá e os países europeus, começavam a reclamar dos desequilíbrios crescentes. Mais uma vez insisti em que uma taxa de câmbio que refletisse a realidade do mercado era fundamental para a continuidade da pujança e do progresso econômico da China, pois atenuaria as pressões inflacionárias, cada vez mais fortes, impulsionando o desenvolvimento do mercado interno e reduzindo a dependência às exportações.

Wu Yi olhou diretamente em meus olhos e disse que naquele momento não poderia fazer nada para alterar o teto das participações societárias. Contudo, logo acrescentou que meus argumentos sobre a política cambial eram mais convincentes.

Embora ela nada mais tenha dito sobre o tema, eu sabia que não voltaria a Washington de mãos vazias. Havíamos feito grandes progressos nas áreas de segurança alimentar e de produtos e no esforço para combater o desflorestamento ilegal. Porém, mais importante, ao longo dos seis meses seguintes, observei o yuan, que vinha sendo negociado no nível de 7,43 por dólar em dezembro, fortalecer-se para cerca de 6,81, em meados de julho. A súbita flexibilidade da China beneficiou não só o país, mas também ajudou a evitar sentimentos protecionistas no Congresso dos Estados Unidos.

No lado financeiro, contudo, as más notícias se acumulavam a cada dia. Em meados de novembro, o Bank of America e a Legg Mason disseram que gastariam centenas de milhões de dólares para sustentar seus fundos de money market, que se deram mal na compra de dívidas de SIVs. Embora o público considerasse os fundos money market entre os investimentos mais seguros, alguns deles haviam errado a mão em certificado de recebíveis mobiliários de curto prazo, na expectativa de turbinar os retornos.

Enquanto isso, os mercados de crédito se contraíam cada vez mais, na medida em que os bancos relutavam em emprestar uns aos outros. Importante indicador da confiança mútua entre os bancos, o spread LIBOR-OIS – que mede a taxa que cobram um dos outros em operações interbancárias – começara a ampliar-se dramaticamente. O nível tradicional de mais ou menos 10 pontos-base, ou 0,10%, saltara para 40 pontos-base, em 9 de agosto, e disparara para 95,4 pontos-base, em meados de setembro, antes de retomar 43 pontos-base, em 31 de outubro. Mas, em seguida, os mercados se contraíram acentuadamente, antecipando grandes prejuízos nos maiores bancos, o que os forçaria a vender ativos para aumentar a liquidez. Em fins de novembro, o spread LIBOR-OIS voltava a 100 pontos-base.

Em 15 de novembro, diante dos espigões nas taxas de empréstimos interbancários, o Fed bombeou US$47,25 bilhões em reservas temporárias para o sistema bancário – a maior dessas injeções, desde o 11 de Setembro. No mês seguinte, o banco central americano continuou a adotar medidas extraordinárias para atenuar o aperto de liquidez nos mercados. Em 11 de dezembro, reduziu a taxa de redesconto e a taxa dos fundos federais em 25 pontos-base, para 4,75% e para 4,25%, respectivamente. No dia seguinte, anunciou que havia aberto "linhas de swap (swap lines) com o Banco Central Europeu e o Banco Nacional suíço, para aumentar a oferta de dólares nos mercados de crédito internacionais.

Em 13 dezembro, o Fed anunciou a Term Auction Facility (TAF), destinada a emprestar recursos a instituições depositárias, por prazos entre 28 e 84 dias, com base em ampla variedade de garantias adicionais. Lançada em conjunto com programas similares promovidos por bancos centrais de outros países, a TAF tinha por objetivo oferecer alternativas aos bancos para o redesconto do Fed, cujo uso havia muito carregava um estigma: os bancos receavam que, se tomassem empréstimos diretamente do FED, seus credores e clientes presumiriam que estavam enfrentando problemas.

O primeiro leilão da TAF, em 17 de dezembro de 2007, foi de US$20 bilhões em créditos de 28 dias; o segundo, três dias depois, ofereceu mais US$20 bilhões, em créditos de 35 dias. Os bancos abocanharam com voracidade os fundos e, em 21 de dezembro, o Fed disse que prosseguiria com os leilões durante tanto tempo quanto necessário.

Embora atenuassem os problemas do sistema financeiro, essas medidas não eram suficientes para conter a queda contínua da economia em geral. Quando a Casa Branca considerou pela primeira vez a concessão de estímulos fiscais, pouco depois do Dia de Ação de Graças, detestei a ideia. Para mim, programas de estímulo equivaliam a lançar dinheiro do céu – solução demasiado difusa e imediatista. Em meados de dezembro de 2007, já não havia dúvida de que a economia tinha batido num muro de concreto.

Não sou economista, mas sou bom em conversar com as pessoas e em compreender o que está acontecendo. Depois de falar com vários executivos de empresas, eu já não tinha dúvidas de que os problemas do setor financeiro haviam transbordado para a economia mais ampla. Em meados de dezembro, depois de voltar para a China, viajei por todo o país para promover a HOPE Now. Conversei com autoridades locais, com grandes e pequenas empresas, e com cidadãos em locais mais atingidos pela retomada de moradias, como Orlando, Flórida; Kansas City, Missoury; e Stockton, California. Telefonei para Josh Boltem durante o percurso e pedi a ele que dissesse ao presidente que já se percebia com nitidez a desaceleração da economia. Sem dúvida, precisávamos fazer alguma coisa, por motivos econômicos – e políticos.

Em 2 de janeiro de 2008, reuni-me com o presidente e lhe pedi autorização para conversar com o Congresso, com investidores e com líderes empresariais, para que pudéssemos tomar alguma decisão quando ele retornasse de sua viagem de oito dias ao exterior. Eu já me entendera o suficiente com o presidente para saber que ele estava disposto a agir com rapidez e sob orientação bipartidária, para que o programa exercesse impacto imediato, o que, quase certamente, significaria transferir recursos para segmentos demográficos de baixa renda. Sob o ponto de vista dos republicanos, a questão era sensível, mas o presidente não era ideólogo: ele queria resultados rápidos.

Na primeira metade de janeiro, dei numerosos telefonemas para republicanos e democratas no Congresso, sempre argumentando que cada lado precisava fazer concessões e empenhar-se em criar um programa oportuno, temporário e simples, embora bastante grande para fazer diferença. A legislação, eu sempre enfatizava, não devia ser usada para promover os objetivos políticos de longo prazo de qualquer um dos partidos. Os republicanos, ainda que relutantes, se dispunham a prosseguir com o plano de estímulos, se não acrescentássemos iniciativas sociais, como aumento do seguro desemprego, mas os líderes democratas acreditavam que precisávamos atender a necessidades que envolviam programas tradicionais, como seguro desemprego e bolsa alimentação. No entanto, eu achava que podíamos segurar a barra; a presidente da Câmara dos Representantes, Nancy Pelosi, precisava desesperadamente de um acordo para controlar os membros mais liberais do partido.

Na sexta-feira, 18 de janeiro, o presidente Bush propôs um pacote de despesas correspondente a 1% do PIB, ou cerca de US$150 bilhões, destinado a dar "uma injeção de ânimo" na economia, por meio de uma restituição única de imposto aos contribuintes e de desonerações tributárias que estimulassem as empresas a comprar equipamentos. Eu dei entrevistas durante todo o dia, em apoio à decisão do presidente. Eu sabia que no fim de semana e na semana seguinte eu estaria muito ocupado em negociações com os legisladores.

Na terça-feira, fui à sala de reuniões de Nancy Pelosi para me encontrar com a presidente da Câmara dos Representantes; com o líder da maioria no Senado, Harry Reid; com o líder da minoria no Senado, Mitch McConnell; com o líder da maioria na Câmara dos Representantes, Steny Hoyer, e com o líder da minoria na Câmara dos Representantes, John Boehner. Reid e McConnell concordaram em que a Câmara dos Representantes tomasse a iniciativa do pacote de estímulo. Pelosi – nitidamente ansiosa por alguma realização bipartidária, depois de um primeiro ano apenas morno no cargo – trabalhou exaustivamente para promover a iniciativa. Abandonou as exigências referentes a seguro desemprego e a bolsa alimentação, em troca de restituições de impostos para quase toda a população, pagasse ou não pagasse imposto de renda.

A combinação de mercados financeiros em depressão e de preocupações macroeconômicas crescentes nos proporcionou ímpeto poderoso. As condições macroeconômicas eram tão alarmantes que o Fed, em 22 de janeiro, reduziu a taxa dos fundos federais em 75 pontos-base, para 3,5%, em iniciativa inusitada, entre duas reuniões regulares do Federal Open Market Committee. (Em 30 de janeiro, voltaria a cortar a taxa dos fundos federais em mais 50 pontos-base, em sua reunião regular.)

Em 24 de janeiro – apenas dois dias depois de minha primeira ida ao Congresso – Pelosi, Boehner e eu anunciamos um acordo experimental de um plano de estímulo de US$150 bilhões, centrado em restituições de impostos no valor de US$100 bilhões, abrangendo 117 milhões de famílias americanas. Dependendo do nível de renda, o estímulo seria de US$1.200 para algumas famílias, além de US$300 para cada filho.

Como o estímulo era iniciativa bipartidária, tive de engolir algumas coisas de que não gostava, como um aumento nos limites de empréstimo da Fannie e da Freddie em áreas de alto custo, de US$417.000 para US$729.750. Entretanto, o estímulo era enorme realização política e legislativa, que se converteu em lei sancionada, pelo presidente Bush, em 13 de fevereiro, depois de tramitação extremamente rápida de apenas duas semanas pela Câmara dos Representantes e pelo Senado Federal. Ainda por cima, o Internal Revenue Service (Receita Federal) e o Serviço de Gestão Financeira do Tesouro conseguiram feito que, de início, parecia impossível: distribuíram todos os cheques de restituição até julho. Alguns foram enviados já em fins de abril, não obstante o congestionamento típico da temporada de apresentação das declarações de imposto de renda.

Eu esperava que o estímulo resolvesse muitos de nossos problemas econômicos. A crença generalizada era a de que estávamos enfrentando uma recessão em forma de V e de que a economia ricochetearia no fundo do poço em meados de 2008.

As dificuldades do mercado eram sem dúvida de âmbito global. Na reunião do G-7, em Washington, naquele outono, comecei a questionar a força dos bancos europeus; eles adotavam método contábil mais liberal que o dos bancos americanos, o qual, em minha opinião, encobria as debilidades das economias da Europa. Em janeiro de 2008, algumas autoridades do Tesouro, inclusive o subsecretário interino para assuntos internacionais, Clay Lowery, viajaram à Europa para sentir melhor o que estava acontecendo no setor financeiro. Depois de visitar numerosos países, inclusive Reino Unido, França, Suíça e Alemanha, concluíram que as suspeitas do Tesouro estavam certas: os bancos europeus eram mais fracos do que admitiam as autoridades europeias.

Em 17 de fevereiro, apenas poucos dias depois de o presidente Bush ter sancionado a lei dos estímulos, o ministro das Finanças do Reino Unido, Alistair Darling, anunciou que o governo inglês nacionalizaria a Northern Rock. A crise de crédito empurrara a grande mutuante hipotecária para a beira da falência.

Nos Estados Unidos, os mercados continuavam e queda, sob o impacto negativo dos preços do petróleo, do enfraquecimento do dólar e da ansiedade em curso com a contração do crédito. Na semana de 3 a 7 de março, o Dow caiu quase 373 pontos, despencando para 11.894 – muito abaixo dos 14.000 de outubro. Naquela quinta-feira, viajei para a Califórnia, onde compareceria a uma sucessão de eventos na Bay Area de San Francisco, inclusive um discurso, no dia 7, no Stanford Institute for Economic Policy Research. Minha palestra focou a situação do mercado habitacional americano, quando descrevi nossos esforços contínuos com a HOPE Now e com as mudanças rápidas. Salientei que mais de um milhão de hipotecas, das quais 680.000 eram subprime, haviam sido reconfiguradas. Na sessão de perguntas e respostas que se seguiu à palestra, esquivei-me de uma pergunta sobre se consideraria a hipótese de garantir certificados de recebíveis imobiliários (mortgage-backed securities) emitidos pela Freddie e pela Fannie. Contornei a pergunta, afirmando que ambas as instituições careciam de reforma e de regulação mais forte.

Entre os participantes estava Larry Summers, ex-secretário do Tesouro, que me dissera, antes da palestra, estar analisando as GSEs. "Esse é um problema enorme", afirmou. Com base em números de domínio público, ele realizara alguns estudos que o haviam levado a acreditar que essas entidades provavelmente precisavam de muito capital. "Elas são um desastre à espera de acontecer", disse ele.

Embora eu compartilhasse as preocupações de Larry sobre as GSEs, em minha opinião as seguradoras monoline eram problemas mais imediatos. Na época, constituíam o segmento do mercado financeiro que havia sido atingido mais recentemente pela espiral de contração do crédito e seus problemas afetavam ampla variedade de dívidas.

A Fitch Ratings tinha rebaixado a Ambac Financial Group, a segunda maior seguradora de títulos, para AA, em janeiro. A iniciativa suscitou preocupações de que as demais agências de classificação de risco de crédito adotariam medida semelhante, degradando outras seguradoras, que até então desfrutavam de ratings elevados, o que também acarretaria o rebaixamento dos títulos por elas garantidos, inclusive as dívidas de baixo risco de emissão dos governos locais, para financiar suas operações. Forçadas a pagar juros mais elevados por seus empréstimos, as cidades americanas talvez tivessem de reduzir serviços e adiar projetos.

Os problemas das monolines transbordaram para outro segmento do mercado – o de notas com taxas leiloadas (auction rate notes), títulos de prazos mais longos, com taxas variáveis, cujos juros eram definidos em leilões periódicos. O mercado era vultoso – pouco mais de US$300 bilhões. A ele recorriam principalmente os municípios e outros entes públicos, para levantar recursos, assim como os fundos de investimentos fechados, que emitiam capital próprio preferencial.

A vasta maioria das notas com taxas leiloadas (auction rate notes) tinha seguro de títulos ou alguma outra forma de reforço de crédito. Porém, com a debilidade das monolines, os investidores passaram a evitar o mercado de taxas leiloadas, que ficou totalmente paralisado em fevereiro, quando centenas de leilões fracassaram por falta de compradores. Em geral, as corretoras que vendiam os títulos compravam os papéis quando a demanda caía. Porém, desta vez, às voltas com seus próprios problemas, nem as corretoras entraram no mercado.

Embora as monolines não estivessem sujeitas a regulação federal, eu solicitara a Tony Ryan e a Bob Steel que descobrissem maneiras de ajudar Eric Dinallo, superintendente de seguro do Estado de Nova York, que regulava a maioria das grandes monolines e que começara a trabalhar com um plano de socorro. O governador de Nova York, Elliot Spitzer, também se envolveu, depondo sobre os problemas das seguradoras perante a Subcomissão de Serviços Financeiros da Câmara dos Representantes, em 14 de fevereiro.

Eu conhecia o governador da época em que ele era procurador-geral do Estado de Nova York. Ele me telefonou em 19 e 20 de fevereiro para discutir possíveis soluções. Encontrei-me com ele no jantar anual do Gridiron Club, realizado no Renaissance Washington Hotel, em 8 de março.

Esse banquete animado e amistoso da elite política da capital atraiu mais de 600 pessoas, inclusive Condi Rice e vários outros membros do Gabinete. O presidente Bush complementou o traje a rigor com um chapéu de caubói e cantou uma canção sobre "the brown, brown grass of home" (a grama trigueira, tão trigueira, de casa), para marcar seu último jantar no Gridiron Club como presidente.

Wendy e eu ficamos felizes com a oportunidade de conversar com Eliot, que Wendy já conhecia de seu trabalho na área de meio ambiente, quando ele veio falar conosco. Ele estava amistoso e descontraído. Conversamos sobre as monolines e ele me agradeceu pela ajuda de Bob Steel.

Em retrospectiva, hoje me dou conta de que Spitzer talvez já soubesse que em poucos dias seria denunciado como cliente dos serviços de uma garota de programa e que seu mundo estava prestes a desabar. Porém, naquela noite, ele parecia estar de bem com a vida.

Capítulo 5

Quinta-feira, 13 de março de 2008

Não me lembro de muitos discursos que eu tenha esperado com tanta ansiedade quanto o que fora programado para a manhã de quinta-feira, 13 de março, no National Press Club.

Meu objetivo era anunciar os resultados de um estudo do Grupo de Trabalho do Presidente (President's Working Group) sobre a crise financeira e divulgar recomendações de políticas públicas, envolvendo áreas como geração de hipotecas, securitização, agências de classificação de risco de crédito e derivativos de mercado de balcão, como swaps de crédito (credit default swaps). Trabalhamos com afinco nessas propostas desde agosto, em estreita coordenação com o Forum de Estabilidade Financeira (Financial Stability Forum), em Basileia, que pretendia divulgar sua resposta em abril, na próxima reunião dos ministros das Finanças do G-7.

Mas o momento não poderia ter sido pior. Parecia prematuro sugerir medidas para evitar crises futuras quando ainda não se vislumbrava saída para a crise em curso. Por mais que eu quisesse cancelar o discurso, eu receava que, se o fizesse, o mercado farejaria sangue.

Durante o evento, apressei-me em minhas breves recomendações, preocupado e impaciente, ansioso para voltar ao escritório. A semana fora dura. Os mercados deram forte guinada para pior, na medida em que o desabamento dos preços das casas continuava a arrastar para baixo o valor dos títulos hipotecários, acarretando mais perdas e provocando chamadas de margem generalizadas. As ações de empresas financeiras cambaleavam, enquanto os spreads dos CDS – o custo de segurar os títulos de crédito de bancos de investimentos contra calotes ou contra rebaixamentos – atingia novas máximas. Os bancos relutavam em emprestar uns aos outros. No fim de semana anterior, houvera uma conferência bancária em Basileia, e Tim Geithner me disse que as autoridades europeias estavam preocupadas com o agravamento da crise. Era a confirmação inquietante de conversas que eu tivera com numerosos banqueiros europeus.

A instituição financeira sob maior pressão era o Bear Stearns. Entre segunda-feira, 3 de março, e segunda-feira, 10 de março, suas ações haviam caído de US$77,32 para US$62,30, enquanto o custo de segurar US$10 milhões de seus títulos de crédito tinham quase dobrado, de US$316 mil para US$619 mil. Outros bancos de investimentos também estavam sentindo a barra. A segunda instituição em tamanho, o Lehman Brothers, que também estava sobrecarregada com hipotecas e imóveis, vira o preço do CDS referente a seus títulos saltar de US$228 mil para US$398 mil, no mesmo período, Um ano antes, as taxas de CDS para ambos os bancos eram uma fração disso – cerca de US$35 mil.

Na terça-feira, antes de meu discurso, o Fed anunciara uma de suas medidas mais enérgicas até então, a Term Securities Lending Facility (TSLF). Esse programa se destinava a emprestar até US$200 bilhões em títulos do Tesouro aos bancos, recebendo como garantia adicional dívidas de órgãos federais e certificados de recebíveis imobiliários Triple-A. Os bancos podiam, então, usar os títulos do Tesouro para garantir financiamentos. Em outra iniciativa crucial, o Fed estendeu o prazo dos empréstimos de um dia para 28 dias e disponibilizou o programa não só para bancos comerciais, mas também para todos os dealers primários do governo – inclusive os grandes bancos de investimentos que subscreviam as emissões de dívidas do Tesouro.

Fiquei satisfeito com a decisão do Fed, permitindo que os bancos comerciais e de investimentos tomassem empréstimos, oferecendo como garantia títulos que ninguém queria comprar. E eu esperava que essa iniciativa ousada acalmasse os mercados. Porém, aconteceu exatamente o oposto. Indicando o nervosismo do mercado, houve quem interpretasse a manobra como confirmação de seus piores receios: Realmente, a coisa deve estar muito ruim para que o Fed adote medida tão radical e sem precedentes.

Na quarta-feira, boa parte dos Estados Unidos desviou a atenção, durante algum tempo, dos tremores dos mercados, quando Eliot Spitzer anunciou que estava renunciando ao cargo de governador de Nova York depois de intensa divulgação pela imprensa de que seu nome fora incluído como cliente de uma rede de prostituição. Sei que muita gente em Wall Street se alegrou com os problemas dele, mas eu me senti chocado e triste. O jantar no Gridiron, poucos dias antes, onde ele estava tão descontraído, agora parecia ter ocorrido há uma eternidade.

Mas eu estava preocupado demais para refletir sobre os infortúnios de Spitzer. Eu não só tinha de preparar minha palestra, mas também precisava orientar o presidente na elaboração do discurso que ele proferiria no Economic Club, em Nova York, na sexta-feira. O presidente esperava tranquilizar o país, com uma declaração firme sobre o empenho do governo em atenuar e superar a crise. Nossas opiniões coincidiam em quase tudo, exceto quanto a um ponto importante. Eu o aconselhei a não afirmar que não haveria operações de socorro de instituições financeiras em dificuldade.

No entanto, o presidente retrucou: "Não vamos socorrer nenhum banco, não é verdade?"

Respondi que eu não estava prevendo nada parecido e que essa hipótese era a última coisa que eu admitia.

Mas acrescentei: "Senhor presidente, o fato é que todo o sistema está tão debilitado e instável que não sabemos o que talvez sejamos obrigados a fazer, se alguma instituição financeira estiver prestes a falir."

Quando me postei diante do público, às 10 horas daquela quinta-feira, no National Press Club, eu sabia muito bem que o sistema, tal como se encontrava, enfraquecido pela alavancagem excessiva e pelo colapso do mercado habitacional, não seria capaz de resistir a um grande choque.

Numa sala cheia de repórteres, delineei as causas da crise. Todos sabíamos que o gatilho havia sido os empréstimos duvidosos subprime, mas observei que esse fator era apenas parte de uma erosão muito mais ampla dos padrões, critérios e práticas, em todo o mercado de crédito, para empresas e para consumidores. Anos de condições econômicas benignas e de excesso de liquidez levaram os investidores a exigir rendimentos cada vez mais elevados, ao mesmo tempo em que os participantes e os reguladores do mercado se tornavam complacentes em relação a todos os tipos de riscos.

Em meio a numerosas recomendações para melhor gerenciar o risco e desestimular o excesso de complexidade, defendemos o aumento da supervisão dos geradores de hipotecas pelas autoridades federais e estaduais, inclusive com a adoção de normas de credenciamento de corretores hipotecários em âmbito nacional. Também propusemos a reforma dos processos de classificação de risco de crédito, mormente para produtos estruturados. Também instamos maior transparência por parte dos emitentes de certificados de recebíveis imobiliários quanto à verificação prévia que faziam das características dos ativos subjacentes. Por fim, sugerimos ampla gama de melhorias nos mercados de balcão em que se negociavam derivativos.

Assim que terminei o discurso, corri de volta para o Edifício do Tesouro. Mal tinha entrado em minha sala, Bob Steel irrompeu esbaforido. Bob é profissional rematado e quase sempre é otimista. Mas, naquele dia, ele parecia sombrio.

"Passei algum tempo com Rodge Cohen esta manhã", disse, mencionando o destacado advogado de direito bancário que assessorava o Bear Steans. "O Bear está enfrentando problemas de liquidez. Estamos tentando levantar mais informações."

Bob ainda não tinha terminado sua exposição e eu já sabia que o Bear Stearns estava morto. Assim que surgissem rumores sobre problemas de liquidez, os clientes do Bear sacariam seu dinheiro e as fontes de financiamento evaporariam. Minha longa experiência em Wall Street me ensinou uma verdade brutal: Quando as instituições financeiras morrem, a agonia é breve e a morte é rápida.

"Isso vai acabar em poucos dias", disse.

Engoli em seco e me preparei para o pior. O que quer que fizéssemos, teríamos de agir rápido.

A crise parecia ter agravado com rapidez, mas as agruras do Bear Stearns não eram surpresa. Ele era o menor dos cinco grandes bancos de investimento, depois do Goldman Sachs, do Morgan Stanley, do Merrill Lynch e do Lehman Brothers. E, embora não tivesse contabilizado as perdas maciças de alguns de seus rivais, sua enorme exposição a títulos de dívida e a hipotecas o tornava mais vulnerável. O Bear enfrentava tribulações cada vez mais angustiantes, desde o verão passado, quando, num dos primeiros sinais da crise iminente, ele fora forçado a fechar dois fundos de hedge que haviam investido demais em obrigações de dívidas colateralizadas (collateralized debt obligations).

Apesar de tudo, eu sabia que o Bear era uma empresa agressiva que gostava de fazer as coisas à sua maneira: foi a única em Wall Street que se recusara a participar da operação de socorro do Long-Term Capital Management, em 1998. Os profissionais do Bear eram sobreviventes. Sempre pareciam encontrar uma maneira de escapar das situações de perigo.

Durante meses, Steel e eu vínhamos insistindo com o Bear, e com muitos outros bancos de investimentos e comerciais, a levantar capital e a melhorar suas posições de liquidez. Alguns, como o Merrill Lynch e o Morgan Stanley, haviam conseguido bilhões de grandes investidores, como fundos soberanos de governos estrangeiros. O Bear conversara com várias fontes potenciais, mas só conseguira fazer um acordo com a Citic Securities, da China, pelo qual cada parte investiria US$1 bilhão na outra. O negócio não atendeu às necessidades do Bear e, em todo o caso, ainda não havia sido fechado.

Os bancos de investimentos estavam mais vulneráveis que os bancos comerciais às pressões do mercado. Durante boa parte da história do país, não havia diferenças práticas entre eles. Mas o crash de 1929 mudou tudo. O Congresso aprovou uma série de leis para proteger os depositantes e os investidores, controlando a especulação e restringindo os conflitos de interesses. O Glass-Steagall Banking Act, de 1933, proibiu as instituições depositárias de envolver-se no que era considerado negócio arriscado de subscrição de títulos mobiliários. Durante muitos anos, os bancos comerciais, considerados mais conservadores, recebiam depósitos e concediam empréstimos, enquanto os bancos de investimentos, primos mais aventureiros, se concentravam na subscrição, na venda e na negociação de títulos mobiliários. Mas, com o tempo, as linhas divisórias perderam a nitidez, até que, em 1999, o Congresso permitiu que cada instituição invadisse inteiramente a seara da outra. Essa reforma legislativa deu origem a uma onda de fusões, que criou as gigantescas instituições financeiras que dominavam o panorama em 2008.

Mas a regulação não acompanhou as mudanças. Os órgãos de supervisão e fiscalização eram fragmentados demais e careciam de poderes adequados. Essa era uma das razões por que o Tesouro estava tão empenhado e trabalhando com tanto afinco para completar nosso projeto de nova estrutura regulatória.

Os bancos comerciais desfrutavam de rede de segurança mais ampla que os bancos de investimentos: Quando em dificuldade, os bancos comerciais podiam recorrer ao Federal Reserve como emprestador de última instância. Se o problema persistisse, o governo podia entrar em cena, assumir o controle da instituição e deixá-la sob intervenção. Dispondo dos ativos e cuidando das obrigações, a FDIC tinha condições de promover a desativação gradual ordeira do banco, ou vendê-lo para proteger o sistema financeiro.

Embora os bancos de investimentos, mais alavancados, fossem regulados pelo SEC e seguissem normas contábeis mais rigorosas, que os bancos comerciais, o governo não tinha poderes para intervir em caso de falência – mesmo se a situação impusesse ameaça sistêmica. O Fed não tinha linhas de crédito para conceder empréstimos aos bancos de investimentos e a SEC não era financiadora de instituições financeiras nem inspirava confiança nos mercados. Em um mundo de empreendimentos gigantescos, globais e entrelaçados, a falência de um banco de investimentos, como o Bear Stearns, podia semear desordem e devastação.

Logo que Bob Steel deixou a minha sala naquela manhã de quinta-feira, dei sucessivos telefonemas, começando com a Casa Branca. Em seguida, liguei para Tim Geithner, que se mostrou muito preocupado e me garantiu que estava todo voltado para o Bear. E perguntou se eu havia conversado com Chris Cox, chairman da SEC.

Localizei Chris em Atlanta. Embora a reputação do Bear já estivesse maculada, Cox achava que a instituição tinha bons negócios e que seria um candidato perfeito para aquisições. Também se considerou capaz de encontrar um comprador em 30 dias. Ele tinha conversado com o CEO do Bear, Alan Schwartz, que afirmou dispor de garantias adicionais livres e desembaraçadas de ônus – tudo de que precisava era de alguém que se dispusesse a conceder-lhe empréstimos com base nessas garantias adicionais.

O presidente Bush logo me ligou e expliquei a ele a situação do Bear Stearns e as consequências para os mercados e para a economia em geral, em caso de falência da instituição. O presidente rapidamente compreendeu a seriedade do problema e perguntou se havia compradores potenciais. Respondi que ainda não sabíamos, mas que estávamos analisando todas as opções.

"O problema é grave", resumi. "Corremos o risco de colapso. Teremos de engatar a marcha de velocidade."

Naquela tarde, Steel procurou-me e concluímos que ele não poderia faltar ao jantar de aniversário da filha, em Nova York, que completava 21 anos. Ele poderia trabalhar de lá, e talvez até precisássemos dele na cidade. A viagem de Bob foi um golpe de sorte. Ele chegou às 18 horas e se envolveu de tal maneira em sucessivos telefonemas com o pessoal do Fed de Nova York, da SEC e do Bear, que acabou passando duas horas ao telefone numa sala de reuniões do Aeroporto de Westchester County. Mal teve tempo de comer a sobremesa da festa de aniversário.

Ao chegar em casa, eu estava cheio de pressentimentos. Era quinta-feira à noite, quando eu recebia a *Sports Illustrated*. Wendy sempre deixava a revista no meu lado de nossa cama, e eu a estava folheando, na tentativa de relaxar, quando o telefone tocou. Era Bob, no aeroporto, em Westchester. Ele disse que a situação estava ruim e que eu seria conectado numa teleconferência por volta das 20 horas com Ben Bernanke, Chris Cox, Tim Geithner e com outros membros importantes do staff.

O dia fora péssimo para o Bear Stearns. Os credores e os principais clientes estavam fugindo com tanta rapidez que a empresa informara à SEC que, sem ajuda, pediria falência na manhã seguinte. Minhas opções eram limitadas. A falência do Bear poderia deflagrar efeitos dominó, precipitando a falência de outras instituições em dificuldade, incapazes de cumprir suas obrigações. Mas ainda não sabíamos como conter o desastre. A situação era perigosa e não havia respostas óbvias.

Discutimos possíveis medidas preventivas. O Fed estava analisando alternativas para inundar o mercado com liquidez, ou, como disse Tim, "para cobrir a pista com espuma". Mas, em condições tão frágeis, eu questionava se havia muito a fazer para estabilizar os mercados, se o Bear afundasse de repente.

Concordamos em nos reunir de novo logo no começo da manhã. Tim disse que suas equipes trabalhariam durante toda a noite, sondando o que a falência do Bear significaria para a infraestrutura – os mercados de empréstimos segurados, de derivativos e de tudo o mais que constituísse a tubulação oculta, mas vital, do sistema financeiro. Aquela seria a primeira de muitas noites durante a crise em que as equipes do Fed – ou do Tesouro – trabalharia incessantemente, em ritmo frenético, contra prazos excruciantes, na tentativa de salvar os mercados americanos e mundiais.

Eu não conseguia dormir. Sentia-me desperto e excitado. Virava-me de um lado para o outro em desconforto. Não parava de pensar sobre as consequências de uma falência do Bear. Estava preocupado com a solidez dos balanços patrimoniais, com a falta de transparência nos mercados de CDS, com o entrelaçamento de instituições que emprestavam bilhões de dólares por dia umas às outras, receoso de que seria difícil desembaraçar a meada, em situação de pânico.

Todas as instituições financeiras dependem de dinheiro emprestado – e da confiança dos credores. Se estes ficarem inquietos quanto à capacidade de pagamento do sistema financeiro, o provável é que se recusem a emprestar ou que exijam mais garantias adicionais. Se todos começarem a agir assim ao mesmo tempo, o sistema financeiro pode emperrar, não mais oferecendo crédito às empresas e aos consumidores. Em consequência, a atividade econômica se contrai e até entra em colapso.

Nos anos recentes, os bancos se endividaram mais que em qualquer outra época – sem aumentar o suficiente suas reservas de capital. Boa parte dos empréstimos para suportar esse aumento de alavancagem era obtida no mercado de acordos de recompra, ou repôs, onde os bancos vendiam títulos de dívida a dinheiro e se comprometiam a recomprar os papéis mais tarde, pelo mesmo preço, com acréscimo de juros.

Enquanto os bancos comerciais contavam com grandes pools de depósitos de varejo, garantidos pelo governo federal, como fontes de fundos, os bancos de investimento não podiam recorrer a essa modalidade de financiamento Os dealers atuavam no mercado de reposição para financiar suas posições em títulos do Tesouro, em dívidas das agências federais e em certificados de recebíveis imobiliários, entre outros. As instituições financeiras operavam no mercado de reposição diretamente umas com as outras ou através de intermediários, que atuavam como administradores e custodiantes dos títulos mutuados. Dois bancos, JPMorgan e Bank of New York Mellon, dominavam esse negócio de reposição tripartite.

O mercado se tornara enorme – com talvez US$2,75 trilhões no pico, apenas na modalidade reposição tripartite. Boa parte desse dinheiro era emprestada durante a noite, o que significava que balanços patrimoniais gigantescos, apinhados de todos os tipos de ativos complexos, geralmente sem liquidez, lastreavam financiamentos que podiam ser retirados a qualquer momento.

Essa situação não parecia problemática para a maioria dos financistas, durante os bons tempos que haviam perdurado até o ano anterior. Os mercados de reposição eram considerados seguros. Embora, tecnicamente, se tratasse de compra e venda, as operações funcionavam como empréstimos garantidos. Ou seja, os mercados de reposição pareceram seguros até que os ventos viraram e os participantes do mercado perderam a fé nas garantias adicionais ou no conceito creditício das contrapartes – ou em ambos. Com ou sem garantia, ninguém queria lidar com uma empresa que talvez desaparecesse no dia seguinte. Mas a decisão de não negociar com uma contraparte poderia converter o temor em profecia autorrealizável.

A falência do Bear Stearns não afetaria apenas seus acionistas e debenturistas. O Bear tinha centenas, talvez milhares de contrapartes – empresas que lhe emprestavam dinheiro ou com que negociava ações, títulos de crédito, hipotecas e outros papéis. Essas empresas – outros bancos e corretoras, seguradoras, fundos mútuos, fundos de hedge, fundos de pensão de Estados, de municípios e de grandes empresas – todas tinham, por seu turno, miríades de contrapartes. Se o Bear desabasse, todas correriam para cobrar seus empréstimos e garantias. Para atender às exigências de pagamento, primeiro o Bear e depois outros participantes seriam forçados a vender o que tivessem em mãos, em qualquer mercado – derrubando os preços, gerando mais prejuízos e desencadeando mais chamadas de margem e execuções de garantias.

As empresas que já haviam começado a tirar o dinheiro do Bear simplesmente estavam tentando chegar primeiro ao guichê. Era assim que se iniciavam as corridas bancárias.

Os bancos de investimentos sabiam que se surgissem questões sobre sua capacidade de pagamento, os credores fugiriam com a velocidade de fogo em mato seco. Essa é a razão por que a liquidez dos bancos é tão importante. No Goldman, éramos obcecados por nossa situação de liquidez. Não nos limitávamos a defini-la segundo o padrão clássico: dinheiro em caixa mais ativos de conversão imediata em numerário. Sempre perguntávamos quanto em dinheiro poderia desaparecer, em qualquer dia, se todos que pudessem exigir seu dinheiro de volta exercessem esse direito. Nessa situação extrema, como ficariam nossas disponibilidades? Conseguiríamos cumprir nossos compromissos? Para ficar no lado mais seguro, tínhamos um cofre no Bank of New York, cheio de títulos, que nunca resgatávamos nem emprestávamos. Quando eu era CEO, acumuláramos nada menos que US$60 bilhões só nessas reservas em caixa. Esse confortável colchão de liquidez me ajudava a dormir tranquilo à noite.

O Bear começara a semana com algo da ordem de US$18 bilhões em caixa. Agora tinha apenas US$2 bilhões. Dificilmente teria condições de atender às retiradas de depósitos. E, de manhã, quando os mercados abrissem, ninguém emprestaria dinheiro ao Bear. Ao contrário, todos estariam sacando. A situação seria de fato péssima, e não só para o Bear Stearns, mas também para todas as instituições com que fizesse negócios.

Não admira que eu não tivesse dormido mais de duas horas naquela noite. Até então, eu nunca sofrera de insônia, mas aquele era o começo de um longo período de noites em claro, que se estenderia por toda a crise, principalmente depois de setembro. Nos piores dias, eu adormecia exausto por volta das 21h30 ou 22 horas, despertava algumas horas depois e ficava acordado durante boa parte da noite. Às vezes, meu pensamento ficava mais claro nessas horas insones. Não raro, chegava a me levantar para fazer anotações. Na época, os jornais eram entregues em minha porta às 6 horas. Em geral, eu já estava acordado havia uma ou duas horas, muitas vezes com o televisor ligado, para acompanhar os mercados da Ásia e de outras partes do mundo.

Sexta-feira, 14 de março de 2008

Na manhã de sexta-feira, eu acabara de me barbear e ia entrar no chuveiro quando o telefone tocou. Era Bob Steel, dizendo-me que uma teleconferência se iniciaria às 5 horas. Ainda de pijama, corri para o estúdio, no terceiro andar da casa, para não acordar Wendy. Na linha estavam Tim Geithner, Ben Bernanke, Kevin Warsh e Don Kohn, do Fed; Tony Ryan e Bob Steel, do Tesouro; e Erik Sirri, da SEC. De início, esperamos Chris Cox, que estava em seu escritório, mas ele não chegou a participar da reunião, por causa de um problema técnico. Durante alguns minutos, também conectamos Jamie Dimon, CEO do JPMorgan, banco de compensações do Bear Stearns. Ele pintou uma situação negra, enfatizando que a falência do Bear seria desastrosa para os mercados e que a saída imediata era prolongar a agonia da instituição moribunda até o fim de semana.

Depois que Jamie desligou, Tim descreveu uma solução criativa que ele e a equipe dele haviam imaginado para ganhar tempo. O Fed emprestaria dinheiro ao JPMorgan, que, por seu turno, repassaria o dinheiro à empresa corretora em dificuldade. Para funcionar, o empréstimo do Fed teria de ser irrecorrível: seria lastreado em garantias adicionais do Bear, mas nem o JPMorgan nem o Bear se responsabilizariam pelo pagamento.

Por lei, o Federal Reserve pode emprestar com base em ativos apenas quando a liquidação do empréstimo for garantida, isto é, quando, em termos práticos, sejam mínimas as chances de o Fed perder dinheiro. No entanto, nesse caso, se o empréstimo por algum motivo não for pago e o Fed tiver de vender as garantias por valor inferior ao do empréstimo, o banco central americano incorreria em perda. Portanto, o empréstimo do Fed, naquelas condições, seria uma medida ousada, sem precedentes.

Ante o impasse, Ben impôs uma condição crucial: "Estou disposto a ir adiante apenas se o Tesouro for solidário e estiver pronto a nos proteger de qualquer prejuízo."

Para ser honesto, eu não tinha certeza de que o Tesouro dispunha de alguma base legal, se é que havia, para indenizar o Federal Reserve, mas eu estava disposto a prolongar a situação até o fim de semana. Os mercados de reposição abririam em breve, por volta das 7h30, e eu não estava propenso a arregimentar um monte de advogados para debater firulas jurídicas àquela altura.

"Estou preparado para fazer qualquer coisa", disse. "Se houver alguma chance de evitar a falência, precisamos partir para a ação."

Antes, contudo, eu tinha de sair da linha e falar com o presidente Bush para confirmar que ele assinaria o plano. Sim, respondeu, podíamos contar com o apoio dele. Mas agora ele tinha de correr. Naquele dia, ele não só tinha o discurso no Economic Club, de Nova York, mas também uma reunião com o Conselho Editorial do *Wall Street Jornal,* famoso por suas opiniões em defesa do livre mercado e por sua oposição às interferências do governo na economia.

Disse-lhe para não se preocupar; Steel estava em cima da situação do Bear, em Nova York, e poderia aguardá-lo na chegada à cidade. Reiterei, com um toque de humor negro: "Senhor presidente, convém retirar aquela linha de seu discurso sobre operações de socorro."

O presidente alterou o discurso e, em Nova York, Steel o esperava no Wall Street Heliport. Steel entrou na limusine presidencial e atualizou o presidente sobre a situação do Bear, a caminho de Midtown.

Retornei à teleconferência para dizer que contávamos com o apoio do presidente. Mais tarde, Tim e eu conversamos em particular. Estávamos montando a operação de socorro com muita rapidez. O Board of Governors do Federal Reserve ainda não havia aprovado formalmente o empréstimo, e ainda não tínhamos feito nenhum anúncio. Mas o mercado abriria a qualquer momento e não podíamos perder tempo. Perguntamo-nos de novo o que poderia acontecer na hipótese de falência do Bear.

Em 1990, a Drexel Burnham Lambert, gigante dos títulos podres, naufragara sem arrastar o mercado para o fundo. Porém, na época, os mercados não estavam tão fragilizados nem as instituições eram tão interligadas. Naquele tempo, também era mais fácil identificar as contrapartes. Se o Bear fosse uma situação única, talvez o tivéssemos deixado afundar. Mas sabíamos que a falência do Bear poria em questão o destino de outras instituições financeiras que talvez estivessem enfrentando dificuldades semelhantes. O mercado ficaria esperando pela próxima baixa, e depois a seguinte, até que todo o sistema corresse sérios riscos.

Conversei com Tim talvez umas duas dúzias de vezes entre sexta-feira e domingo. Éramos uma boa dupla. Durante toda a crise, Tim demonstrou mentalidade analítica aguda e notável senso de calma, além de extraordinária capacidade decisória e extremo autocontrole. Além disso, era dotado de inexaurível vigor e de benfazejo senso de humor. Porém, embora dependêssemos dos poderes do Fed para lidar com o Bear Stearns, aquelas eram águas desconhecidas para ele, que, por seu turno, confiava em meu conhecimento do mercado e em minha familiaridade com Wall Street. Tim sabia que eu compreendia os processos mentais, assim como os pontos fortes e os pontos fracos dos CEOs de Wall Street. Eu tinha experiência em lidar com Conselhos de Administração e com acionistas. Eu estava consciente de que era demasiado difícil comprar uma empresa num fim de semana, sem tempo para verificações prévias (due diligence). Eu também conhecia o medo de perder a própria empresa, porque eu já fora dominado por esse sentimento, quando, em 1994, no Goldman, grandes perdas em operações de mercado levaram alguns sócios assustados a retirar seu capital.

Tim já explicara o plano do governo ao CEO do Bear, Alan Schwartz, mas ele receava que Alan não tivesse compreendido totalmente as consequências. O governo não arriscaria dinheiro dos contribuintes sem esperar algo em troca – nesse caso, basicamente, o controle da empresa.

"Vamos ter a certeza de que ele compreende a situação, Hank," lembro-me da insistência de Tim. "Você precisa ser muito enérgico e claro com ele, para que eu não seja o único a falar e não haja dúvidas."

Quando consegui falar com Alan, ele parecia nervoso e constrangido, mas era evidente que estava fazendo o possível para controlar-se. Ele era bom banqueiro de investimentos e consultor muito conceituado na área de finanças empresariais. Infelizmente, fora arrastado para uma situação terrível, que ia além de suas forças. Naquele momento, estava em reunião com seu Conselho de Administração, um grupo muito belicoso e refratário.

"Alan", disse, "você agora está nas mãos do governo. A única alternativa é a falência."

"Tim me disse a mesma coisa", respondeu. "Eu estava nervoso porque, quando você telefonou, pensei que as regras tinham mudado. Não se preocupe. Eu compreendi a situação."

Pouco antes das 9 horas, o JPMorgan anunciou que juntaria esforços com o Fed num empréstimo ao Bear Stearns, por um período inicial de até 28 dias. A notícia não especificou quanto seria emprestado.

Nunca fui de seguir scripts preparados com antecedência. Trabalho melhor anotando uns poucos pontos-chave e duas ou três frases de efeito. No entanto, numa teleconferência, pouco depois, com os CEOs dos três maiores bancos, eu sabia que deveria ser cuidadoso – não poderia mandar que esses banqueiros fizessem alguma coisa. Mas eu precisava deixar claro que, se eles retirassem suas linhas de crédito do Bear, o banco de investimentos não sobreviveria àquele dia. Eu lhes disse estar consciente de que todos tinham de cumprir o dever de lealdade e suas obrigações fiduciárias, mas que aquela seria uma situação extraordinária e que o governo havia adotado medidas sem precedentes.

"As agências reguladoras trabalharam juntas para encontrar uma solução. Esperamos que vocês atuem de maneira responsável," exortei. "Todos nós aqui estamos pensando no sistema. Nosso objetivo é manter o Bear operando e cumprindo suas obrigações."

O grupo fez muitas perguntas sobre o programa de emergência do Fed. Tim e eu deixamos que Jamie Dimon respondesse à maioria delas. Os banqueiros estavam nervosos, mas visivelmente aliviados, o que me transmitiu a sensação de que o Bear superaria aquele dia.

De início, as ações do Bear subiram, mas não demorou muito para que o mercado perdesse a força. Durante a manhã, as ações do Bear caíram quase 50%, para menos de US$30. O mercado de ações também entrou em forte queda, com o Dow Jones Industrial Average perdendo quase 300 pontos. Naquele dia, o dólar atingiu mínima até então sem precedentes, de US$1,56 por euro, enquanto o ouro disparou para nova máxima de US$1.009 a onça.

Não obstante o apoio do JPMorgan e do Fed, ainda havia dúvidas sobre a capacidade de sobrevivência do Bear. Os clientes continuavam em fuga, drenando ainda mais suas reservas. Precisávamos fechar um acordo até a noite de domingo, antes da abertura dos mercados asiáticos, para evitar o risco de corrida bancária global.

Naquela tarde, durante uma reunião sobre nossas iniciativas na área de habitação, perguntei a Neel Kashkari se ele estaria acessível no fim de semana, pois talvez precisássemos de ajuda no caso do Bear. Ao que ele respondeu: "Suponho que eu seria mais útil em Nova York do que sentado a seu lado em Washington."

Concordei, mas antes de ele ir embora, observei: "Estou lhe pedindo que faça alguma coisa para a qual não foi preparado, mas você é tudo o que eu tenho." Eu sempre podia mexer com Neel, porque ele era talentoso e autoconfiante.

Ele riu. "Não sei se é o caso de dizer obrigado."

Telefonei para Jamie Dimon às 16h30 e lhe disse que precisávamos fechar o negócio no fim de semana. Seguro de si, carismático e sagaz, Jamie tinha a capacidade de equilibrar-se na corda bamba entre ser empresário empedernido e saber quando controlar seus instintos competitivos a bem do sistema financeiro. Também contava com a confiança de seu Conselho de Administração, o que lhe permitia tomar e manter decisões rápidas. Ele disse que sua equipe se movimentaria com o máximo de rapidez possível, mas ele não tinha como me dar garantias.

O presidente Bush retornou a Washington depois de seu discurso em Nova York e queria informações imediatas sobre a situação do Bear Stearns. "Quando o JPMorgan vai comprar a empresa?", perguntou. Respondi que não sabia, mas enfatizei que algo devia acontecer no fim de semana, ou enfrentaríamos problemas.

Em Nova York, Tim Geithner estava cada vez mais preocupado. Depois de conversar com Schwartz, ele suspeitou que o CEO do Bear não se dera conta de que os acontecimentos do dia haviam comprometido de tal forma a empresa dele que o cronograma deveria ser antecipado. Schwartz, insistiu, ainda está supondo que tem um mês para vender a empresa.

Tim sugeriu que ele e eu telefonássemos para Schwartz. "Acho que o impacto será maior se o procurarmos juntos", salientou. Eu consegui falar com ele por volta das 18h30 e enfatizei que tínhamos de agir rápido.

"Por que tanta pressa?", perguntou.

"Porque sua empresa não resistirá por muito tempo", expliquei mais uma vez. "Ela evaporará. Se não fecharmos o negócio até o fim de semana, não sobrará nada para oferecer como garantia."

Depois daquele telefonema difícil, Tim e eu concordamos que já não havia mais o que fazer e combinamos de conversar na manhã seguinte.

Naquela noite, Wendy e eu fomos à National Geographic Society para ver *The Lord God Bird* (A ave "meu Deus!"), documentário sensacional sobre o pica-pau-bico-de-marfim, pássaro tão espetacular que faz as pessoas dizerem "Meu Deus!" Eu teria gostado imensamente do programa, mas estava tão preocupado com o Bear Stearns que desviava o olhar quando um de nossos amigos da comunidade ambiental vinha em nossa direção. Wendy ficou furiosa comigo.

"Eu sei que você está sob pressão", disse ela, "mas isso não é desculpa para não ser cortês com as pessoas."

"Não estou sendo rude com ninguém", protestei.

"Você não está falando nada, além do 'Oi'".

Desculpei-me e acrescentei: "Estou com medo de que o mundo se desintegre."

Sábado, 15 de março de 2008

Acordei naquele sábado depois de outra noite agitada, ansioso quanto à necessidade de encontrar uma solução para o Bear Stearns naquela semana. O primeiro telefonema que recebi foi de Lloyd Blankfein, meu sucessor como CEO do Goldman Sachs. Ele estava tão nervoso quanto seria de esperar. Aquela foi a primeira e a única vez e quem Lloyd me telefonou em casa, durante todo o tempo em que fui secretário do Tesouro. Lloyd repassou a situação do mercado comigo, fornecendo-me uma visão geral profundamente analítica e extremamente abrangente, mas ele não conseguia disfarçar o medo. A conclusão dele foi apocalíptica.

O mercado esperava que o Bear fosse socorrido. Se não houvesse operação de socorro, as portas do inferno se abririam, começando pela Ásia, na noite de domingo, passando por Londres, e atingindo Nova York na segunda-feira de manhã. Não era difícil imaginar queda recorde de 1.000 pontos no Dow.

Conversei com Tim Geithner pouco depois e revisamos nosso plano para o dia. Precisávamos de um comprador para o Bear e concordamos que o JPMorgan era de longe nosso melhor candidato. Resolvemos conversar com Jamie Dimon e com Alan Schwartz ao longo do dia para pressioná-los a envolver ativamente seus Conselhos de Administração e a obter as informações necessárias para fechar o negócio na tarde de domingo.

Em circunstâncias normais, eu teria preferido descobrir vários licitantes, para ao menos criar a aparência de competição. Mas eu não acreditava que houvesse outro comprador para o Bear Stearns em qualquer lugar do mundo – e, decerto, nenhum que pudesse concluir o acordo em 36 horas. No entanto, consideramos todas as possibilidades disponíveis.

Tim perguntou sobre Chris Flowers, o investidor em private equity (empresas de capital fechado promissoras) que havia manifestado interesse pelo Bear Stearns. Eu conhecia Chris havia anos. Ele fora responsável pela área de serviços bancários a instituições financeiras no Goldman, antes de se tornar empreendedor autônomo. Porém, eu sabia que ele não tinha balanço patrimonial necessário para o negócio e disse a Tim que procurá-lo seria perda de tempo. Seth Waugh, chefe do Deutsche Bank na América do Norte, também havia expressado algum interesse. Disse que telefonaria para Joe Ackermann, CEO do Deutsche Bank, mas acrescentei que, com base nas conversas que eu tivera com ele nos últimos sete meses, duvidava que realmente estivesse interessado. Joe já tinha muitos problemas dele próprio.

O suíço Ackermann era um dos homens mais diretos que eu conhecia, competidor implacável que não tinha medo de explorar as fraquezas percebidas nos adversários. Por acaso, ele estava descendo a Madison Avenue, em Nova York, quando consegui falar com ele em seu telefone celular. Correspondendo às expectativas, ele respondeu com uma objetividade de tirar o fôlego.

"Comprar o Bear Stearns? Essa é a última coisa que eu faria no mundo", exclamou. Acrescentou que também não tinha interesse em financiar o Bear. Até então ele mantivera seus financiamentos e, como empresa, cumprira seus deveres de cidadania, mas não podia continuar. E, então, me perguntou por que o Deutsche faria negócio com um banco de investimentos americano.

Aquela manifestação não era zelo competitivo, mas a voz do medo, e fiquei surpreso com o nível de preocupação que eu detectara. Garanti-lhe que não havia motivos de ansiedade em relação aos outros bancos de investimentos americanos e que estávamos cuidando do Bear.

Alternando-se entre os escritórios do JPMorgan e do Bear – um quase diante do outro em lados diferentes da mesma rua – Neel Kashkari atualizou-me sobre as verificações prévias em ambos bancos. Com minha interferência frequente por telefone, as equipes trabalhavam em Nova York para promover um acordo. Também conversei com os principais atores do setor, no intuito de angariar o apoio deles. Dick Fuld, CEO do Lehman, me telefonou de volta, de um aeroporto na Índia, onde estava em viagem de negócios. Preocupado com sua própria empresa, ele me perguntou se a situação era bastante séria para justificar seu retorno imediato.

"Eu sem dúvida não ficaria no exterior nesse momento", respondi.

Ele perguntou se eu conseguiria para ele direitos de sobrevoar a Rússia. Expliquei que eu não tinha esse tipo de poder, mas enfatizei que ele deveria voltar.

Durante todo o sábado, quando Tim e eu falávamos com Jamie Dimon, o CEO do JPMorgan dizia coisas do tipo: "Estamos progredindo. Estamos otimistas, mas ainda há muito trabalho pela frente." Era enervante não ter alternativa. Finalmente, mais tarde, no mesmo dia, tivemos uma conversa encorajadora com Jamie, quando ele deu a impressão de que estava disposto a fechar o negócio – apenas precisava acertar alguns detalhes com seu Conselho de Administração.

Combinamos com Jamie que ele continuaria a trabalhar com os conselheiros dele. Se houvesse algum problema, ele procuraria Tim na manhã seguinte, bem cedo. Do contrário, conversaríamos um pouco mais tarde no domingo. Dormi bem pela primeira vez, em muitas noites.

Domingo, 16 de março de 2008

Na manhã seguinte, eu deveria comparecer a vários programas de entrevistas em emissoras de televisão para responder a perguntas sobre a operação de socorro. A primeira coisa que fiz foi conversar com Tim. Nenhum de nós tinha tido notícias de Jamie, o que em si já era boa notícia. Parti para os estúdios de televisão por volta das 7h30, imbuído da determinação de não dizer uma palavra sobre as negociações e de restringir-me aos aspectos para os quais me preparara com cuidado. Primeiro gravei o *This Week*, para a ABC. O anfitrião, George Stephanopoulos, mirou o que estava na mente do público, perguntando se não estávamos usando dólares dos contribuintes para salvar Wall Street.

"Estamos muito conscientes do risco moral", afirmei, acrescentando: "Minha principal preocupação é com a estabilidade de nosso sistema financeiro."

"Neste momento, existem outros bancos em situação semelhante à do Bear Stearns?", ele quis saber. "Será que isso é apenas o começo?"

"Bem, nossas instituições financeiras, nossos bancos comerciais e de investimentos, são muito fortes", salientei. "Nossos mercados são resilientes, eles são flexíveis. Estou muito confiante em que conseguiremos sair dessa situação."

E estava mesmo. Em retrospectiva, por mais preocupado que eu estivesse com os mercados, eu não tinha ideia do que estava por acontecer nos meses seguintes. Naquele momento, contudo, eu estava otimista no sentido de que poderíamos contar com Jamie, de que conseguiríamos resolver o problema do Bear Stearns e tranquilizar os mercados. Porém, o que eu não percebera, ao me deslocar de uma emissora para outra – depois de *This Week*, eu fui entrevistado por Wolf Blitzer, na CNN, e por Chris Wallace, na Fox News – era que a situação dera uma guinada para pior. Neel telefonara para Brookly McLaughlin, minha vice-secretária de imprensa, com más notícias. Brookly, que me acompanhara nos programas de televisão, queria que eu me concentrasse nas entrevistas, razão por que apenas quando eu voltava para casa, depois das 10 horas, ela me disse que ocorrera um problema e me pediu para telefonar para Neel. Este me informou que o JPMorgan não estava disposto a ir adiante. Telefonei para Tim.

"Isso é demais para mim", respondeu Tim.

O JPMorgan achava que o Bear era grande demais e estava muito preocupado com o portfólio de hipotecas da empresa. Fiquei decepcionado, mas não chocado. Era um pouco irrealista achar que, sem competição, conseguiríamos que o JPMorgam comprasse o Bear Stearns durante um fim de semana, em meio a uma crise de crédito. E Tim já havia insistido com Jamie, em vão.

Discutimos como poderíamos exercer alguma pressão sobre Jamie. Concordamos que o melhor curso provavelmente seria encontrar uma maneira de facilitar para o JPMorgam a compra do Bear, com alguma ajuda do Fed.

Em seguida, telefonei para Jamie e enfatizei a necessidade de que ele comprasse o Bear. E, como sempre, ele foi direto ao ponto e respondeu que seria impossível.

"O que mudou?", pressionei. "Por que você não está mais interessado?"

"Concluímos que o negócio é simplesmente grande demais. E já estamos sobrecarregados com nossas próprias hipotecas", disse. "Lamento. Mas não podemos fazer o negócio."

"Se é assim, precisamos definir em que condições você faria o negócio", disse, mudando a tacada. "Existe algo a explorar, em termos de ajuda do Fed, para fechar o negócio?"

O tom de Jamie mudou. "Verei o que posso fazer", respondeu, prometendo procurar-nos de volta o mais rápido possível.

Telefonei para Tim e nos comprometemos a oferecer o mínimo possível de ajuda do governo para o JPMorgam adquirir o Bear. Mas teríamos de descobrir alguma maneira de explorar a chance remota ainda existente.

Instalei-me no sofá da sala de estar com um bloco de papel e uma lata de Diet Coke. Nossa casa se situa numa encosta, diante de um pequeno riacho. Descortinando o arvoredo pelas amplas portas de correr, desfolhado e desolado em março, prossegui com os telefonemas, conversando com Tim e Neel reiteradamente. Juntos, Tim e eu pedíamos informações a Jamie e a outros. Precisávamos fechar o negócio com o Bear.

Jamie em breve ligou, dizendo que estava disposto a comprar o Bear, mas que antes precisávamos resolver várias questões importantes. O JPMorgan não queria nada do portfólio de hipotecas do Bear, que estava nos livros do banco de investimentos, por cerca de US$35 bilhões. A questão não era tanto qualidade quanto tamanho. O banco tinha razões para guardar munição. Sabíamos que o JPMorgan estava interessado em adquirir o Washington Mutual, que necessitava de reforço de capital. Portanto, não havia dúvida de que o JPMorgan não compraria o Bear sem ajuda do governo em relação aos ativos hipotecários.

O Fed por fim concluiu que podia ajudar no negócio, financiando uma sociedade de propósito específico que receberia e gerenciaria os ativos do Bear, que o JPMorgan não quisesse. O empréstimo a essa entidade seria irrecorrível, o que trazia de volta o dilema da sexta-feira de manhã. O Fed, em si, não podia sofrer perdas e teria de ser indenizado. Eu tinha nossa equipe jurídica, liderada por Bob Hoyt, advogado geral. O Fed tinha trazido a BlackRock, empresa especializada em investimentos de renda fixa, para examinar o portfólio de hipotecas, que o JPMorgan queria precificar, considerando como data-base a sexta-feira anterior.

Mantivemos em aberto uma linha de teleconferência, interligando Washington, o Fed de Nova York e o JPMorgan. Entrei em contato com Need na sala de reuniões do JPMorgam e pedi a ele que saísse e me telefonasse em particular.

"Neel", disse, "seu trabalho é proteger-nos. Esses caras vão jogar todo tipo de lixo em cima da gente. Você não pode permitir que isso aconteça. Certifique-se do que estamos recebendo."

Como o Fed só podia aceitar ativos expressos em dólar, o pool encolheu e, quando nos aproximávamos da casa dos US$30 bilhões, já sentíamos o esboço de um acordo. No entanto, ainda não se determinara o preço das ações do Bear Stearns. Tim me disse que o JPMorgan estava pensando em oferecer US$4 ou US$5 por ação, mas isso parecia muito para mim, e Tim concordou. O Bear estava morto, a não ser que o governo interviesse. Como a empresa poderia procurar-nos, dizer que faliriam sem a ajuda do governo e ainda pagar o almoço dos acionistas? Encorajado por Tim, telefonei para Jamie, que me colocou no viva voz.

"Entendi que você está falando em US$4 ou U$5 por ação", disse. "Mas a alternativa para a empresa é a falência. Como é que você chegou a um preço tão alto?"

"Eles deveriam ficar com zero, mas não sei como chegar a um acordo com esse preço", respondeu.

"Evidentemente, você precisa pagar-lhes alguma coisa para que votem", argumentei. "Mas poderia ser não mais que US$1 ou US$2."

Salientei que a decisão sobre o preço era do JPMorgan. Não me competia impor condições. E eu sabia que, quaisquer que fossem as condições, eram grandes as chances de que o preço acabasse sendo aumentado, pois a necessidade de aprovação pelos acionistas reforçava a posição do Bear. No entanto, fosse como fosse, era melhor começar com um preço mais baixo.

O JPMorgan decidiu oferecer US$2 por ação.

No meio tempo, enquanto corríamos para salvar o Bear, deparamos com uma oportunidade de fazer algo positivo com a Fannie Mae e a Freddie Mac. A debilidade do mercado, em última instância, era consequência de problemas no setor habitacional, e as duas instituições estavam no centro de tudo. Uma reportagem de capa negativa da *Barron's* no fim de semana anterior as havia atingido com grande intensidade.

Por que não usar a crise em nosso proveito? Tim e eu achávamos que notícias positivas a respeito da Fannie e da Freddie poderiam ajudar o mercado. Telefonei para Bob Steel e lhe pedi que marcasse uma teleconferência com as GSEs e com a agência reguladora delas, o OFHEO, para acertar um acordo em que ele vinha trabalhando. Steel, imediatamente, laçou Dan Mudd, CEO da Fannie Mae; Richard Syron, CEO da Freddie Mac, e Jim Lockhart, chefe da OFHEO, e entramos na teleconferência, que começou às 15 horas e durou cerca de meia hora.

A Fannie e a Freddie estavam operando sob uma "consent order" que exigia, provisoriamente, capital 30% superior ao imposto pela legislação federal. Ambas as instituições estavam pressionando pela eliminação dessa sobrecarga. Para que levantassem mais capital – o que considerávamos extremamente necessário – Steel e Lockhart vinham insistindo havia semanas que se fizesse um acordo: para cada US$1,50 ou US$2,00 de novo capital levantado pelas GSEs, o OFHEO reduziria a sobrecarga em US$1.

Não tínhamos tempo a perder, e abri a teleconferência dizendo que esperávamos fechar o negócio sobre o Bear Stearns e que queríamos chegar a um acordo com as GSEs para ajudar a tranquilizar o mercado. Steel trabalhara bem e logo batemos o martelo em condições que, segundo nossas estimativas, levariam cada empresa a levantar no mínimo US$6 bilhões. Calculamos que esse acerto, por seu turno, se traduziria em US$200 bilhões em financiamentos tão necessários para o atribulado mercado hipotecário. Concordamos em divulgar o acordo o mais cedo possível, o que foi feito em 19 de março.

Em seguida, Tim e eu conversamos com Jamie para analisar as condições finais do negócio com o Bear Stearns, antes de serem submetidas à aprovação do Conselho de Administração. O negócio contemplava uma oferta de US$2 por ação pelo JPMorgan e um empréstimo de US$30 bilhões pelo Fed de Nova York, garantido pelo pool de hipotecas do Bear. Todos sabíamos que a complexidade do negócio – desde sua estrutura e documentação legal até as especificidades de como o portfólio de hipotecas seria gerenciado – significava que seria impossível definir todos os detalhes antes da abertura dos mercados asiáticos. Teríamos de anunciar o acordo com base em "aperto de mão verbal", que requeria confiança e sofisticação de ambas as partes. E só poderíamos fazer isso com um CEO como Jamie Dimon, tecnicamente proficiente, profundamente seguro de si e que, ainda por cima, contava com a confiança e o apoio integral de seu Conselho de Administração.

A rápida teleconferência terminou por volta de 15h40 e Jamie partiu em busca dos conselheiros.

Entrei, então, em outra teleconferência com o presidente e Joel Kaplan, para informar-lhes sobre nosso progresso.

"Hank", perguntou o presidente, "você conseguiu?"

"Quase, senhor presidente", respondi. "Ainda precisamos da aprovação dos Conselhos de Administração das duas empresas."

Expliquei o empréstimo de US$30 bilhões e como o Fed queria ser indenizado pelo Tesouro, em caso de prejuízo, acrescentando que, basicamente, o Fed seria o dono das hipotecas.

"Podemos dizer que receberemos nosso dinheiro de volta?"

"Talvez, mas isso dependerá do mercado."

"Então não podemos fazer essa afirmação. Muita gente não vai gostar dessas condições. Você terá de explicar por que esse negócio foi tão necessário."

"Isso não será fácil", disse.

"Você conseguirá. Você tem muita credibilidade."

Enquanto eu falava, Wendy gesticulou para mim. Ela atendera outro telefonema e estava dizendo: "Neel precisa urgentemente falar com você."

Depois de terminar a conversa com o presidente, entrei na ligação com Neel, que já estava em teleconferência com Bob Hoyt.

"Não podemos fazer isso", disse Bob. E explicou rapidamente que a Anti-Deficiency Act (ADA) proibia o Tesouro de gastar dinheiro sem dotação específica do Congresso, o que não tínhamos. Portanto, não poderíamos assumir o compromisso de indenizar o Fed na hipótese de prejuízo.

"Meu Deus", murmurei. "Acabei de dizer ao presidente que fecháramos o negócio."

Imediatamente alertei Tim que tínhamos um problema.

Ele ficou surpreso e aborrecido. "Hank, você assumiu um compromisso. Você precisa encontrar uma solução para cumprir o acordo."

Telefonei de volta para Hoyt. "Encontre uma solução", disse-lhe.

Bob é um grande advogado e um cara disposto. Antes de me procurar, ele passara horas buscando algumas soluções criativas, e as submetera ao Departamento de Justiça. Os advogados concluíram que as propostas não sobreviveriam à terceira pergunta numa audiência no Congresso.

Finalmente, quando Tim compreendeu que não tínhamos poderes para fazer mais nada, imaginamos uma solução conciliatória. O empréstimo de US$30 bilhões do Fed se baseava em lei que lhe outorgava autoridade para conceder empréstimos, em condições denominadas "exigent circumstances" (circunstâncias prementes) – mesmo a um banco de investimentos como o Bear Stearns – desde que "o Fed contasse com garantias satisfatórias." Durante a tarde, o CEO da BlackRock, Larry Fink, assegurou a Tim e a mim que sua empresa analisara as hipotecas o suficiente para oferecer ao Fed uma declaração, atestando que seu empréstimo dispunha de garantias adequadas, significando que o risco de perda era mínimo. Portanto, o que o Poder Executivo realmente podia oferecer ao Fed era proteção política – não legal.

Como o Tesouro não teria condições de indenizar formalmente o Fed, concordamos que eu escreveria uma carta a Tim, recomendando e apoiando as iniciativas do Fed. Eu também reconheceria que, se o Fed sofresse perdas, as consequências daí decorrente seriam menores lucros a serem distribuídos pelo Fed ao Tesouro. Nesse sentido, o ônus da perda seria do contribuinte, não do Fed.

Denominei esse segundo documento de nossa carta "todo dinheiro é verde". Era uma maneira indireta de proporcionar ao Fed a cobertura de que necessitava para adotar as medidas que deveriam ser – e efetivamente seriam – adotadas pelo Tesouro se tivéssemos autoridade fiscal para tanto. Hoyt começou a redigir a carta imediatamente. Como se veio a constatar, ainda estaríamos discutindo os detalhes uma semana depois.

Pouco antes das 16 horas, Jamie nos informou que o Conselho de Administração do JPMorgan havia aprovado o negócio. Agora, teríamos de esperar notícias do Bear, e admito que estava nervoso. Mal acabara nossa conversa anterior com Jamie, eu comecei a me preocupar com o Conselho de Administração do Bear Stearns. E se resolvessem bancar os difíceis? Se eles ameaçassem optar pela falência, em lugar do acordo com o JPMorgan, por mais irracional que parecesse essa decisão, eles estariam em posição de vantagem em relação a nós. Embora eu considerasse improvável essa decisão, eu me sentia muito ansioso, à medida que se passavam os minutos sem nenhuma manifestação do Bear. Finalmente, às 18 horas, o Conselho de Administração do Bear aprovou o negócio.

O *Wall Street Journal* divulgou em sua edição on-line a notícia do acordo Bear Stearns-JPMorgan na noite de domingo. O JPMorgam pagaria pelo Bear US$2 por ação, ou um total de US$236 milhões (a instituição fora avaliada, no pico, em janeiro de 2007, em cerca de US$20 bilhões). Se os acionistas não aprovassem a transação, o acordo seria submetido a nova votação em assembleia geral no prazo de 28 dias – processo que poderia prolongar-se por até seis meses e que se destinava a oferecer ao mercado a certeza de que o negócio acabaria sendo fechado, mesmo que os acionistas do Bear empacassem no preço de US$2 por ação. Como parte do negócio, o Federal Reserve Board concederia empréstimo de US$30 bilhões a uma entidade autônoma chamada Maiden Lane LLC, que compraria e gerenciaria os ativos hipotecários do Bear.

O board do Fed tabém aprovou uma Primary Dealer Credit Facility – PDCF (Linha de Crédito a Dealer Primário), que estendeu o redesconto a bancos de investimentos, pela primeira vez desde a Grande Depressão. Discutíramos a questão durante o fim de semana e concluíramos que se tratava de iniciativa de extrema importância. Esperávamos que o mercado se tranquilizasse com a percepção de que os bancos de investimentos também estavam sob o guarda-chuva do Fed.

Naquela noite, promovemos outra teleconferência com os CEOs do setor financeiro. Jamie Dimon abriu a reunião, dizendo: "Todas as posições de vocês em operações de mercado com o Bear Stearns agora estão com o JPMorgan Chase."

Esse era um elemento crucial do acordo. O JPMorgan garantiria as operações de mercado do Bear – no sentido de que estaria por trás de qualquer uma de suas transações – até o fechamento do negócio. Essa era exatamente a garantia de que os mercados necessitavam para continuar fazendo negócios com o Bear.

Tim falou em seguida e, finalmente, eu me dirigi ao grupo. Observei que o Fed havia tomado providências vigorosas para estabilizar o sistema e pedi que contribuíssem com o seu apoio e liderança. "Vocês precisam trabalhar juntos e apoiar-se uns aos outros", disse. "Esperamos que vocês atuem com responsabilidade e evitem comportamentos que solapem a confiança do mercado."

"O que acontecerá se os acionistas não votarem a favor [do negócio], e ainda estivermos agindo com responsabilidade, como você pede?", perguntou Vikram Pandit, Ceo do Citigroup. "O governo nos indenizará?"

Era exatamente a pergunta certa, mas nem Jamie Dimon nem qualquer um de nós estávamos dispostos a ouvi-la.

"O que acontecerá com o Citigroup se o Bear afundar?", retrucou Jamie. "Eu entrei nessa. Por que, a essa altura dos acontecimentos, você faz esse tipo de pergunta?"

Com o JPMorgan a bordo, a liquidez do Bear – e também a solvência – já não estavam em questão. As vendas se acentuaram nos mercados asiáticos no domingo à noite, mas os mercados de Londres e de Nova York se mantiveram firmes na segunda-feira.

Entretanto, apesar da advertência abrupta que me fizera Joe Ackermann, no sábado, eu subestimara a recente perda de confiança nos bancos de investimentos dos estados Unidos, em especial na Europa. Eu solicitara a David McCormick, subsecretário para assuntos internacionais, que relatasse aos staffs dos ministérios das Finanças na Europa sobre a operação de socorro do Bear e sobre a resposta enérgica do governo americano. Porém, na noite de segunda-feira, David me pediu para dar alguns telefonemas, pois, disse ele, os europeus estavam muito assustados. Na terça-feira, eu falei com vários de meus colegas europeus – Alistair Darling, do Reino Unido; Christine Lagarde, da França; Peer Steinbrück, da Alemanha – para explicar nossas providências e para pedir-lhes apoio.

Nossas conversas foram muito esclarecedoras. Francamente, eu andava meio decepcionado com as atitudes negativas de alguns bancos europeus e esperava que meus colegas induzissem seus bancos a serem mais construtivos. Agora, eu me dava conta de que eles não tinham condições de agir dessa maneira. Compreensivelmente, estavam chocados com a situação do Bear.

E, como seria de esperar, o acordo não poderia ter sido mais controverso nos Estados Unidos. Não obstante muitos comentaristas o tivessem considerado jogada brilhante e ousada, que salvou o sistema, tantos outros o interpretaram como iniciativa infame, caso inequívoco de risco moral, cujas consequências seriam funestas. Na opinião deles, deveríamos ter deixado o Bear falir. Entre os membros mais eminentes desse segundo campo, incluía-se o senador Richard Shelby, para quem a iniciativa estabelecia "precedente pernicioso".

Para ser justo, eu compreendia os argumentos de meus críticos. Em princípio, eu não me sentia mais propenso que eles a arriscar o dinheiro dos contribuintes no socorro de um banco que se metera em dificuldade. Porém, minha experiência de mercado me levara a concluir – acertadamente, continuo a crer – que os riscos para o sistema eram grandes demais. Estou convencido de que fizemos o melhor possível, nas condições vigentes e com os recursos disponíveis. É justo afirmar que subestimamos a velocidade com que seríamos atingidos pela crise do Bear Stearns, mas nos demos conta com muita rapidez das limitações de nossos poderes estatutários para lidar com o problema que se interpôs em nosso caminho. Na semana seguinte, redobramos nossos esforços para concluir nosso trabalho sobre novo projeto regulatório que pretendíamos divulgar no fim do mês.

Mas o debate sobre a operação de socorro era irrelevante e não vinha ao caso naquela conjuntura. Apesar de todas as manchetes e não obstante a gritaria, o negócio ainda não estava consumado. Anunciáramos uma transação que o mercado de início não aceitaria, pois queria certeza e rapidez.

Contudo, no fim das contas, tudo se resumiu ao preço. Muitos acionistas do Bear Stearns – e os empregados detinham um terço da empresa – se deixaram impressionar pelo que consideraram oferta irrisória. Afinal, as ações da empresa chegaram a quase US$173 em janeiro de 2007. No cotejo, os acionistas haviam perdido bilhões de dólares. Sentia-me solidário em relação a eles e compreendia a raiva deles. Por outro lado, a empresa valia alguma coisa graças à intervenção do governo; do contrário, a perda seria total.

Em geral, os operadores de mercado e muitos comentaristas da imprensa financeira concordavam que o preço estava baixo demais. Na segunda-feira, as ações do Bear foram negociadas a US$4,81 – mais de duas vezes a oferta de US$2 do JPMorgan – na expectativa de que o JPMorgan teria de oferecer mais, para fechar o negócio.

Essa situação gerou muita incerteza, o que não era bom para ninguém, nem para o Bear nem para o JPMorgan nem para os mercados, que começavam a estabilizar-se. O Dow avançou 420 pontos na terça-feira, e as taxas de seguro de crédito para as empresas financeiras apresentaram forte queda: os CDSs do Bear caíram de 772 pontos-base, na sexta-feira, para 391 pontos-base, na terça-feira, enquanto os do Lehman recuaram de 451 pontos-base para 310 pontos-base, e os do Morgan Stanley, de 338 pontos-base para 226 pontos-base. Decerto não queríamos retroceder ao tumulto da semana anterior.

Como seria de esperar, o JPMorgan queria fechar o negócio o mais rápido possível. Enquanto houvesse incerteza, os clientes continuariam a deixar o Bear Stearns, reduzindo o valor da aquisição. Por que o detentor de uma conta de investimento prime ou de qualquer outra conta continuaria no Bear, quando poderiam fazer negócio com qualquer banco comercial ou de investimentos do mundo?

Ao se aproximar o fim de semana, o acordo parecia correr o risco de rompimento. Depois de conversar com Alan Schwartz, na sexta-feira, 21 de março, Jamie receava que o Bear saísse em busca de outro comprador e deixasse o JPMorgan na mão. Receoso do que poderia acontecer se os acionistas rejeitassem sua proposta, Jamie queria ter a certeza de que conseguiria votos suficientes para garantir a aprovação do negócio.

Na tarde de sexta-feira, tive uma reunião com Tim Geithner, Bob Steel, Neel Kashkari e Bob Hoyt em minha sala. Estávamos muito tensos. Sabíamos que o negócio não estava de modo algum certo, mas não tínhamos escolha senão concluí-lo.

O fundamental era proporcionar certeza. O JPMorgan poderia aumentar sua oferta, mas o banco e o mercado precisavam ter certeza de que, na hipótese de preço mais alto, os acionistas do Bear não procrastinariam a aprovação no intuito de conseguir ainda mais.

Adoçar o acordo para conseguir a aprovação dos acionistas fazia sentido, mas essa possibilidade suscitava outra ideia. "Também devemos tentar conseguir mais para o governo", disse eu a Tim.

Ele concordou e lembrou que dispúnhamos de alguma alavancagem que poderíamos usar. "Eles não podem mudar o acordo sem a nossa permissão", disse Tim. "Nosso compromisso se baseia no acordo como um todo."

"Talvez agora possamos conseguir que o JPMorgan assuma todas as hipotecas sem o apoio do governo", sugeri.

Nem Tim nem eu conseguimos convencer Jamie. No entanto, ele realmente aceitou que, se os acionistas do Bear recebessem preço mais alto e as ações do JPMorgan subissem, em consequência das notícias da aquisição, também o governo mereceria melhores condições.

A questão agora era como melhorar a posição dos Estados Unidos. Muito se discutiu e muito se andou em círculos sobre se deveríamos tentar usufruir dos benefícios, assumindo participação nos ativos hipotecários de forma que, se fossem vendidos acima do valor estimado, também compartilhássemos os ganhos. Porém, no fim das contas, ficou claro que o curso mais prudente era negociar proteção contra perdas para os contribuintes. Nessas condições, o JPMorgan concordou em absorver o primeiro bilhão de prejuízo com o portfólio do Bear.

Enquanto isso, os advogados de ambos os lados haviam reestruturado o acordo, de modo a proporcionar alguma certeza ao JPMorgan e a oferecer aos acionistas do Bear alguma melhoria no preço. Como parte do acerto, o JPMorgan trocaria parte de suas ações por nova emissão de ações do Bear Stearns, o que daria ao JPMorgan pouco menos de 40% de participação societária no Bear. Esse arranjo quase consumou a transação.

O fator-chave da troca de ações era o preço. No domingo, o JPMorgan estava disposto a oferecer aos acionistas do Bear US$10 por ação para fechar o negócio. Quando soube que Tim endossara algo entre US$8 e US$10, meu impulso foi interferir e dizer: "Não vá além de oito."

Mas Ben Bernanke me aconselhou: "Por que entrar nesse detalhe, Hank? Qual é a diferença entre US$8 e US$10? Precisamos da certeza de que o negócio será fechado."

Percebi que ele estava certo. Embora se tratasse de precedente bizarro recompensar os acionistas de uma empresa que havia sido socorrida pelo governo, eu sabia que concluir o mais rápido possível aquele acordo era fundamental. A situação do Bear continuara a deteriorar-se na semana anterior e assumia proporções que ameaçavam todo o sistema financeiro. Assim, telefonei para Jamie Dimon e o ungi com minha bênção. Em 29 de março, os acionistas do Bear aprovariam por maioria esmagadora a oferta de US$10 por ação.

Li muita coisa em reportagens de jornais e em livros recentes sobre aquele fim de semana do Bear. Nenhum deles reflete em toda a extensão nossa corrida contra o tempo e a ventura de o JPMorgan ter concordado em preservar o valor econômico do Bear, garantindo suas operações de mercado pendentes, até o fechamento do acordo. Sabíamos que precisávamos vender a empresa, pois o governo não tinha poderes para fornecer capital no intuito de garantir a solvência de um banco de investimentos. Como tínhamos apenas um comprador e pouco tempo para verificações prévias, também desfrutávamos de poucos trunfos nas negociações. Durante todo o processo, o mercado estava disposto a pagar para ver. Os clientes e as contrapartes abandonariam o barco; o Bear se desintegraria se não agíssemos com rapidez. E, embora muita gente tenha achado que Jamie Dimon fez um grande negócio, a transação do Bear se caracterizou por grande instabilidade e incerteza até o fim.

Aprendemos muita coisa com o Bear Stearns, e o que aprendemos nos assutou.

Capítulo 6

Fins de março de 2008

Nos primeiros dias depois da operação de socorro do Bear Stearns, os mercados se acalmaram. Os preços das ações se estabilizaram, enquanto os spreads dos swaps de crédito dos bancos comerciais e dos bancos de investimentos se estreitavam. No Tesouro e nos mercados, havia quem acreditasse que, depois de longos sete meses, finalmente havíamos alcançado o ponto da virada, da mesma maneira como a intervenção do setor no Long-Term Capital Management marcara o fim dos problemas de 1998.

Porém, eu continuava intranquilo. O colapso do Bear Stearns pôs em questão não só os modelos de negócios, mas também a própria viabilidade dos outros bancos de investimentos. Essa incerteza não era justa em relação às empresas que, depois dos ajustes contábeis necessários, dispunham de maiores reservas de capital e contavam com melhores balanços patrimoniais que muitos bancos comerciais. No entanto, essas dúvidas ameaçavam a estabilidade do mercado. Precisávamos fazer algo a respeito.

A abertura do redesconto do Fed para os dealers primários, em 17 de março, tinha sido um grande impulso. Por causa de sua exposição potencial, o Fed, em parceria com a SEC, começou a despachar auditores para fiscalizações locais. Essa foi uma iniciativa fundamental. Os investidores que haviam perdido a confiança na SEC como reguladora dos bancos de investimentos se sentiriam mais seguros ao vê-los sob a jurisdição do Fed.

As análises iniciais dos reguladores mostraram que o Merrill Lynch e o Lehman Brothers eram as instituições que demandavam mais trabalho para construir grandes colchões de liquidez. O Merrill sofria as consequências de seus problemas relacionados com hipotecas, mas a empresa era diversificada e tinha, de longe, o melhor negócio de corretagem dos Estados Unidos, além de marca forte e reputação global. Eu achava que ambos seriam capazes de, por conta própria, encontrar compradores adequados, se fosse o caso. Tendo trabalhado com John Thain, quando ele era presidente e COO do Goldman, eu estava otimista quanto à hipótese de ele investigar a exposição ao risco do Merrill e cuidar de seu balanço patrimonial. Se alguém compreendia o conceito de risco, essa pessoa era John.

O Lehman era outra questão. Sem dúvida, eu estava cético quanto a seu mix de negócios e sua capacidade de atrair um comprador ou um investidor estratégico. Ele apresentava o mesmo perfil de alavancagem estratosférica e de liquidez inadequada, além de grande exposição ao risco imobiliário e hipotecário, que já haviam derrubado o Bear Stearns. Fundado em 1850, o Lehman tinha um nome venerável, mas uma história recente atribulada. Dissensões internas já o haviam dividido antes de ser vendido à American Express, em 1984. Uma década depois, a instituição foi cindida antes de uma oferta pública inicial. Dick Fuld, como CEO, se destacara por seu trabalho notável de reconstrução. Porém, sob muitos aspectos, o Lehman era uma empresa de 14 anos, fundada por Dick Fuld. Eu gostava de Dick. Ele era incisivo e cativante, um líder forte que inspirava e demandava lealdade; porém, a personalidade dele se confundia com a própria cultura da empresa. Qualquer crítica ao Lehman era um ataque pessoal a Dick Fuld.

Como secretário do Tesouro, eu não raro recorria a Dick, em busca de seus insights sobre os mercados. Ex-operador de títulos de renda fixa, ele era astuto, disposto a compartilhar informações e muito receptivo. Eu poderia afirmar que a queda do Bear sacudira Dick. Até que ponto ele estava disposto a proteger sua empresa era outra questão.

Durante algum tempo, encorajei numerosos bancos comerciais e de investimentos a reconhecer suas perdas, a levantar capital próprio e a fortalecer suas posições de liquidez. Eu sempre repetia que, ao longo de minha carreira, nunca vira um CEO do setor financeiro enfrentar problemas provocados por excesso de capital.

Enfatizei essa consideração para Fuld, em fins de março. Ele sustentou que tinha capital suficiente, mas precisava restaurar a confiança no Lehman. Pouco depois, Dick telefonou para dizer que estava pensando em procurar o CEO da General Electric, Jeff Immelt, e o CEO da Berkshire Hathaway, Warren Buffett, como possíveis investidores. Dick lembrou que havia atuado no Fed de Nova York com Immelt e podia afirmar que o chefão da GE gostava dele e o respeitava. Além disso, também achava que a Berkshire Hathaway poderia ser boa controladora. Respondi a Dick que dificilmente a GE se interessaria pelo negócio, mas que talvez valesse a pena procurar Warren Buffett.

Poucos dias depois, em 28 de março, eu estava deitado no sofá da sala, vendo a ESPN, no dia do meu aniversário, quando o telefone tocou. Era Dick, para dizer que conversara com Buffett. Ele queria que eu procurasse Warren e o encorajasse a fazer o negócio. Recusei-me, mas ele insistiu. Buffett, disse ele, estava esperando minha ligação.

Como demonstração de minha preocupação com o Lehman, resolvi ver até que ponto Warren estava interessado. Peguei o telefone e liguei para o escritório dele, em Omaha. Considerava Warren um amigo e confiava na sabedoria dele e em seus conselhos sempre sensatos. Daquela vez, contudo, precisava ser cuidadoso com minhas palavras. Observei que não era a autoridade regulatória do Lehman e que não sabia mais que ele sobre a situação financeira – porém, afirmei que os holofotes convergiam para o Lehman como o elo mais fraco do sistema e que um investimento de Warren Buffett emitiria sinal poderoso para os mercados de crédito.

"Sei disso", disse Buffett. "Tenho os formulários mais recentes que eles enviaram para a SEC e estou sentado aqui, lendo todos eles."

A verdade é que, de modo algum, ele não pareceu muito interessado.

Depois eu soube que Fuld queria que Buffett comprasse ações preferenciais sob condições que o investidor de Omaha considerou pouco atraentes.

Na semana seguinte, o Lehman captou US$4 bilhões em ações preferenciais conversíveis, insistindo em que estava levantando capital não porque precisasse, mas para dirimir qualquer dúvida sobre a solidez de seu balanço patrimonial. Os investidores saudaram a iniciativa com muito ânimo: as ações do Lehman subiram 18%, para mais de US$44, e os spreads de seus swaps de crédito despencaram abruptamente, de 294 pontos-base para 238 pontos-base.

Era 1º de Abril, o Dia dos Tolos.

O colapso do Bear Stearns, em março, ressaltara muitas das falhas regulatórias do sistema financeiro dos Estados Unidos. Ao longo dos anos, os bancos comerciais, os bancos de investimentos, as instituições de poupança e empréstimo e as empresas seguradoras, para citar apenas algumas das muitas espécies de instituições financeiras ativas em nossos mercados, passaram a atuar nas áreas de negócios umas das outras. Os produtos que desenvolviam e vendiam se tornaram infinitamente mais complexos e as grandes instituições financeiras passaram a entrelaçar-se de maneira indestrinçável, enleadas por complexos esquemas de crédito.

A estrutura regulatória, organizada em torno de linhas de negócios tradicionais, não conseguiu acompanhar a evolução dos mercados. Em consequência, não obstante as mudanças radicais no sistema financeiro, o país continuou com a mesma colcha de retalhos regulatória, entremeando jurisdições estaduais e federais, de 75 anos atrás. Talvez as normas vigentes tenham sido boas para o mundo da Grande Depressão, mas redundaram em competição contraproducente entre agências reguladoras, com duplicidades perdulárias em algumas áreas e com lacunas profundas e amplas em outros âmbitos.

Assestei meus esforços para esses esquemas embaraçosos e ineficientes, desde meu primeiro dia no cargo. Em março de 2007, na Capital Markets Competitiveness Conference (Conferência sobre Competitividade dos Mercados de Capitais), promovida pela Georgetown University, em Washington, participantes oriundos de amplo espectro dos mercados concordaram que nossa estrutura regulatória ultrapassada talvez não correspondesse às demandas de um sistema financeiro moderno. No ano seguinte, o staff do Departamento do Tesouro, sob a direção de David Nason, com forte apoio de Bob Steel, elaborou plano abrangente de mudanças em grande escala, depois de reunir-se com grande variedade de especialistas e de submeter propostas a diferentes públicos. Em 31 de março de 2008, divulgamos o produto final, denominado Blueprint for a Modernized Financial Regulatory System (Projeto de Sistema de Regulação Financeira Modernizada), numa sala apinhada, com mais ou menos 200 pessoas. No recinto talvez houvesse 50 repórteres, entre os mármores e os candelabros da Cash Room, do século XIX.

Ao preconizar a modernização do sistema regulatório dos mercados financeiros, eu enfatizava, contudo, que grandes mudanças regulatórias não deviam ser promulgadas, enquanto o sistema financeiro estivesse sob tensão. Esperava que o Blueprint suscitasse debates capazes de impulsionar processo de reforma. E salientava que o objetivo de nossas propostas era moldar novo arcabouço regulatório, não novos regulamentos – embora, sem dúvida, precisássemos de alguns.

"Devemos e podemos dispor de estrutura compatível com o mundo contemporâneo, algo mais flexível e mais adaptável às mudanças, um arcabouço que nos possibilite enfrentar com mais eficácia as rupturas inevitáveis do mercado, uma contextura apta a melhor proteger os investidores e os consumidores", disse.

No longo prazo, propusemos a criação de três novas agências regulatórias. A primeira, guardiã da conduta empresarial, se concentraria exclusivamente na proteção dos consumidores. A segunda, reguladora "prudencial", supervisionaria a segurança e solidez das empresas financeiras que operassem com garantias ou com respaldo governamental explícito, cujos clientes desfrutassem de garantias de depósitos; para essa função, imaginávamos a ampliação das atribuições do Office of the Comptroller of the Currency. A terceira agência regulatória contaria com amplos poderes para lidar com qualquer situação que ameaçasse a estabilidade financeira. O Federal Reserve poderia exercer essa função regulatória da macroestabilidade.

Até a implementação definitiva dessa estrutura, o Blueprint recomendava importantes iniciativas de curto prazo, como a fusão da Securities and Exchange Commission com a Commodity Futures Trading Commission; a eliminação do estatuto federal sobre instituições de poupança e a combinação do Office of Thrift Supervision com o Office of the Comptroller of the Currency; criando normas uniformes mais rigorosas para mutuantes hipotecários, ampliando a supervisão de sistemas de pagamento e liquidação e regulando as atividades de seguro em âmbito federal.

Embora nossa equipe tenha trabalhado em estreito entrosamento com outros órgãos na elaboração do Blueprint, tivemos de tratar de algumas discordâncias com o Federal Reserve. Este queria preservar sua função de regulador dos bancos, em especial seu guarda-chuva de supervisão sobre empresas holding de bancos, sem o que, argumentava, não poderia exercer com eficácia a supervisão de empresas importantes no nível sistêmico. Não vimos razão para enfatizar nossas diferenças. Todos nós concordamos que não seria prudente para o Fed abrir mão dessas atribuições no curto prazo, pois era o regulador bancário que desfrutava de mais credibilidade – e recursos. Ben Bernanke apoiou, desde o começo, que o Fed assumisse as novas responsabilidades em nível macro. Mas ele e Tim Geithner queriam ter a certeza, com razão, de que outorgaríamos ao Fed a autoridade necessária e o acesso indispensável a informações imprescindíveis para o exercício das funções ingratas de super-regulador. (Fiquei feliz ao ver que o governo Obama, em seu programa de reformas, acatou nossa recomendação de uma agência regulatória da macroestabilidade.)

O Blueprint deu muita atenção a empresas patrocinadas pelo governo (government-sponsored enterprses – GSEs), como Fannie Mae e Freddie Mac, mas efetivamente observamos que se devia considerar uma agência reguladora separada para as GSEs, assim como também sugerimos que elas ficassem sob a jurisdição do Fed como órgão supervisor da estabilidade do mercado.

Enquanto isso, eu estava determinado a promover a reforma dos dois gigantes das hipotecas. Em consequência do enxugamento do crédito, a participação conjunta de ambas no mercado hipotecário aumentara de 46%, antes da crise, para 76%. Precisávamos delas para fornecer recursos hipotecários de baixo custo, capazes de respaldar o mercado habitacional. Daí a importância do anúncio, em 19 de março, de que disponibilizariam até US$200 bilhões em novos fundos, além de novo aumento de capital.

Em abril, era evidente que a queda da atividade econômica seria duradoura, e não afetaria somente os Estados Unidos – a atividade hipotecária no Reino Unido, por exemplo, estava quase paralisada. Os preços do petróleo continuavam a subir, o dólar tropeçava e a imprensa transbordava de artigos sobre escassez de alimentos e tumultos populares em muitos países.

Fui a Pequim para me reunir com Wang Qishan, que substituíra Wu Yi como vice-premier, e preparar a mesa para a próxima rodada do Diálogo Econômico Estratégico (Strategic Economic Dialogue – SED). Eu já conhecia e trabalhava com Wang, que eu considerava amigo de confiança, havia 15 anos. Ex-prefeito de Pequim, com disposição para iniciativas ousadas e com senso de humor astuto, ele orientou o país no combate à gripe asiática (SARS) e coordenou a preparação dos Jogos Olímpicos de 2008. Embora tenhamos dedicado muito tempo à discussão de questões vitais referentes ao aumento dos preços da energia e à preservação do meio ambiente, que seriam o foco de nossa reunião de junho, Wang estava mais interessado nos problemas dos mercados de capitais americanos. Fui franco em relação às nossas dificuldades, mas sempre considerei o fato de que a China era um dos maiores detentores de títulos de dívida dos Estados

Unidos, inclusive de centenas de bilhões de dólares em dívidas das GSEs. Salientei que estávamos conscientes de nossa responsabilidade.

Na verdade, os mercados americanos mais uma vez estavam perdendo força. Os bancos prosseguiam no esforço de levantar capital, mesmo enquanto sofriam perdas ainda maiores. Em 8 de abril, o Washington Mutual disse que levantaria US$7 bilhões, para cobrir perdas no subprime, inclusive uma infusão de US$2 bilhões da TPG, grupo de private equity texano. Em 14 de abril, a Wachovia Corporation anunciou planos para levantar US$7 bilhões. O Merrill Lynch divulgou prejuízo de US$1,96 bilhão no primeiro trimestre, em decorrência de baixas contábeis de US$4,5 bilhões, principalmente em hipotecas subprime, enquanto o Citigroup registrava prejuízo de US$5,1 bilhões, em consequência de baixas contábeis de US$12 bilhões, em empréstimos hipotecários subprime e outros ativos de alto risco.

O clima era de pessimismo quando o G-7 realizou sua reunião ministerial em Washington, em 11 de abril. Naquele dia, o Dow mergulhou 257 pontos, depois que a General Electric divulgou resultados no primeiro trimestre inferiores às expectativas. Conversas sobre os preços do petróleo, que já estavam superando a marca de US$110 por barril, já a caminho da máxima de julho, de quase US$150, dominaram o encontro, mas a situação dos mercados de capitais não saía da cabeça de todos os ministros.

Muito se discutiu sobre a método contábil de marcação a mercado (mark-to-market) ou de contabilização pelo valor justo (fair-value accounting). Os banqueiros europeus, liderados por Joe Ackermann, CEO do Deutsche Bank, citara esse padrão como a principal fonte de seus problemas, e vários de meus colegas, como seria de esperar, buscavam uma solução rápida. Muitos insistiam na adoção de critério mais flexível; porém, eu defendi com determinação a contabilidade pelo valor justo, segundo a qual os itens do ativo e do passivo são lançados no balanço patrimonial pelos preços de mercado vigentes, em vez de pelos valores históricos. Sustentei que o melhor era encarar a realidade e enfrentar os problemas de uma vez. Francamente, eu acreditava que os bancos europeus haviam sido mais lentos que os americanas em reconhecer a gravidade da situação e em partir para a ação em virtude dessas diferenças em práticas contábeis. Mas eu sentia que meus colegas europeus estavam cada vez mais conscientes da seriedade dos problemas do sistema financeiro.

A reunião do G-7 ofereceu um "grande jantar" na Cash Room do Departamento do Tesouro, para os CEOs do mercado financeiro. A maioria das grandes instituições estava representada. A lista de convidados incluía John Mack, do Morgan Stanley; John Thain, do Merrill Lynch; Dick Fuld; Win Bischoff, chairman do Citigroup; Jamie Dimon, CEO do JPMorgan; e Ackerman, do Deutsche.

O ânimo estava lúgubre. Embora uns poucos banqueiros achassem que estávamos perto do fim da crise, a maioria receava que a situação se agravasse ainda mais. Circulei a mesa, perguntando como tínhamos chegado àquele ponto.

"Ganância, alavancagem e leniência", lembro-me da explicação de John Mack. "Ficamos muito autoconfiantes e, como setor, perdemos a disciplina."

"Os gestores de investimentos estão tomando consciência da própria ignorância", observou Herb Allison, CEO da TIAA-CREF, naquele que foi o último dia dele no cargo. "Supúnhamos que soubéssemos muito mais sobre esses ativos, mas nos demos mal e até nos convencermos da transparência dos ativos, não compraremos."

Mervyn King, governador do Banco da Inglaterra, considerou o panorama geral, e questionou se não teríamos permitido que a participação do setor financeiro se tornasse grande demais na economia.

"Todos vocês são pessoas brilhantes, mas fracassaram. A gestão de riscos é difícil", disse ele aos participantes. "Portanto, a lição é que não podemos deixar que vocês se tornem tão grandes quanto antes e inflijam os danos que causaram, nem que fiquem tão complexos quanto no passado – pois não conseguem gerenciar o fator risco."

Os banqueiros se queixaram amargamente dos fundos de hedge, que, segundo percebiam, estavam comprando a descoberto suas ações e manipulando os swaps de crédito, além de, segundo alguns CEOs, quase tentarem afundar algumas instituições. Quase todos eles propunham a regulação dos fundos de hedge. Dentre eles, o mais enfático era Dick Fuld, que enrubesceu de raiva ao rosnar: "Esses caras estão matando a gente."

Ao sairmos do jantar, Dave McCormick, que atuava como principal ligação com o G-7 e outros ministros das Finanças, me disse: "Dick Fuld realmente está transtornado."

Respondi a Dave que não estava surpreso. O Lehman estava em situação precária. "Se falirem, todos enfrentaremos sérios problemas", argumentei. "Quem sabe não descobrimos como vendê-los."

O Congresso entrara em recesso por duas semanas na segunda metade de março, e os legisladores ficaram com as orelhas quentes de tanto ouvir reclamações dos eleitores sobre seus problemas com a casa própria e sobre o enfraquecimento da economia – além de demonstrações de ressentimento a respeito do socorro de Wall Street com dinheiro público. A Câmara dos Representantes e o Senado Federal propuseram novos projetos de lei sobre habitação, inclusive numerosos planos referentes à atenuação das retomadas de imóveis, ao maior acesso à casa própria e à mitigação dos efeitos de falências. Os democratas, liderados por Chris Dodd e Barney Frank, promoveram o HOPE for Homeowners (Hope para Mutuários), programa da Federal Housing Administration que oferecia garantias adicionais na renegociação de hipotecas para credores subprime na iminência de perder a casa própria.

Os republicanos, em especial da Câmara dos Representantes, desancaram muitas dessas iniciativas, tachando-as de propostas de socorro a caloteiros e a especuladores. E a Casa Branca ameaçou vetá-las, em consequência de sua insatisfação com as propostas de alterações nos financiamentos hipotecários concedidos por instituições falidas e com a tentativa de distribuir US$4 bilhões a governos estaduais e municipais, com recursos do Community Development Block Grants, para a recompra de imóveis retomados. Eu mesmo tinha dúvidas sobre a eficácia de muitas das propostas – calculamos que o HOPE for Homeowners ajudaria, no máximo, 50.000 mutuários.

Mas os senadores do Partido Republicano haviam retornado do recesso da primavera mais dispostos a fazer concessões. Em 10 de abril, o Senado aprovou por 84 a 12 nova lei de reduções de impostos e de concessões de créditos tributários no valor de US$24 bilhões, para impulsionar o mercado habitacional.

Em 15 de abril, Bob Steel, Neel Kashkari e Phill Swagel, economista-chefe do Tesouro, nos reunimos no Fed com Ben Bernanke e com alguns de seus assessores para analisar um plano de contingência em que Neel e Phill estavam trabalhando a meu pedido havia algum tempo. Apelidado de Plano de Recapitalização Bancária "Break the Glass" (Quebre o Vidro), denominação inspirada nos machados contra incêndios, mantidos em locais acessíveis, em caixas de vidro quebradiças, para uso em situações de emergência, o documento definia as vantagens e desvantagens de uma série de opções para lidar com crises.

Entre as muitas hipóteses, o governo obteria permissão dos legisladores para comprar até US$500 bilhões em certificados de recebíveis imobiliários ilíquidos, nos portfólios de bancos, liberando seus balanços patrimoniais e estimulando novos empréstimos. Outras iniciativas incluíam a garantia ou o seguro pelo governo de ativos hipotecários, no intuito de torná-los mais atraentes para os investidores. Além do refinanciamento de hipotecas pela FHA, em escala maciça. O "Quebre o Vidro" também previa a possibilidade de o governo assumir participações acionárias em bancos para reforçar seus níveis de capitalização – embora não como primeiro recurso.

Esse programa foi o precursor intelectual do Troubled Assets Relief Program (TARP), que proporíamos ao Congresso, em setembro. Em abril, contudo, a situação dos mercados ainda não era tão assustadora; tampouco o Congresso, nem de longe, estava disposto a considerar a hipótese de nos propor tais poderes.

Ainda naquela tarde, rompeu-se o antigo bloqueio à reforma das GSEs. Instigado por mim, Chris Dodd convocara uma reunião com Richard Shelby e com os CEOs da Fannie Mae e da Freddie Mac. Reunimo-nos no escritório de Dodd, no Russell Senate Office Building, numa pequena sala inusitadamente acolhedora e aconchegante, para os padrões de Capitol Hill. Com lambris de madeira, cortinas vermelhas e carpetes da mesma cor, o recinto era decorado com lembranças da longa carreira política de Dodd, como fotos de seu pai, Thomas J. Dodd, que também fora senador por Connecticut. A descontração do ambiente contrastava com a predisposição de alguns dos mais ferozes adversários na questão das GSEs.

Embora Dodd, como muitos dos democratas mais importantes, visse com bons olhos a Fannie e a Freddie, Shelby havia muito tempo queria que ambas fossem fiscalizadas com mais rigor. Em 2005, ele apoiara um projeto malsucedido que possibilitava intervenções drásticas nos portfólios dessas entidades.

O chefão da Fannie, Dan Mudd, filho de Roger Mudd, famoso correspondente da CBS News, crescera em Washington e passara boa parte de sua carreira trabalhando na GE Capital, braço financeiro da GE. Ao contrário de muitos sinecuristas de Washington, ele sabia dirigir um negócio real e havia sido recrutado para faxinar a Fannie, depois do escândalo contábil de 2004. De lá para cá, construiu uma equipe forte e leal.

Dick Syron, CEO da Freddie Mac, ex-CEO do Fed de Boston e da American Stock Exchange, enfrentava situação mais difícil. Tinha um Conselho de Administração problemático e não poderia ter a certeza de cumprir o prometido.

Quando nos sentamos, já era evidente que os dois CEOs reconheciam que algo precisava ser feito com urgência. Mas o protagonista do elenco era Shelby, que finalmente concluíra ter chegado a hora de partir para a ação.

Antes de entrarmos, meu assessor legislativo, Kevin Fromer, lembrou-me: "Essa reunião é de Dodd; deixe que Dodd a dirija." Ele sabia que eu tinha a tendência de entrar em cena e assumir o controle.

No entanto, depois de algumas amabilidades, Dodd passou-me a palavra. Deixei claro que a Fannie e a Freddie eram cruciais para a superação da crise; que precisávamos restaurar a confiança nelas; que a reforma demandava nova agência reguladora mais forte e que era fundamental para elas levantar capital. Mudd observou que a Fannie planejava angariar US$ 6 bilhões; Syron era todo ouvidos e reservado.

Levamos uma lista de questões críticas em aberto e, por solicitação de Shelby, pedi a David Nason que as expusesse. Entre elas, se incluíam o aumento da jurisdição do novo regulador sobre o portfólio, inclusive com poderes para promover desinvestimentos; a capacidade de definir e de aumentar temporariamente necessidades de capital mínimo, sem a aprovação do Congresso; e a fiscalização de novas atividades de negócios das GSEs. Outros pontos eram o aumento do limite de empréstimos hipotecários em áreas muito valorizadas e a maior acessibilidade dos financiamentos habitacionais.

"Bem", disse Shelby, "esses são os principais itens."

Shelby é talento formidável, legislador habilidoso e questionador astuto. Mas, francamente, nunca me afinei muito bem com ele. É conservador ferrenho. Acho que ele, na verdade, nunca confiou em mim, por eu ser oriundo de Wall Street e por ele nunca ter digerido a operação de socorro do Bear Stearns. Essa foi uma das raras ocasiões, nos dois anos e meio que passei em Washington, em que o vi fazer algo mais que contornar uma questão ou apontar problemas em propostas alheias.

Porém, dessa vez, Shelby assumiu o controle e eu vi o senador pelo Alabama em sua melhor forma.

"Gostei de nosso projeto", lembro-me dessa afirmação dele. "Mas sei que nem sempre consigo tudo o que quero."

Shelby agora estava pronto para a ação. Na opinião dele, as grandes questões eram como lidar com o tamanho dos portfólios e com a aprovação dos novos produtos. O Tesouro se importava mais com o risco sistêmico e com questões de segurança e solidez, enquanto Dodd – como Barney

Frank – queria limites de empréstimos mais altos e financiamentos habitacionais mais acessíveis.

"Vocês vão trabalhar conosco?", Shelby perguntou a Mudd e a Syron. "Vocês realmente querem fazer isso?"

Sob o olhar inquisitivo de Shelby, eles responderam que sim. Deixei o Russell Building muito otimista e decidido a elaborar o documento que contribuiria para a reforma da Fannie e da Freddie.

Mas não seria assim tão fácil.

No começo de Maio, a Fannie anunciou resultado negativo de US$2,2 bilhões no primeiro trimestre – o terceiro prejuízo trimestral seguido –, cortou a distribuição de dividendos a ações ordinárias e anunciou planos para levantar US$6 bilhões, por meio de oferta pública de ações. Oito dias depois, a Freddie anunciou os resultados do primeiro trimestre – prejuízo de US$151 milhões – além de planos para levantar US$5,5 bilhões por meio de emissão de capital no futuro próximo.

Em 6 de maio, funcionários do Tesouro se reuniram com um grupo de grandes mutuantes hipotecários para acelerar o processo de mudanças nas condições dos empréstimos concedidos a mutuários qualificados, em vias de perder suas casas. Naquele mesmo dia, a Casa Branca divulgou declaração em que se opunha ao projeto de estímulo ao mercado habitacional, em tramitação na Câmara dos Representantes. Conhecido oficialmente como H.R.3221, esse projeto canhestro e complicado fora proposto, de início, como proposta da área de energia, em 2007, antes de converter-se em veículo habitacional, em fevereiro. Continha uma miscelânea de propostas dispendiosas e, provavelmente, ineficazes. O governo considerou o projeto embaraçoso, impositivo e arriscado para os contribuintes. O projeto também tratava da reforma das GSEs, mas a Casa Branca estava preocupada com as demais medidas. Eu não tinha dúvidas de que poderíamos trabalhar com Barney Frank para chegar a um acordo aceitável.

No lado do Senado, nossa reunião de cúpula com Dodd e Shelby pagava dividendos. Depois de muitas discussões, a Comissão de Bancos do Senado propôs projeto de lei intitulado Federal Housing Finance Regulatory Reform Act of 2008 (Lei Federal de Reforma Regulatória do Financiamento Habitacional de 2008), em 20 de maio, que dispunha sobre nova agência reguladora das GSEs, a Federal Housing Finance Agency, com autoridade para baixar normas sobre níveis de capital mínimo e sobre boa gestão de portfólios.

Depois do Bear Stearns, não seria estranho que as agências reguladoras pertinentes se envolvessem em desentendimentos e em acusações recíprocas. É o que acontece com muita frequência em Washington. Mas sabíamos o quanto era importante que continuássemos a agir em uníssono. Estávamos empenhados em aumentar a confiança do mercado nos quatro bancos de investimentos remanescentes, estimulando-os a adotar providências concretas para fortalecer seus balanços patrimoniais e para revigorar a gestão da liquidez.

A Primary Dealer Credit Facility (PDCF) criava condições para que o Fed realizasse inspeções in loco nas instituições sob a jurisdição da SEC. Eu despachara uma equipe do Tesouro, liderada por David Nason, para uma visita aos bancos de investimentos, com o propósito de verificar o andamento do processo. Eles se reuniram com os diretores financeiros, com os tesoureiros e com os advogados das empresas e constataram que o esquema estava funcionando bem – o Lehman era o mais satisfeito por contar com a presença do Fed.

Mas também havia considerável tensão e desconfiança entre as agências reguladoras. Chris Cox se mostrava receptivo e cooperativo, mas alguns membros do staff da SEC pareciam intranquilos com a hipótese de seu trabalho ser ofuscado pelo Fed na supervisão das empresas emitentes de títulos mobiliários. Eu tinha muita confiança no Fed de Nova York, por ter sido proativo e criativo no relacionamento com o Bear e por sempre ter procurado adiantar-se aos acontecimentos.

Para mim, era vital que as agências reguladoras trabalhassem de maneira integrada. Ben Bernanke e Chris Cox concordavam. Não estavam interessados em guerras territoriais. O importante para eles, assim como para mim, era a estabilidade do mercado, e queriam o Fed dentro das empresas como forma de realizar esse objetivo.

Pelo protocolo tradicional, as agências reguladoras definiam as próprias atividades, mas, em meados de maio, tomei a iniciativa de convocar uma reunião com Ben Bernanke, Tim Geithner, Chris Cox, Bob Steel e David Nason. A SEC e o Fed concordaram em redigir um memorando de entendimentos que estabelecia as regras para coordenar inspeções in loco e para melhorar a troca de informações entre as agências reguladoras. Também discutimos durante quanto tempo manteríamos em operação o PDCF, programa temporário, constituído pelo Federal Reserve, com base em seus poderes de emergência, previsto para expirar em setembro. Apoiei a opinião de Ben e Tim de que a linha de crédito deveria ser prorrogada.

Teria sido fácil deixar que muitas questões técnicas e legais fossem detalhadas pelas agências reguladoras, mas os aspectos políticos e as implicações econômicas eram grandes demais para que o Tesouro ficasse sentado nas laterais do campo de jogo.

Enquanto trabalhávamos nessas questões regulatórias, a situação do Lehman Brothers tornava-se cada vez mais difícil. Em abril, o gestor de um fundo de hedge de Nova York, David Einhorn, anunciou que estava vendendo a descoberto ações do Lehman. Depois, em 21 de maio, numa convenção sobre investimentos, em Nova York, ele aumentou o cacife, questionando a maneira como o Lehman contabilizava seus ativos problemáticos, inclusive os títulos hipotecários. Ele insistiu em que o banco superavaliara demais esses ativos e subestimara seus problemas nos relatórios financeiros referentes ao primeiro trimestre. Com seus comparecimentos frequentes em programas de televisão e seus comentários públicos negativos, Einhorn parecia liderar uma cruzada contra o Lehman.

Quase exatamente como parecia ter sido planejado, a saúde da empresa deu uma guinada para pior. Em 9 de junho, o banco divulgou seus resultados referentes ao segundo trimestre com uma semana de antecedência, reportando prejuízo preliminar de US$2,8 bilhões, em consequência de baixas contábeis em seu portfólio de títulos hipotecários. Também informou que havia levantado US$6 bilhões em capital novo – US$4 bilhões em ações ordinárias e US$2 bilhões em ações preferenciais de conversão obrigatória. Mas o dano estava consumado. As ações caíram de US$39,56, no dia do discurso de Einhorn, para US$29,48.

Eu sempre me mantivera em contato com Dick Fuld. (Meu registro de telefonemas mostra quase 50 conversas com ele, entre o colapso do Bear Stearns e o colapso do Lehman, seis meses depois, e meu staff provavelmente os procurou, no mínimo com a mesma frequência. Ele me perguntou o que eu achava do presidente e do diretor financeiro dele. Como o mercado reagiria se ele os substituísse? Eu disse que não sabia, mas admiti que o mercado talvez interpretasse a iniciativa como medida de desespero. Em 12 de junho, ele demitiu Joseph Gregory, amigo de longa data, presidente e diretor de operações, e também Erin Callan, diretor financeiro. Herbert (Bart) McDade, membro sênior da equipe de Dick e ex-chefe de mercado de ações, com responsabilidade global, substituiu Gregory, enquanto Ian Lowitt, vice-diretor de administração, sucedeu a Callan. As ações do Lehman atingiram a nova mínima do ano, a US$22,70. Chegariam ao fim de junho a US$19,81.

Durante todo o ano, Dick lutou para conter a erosão da confiança em sua empresa. No entanto, embora se mantivesse em estado de alerta total, ele continuava demasiado otimista. Ele insistia em que o Lehman não precisava de capital, embora, com relutância, tenha levantado mais capital, na esperança de acalmar o mercado. Finalmente, depois da divulgação dos números referentes ao terceiro trimestre, ele reconheceu que precisava encontrar um comprador ou um investidor estratégico até setembro, quando publicaria novos resultados.

"Qual é a sua estimativa para os resultados do terceiro trimestre?", perguntei.

"Não muito boas", respondeu ele.

Entretanto, não obstante os esforços para encontrar um comprador ou investidor, acho que Dick e a equipe dele tiveram dificuldade em atribuir à empresa preço bastante atraente. Quando conversei com ele sobre possíveis compradores, observei – com o que concordou Dick – que o Bank of America era o candidato mais lógico. Além de o BofA não ter um bom banco de investimentos, o CEO Ken Lewis tinha muita confiança em sua capacidade de adquirir e assimilar novos negócios. No ano anterior, havia comprado não só a Countrywide, mas também o LaSalle Bank, com sede em Chicago. Ele parecia predisposto a aquisições. Dick e seu advogado, Rodge Cohen, telefonaram para Lewis, que concordou em receber Gregory Curl, chefe global de desenvolvimento e planejamento corporativo do BofA, para a análise dos livros do Lehman. Porém, depois de Curl e equipe terem concluído esse trabalho de verificação prévia, o BofA decidiu não levar avante o negócio.

Minhas conversas com Dick estavam ficando muito frustrantes. Embora eu o pressionasse para aceitar a realidade e para operar com maior senso de urgência, eu começava a suspeitar que, apesar de meu estilo incisivo, não conseguia convencê-lo

Com o Lehman parecendo cada vez mais frágil, pedi a meu assessor sênior, Steve Shafran, para desenvolver um plano de contingência com o Fed e a SEC, considerando a hipótese de possível falência. Steve, financista brilhante, 48 anos, ex-Goldman Sachs, que se afastara da empresa em 2000, era especialista em engenharia financeira. Viúvo, ele se mudara para Washington para criar os quatro filhos, e se dispusera a ajudar-me em tempo parcial. Com o desenrolar da crise, Steve passaria a atuar em tempo integral, como solucionador de problemas.

Enquanto Bob Hoyt e seu pessoal vasculhavam a história do Tesouro para verificar a que poderes poderíamos recorrer em caso de falência do Lehman, as equipes do Tesouro, do Fed e da SEC avaliavam os danos potenciais e desenvolviam hipóteses para minimizá-los. E, assim, identificaram quatro áreas de risco a serem controladas em caso de colapso: o portfólio de títulos mobiliários do Lehman, seus credores não segurados, suas operações tripartites no mercado de reposição e suas posições em derivativos. A equipe conseguiu elaborar alguns protocolos possíveis no curso de três meses.

A SEC queria ter a certeza de que poderia isolar a corretora-distribuidora e garantir que todos os clientes receberiam de volta suas garantias adicionais; o Fed poderia intervir e assumir o controle das obrigações tripartites do Lehman no mercado de reposição, que eram seguradas. Mas não foi fácil imaginar o que fazer com o livro de derivativos. Não havia soluções fáceis e eu receava que a equipe não estivesse fazendo o suficiente. "Será que não poderíamos experimentar algo diferente, será que não haveria poderes estatutários até então inexplorados?", perguntava-me.

Mas não havia. O mundo financeiro mudara – com os bancos de investimentos e os fundos de hedge exercendo funções cada vez mais críticas – mas nossos poderes não acompanharam essa evolução. Para não prejudicar ainda mais o sistema, precisávamos de autoridade para a desativação gradual ordeira de instituições financeiras não bancárias, na iminência de colapso, fora do instituto da falência, processo judicial destinado a resolver com equidade as reivindicações dos credores, sem qualquer preocupação em reduzir os riscos sistêmicos. Levantei a questão em público pela primeira vez num discurso em Washington, em junho. E bati na mesma tecla em outro discurso de 2 de julho, em Londres.

A equipe de Shafran trabalhou rapidamente na elaboração de projeto de lei que concedesse poderes para a desativação gradual ordeira de instituições financeiras ao Secretário do Tesouro. Barney Frank estava solidário, mas nos advertiu contra a tentativa de pressionar por legislação tão complexa, sob os pontos de vista substantivo e político. Concluímos que jamais conseguiríamos a aprovação legislativa dos poderes almejados na iminência do recesso do Congresso, no verão, às vésperas das eleições presidenciais, em novembro. Eu sabia que não seria fácil fazer alguma coisa com os poderes inadequados de que dispúnhamos, mas também estávamos conscientes de que o aumento da pressão por novos poderes para o Departamento do Tesouro poderia precipitar a falência do Lehman Em vez disso, Barney sugeriu que o Fed e o Tesouro interpretassem com mais amplitude os poderes vigentes para proteger o sistema, afirmando: "Se vocês agirem assim, não levantarei objeções legais."

Nesse ínterim, as reformas da legislação sobre habitação e GSEs continuavam a avançar em ritmo muito mais lento que o esperado. De início, supúnhamos que o processo legislativo estaria concluído antes do recesso de 4 de julho, mas o prazo foi ultrapassado, enquanto os republicanos se opunham a operações de socorro de mutuários, deixando boa parte da responsabilidade pela aprovação nos ombros dos democratas.

Enquanto o Congresso se esquivava na indecisão, os mercados se agitavam, cada vez mais nervosos. Eu participava de uma reunião dos ministros das Finanças das Américas e do Caribe, em Cancún, México, em 23 de junho, quando soube que as ações da Freddie Mac tinham caído para menos de US$20. Era uma queda superior a US$10, desde que haviam anunciado planos para levantar capital, em março. Eu ainda esperava que as GSEs conseguissem capital adicional. A Fannie fora bem-sucedida em maio e em junho, angariando US$7,4 bilhões, em ações ordinárias e preferenciais. Mas a Freddie não fizera nada. Agora, não seriam capazes de acessar o mercado, e não contávamos com a legislação de que precisávamos para proteger as GSEs e os contribuintes.

Telefonei a Barney Frank, para saber do andamento do projeto de lei, mas não consegui falar com ele. Eu mal entrara no lavatório do hotel onde se reuniam os ministros das Finanças, quando Barney me ligou de volta.

"Barney", disse, "você está falando comigo num banheiro masculino, no México!"

"Não beba a água", respondeu ele, sem perder o ritmo. Barney então me garantiu que estava empenhado na reforma das GSEs e que se sentia otimista em conseguir bons resultados.

Em 28 de junho, parti numa viagem de cinco dias para me reunir com líderes políticos, ministros das Finanças e presidentes de bancos centrais na Rússia, na Alemanha e no Reino Unido. Depois de me encontrar com o ministro das Finanças da Rússia, Alexei Kudrin, pessoa racional e reformador objetivo, eu teria outras reuniões com o primeiro-ministro Vladimir Putin e com o presidente Dmitry Medvedev.

Ao chegar à Casa Branca, como o prédio do governo russo é chamado, um funcionário tentou levar-me para a sala de reuniões, onde Putin e eu nos encontraríamos. Havia uma longa mesa e, no fim da sala, uma galeria, com a imprensa e as câmeras de televisão. Era evidente que os russos pretendiam deixar-me sentado lá, tomando chá de cadeira, até a chegada do grande homem. Mas meu chefe de gabinete, Jim Wilkinson, tinha outras ideias.

"Opa!", exclamou. "Não vamos deixar que o secretário do Tesouro dos Estados Unidos reforce a imagem política de Putin."

E, assim, continuamos no hall, e ficamos esperando, receosos de que não teríamos nossa próxima reunião, com Medvedev, no Kremlin. Suponho que Putin estava flexionando os músculos, na tentativa de mostrar que era mais importante que o novo presidente.

Por fim, o primeiro-ministro chegou e entramos juntos na sala de reuniões. Concordáramos em trocar breves declarações de abertura e, então, dispensar a mídia e começar nossa reunião. Mas, em vez disso, Putin lançou-se num solilóquio sobre a crise financeira americana. Com os preços do petróleo atingindo recordes de alta, os russos se sentiam poderosos. Falei sobre o trabalho que estávamos desenvolvendo com Kudrin sobre fundos soberanos, e Putin respondeu: "Não temos fundo soberano. Mas estamos prontos [para criar um], especialmente se vocês quiserem."

Francamente, aquela era uma oportunidade política muito boa para que Putin a desperdiçasse. Em 1998, a crise financeira global fora deflagrada pelo humilhante calote da Rússia. E, agora, ao menos durante algum tempo, ele estava em condições de ostentar a virada da sorte.

Nossa sessão privada foi muito mais produtiva, como todas as reuniões com Putin: ele foi objetivo e um tanto combativo, o que tornou o encontro divertido. Ele nunca se melindrava e podíamos atacar e revidar um ao outro. Analisamos a situação econômica dos Estados Unidos e, em seguida, mergulhamos na questão do Irã. Conversamos sobre até que ponto os bancos russos cumpririam as sanções impostas pelas Nações Unidas, ao que ele retrucou, afirmando: "Eles são nossos vizinhos e temos de conviver com eles. Não queremos armas nucleares no Irã e já conversamos com o presidente várias vezes sobre isso, mas puni-los não é a maneira mais adequada de lidar com a questão."

A conversa passou para a Organização Mundial do Comércio, tema sensível para Putin. Ele basicamente disse: "Já fizemos muitas concessões. Se não formos aprovados na OMC retiraremos nossas concessões. Algumas empresas russas me dizem que fomos longe demais na abertura à competição estrangeira. Portanto, é bom que a decisão seja rápida, ou iniciaremos o retrocesso."

Depois da longa espera por Putin, a reunião com Medvedev, que estava a uns três quilômetros de distância, no Kremlin, foi muito breve. Mais uma vez, tive de tolerar alguns momentos de tripúdio em público sobre a crise financeira americana, embora ele tenha sido mais moderado e refinado que Putin diante das câmeras. A portas fechadas, Medvedev se mostrou muito envolvente e, ao me bombardear com perguntas, revelou boa compreensão dos mercados. Fiquei surpreso por não ter sido interrogado sobre a Fannie Mae e a Freddie Mac, pois Kudrin me recomendara estar preparado para falar sobre as GSEs, e o próprio Putin levantara a questão, em 2007, com o presidente Bush. No entanto, pouco depois, vim a saber que os russos andavam refletindo muito a respeito dos títulos emitidos por essas instituições.

Pouco depois de minha volta, na segunda-feira, 17 de julho, o Federal Reserve e a SEC anunciaram que, finalmente, tinham assinado um memorando de entendimento. No dia seguinte, numa palestra sobre empréstimos hipotecários, num evento patrocinado pela FDIC, em Arlington, Virginia, Ben Bernanke sinalizou que o Fed estava considerando a hipótese de prorrogar até 2009, inclusive, o prazo da Primary Dealer Credit Facility e da Term Securities Lending Facility, suas linhas de crédito para dealers primários do governo.

Porém, as más notícias eram mais numerosas que as boas notícias. No mesmo dia em que o Fed e a SEC anunciaram o acordo, um relatório do Lehman Brothers (logo de onde!) especulava que a Fannie e a Freddie talvez precisassem de nada menos que US$75 bilhões como aumento de capital. A informação provocou uma corrida dos investidores. As ações da Freddie caíram quase 18%, para US$11,91, em 7 de julho, enquanto as da Fannie afundaram mais de 16%, para US$15,74. Ambas as ações se recuperaram um pouco no dia seguinte, em consequência de garantias de sua agência reguladora, o Office of Federal Housing Enterprise Oversight, mas despencaram de novo em 9 de julho. Eu mesmo fiz duas declarações públicas naquela semana, em apoio às GSEs. Depois de cada uma delas, os mercados se estabilizaram durante pouco tempo, mas, em seguida, retomaram a tendência de queda. Os vendedores a descoberto se tornavam cada vez mais atuantes. A imprensa e os investidores, nos Estados Unidos e em todo o mundo, estavam perdendo a confiança na viabilidade da Fannie e da Freddie. As GSEs entravam no mercado com frequência quase igual à do governo dos Estados Unidos, com necessidades de financiamento na casa das dezenas de bilhões de dólares, todos os meses. Não podíamos permitir o fracasso dos leilões de seus títulos mobiliários.

Os bancos de investimentos também estavam afundando, e o Lehman era o mais afetado. Suas ações caíram 31% naquela semana, enquanto seus swaps de crédito dispararam para 360 pontos-base, na sexta-feira, em comparação com 286 pontos-base, na segunda-feira.

Eu esperava que uma combinação de levantamento de capital e de reforma legislativa seria suficiente para escorar as GSEs. A Fannie angariara algum capital próprio, mas a Freddie perdera a oportunidade, e o Congresso pouco fizera em relação às reformas propostas. Agora, precisaríamos de muito mais. Pela primeira vez, considerei com seriedade a hipótese de pedir ao Congresso poderes de emergência em relação às GSEs. Antes, sem a crise, com os democratas e os republicanos em guerra, teria sido impossível conseguir avanços relativamente modestos.

Mas, agora, estávamos em crise – e precisávamos agir com rapidez. Dei uma série de telefonemas para alertar os principais líderes do Congresso sobre o agravamento da situação e para conscientizá-los, sem ser muito específico, de que talvez precisássemos de mais poderes no projeto de lei. Em seguida, precisei explicar a urgência da situação ao presidente e pedir permissão para procurar formalmente o Congresso. Como eu sabia que ele sempre começava a trabalhar lá pelas 6h45, telefonei para Josh Bolten, na sexta-feira de manhã, e pedi para ver o presidente Bush. Cheguei por volta das 7 horas e me reuni com o presidente no Salão Oval, onde lhe expus minhas preocupações com os mercados de capitais, com a vulnerabilidade do Lehman e com a necessidade de fazer alguma coisa em relação às GSEs. Mais tarde, naquela manhã, o presidente se reuniria com sua equipe econômica, no Departamento de Energia, para discutir os preços do petróleo, que atingiram o pico de US$147,27 naquele dia. Consegui pegar uma carona com Josh e com o presidente na limusine dele. Pedi ao presidente para reafirmar em público a importância das GSEs depois da reunião.

"Provavelmente teremos de adotar medidas de emergência", disse. "Mas, enquanto isso, o senhor poderá ajudar a acalmar os mercados."

O presidente compreendeu a gravidade do momento. Depois da reunião, ele convocou a imprensa, como de costume, e enfatizou como a Fannie e a

Freddie eram importantes. Também dei uma declaração, observando que estávamos empenhados em apoiar a Fannie e a Freddie "na forma atual". Eu esperava mitigar os receios do mercado quanto a uma intervenção do governo, que eliminasse os acionistas.

Mais tarde, almoçamos na sala de refeições privativa do presidente, adjacente ao Salão Oval, com o vice-presidente Cheney e Josh. Meu intuito era solicitar poderes especiais para lidar com a Fannie e com a Freddie, mas as primeiras palavras que saíram da minha boca foram: "Não acredito que haja comprador para o Lehman."

Mencionei que conversara com Alan Greenspan, ex-chairman do Fed, em cuja opinião deveríamos obter poderes para a desativação gradual e ordeira do Lehman, na hipótese de colapso.

Então, sustentei que precisávamos agir com rapidez em relação às GSEs, e pedi permissão para requerer ao Congresso autoridade suficiente, entre outras coisas, para investir nos gigantes das hipotecas. Não forneci muitos detalhes, pois ainda estávamos debatendo quais seriam nossas necessidades. O presidente afirmou que era impensável permitir a falência da Fannie e da Freddie – a queda de ambas levaria de roldão os mercados de capitais e o dólar e prejudicariam os Estados Unidos em todo o mundo. Embora ele detestasse tudo o que as GSEs representavam, ele compreendia que necessitávamos delas para fornecerem financiamento imobiliário, sem o qual não superaríamos a crise. Na primeira ordem do dia, ele foi contundente, era "tirar o delas da reta".

Onze de julho se revelou um dia a ser registrado nos livros de história. As palavras tranquilizadoras do presidente e do secretário do Tesouro sobre as GSES não acalmaram os mercados – as ações da Fannie caíram 22%, para US$10,25, enquanto as da Freddie baixaram 3,1%, para US$7,75. Então, já no fim da tarde, o Office of Thrift Supervision assumiu o controle do claudicante IndyMac Federal Bank, com mais de US$32 bilhões em ativos, e o transferiu para a FDIC. Essa foi, até aquela altura, a terceira maior falência de banco na história dos Estados Unidos.

Os noticiários daquele dia mostraram as primeiras cenas de depositantes em fila, sob o sol quente, diante da sede do banco, em Pasadena, Califórnia, desesperados por seu dinheiro. O governo garantia os depósitos até US$100.000, mas aqueles cidadãos haviam perdido a fé no sistema. Essa reprise sinistra das imagens fantasmagóricas da Grande Depressão era a última coisa de que se precisava naquele momento.

Capítulo 7

Sábado, 12 de julho de 2008

Precisávamos de providências do Congresso para conter a situação deteriorante da Fannie Mae e da Freddie Mac. E, assim, no sábado, 12 de julho, tentei conversar por telefone com Chris Dodd e com Nancy Pelosi, mas não consegui falar-lhes durante o dia. Finalmente, Nancy retornou minha ligação, da Califórnia, por volta das 22h30. Em condições normais, eu já estaria dormindo profundamente, mais eu ainda estava acordado, trabalhando. Quando disse a ela que precisávamos de poderes de emergência para investir nas GSEs, ela de pronto demonstrou reação favorável, pronta para começar a negociar.

"Não será fácil", disse ela. "Gostaria de saber se o presidente apoiará nossos projetos na Câmara dos Representantes."

Respondi-lhe que achava provável. Ou seja, com exceção das subvenções em bloco (block grants) aos governos estaduais e locais.

Ela se mostrou resoluta. "Vamos conseguir as subvenções em bloco", afirmou.

Mas não seria fácil. Os republicanos da Câmara dos Representantes e o governo odiavam todas as propostas legislativas dos democratas, em especial as subvenções em bloco. Barney Frank me explicara como elas eram importantes para ele e para os colegas; porém, o principal objetivo dele era aprovar o HOPE for Homeowners e a reforma das GSEs. Ele havia indicado que, se o presidente deixasse claro que não aceitaria as subvenções, elas seriam retiradas do projeto.

"Cheguei a esse acordo com Barney", expliquei a Nancy. "Se o presidente realmente se opuser às subvenções, elas serão retiradas."

"Olha, Barney não conversou comigo. Não sei como ele pode fazer acordos como esse sem falar comigo. Vou telefonar para ele."

Receoso de ter falado demais, resolvi conversar com Barney antes de Nancy. Alcancei-o em Boston, pelo celular, mas tive dificuldade em entender o que ele dizia, em meio ao vozerio e às risadas

"Barney, você está me ouvindo?", perguntei.

"Estou ouvindo você, Hank", gritou. Fez uma pausa e, com extremo senso de oportunidade, gracejou: "E o presidente?"

Relatei-lhe minha conversa com Nancy e disse-lhe que ela não sabia de nosso entendimento.

"Isso foi entre nós, Hank,", reclamou, não ocultando a irritação. Ele disse que faria o possível, mas advertiu que as coisas tinham mudado – considerando as circunstâncias assustadoras, o risco de um veto presidencial agora parecia inexistente.

As subvenções em bloco eram apenas uma das armadilhas a serem evitadas no campo minado da política. O fim de semana de 12 e 13 de julho foi uma sucessão ininterrupta de telefonemas, de teleconferências, de reuniões e de sessões de brainstorming: Ben Bernanke, Tim Geithner e Chris Cox. Chuck Schumer, Barney Frank, John Boehner e Spencer Bachus. Em grupo ou individualmente, era um encontro atrás do outro.

Embora não tivéssemos acesso em primeira mão à situação financeira da Fannie e da Freddie, sabíamos que precisaríamos de bilhões de dólares dos contribuintes para evitar a falência catastrófica das instituições, além de agências regulatoras fortes, com poderes suficientes para formularem julgamentos subjetivos sobre a qualidade da estrutura de capital, da mesma maneira como o faziam outros reguladores prudentes.

Considerando essas ideias, eu havia perguntado ao Federal Reserve se seria possível conceder financiamento de redesconto às GSEs. Ben Bernanke deixou claro que isso era possível como questão fiscal, mas indicou que o Board of Governors do Fed só se disporia a oferecer apoio temporário às GSEs se eu lhes assegurasse que o Congresso aprovaria a legislação de emergência que havíamos proposto. Eu lhe disse que conversaria com os líderes do Congresso e com as GSEs e que certamente voltaria a falar com ele antes da reunião do Board of Board of Governors agendada para domingo, ao meio-dia.

Eu tinha razões muito concretas para solicitar mais poderes: receava que os investidores não mais acreditassem na Fannie e na Freddie. Os dois gigantes das hipotecas haviam perdido quase metade de seu valor naquela semana, o que assustava os detentores de títulos de dívida, desde fundos de pensão até governos estrangeiros, que mantinham em carteira centenas de bilhões de dólares de papéis emitidos pelas GSEs, e levantava bandeiras vermelhas sobre a capacidade das empresas de se financiar em leilões futuros.

No entanto, enfrentávamos o dilema típico dos formuladores de políticas públicas na solução de crises: se correr o bicho pega, se ficar o bicho come. Sempre havia a chance de que, ao pedir poderes extraordinários ao Congresso, confirmássemos a fragilidade das GSEs e assustássemos ainda mais os investidores. Nesse caso, se o Congresso não correspondesse às expectativas, os mercados implodiriam. Os cacifes eram enormes: mais de US$5 trilhões em dívidas emitidas ou garantidas pela Fannie e pela Freddie. Sempre que os spreads aumentavam – ou seja, o rendimento desses títulos subia em comparação com o dos títulos do Tesouro – os investidores perdiam bilhões de dólares. Não era minha função proteger investidores privados. Mas um colapso das GSEs teria consequências drásticas para a economia e para o sistema financeiro.

A Fannie e a Freddie precisavam entrar em campo, com rapidez. Sem o apoio delas, os projetos de lei jamais seriam aprovados. No sábado, telefonei a Dan Mudd e a Dick Syron para pedir a colaboração deles. Mudd, CEO da Fannie, queria salvar a empresa dele e fez muitas perguntas. Syron, contudo, se mostrou reticente; ele estava em busca de uma saída. Ele dispunha de pouco espaço para manobra e enfrentava dificuldades com o Conselho de Administração. No entanto, na manhã seguinte, quando conversei com os conselheiros, a pedido de Syron, eles pareceram solidários.

Debrucei-me sobre as alternativas com minha equipe do Tesouro, para rever nossas opções e rematar nossa proposta de reforma da legislação. Estávamos em situação delicada. As GSEs e a agência reguladora delas, o Office of Federal Housing Enterprise Oversight, dissera que o nível de capitalização das empresas era adequado, sob o ponto de vista regulatório, porém o mercado estava cético. Para saber as razões dessa desconfiança, seria necessário que analistas financeiros experientes vasculhassem seus livros. Mas não dispúnhamos de poderes para promover essa verificação.

Na verdade, carecíamos de autoridade para lidar com possível problema de liquidez, como o fracasso de um leilão de dívida, e de poderes para investir capital próprio nas empresas, se necessário. Não queríamos que essa autoridade estivesse sujeita a limites financeiros, pois isso implicava que havíamos estimado o tamanho do problema, c que não era o caso. Ao contrário, dispor de autoridade ilimitada – preferimos *autoridade não especificada* – seria mais tranquilizante para os mercados. Esse tipo de pedido configuraria iniciativa extraordinária – com efeito, algo sem precedentes – mas minha equipe concordou que precisávamos tentar.

A dificuldade surgiu quando afirmei que nossos poderes extraordinários não deveriam ser concedidos por prazo determinado. A Fannie e a Freddie garantiram títulos por até 30 anos, e questionei se poderes temporários seriam suficientes para satisfazer investidores de longo prazo. Contudo, depois de uma conversa tensa, Kevin Fromer e David Nason me convenceram.

"Hank, para vendermos essa ideia ao Congresso, ela terá de ser provisória", insistiu Kevin.

Decidimos pedir autorização para investimentos ilimitados até o fim de 2009, para proporcionar um ano de proteção ao próximo governo.

Com base em meus telefonemas, eu sabia que o Congresso não estava muito entusiasmado em relação aos nossos pleitos. Ao mesmo tempo, ninguém me respondera, categoricamente, *Nem pensar*. Assim, no domingo, 13 de julho, eu disse a Ben que talvez conseguíssemos induzir o Congresso a fazer alguma coisa. Quando o Federal Reserve Board se reuniu ao meio-dia, decidiu-se oferecer apoio temporário à Fannie e à Freddie, por meio do Fed de Nova York. Mais tarde, naquele mesmo dia, saí pela ala oeste do Edifício do Tesouro, que dava para a Casa Branca, e parei para conversar com um grupo de repórteres. O dia ficara nublado. Nuvens de tempestade avançavam em nossa direção e, enquanto eu falava, o vento açoitava a copa das árvores.

"A Fannie Mae e a Freddie Mac desempenham papel central em nosso sistema financeiro de habitação e devem continuar a exercer a mesma função como empresas de propriedade dos acionistas", disse, enfatizando que "o vigor duradouro dessas instituições é importante para preservar a credibilidade e a estabilidade de nosso sistema financeiro e de nossos mercados financeiros."

Também anunciei que o presidente Bush me autorizara a trabalhar com o Congresso na elaboração de um plano de ação imediata. Esclareci que, depois de consultas com outras autoridades e líderes do Congresso, eu pediria aos legisladores autoridade temporária para aumentar a linha de crédito de US$2,25 bilhões do Tesouro às GSEs e poderes especiais para adquirir participação societária nessas entidades, em caso de necessidade.

Também procuraríamos atribuir ao Federal Reserve o papel de regulador consultivo. Eu sabia que, dessa maneira, o Fed teria acesso a todas as informações financeiras disponíveis para o novo regulador das GSEs, a Agência Federal de Financiamento Habitacional (Federal Housing Finance Agency), a ser criada em breve, assim como participaria da determinação das exigências de capital mínimo. Aspecto crucial é que a FHFA teria mais flexibilidade para julgar a adequação do capital dessas instituições e autoridade para determinar a intervenção nas GSEs. Eu mal acabara de falar e desabou uma tempestade.

Não consegui falar com o senador Dodd durante o fim de semana. Na segunda-feira, soube que ele estava programando uma audiência para o dia seguinte, e me senti um pouco ofendido por ele não ter discutido a questão comigo primeiro. Àquela altura, eu considerava perda de tempo as audiências do Congresso. Eu nunca vira uma lei se beneficiar com esse mecanismo nem jamais soube de concessões recíprocas serem forjadas em tais condições. Apenas assisti a políticos darem declarações bombásticas para impressionar seu público em casa.

"Estamos em plena crise", disse a Dodd pelo telefone. "Como resolveremos essa questão numa audiência? Só conseguiremos assustar ainda mais os mercados."

"Confie em mim, Hank. Usaremos as audiências para conseguir apoio e reforçar a confiança do mercado."

Como se veio a constatar, ambos estávamos certos. Não havia maneira de algo tão grande ser aprovado no Senado sem uma audiência. Mas, sem dúvida, a audiência não ajudou os mercados.

As reações no Congresso à nossa proposta de lei variaram de ceticismo a hostilidade. As GSEs tinham muito amigos no Congresso. Numerosos legisladores não acreditavam que precisássemos de novos poderes, enquanto outros não queriam pôr o governo por trás dessas agências. As comissões tributárias objetaram, pois nosso pedido de autoridade ilimitada para comprar títulos implicaria suspensão dos limites à dívida pública federal, o que precisava ser elaborado com Charlie Rangel, chairman do Committee of Ways and Means da Câmara dos Representantes.

O pessoal de Richard Shelby e Barney Frank nos garantiu que eles não permitiriam a falência das GSEs, mas as linhas do campo de batalha estavam traçadas. Dodd queria maior atenuação das consequências das retomadas de imóveis, enquanto os democratas da Câmara dos Representantes estavam inflexíveis quanto às subvenções em bloco.

Embora debilitadas, as GSEs ainda exerciam notável influência. Queríamos levantar capital próprio no mercado aberto em caso de necessidade, mas as GSES convenceram Dodd de redigir a lei de tal maneira que primeiro tivéssemos de obter a aprovação do Congresso.

Antes da audiência de quinta-feira de manhã, na Comissão Bancária do Senado, Kevin Fromer e Michele Davis, secretária adjunta para assuntos públicos e diretora de planejamento de políticas públicas, repisaram comigo o que eu deveria dizer – e, ainda mais importante, o que eu não deveria dizer. Ambos concordaram comigo que eu estava certo em enfatizar a importância das GSEs, em termos de disponibilidade e custo dos financiamentos hipotecários e ajuda aos mutuantes a permanecer em suas casas ou a mudar para casas melhores. "Mas, Hank", recomendou Michele, "você não pode afirmar que as GSEs são muito mais importantes que o HOPE for Homeowners." Alguns republicanos circunspectos que se opunham ao HOPE for Homeowners poderiam concluir que o presidente e eu aceitaríamos qualquer coisa para conseguir a legislação de emergência e a reforma das GSEs. Parti para o Congresso decidido a controlar minhas palavras.

Perante a Comissão Bancária do Senado, Ben Bernanke e eu salientamos a necessidade de revigorar o combalido mercado habitacional. Sustentei que quanto maiores e mais amplos fossem nossos poderes, menor seria a probabilidade de que os usássemos e menores seriam os custos para os contribuintes.

"Se vocês realmente quiserem que usemos esses poderes, concedam-nos apenas aqueles que considerarem estritamente indispensáveis e, assim, estarão diante de uma profecia autorrealizável", disse. E, então, pronunciei as palavras que me assombrariam no futuro, em questão de meses: "Se você tiver uma pistola de água no bolso, talvez tenha de sacá-la. Se contar com uma bazuca, e se souberem que sua arma é assim tão poderosa, você talvez nem precise usá-la. Se contarmos com algo não especificado, reforçaremos a confiança dos mercados, o que reduzirá em muito a probabilidade de que tenhamos de recorrer a nossos poderes especiais."

Jim Bunning, republicano por Kentucky, não estava de modo algum convencido, declarando que "em comparação com isso, a compra do Bear Stearns pelo Fed foi socialismo de amador". E também asseverou que "toda vez que propomos e concedemos algo, ele é sempre usado. E vocês querem algo sem limites".

Eu entrara na audiência na esperança de tranquilizar os investidores. Mas os comentários contestatórios de alguns senadores e o tom cético da maioria deles exerceram grande impacto. Ao fim do dia, as ações da Fannie mergulharam 27%, para US$7,07; as da Freddie afundaram 26%, para US$5,26.

Passei o dia seguinte, quarta-feira, 16 de julho, numa maratona exaustiva e reuniões e de telefonemas. À tarde, reuni-me com os líderes do Partido Republicano no Senado – senadores Mitch McConnel, de Kentucky, e Jon Kyl, de Arizona, e com os deputados John Boehner, de Ohio, e Roy Blunt, de Missouri – no Salão Oval, com o presidente e o vice-presidente.

Foi uma reunião extraordinária. Eram os melhores amigos do governo no Congresso. Eles, e boa parte do pessoal da Casa Branca, se opunham às propostas dos democratas sobre retomada de imóveis, por motivos filosóficos. E, com a proximidade das eleições, estavam atentos ao sentimento crescente entre os contribuintes contra a ajuda a mutuários inadimplentes. Porém, o presidente compreendia a gravidade da situação das GSEs e, depois de ouvir as queixas deles, disse com firmeza: "Precisamos que vocês aprovem essas propostas."

Foi um tremendo ato de coragem política, como se, nos últimos dias de sua administração, o presidente, de repente, mudasse de lado, apoiando os democratas e contestando os republicanos, em relação a temas que contrariavam os princípios básicos de seu governo. Porém, ele estava decidido a fazer o melhor para o país.

Boehner sintetizou a estranheza do momento, ao afirmar: "Estou pronto para dizer algo a favor da aprovação do projeto; apenas não votarei a favor."

Depois me reuni com a Conferência dos Republicanos da Câmara dos Representantes (House Republican Conference), numa sala no subsolo do Capitólio. A reunião – minha primeira com o grupo, desde tornar-me secretário do Tesouro – seria ocasião propícia para o desabafo de seus membros, mas esse reconhecimento não a tornava mais agradável. Aquela sala repleta de deputados republicanos sisudos foi uma antecipação do que eu veria mais tarde, na tramitação do Troubled Assets Relief Program.

Membro após outro se dirigiu aos microfones. Todos estavam furiosos com a situação das GSEs e com o projeto de lei sobre retomada de imóveis. Era até compreensível que estivessem aborrecidos com a probabilidade de que os recursos a custos acessíveis para financiamento habitacional pudessem ser canalizados para grupos ativistas antirrepublicanos, como a Associação de Organizações Comunitárias para a Reforma Agora (Association of Community Organizations for Reform Now (ACORN). Devo ter ouvido uns 8 ou 10 discursos sobre essa questão. Reiteradamente, expliquei como os mercados de capitais eram fundamentais para a economia, como as GSEs eram importantes para o mercado habitacional e como a aprovação de uma reforma verdadeira faria diferença.

Aquela reunião mostrou como esse projeto de lei seria indigesto para o estômago dos deputados republicanos. Mesmo que as subvenções em bloco não estivessem em questão, muitos desses republicanos não teriam votado a favor do projeto. Sua aprovação demandaria o apoio maciço dos democratas, razão por que Nancy Pelosi poderia exigir as subvenções em bloco como requisito inegociável.

Saí direto daquela reunião para o Russell Senate Office Building, onde me sentei com Chris Dodd, Richard Shelby e Spencer Bachus. O tema diante de nós era como tocar o projeto de lei.

Embora estivéssemos numa das salas de Dodd, o principal ator era Shelby, que partiu para os detalhes. "Vocês não nos disseram quanto investirão em capital. Tampouco esclareceram se usarão esse apoio de liquidez. Vocês estão solicitando recursos ilimitados, mas não explicaram como os usarão. Estou tentando entender, mas nunca vi nada parecido. Convençam-me de novo."

Shelby estava certo. Embora tenhamos afirmado que esperávamos jamais usar esses recursos, estávamos pedindo um cheque em branco sem precedentes – e o Congresso, como seria de supor, relutava em assiná-lo. Na verdade, não sei se algum órgão do Poder Executivo já tinha recebido poderes para emprestar ou investir quantias ilimitadas em uma empresa. Tudo o que podia argumentar era que a natureza inusitada e imprevisível da situação justificava tamanha exceção.

O dia me exaurira, mas naquela noite havia um jantar na Casa Branca, em homenagem à Major League Baseball. Jogadores do Hall of Fame, legisladores e autoridades do governo se confraternizaram na elegante East Room, com seus candelabros de cristal da Boêmia, chão de parquete e um piano de cauda.

Diverti-me com a lista de convidados, que incluía o segundo baseman do Chicago Cubs, Ryne Sandberg. Em minha mesa estava Brooks Robinson, o terceiro baseman do Baltimore Orioles, membro do Hall of Fame. Mas a mesa de minha esposa era ainda mais interessante. A Casa Branca escolhera para sentar-se ao lado de Wendy o senador Bunning, pitcher do Hall of Fame, que, na véspera, me atacara na Comissão de Bancos.

Mostrei a Wendy o convite dela. "Alguém deve estar de gozação", disse.

Porém, o senador não poderia ter sido mais elegante com minha mulher. Ele e eu até conversamos um pouco depois do jantar, quando Bunning me garantiu que as diferenças dele comigo não eram pessoais, e eu o cumprimentei pelas proezas no beisebol.

Na manhã seguinte eu estava de volta ao telefone. Conversei com John Spratt, que liderava a Comissão de Orçamentos da Câmara, e com Charlie Rangel, do Ways and Means, sobre como poderíamos contribuir para a viabilidade fiscal da nova legislação. Ambas as comissões relutavam em não impor limites quantitativos aos novos poderes, o que significava não dar um cheque em branco ao Tesouro. Porém, com a ajuda de Rangel e Pratt, conseguimos aumentar o teto em US$800 bilhões – o que nos concedia muito espaço para manobra.

Mais tarde, tive uma conversa importante com Shelby – pelo menos 20 minutos, muito tempo para mim e quase uma eternidade para ele. Quando desliguei, disse a Kevin Fromer: "Acho que o convenci."

"O que você fez?", perguntou ele.

"Segui o seu conselho", respondi.

Kevin me advertira várias vezes que Shelby receava que fôssemos complacentes com as GSEs e simplesmente as amparássemos, quaisquer que fossem os problemas delas. Como contei a história para Kevin, fui taxativo com o senador: "O senhor não me conhece, senador. Se eu encontrar um problema, vou enfrentá-lo. Sou um cara durão."

Precisei alternar-me em sucessivas conversas com Dodd e com Frank para resolver numerosas questões, uma das quais era absolutamente fundamental. Dodd resistia às nossas reivindicações no sentido de transformar o Fed em regulador consultivo. Com a ajuda de Barney, Dodd concordou, com relutância, mas só até 31 de dezembro de 2009, quando expiravam os poderes transitórios.

Em 23 de julho, o Housing and Economic Recovery act (HERA) foi aprovada pela Câmara dos representantes, por 272 a 152. Três dias depois, o Senado também o chancelou, por 72 a 13.

Como Shelby e outros afirmaram, foi uma proeza sem precedentes. A nova lei nos conferia amplos poderes discricionários para oferecer apoio financeiro às GSEs, nos termos que considerássemos adequados. As condições da ajuda ficavam inteiramente a critério do secretário do Tesouro, conferindo-nos ampla flexibilidade para estruturar investimentos e empréstimos da maneira como nos parecesse mais sensata em cada situação. A lei não impunha nenhum limite quanto ao valor do apoio, exceto que também estaria sujeito ao teto de endividamento e que nossos investimentos em capital próprio nas GSEs precisavam ser aprovados formalmente pelas entidades receptoras. No todo, esses talvez tenham sido os poderes transitórios mais abrangentes já concedidos a um secretário do Tesouro.

Evidentemente, não me empenhei em conseguir toda essa autoridade apenas por capricho ou vaidade, mas, sim, porque enfrentávamos uma emergência nacional. Minha esperança era nunca precisar usar essas prerrogativas.

Não obstante toda a atenção que eu vinha dedicando às GSES, eu ainda estava de olho nas tribulações do Lehman, conversando regularmente com Dick Fuld, sobre as opções dele. A melhor delas era vender a empresa, hipótese em que o Bank of America era o comprador mais provável. O BofA analisara o negócio e manifestara desinteresse um mês antes, mas achei melhor verificar se ocorrera alguma mudança. Assim, numa de minhas ligações a Dick, sugeri que ele fizesse outra tentativa com o banco de Charlotte, insistindo em que não usasse intermediários, mas, sim, que procurasse pessoalmente Ken Lewis, CEO.

"Ken respeita as pessoas objetivas", lembro-me de ter-lhe dito. "Você não conseguirá olhar-se ao espelho, se não insistir mais uma vez."

Dick procurou Lewis e se encontrou com ele em fins de julho. Em seguida, me telefonou com notícias entusiásticas.

"Ken realmente gostou de mim", disse. "Temos muito em comum – ambos somos obstinados e beligerantes. Ele vai analisar com cuidado a hipótese."

No entanto, nada resultou do encontro subsequente.

Enquanto isso, a cerimônia de aprovação da HERA não se destacou pela grandiosidade. O presidente não estava muito animado – nem eu – com as muitas imposições que tivemos de aceitar; além do fato de ele recear que uma cerimônia mais pomposa irritasse os republicanos da Câmara dos Representantes. Para acalmá-los, ele fez questão de afirmar que relutara em sancionar a lei e que só o fazia em consequência das insistentes recomendações do secretário do Tesouro.

Assim, depois de semanas de discursos, reuniões, negociações a portas fechadas e noites insones para mim e para meu staff, a HERA foi finalmente promulgada, pouco depois das 7 horas de 30 de julho, no Salão Oval, diante de um pequeno grupo de autoridades do governo, em que se incluíam Steve Preston, secretário de Habitação e Desenvolvimento Urbano, e Brian Montgomery, comissário da Federal Housing Administration, além de Jim Lockhart, David Nason e eu.

"Quero agradecer a todos os congressistas aqui presentes", brincou o presidente, mas ele não estava atirando a esmo nos republicanos ausentes. Ao contrário, tamanha era a solidariedade do presidente com os deputados e senadores que não convidou ninguém do Congresso para assistir à cerimônia.

Com a aprovação da HERA, imediatamente nos dedicamos à análise das verdadeiras condições financeiras da Fannie e da Freddie. O Fed e o Office of the Comptroller of the Currency despachou auditores para as empresas e o Tesouro partiu para a contratação de consultoria especializada para uma revisão completa da situação financeira e do nível de solvência das GSEs, assim como para desenvolver soluções alternativas.

Escolhemos o Morgan Stanley, cujo CEO, John Mack ofereceu-se para prestar o serviço de graça. Talvez se imagine que contratar assessores sem pagar honorários seja tarefa simples, mas nada é simples em Washington. Como não tínhamos tempo para realizar a licitação normal, teríamos de recorrer ao que é conhecido como competição limitada. Também havia a questão do conflito de interesses: Qualquer empresa que contratássemos não poderia fazer negócios com as GSEs durante algum tempo e teria de trabalhar sem indenização legal. A Merrill Lynch e o Citigroup também se ofereceram para trabalhar de graça, mas apenas Mack se dispôs a aceitar a totalidade do trabalho pouco atraente. Além disso, ofereceu-nos uma equipe extraordinária, que incluía dois de seus profissionais mais graduados: Bob Scully, vice-chairman, e Ruth Porat, chefe de instituições financeiras.

John fora um de meus competidores mais ferozes quando eu estava no Goldman, mas se tornou um de meus principais aliados quando fui para o Tesouro. Ele compreendera que consertar as GSEs era fundamental para atenuar a crise de crédito e para amortecer o impacto da queda do mercado habitacional sobre a economia.

Em meados do verão, perdi um dos principais membros de minha equipe, quando Bob Steel aceitou o convite para ser CEO e presidente do Wachovia. Em seguida, David Nason, que vinha planejando afastar-se temporariamente do Tesouro – primeiro, depois de seus esforços heroicos na elaboração do Blueprint para a reforma regulatória; em seguida, depois de sua contribuição ainda mais importante para a aprovação da HERA – finalmente entrou em licença, embora retornasse pouco depois, numa época crítica.

Tive muita dificuldade em atrair para o Tesouro profissionais experientes no fechamento de acordos em Wall Street. Agora, sem tempo a perder, consegui recrutar dois grandes astros, Ken Wilson e Dan Jester. Nenhum deles pensava em vir para Washington, mas eu trabalhara em estreito entrosamento com ambos no Goldman Sachs. Eu confiava na expertise e no discernimento deles e achava que poderia convencê-los em juntar-se à nossa equipe.

Quando procurei Ken, em julho, eu sabia que a mudança seria sacrificante para ele. Achei melhor reduzir a probabilidade de recusa e pedi ao presidente Bush que procurasse pessoalmente seu velho amigo e colega de turma em Harvard. Deu certo: Ken começou a trabalhar em tempo integral no Tesouro em 4 de agosto.

Dan trabalhara no grupo de instituições financeiras, depois atuara como diretor financeiro do Goldman e, por fim, se destacara como membro do comitê de risco, antes de se aposentar na primavera de 2005. No ano seguinte, convidei-o para trabalhar no Tesouro como secretário adjunto, mas ele não quis desalojar a família da nova casa, em Austin, Texas. Agora, mais uma vez insisti com ele sobre a gravidade de nossa situação de emergência e ele se engajou imediatamente, não obstante isso significasse afastar-se da família durante seis meses. Inabalável e brilhante, com enorme capacidade de análise e grande acuidade em finanças, ele rapidamente conquistou a confiança da equipe do Tesouro e mergulhou na situação financeira das GSEs.

Ken, que fora chairman do grupo de instituições financeiras no Goldman, também se concentrou nas GSEs. Igualmente importante, pedi que fosse nosso ponta-de-lança junto a Dick Fuld. Na situação em que se encontravam o Lehman, desesperado por uma solução, não poderia haver melhor confidente que Ken, que, provavelmente, conhecia mais pessoas e tinha melhor relacionamento no mundo financeiro que qualquer outro profissional do ramo.

Dick discutia regularmente seus problemas com Ken, assim como as conversas que vinha tendo com os investidores, sobre possíveis transações. Na época, o Lehman estava em entendimentos com, entre outras instituições, o Korea Development Bank (KDB), instituição estatal coreana, e com a Citic Securities, chinesa. (Mais tarde, vim a saber que o CEO do Lehman procurara espantosa variedade de possíveis sócios, desde o Deutsche Bank e o Morgan Stanley até o gigante inglês HSBC, além de fundos soberanos do Oriente Médio e a AIG, que, em breve, também enfrentaria sérias dificuldades.)

Infelizmente, logo pipocaram na imprensa notícias sobre a busca de Dick por possíveis investidores, o que impingiu ao Lehman a pecha de desespero, solapando a confiança do mercado na instituição. Ken empenhou-se ao máximo em transmitir a necessidade de pragmatismo, mas não havia dúvida para Ken e para mim que Dick ambicionava um preço irrealista.

A HERA não restabeleceu a fé do mercado na Fannie e na Freddie. A queda abissal nos resultados do segundo trimestre apenas serviu para piorar as coisas. Em 6 de agosto, a Freddie divulgou que havia perdido US$821 no trimestre anterior. Dois dias depois, a Fannie também divulgou seus resultados, com prejuízo de US$2,3 bilhões, prevendo despesas "significativas", relacionadas com problemas de crédito, em 2009.

Trabalhamos para reforçar a confiança. Em meados de julho, eu recomendara a Dave McCormick que procurasse investidores internacionais, recorrendo, para tanto a ministros das finanças e a presidentes de bancos centrais. "Certifique-se de que eles compreendem o que você está fazendo", instrui-o. "Garanta que, na medida do possível, o governo americano está por trás da Fannie Mae e da Freddie Mac."

Desde o momento em que os problemas das GSEs chegaram ao conhecimento da imprensa, o Tesouro passou a receber telefonemas ansiosos de autoridades de países estrangeiros que detinham grandes investimentos na Fannie e na Freddie, tendência que se intensificou depois da nova legislação. Os investidores estrangeiros eram titulares de mais de US$1 trilhão em dívidas emitidas ou garantidas pelas GSEs, com as maiores fatias em mãos de Japão, China e Rússia. Para eles, se deixássemos a Fannie e a Fraddie falirem, com o consequente desaparecimento de seus investimentos, a situação em nada seria diferente de uma expropriação. Eles haviam comprado esses títulos de dívida por confiança em que as GSEs contavam com o apoio do governo americano e agora queriam saber se os Estados Unidos honrariam essa garantia implícita – e o que isso implicaria para as outras obrigações dos Estados Unidos – como os títulos do Tesouro.

Peguei um avião para os Jogos Olímpicos, em 7 de agosto. Oficialmente, era uma viagem em família, tanto que eu e Wendy fôramos com nossos quatro filhos e com as respectivas famílias. Embora se tratasse de férias, minha agenda previa numerosas reuniões com autoridades chinesas e me preocupei com a Fannie e a Freddie durante todo o tempo que estive em Beijing.

Wendy planejara nosso tempo livre até os minutos. De manhã, acordávamos cedo e explorávamos os notáveis parques e os lugares históricos de Pequim, como o Palácio de Verão e a Cidade Proibida. (Um dia, praticamos tai chi com um grande mestre.) A segurança na Grande Muralha era grande, pois um casal americano havia sido esfaqueado nas imediações de uma atração turística em Beijing, pouco depois do começo dos jogos. A certa altura, visitando uma torre da guarda, cujos tetos eram muito baixos, bati com a cabeça numa quina. Minha cabeça é dura, mas não sofri em silêncio, soltando um grito de susto e dor. Os agentes chineses ficaram em polvorosa quando viram sangue na cabeça do secretário do Tesouro americano. Depois, vários líderes da China fizeram questão de se desculpar, jocosamente, por não terem construído torres da guarda com tetos mais altos.

Entre as excursões e os Jogos Olímpicos, minha família se divertiu muito. Aos 14 meses, com cabelos loiros e olhos azuis, minha neta, Willa, estava linda, e muitos chineses queriam segurá-la e tirar fotografias com ela. Nos eventos dos Jogos Olímpicos, sempre lhe entregavam uma bandeira chinesa, o que me deixava pouco à vontade. A última coisa de que eu precisava nos jornais americanos eram fotografias de minha neta em meu colo, sacudindo uma bandeira chinesa. Portanto, sempre que davam uma bandeira chinesa à minha neta, eu a passava para outro membro da família ou tirava a bandeira das mãos dela – com cuidado, pois não queria que ela começasse a chorar.

Vibrei quando via o nadador Michael Phelps em ação e quando assisti à ginasta americana Nastia Liukin conquistar o ouro individual. Porém, quem me conhecia bem, percebia minha ansiedade. O apresentador da NBC, Tom Brokaw, o sentiu, ao me entrevistar fora do estádio olímpico, sobre ampla variedade de questões, desde as relações Estados Unidos–China, até a situação da Fannie e da Freddie. Acabei deixando meu telefone celular, meu terno e minha camisa no estúdio da NBC; tivemos de voltar para pegá-los. Tom, amigo de longa data, me disse, depois, que eu dava a impressão de estar profundamente preocupado, meus pensamentos pareciam longe, o que não o surpreendia, por causa da enorme responsabilidade que pesava sobre meus ombros.

Para agravar mais ainda a situação, meus telefonemas para os Estados Unidos precisavam ser criptografados. As comunicações na China não eram seguras e eu não queria que ocorressem vazamentos de informações sobre a gravidade da situação com as GSEs. Ao contrário, eu me empenhava ao máximo, em reuniões e em jantares privados, para assegurar aos Chineses que tudo seria resolvido.

O que eu soube em Beijing, contudo, não me deixou de modo algum tranquilo: autoridades russas fizeram contatos de alto nível com os chineses, sugerindo que os dois países, em conjunto, vendessem grandes nacos de suas posições nas GSEs para forçar os Estados Unidos a usar seus poderes de emergência e sustentar essas empresas. Os chineses se recusaram a aderir a esse esquema deletério, mas a informação era muito assustadora – grandes volumes de vendas poderiam provocar súbita perda de confiança nas GSEs e sacudir os mercados de capitais. Só quando retornei aos Estados Unidos e tinha a certeza de me encontrar em ambiente seguro levei o fato ao conhecimento do presidente.

Quando voltei a Washington na sexta-feira, 15 de agosto, eu continuava preocupado com as GSEs e com o Lehman Brothers. As GSEs eram problema tão vultoso e evidente que não me restavam dúvidas de que, de alguma maneira, o resolveríamos, mas o Lehman apresentava outro nível de dificuldades potenciais. Sem poderes de desativação gradual ordeira, talvez tivéssemos de assistir à falência da empresa, sem nada fazer, enquanto todo o sistema financeiro estremeceria sob o impacto das ondas de choque.

Uma de minhas primeiras ligações foi para Dick Fuld, que vinha ruminando as mais diversas ideias para levantar capital, inclusive um plano de empacotar papéis imobiliários problemáticos numa empresa à parte, a ser cindida. O Lehman precisava levantar capital para essa empresa, denominada Spinco, mas estava tendo dificuldade em atrair qualquer participação do setor privado. Dick perguntou a Tim Geithner e a mim se o governo investiria na Spinco. Ambos dissemos não – várias vezes. O governo não tinha autoridade para agir dessa maneira.

A situação das GSEs ficava cada vez mais assustadora. Em 11 de agosto, a Standard & Poors rebaixara as ações preferenciais da Freddie e da Fannie e no fim de semana em que eu voltara da China um artigo intitulado "The Endgame Nears for Fannie and Freddie" (O jogo esta chegando ao fim para a Fannie e para a Freddie) apareceu na *Barron's*. A matéria, muito longa, descrevia as perspectivas sombrias para as duas GSEs e previa a tomada de controle pelo governo, que eliminaria os detentores de ações ordinárias. O mercado reagiu violentamente na segunda-feira, empurrando as ações para uma baixa sem precedentes em quase 18 anos.

A história era muito exata. Enquanto eu estava no exterior, os livros da Fannie e da Freddie haviam sido analisados pelo Fed; pelo OCC; pela nossa consultoria, Morgan Stanley; e pela BlackRock, gestora de dinheiro de Nova York que tinha longo relacionamento com a Freddie. Todos concordaram que as organizações estavam muito subcapitalizadas. E a qualidade do capital delas era suspeita, pois, em parte, era constituído de itens intangíveis, como impostos diferidos, que não seriam contabilizados pelos mesmos valores em instituições financeiras supervisionadas pelas agências reguladoras de bancos. Ainda mais importante, as GSEs não haviam baixado adequadamente o valor das garantias fornecidas por seguradoras hipotecárias privadas que tinham sido rebaixadas pelas agências de classificação de risco de crédito. Tudo indicava que, em cada uma das empresas, havia verdadeiras lacunas de capital da ordem de dezenas de bilhões de dólares (em novembro de 2009, a Fannie e a Freddie já tinham devorado a totalidade de seu capital e o governo seria forçado a injetar nelas mais de US$110 bilhões).

Embora estivéssemos preparados para más notícias, a extensão dos problemas era surpreendente. Não tínhamos informações específicas quando reivindicamos poderes extraordinários em julho. Mas agora, como eu dissera a Josh Bolten, com toda a probabilidade, teríamos de recorrer às nossas novas prerrogativas.

Havíamos avaliado alternativas, como a das GSEs levantarem recursos no mercado de capitais, com o apoio do governo, mas nos convencêramos de que essa hipótese seria inviável, a não ser que nos dispuséssemos a esclarecer a situação e a estrutura das GSEs no futuro, o que não podíamos fazer. E não havia maneira prática de investir nelas nas condições em que se encontravam, pois qualquer investimento do governo precisava ser aprovado pelas GSEs, que, por seu turno, tinham o dever de lealdade de proteger seus acionistas, enquanto nossa obrigação era zelar pelos interesses dos contribuintes.

Concluí que a única solução era a FHFA decretar a intervenção nas GSEs. Eu sabia que tal medida seria um choque para todas as partes envolvidas, aí se incluindo a Fannie e a Freddie, os investidores, o Congresso e até a própria agência reguladora. Também tinha a certeza de que precisávamos do respaldo do Fed. Se agíssemos sozinhos, talvez houvesse quem alegasse se tratar de vingança da administração Bush contra a Fannie e a Freddie.

A situação era muito constrangedora para mim. Sou homem de palavra e eu tinha garantido ao Congresso que não usaria a bazuca. Eu também sabia que precisávamos manter em segredo nossas intenções ou a Fannie e a Freddie correriam para seus muitos amigos no Congresso e provavelmente bloqueariam nossas iniciativas.

Em 19 de agosto, tive uma conversa particular com Ben Bernanke, no Fed. Ele estava tão preocupado quanto eu, embora estivesse esperando que o tesouro fizesse um investimento de capital. Porém, depois que argumentei a necessidade de assumir o controle da Fannie e da Freddie e de deixá-las sob o regime de intervenção, ele na hora se dispôs a me apoiar. O staff do Fed ajudaria a demonstrar a lacuna de capital nas GSEs. Esse aspecto era de importância crítica, pois eu queria que o Fed atestasse por escrito essa insuficiência de recursos próprios.

"Estamos 100% com você", assegurou-me Ben.

Dois dias depois, em 21 de agosto, almocei em minha sala de refeições privativa com Jim Lockhart, que chefiava a nova FHFA, criada pela HERA, para supervisionar a Fannie e a Freddie. Embora extrovertido e afável, Lockhart tinha péssimo relacionamento com as GSES e com seus Conselhos de Administração, depois de exercer forte pressão sobre elas para que resolvessem seus problemas contábeis. Em razão de seus fortes vínculos com a casa Branca, ele era considerado megafone da administração.

Insisti com ele quanto à necessidade de intervenção, mas ele afirmou reiteradamente que seria difícil fazê-lo com rapidez, pois a auditoria semestral mais recente das GSEs não apontava insuficiência de capital. Ele deveria sair em férias para Nantucket no dia seguinte, mas o exortei a ficar em Washington e a trabalhar em nosso plano. Mais tarde, ele me telefonou para dizer que havia cancelado as férias, que trabalharia durante o fim de semana e que me diria na segunda-feira se a intervenção era possível.

Com isso, precisávamos de assessoria externa para orientar-nos em meio às complexidades das questões jurídicas e de governança corporativa. Prevendo essa necessidade, Ken Wilson já havia procurado Wachtell, Lipton, Rosen & Katz, escritório de advocacia de Nova York, e Bob Hoyt os contratou na sexta-feira, 22 de agosto. Esse foi outro exemplo de cidadania exemplar durante a crise. Da mesma maneira como o Morgan Stanley, Wachtell, graças a Ed Herlihy, co-chairman do comitê executivo, concordou em assessorar-nos de graça, sem remuneração.

Nós os contratamos às 15 horas. Na manhã seguinte, eles já haviam vasculhado a documentação referente aos títulos de dívida e às ações preferenciais, concluindo que a trajetória da intervenção seria perigosa por numerosas razões práticas e técnicas, sobretudo porque seria terrivelmente destrutiva para os negócios das GSEs. Ainda havia o agravante de que sua implementação enfrentaria grandes dificuldades no curto prazo, mormente sem o envolvimento ativo e a cooperação constante da administração das GSEs nos estágios de planejamento. Também envolveria riscos de questionamento judicial e de liquidação antecipada dos valiosos contratos de derivativos das GSEs. A intervenção (receivership), que é usada para liquidar empresas, poderia provocar consequências em tudo tão ruins quanto as que tentávamos evitar, disse Wachtell. Em contraste, a recuperação (conservatorship) assemelha-se mais ao regime do Capítulo 11 do Código de Falências dos Estados Unidos (Federal Bankruptcy Code), pelo qual as empresas mantêm a forma vigente. Essa segunda solução proporcionaria às GSEs tempo suficiente para evitar a inadimplência e poderia ser executada com rapidez.

Travávamos uma corrida contra o tempo. Os mercados estavam frágeis e sabíamos que setembro seria ainda mais conturbado. O Lehman anunciaria perda pavorosa, enquanto o Washington Mutual e o Wachovia pareciam fadados a enfrentar dificuldades. Precisávamos cuidar da Fannie e da Freddie antes disso ou realmente navegaríamos em águas muito turbulentas.

A princípio, esperávamos agir até o Labor Day (primeira segunda-feira de setembro), mas teríamos de justificar a proposta de recuperação, preparar-nos para dirigir as GSEs e desenvolver esquemas de financiamento capazes de tranquilizar os detentores de títulos e os mercados. Simplesmente não havia tempo suficiente, mesmo que as equipes do Tesouro, do Fed, do FHFA e de outros órgãos trabalhassem 24 horas por dia.

Então, na segunda-feira, 25 de agosto, recebi um relatório preocupante sobre a FHFA. Ocorre que, na sexta-feira anterior, quando Lockhart me afirmou que estava de acordo com o regime de recuperação, o pessoal dele tinha enviado carta às GSEs, analisando suas demonstrações financeiras referentes ao segundo trimestre e concluindo que as empresas estavam, no mínimo, bem capitalizadas e que, na verdade, até superavam as exigências de capital impostas pelas agências reguladoras.

Embora os documentos contivessem a advertência especial de que a FHFA dispunha de poder discricionário para rebaixar essa avaliação, qualquer mudança de posição repentina, com a afirmação de que a Fannie e a Freddie apresentavam lacunas de capital bastante grandes para justificar o regime de recuperação, decerto suscitariam questionamentos. Jim enfrentava um grande desafio: O órgão sob sua direção fora rebatizado por força da nova lei HERA, mas ainda contava com o mesmo pessoal e continuava adotando a mesma abordagem de meses atrás. Apenas a FHFA tinha autoridade legal para decretar a recuperação das GSEs, e eu estava preocupado com aquele deslize.

Marquei uma reunião de Lockhart comigo e com Bernanke, no Tesouro, para que nós dois lhe oferecêssemos apoio e estímulo. Disse-lhe que eu até compreendia o receio do pessoal da FHFA de que, sob uma visão mais estreita, o regime de recuperação pudesse ser interpretado como indício de negligência e desatenção da agência reguladora em sua manifestação anterior, mas enfatizei que os problemas da Fannie e da Freddie não poderiam ser varridos para debaixo do tapete. Além disso, reafirmei reiteradamente que uma ação ousada poria a FHFA no lado certo da história. Também salientei, várias vezes, que as GSEs precisavam de capital e que eu não poria dinheiro dos contribuintes naquelas empresas, nas condições então vigentes.

Não havia tempo a perder. Naquele dia, a Freddie vendeu US$2 bilhões em notas de curto prazo, com o pior spread de todos os tempos. Telefonei para Josh Bolten e disse, sem meias palavras, que não havia alternativa, senão a recuperação.

Na manhã seguinte, fui à Situation Room no térreo da Ala Oeste da Casa Branca, com seus equipamentos de comunicação seguros, para conversar com o presidente, que estava em seu rancho em Crawford, Texas.

Havia várias telas de vídeo numa das paredes daquele recinto sem janelas, e uma exibia o presidente, que vestia camisa esporte e parecia descontraído. Depois da conclusão do relatório sobre segurança nacional, fui conectado com o presidente. Disse-lhe, objetivamente, que estava preocupado com o Lehman. A instituição buscava uma solução para seus problemas e vínhamos tentando ajudar, mas receávamos que nenhum investidor se dispusesse a entrar em cena. Faríamos o possível para evitar o pior, mas o risco de colapso era alto.

Em seguida, expus ao presidente, rapidamente, nossas ideias sobre as GSEs. Como sempre, ele perguntou qual era nosso plano de longo prazo, pois ele não gostava daquela estrutura básica que produzia lucro para os acionistas e prejuízo para os contribuintes – e que levara a todos aqueles problemas. Opinei que, quando superássemos a crise, as duas instituições deveriam ser enxugadas, com a redução de suas atribuições, e reestruturadas como empresas de utilidade pública, embora eu achasse que devêssemos postergar essa discussão até bem depois do saneamento de suas finanças e da estabilização dos mercados. O presidente se mostrou totalmente solidário, afirmando, como o fazia com frequência: "Nossas decisões nem sempre parecerão as melhores, mas faremos o necessário para salvar a economia."

Durante a semana, os auditores do Fed e do OCC continuaram a vasculhar os livros das GSEs, ao mesmo tempo em que tentavam acelerar o ritmo de trabalho dos colegas da FHFA. Enquanto isso, nossas equipes no Tesouro se redobravam para refinar nossos planos. Ken Wilson dirigia uma agência de emprego informal, explorando seus amplos contatos e recrutando substitutos potenciais para os CEOs e para os presidentes não executivos da Fannie e da Freddie.

Quase todo o mudo efetivamente fixou residência no Tesouro durante os três dias do fim de semana do Labor Day. Evidentemente, embora não o soubéssemos na época, aquela faina foi uma antecipação de como passaríamos boa parte do outono, com veteranos e calouros renunciando aos fins de semana, ao lazer noturno e a praticamente qualquer resquício de vida pessoal no esforço de resolver os problemas que se avultavam muito piores do que nossas previsões mais pessimistas. Durante todo aquele fim de semana, nos reuníamos, nos dividíamos em grupos menores, nos reuníamos de novo e a toda hora participávamos de teleconferências.

Mais uma vez, Ben revelou-se ser líder em constante estado de prontidão. Ele não faltou a uma única reunião durante todo o fim de semana. Ele estava lá com o propósito de fazer o que considerava certo para o país, mesmo que houvesse no Fed quem considerasse excessivo o envolvimento dele. Don Kohn, vice-chairman do Fed, e Kevin Warsh, governador do Fed, também participaram de nossas deliberações, assim como o advogado geral do Board of Governors, Scott Alvarez. Outra presença constante foi Jim Lockhart, com sua equipe sênior e com Rich Alexander, advogado externo da FHFA, que trabalhava no escritório Arnold & Porter, cujo trabalho foi inestimável no desenvolvimento da argumentação legal. Representantes do Morgan Stanley também no local, além de advogados da Wachtell, ligados com Nova York por via eletrônica.

Era gratificante ver como todos cooperavam. Quando pedi ajuda, Sheila Bair, presidente da FDIC, enviou seu profissional mais experiente, Art Murton. O mais impressionante é que ninguém deixou escapar uma única palavra sobre o que estávamos fazendo. Todos compreendiam o que estava em jogo.

Consideramos todas as nossas alternativas de maneira exaustiva e sistemática. Meu staff queria certificar-se de que dispúnhamos de argumentos incontestáveis em favor da recuperação, considerando a reputação das GSEs como os mais duros brigões de rua da cidade. Eu estava menos preocupado com os detalhes que meus colegas: acho que eles não se deram conta plenamente do extraordinário poder do governo e do que significaria a presença de Ben e do secretário do Tesouro nos Conselhos de Administração da Fannie Mae e da Freddie Mac, expondo aos demais participantes o que considerávamos necessário.

Bob Scully, do Morgan Stanley, e Dan Jester, expuseram a ideia de recorrer a uma versão de um "keepwell agreement", ou seja, um contrato entre a matriz e a subsidiária, pelo qual aquela garante que fornecerá todos os fundos necessários a esta. Foi uma proposta inspirada. A autoridade do Tesouro se estenderia por apenas 18 meses e a garantia das dívidas durante 18 meses seria muito pouco para os credores de dívidas de longo prazo. O acordo, que se tornou conhecido como Preferred Stock Purchase Agreement, criava condições para que mantivéssemos patrimônio líquido positivo nas empresas, não importa o quanto perdessem no futuro. Se celebrássemos esse acordo antes de 31 de dezembro de 2009 (quando expiravam nossos poderes temporários), estaríamos agindo com base em nossa autoridade e oferecendo aos investidores as necessárias garantias de longo prazo. Quando ocorressem prejuízos no futuro, poderíamos recorrer ao acordo e reforçar o apoio financeiro, comprando ações preferenciais.

Antes de qualquer coisa, precisávamos definir o tamanho do acordo. Queríamos um número elevado para enviar uma mensagem convincente aos mercados, e a única restrição era o teto de endividamento, que havia sido aumentado em US$800 bilhões. De início, destinamos US$100 bilhões para cada GSE (O governo Obama acabaria elevando esse valor para US$200 bilhões por empresa, em consequência do aumento dos prejuízos).

Era crucial conquistar os auditores da FHFA, pois seria quase impossível determinar a recuperação das GSEs sem o apoio deles. Eles queriam basear a argumentação nas práticas inseguras e impróprias da Fannie e da Freddie. Mas sabíamos que não venceríamos a resistência da Fannie e da Freddie sob o argumento de detalhes técnicos – além disso, havia grandes inadequações na qualidade e na quantidade de seus capitais.

Muito trabalho ainda precisava ser feito. Os auditores do Fed e do OCC, depois de esquadrinharem os portfólios, vieram com estimativas de perdas potenciais muitas vezes superiores ao que as GSEs apresentaram como prejuízos possíveis. O Fed e o OCC explicaram seus pressupostos e modelos à FHFA, acabando por convencer o pessoal de Lockhart a mudar de opinião.

As empresas lutavam para resolver seus problemas. A Fannie era mais diligente e mais colaboradora. Na verdade, ela levantara US$7,4 bilhões, enquanto a Freddie, não obstante as garantias, não conseguira nenhum capital. A certa altura, os executivos da Fannie entraram em cena com uma apresentação em PowerPont, na qual, pela primeira vez, deixaram claro que não tinham acesso aos mercados de capitais. Mesmo assim, suas projeções de perdas estavam abaixo das estimativas dos auditores.

A desfaçatez da Fannie foi de tirar o fôlego. A essência da apresentação era: Estamos perdidos se vocês não nos ajudarem. No entanto, como cumprimos as exigências de capital mínimo, de acordo com os regulamentos, vocês não podem fazer nada conosco, a não ser o que estiver previsto expressamente nos estatutos, ou seja, injetar capital em nossas organizações, nos termos com que concordamos. A Fannie até tentou dar a impressão de que éramos responsáveis por suas dificuldades, com o argumento de que o simples fato de termos a bazuca levara todo o mundo a perder a confiança nelas. Portanto, deveríamos consertar as coisas em condições favoráveis às instituições em si.

Mas o problema não era a bazuca, mas, sim, o fato de o mercado ter percebido, antes delas próprias, que as GSEs estavam condenadas. Além disso, a Fannie insistia em viver num mundo que os mercados já haviam declarado morto e enterrado.

Enquanto o pessoal da Fannie projetava os slides, eu disse muito pouco. Limitei-me a ouvir, sem nenhum comentário, e eles interpretaram meu silêncio como sinal de aprovação. Em condições normais, sou como um martelo: questiono, desafio, insisto em obter o melhor resultado possível. Naquele dia, fiquei quieto, vez por outra acenando com a cabeça. Como meu staff disse depois, foi o exemplo clássico de alguém captando a mensagem que está buscando.

Até o fim, Lockhart se empenhou em levar o pessoal dele para onde queríamos que estivessem, ou seja, deviam ser induzidos à conclusão que considerassem certa. Se agíssemos dessa maneira, estaríamos, na verdade, revertendo o trabalho que fizeram durante anos. Mas eles avançavam com lentidão. Em 1º de setembro, a FHFA solicitou por escrito às GSEs que ignorassem sua carta de 22 de agosto, em que a agência reguladora declarava adequado o capital delas e informou-lhes que estava realizando nova análise sobre a compatibilidade de suas reservas com as necessidades de capital mínimo.

O relógio tiquetaqueava. Precisaríamos de um fim de semana com os mercados fechados para determinar a recuperação das GSEs, mas havia poucos fins de semana anteriores à data programada pelo Lehman para divulgar seus resultados referentes ao segundo trimestre, que seriam desastrosos.

Em meados da semana, a FHFA já havia escrito suas cartas de revisão semestral para a Fannie e a Freddie, que foram enviadas às destinatárias em 4 de setembro, ainda sob a forma de minuta. Tratava-se de documentos rigorosos, acompanhados de recomendações expressas dos analistas, que dissecavam o capital e apontavam as falhas da gestão, além de destacar todas as correções já solicitadas em documentos anteriores e que, até então, ainda não haviam sido executadas. Os diretores deveriam debater as recomendações com o Conselho de Administração. Então, Jim telefonou para os CEOs para dizer-lhes que queria reunir-se com eles e com o Conselho de Administração, no que seria acompanhado pelo chairman do Fed e pelo secretário do Tesouro. Àquela altura, eles já sabiam que havia algo errado.

Na sexta-feira à tarde, 5 de setembro, reunimo-nos com a administração das empresas; no sábado, 6 de setembro, repetimos a dose com os Conselhos de Administração, que concordaram com a tomada de controle; no domingo, anunciamos que havíamos decretado a recuperação da Fannie Mae e da Freddie Mac. Os mercados asiáticos subiram com a notícia.

No dia seguinte, ambas as empresas iniciaram suas atividades com novos CEOs: Herb Allison, ex-CEO da TIAA-CREF, na Fannie; e David Moffett, ex-diretor financeiro do U.S. Bancorp, na Freddie. O chefe administrativo do Tesouro, Peter McCarthy, promoveu uma transição extremamente suave. Os detentores de ações ordinárias perderam quase tudo, mas o governo protegeu os credores e escorou cada entidade com US$100 bilhões em capital e com linhas de crédito generosas. A Fannie e a Freddie teriam de enxugar seus grandes portfólios e não mais poderiam fazer lobby no governo.

Trabalhando quase sem interrupções para evitar o colapso dos mercados habitacionais estropiados e a paralisação da economia americana debilitada, havíamos conseguido, em poucos meses, realizar mudanças maciças naquelas duas instituições problemáticas, mas poderosas, que havia anos se esquivavam dos reformadores.

Eu estava preocupado em explicar ao Congresso por que fôramos obrigados a usar nossos novos poderes e receava que fôssemos linchados por usar nossos poderes temporários para conceder garantias permanentes. Como se veio a constatar, a principal questão foi o governo ceder às pressões e "socorrer" a Fannie e a Freddie, arriscando o dinheiro dos contribuintes. Isso foi um indicador do que nos aguardava mais à frente.

A crise das GSEs deixou-me exausto, mas meu staff incansável continuou trabalhando ainda com mais afinco, na elaboração dos detalhes dessa operação de socorro extraordinária, promovida pelo governo. Disse a Josh Bolten que a solução da crise das GSEs foi a missão mais difícil que já me deparara em minha vida.

Eu não tinha ideia do que aconteceria no futuro próximo.

Capítulo 8

Segunda-feira, 8 de setembro de 2008

Comecei a segunda-feira, 8 de setembro, com uma rodada matutina de entrevistas em emissoras de televisão, parte de meu plano de dedicar boa parte da semana à tarefa de tranquilizar os contribuintes, os mercados e os funcionários das instituições, convencendo-os de que a Fannie Mae e a Freddie Mac haviam sido estabilizadas. Senti-me encorajado com a reação inicial às nossas manobras do fim de semana para assumir o controle das duas grandes empresas de hipotecas. Os mercados asiáticos e europeus avançaram e os bancos centrais do Japão e da China aplaudiram. O governo americano basicamente havia garantido as dívidas das GSEs, mas eu sabia que precisaríamos de tempo e de esforço concentrado para que os investidores se convencessem de nosso intuito.

Às 8 horas, eu conversei com a CNBC, com a CBS e com a Bloomberg. Tive o cuidado de enfatizar que os funcionários da Fannie e da Freddie não eram responsáveis pelo declínio do mercado habitacional nem pelos problemas de suas empresas. "Essa situação foi criada pelo Congresso, muito tempo atrás. Aquele era um sistema que não deveria existir", disse a Steve Liesman, da CNBC.

Na abertura dos mercados americanos, as ações da Fannie e da Freddie afundaram como pedras, conforme as expectativas, mas o Dow disparou

330 pontos no começo das operações. No entanto, tive pouco tempo para exultar, pois o desastre que pairara no horizonte durante todo o verão avultava-se de maneira assustadora.

Ken Wilson entrou em minha sala para dizer que as conversas entre o Lehman Brothers e o Korea Development Bank não dariam em nada. Na semana anterior, o vazamento de informações desencadeou especulações de que o KDB compraria 25% do Lehman. Mas Ken, que conversava por telefone com o CEO todos os dias – e que falara com ele na noite anterior – menosprezou a possibilidade de um acordo. As ações do Lehman subiram na abertura, mas logo despencariam, à primeira notícia de fracasso das negociações, que coincidiriam com a divulgação de grandes prejuízos no terceiro trimestre.

As agruras do Lehman não eram a única notícia problemática. Mais tarde, na mesma manhã, Jeff Immelt, CEO da General Electric, telefonou-me para dizer que sua empresa estava tendo dificuldade em vender notas promissórias comerciais (commercial paper). Fiquei perplexo com a informação. Embora a GE Capital, gigantesco braço financeiro da GE, também tivesse rateado com o restante do setor, a empresa como um todo era um ícone da economia americana – uma das poucas com classificação de crédito triple-A. Se a GE não conseguia vender seus papéis, o que isso significava para as outras empresas americanas?

A tarde daquela segunda-feira foi dedicada às GSEs. Dei entrevistas ao *Washington Post* e à revista *Fortune* e me encontrei com Chris Dodd, que mantinha estreitas ligações com a Fannie e a Freddie, e que ficara aborrecido comigo durante o fim de semana. Sentei-me com ele e com o staff dele em seu gabinete, no Congresso, e expliquei nossas ideias, reafirmando que a liderança dele, assim como a de Barney Frank e Richard Shelby, tinham sido fundamentais para que conseguíssemos evitar um desastre. Ele parecia muito mais à vontade depois do encontro.

O mercado manteve-se forte durante todo o dia, com o Dow fechando em alta de 290 pontos, ou 2,6%, em 11.511. Mas as ações do Lehman caíram US$2,05, para US$14,15, enquanto seus swaps de crédito (credit default swaps) deram uma guinada para cima de 328 pontos-base. E os mercados ainda não sabiam que as conversas do Lehman com o KDB estavam indo por água abaixo.

Minha esperança era que a tomada do controle das GSEs daria ao Lehman um pouco mais de espaço para manobra, mas eu estava errado.

Terça-feira, 9 de setembro de 2008

Cheguei ao Tesouro pouco depois das 6 horas e me dirigi diretamente à Sala dos Mercados. As ações do Lehman caíam céleres para um dígito, e seus swaps de crédito estavam sob pressão. Em seguida, fui à sala de Ken Wilson para saber das últimas sobre Dick Fuld. O negócio com o KDB, disse-me Ken, estava morto.

"Será que ele está consciente da seriedade do problema", perguntei a Ken.

"Ele ainda está aferrado à ideia de que, de uma maneira ou de outra, o Fed tem poderes para injetar capital", respondeu Ken.

Senti um acesso de irritação. Tim Geithner e eu garantíramos várias vezes a Dick que o governo não dispunha de autoridade legal para injetar capital em bancos de investimentos. Essa era uma das razões por que vinha insistindo com ele para encontrar um comprador, desde a falência do Bear Stearns, em março. Fuld substituíra a alta administração do Lehman, demitira milhares de empregados e proclamara a necessidade de reestruturação, mas a grande exposição da empresa a títulos hipotecários desencorajaram os pretendentes e os deixaram na impossibilidade de fazer um acordo.

Ken vinha insistindo com Dick, em tom cada vez mais premente, em que ele, de fato, precisava preparar-se para a venda, mas Dick não queria nem mesmo considerar qualquer proposta abaixo de US$10 por ação. O Bear Stearns conseguira esse preço e ele não aceitaria nada abaixo disso pelo Lehman.

Depois de conversar com Ken, eu tinha uma obrigação importante a ser cumprida. Minha agenda previa uma palestra para os empregados da Freddie Mac. Muita gente no Tesouro não conseguia acreditar que eu quisesse conversar com um grupo que decerto estava furioso comigo. Era simples. Eu me sentia mal em relação a eles, e eles mereciam que eu lhes informasse pessoalmente sobre a situação deles. Também queria que soubessem que aquela conjuntura não era consequência de nenhum erro deles.

David Moffett, o novo CEO, e eu ficamos num tablado, diante de um auditório na sede da empresa, em McLean, Virginia, onde se apinhavam centenas de empregados desorientados e confusos da Freddie Mac, que queriam informações sobre o futuro deles e sobre as perspectivas de recuperação de suas ações. Eu sabia que as ações da Freddie Mac representavam grande parte do patrimônio deles.

Fui muito objetivo. Disse-lhes que dificilmente eles recuperariam o valor patrimonial que haviam perdido, mas enfatizei que, se continuassem a aprender, a aprimorar suas habilidades e a ajudar a Freddie a exercer suas funções vitais, as carreiras deles provavelmente se manteriam intactas. Eu não podia afirmar qual seria a estrutura definitiva da Freddie – isso cabia ao Congresso e ao próximo governo – mas observei que o velho modelo de negócios era falho e ineficaz. Foi uma reunião difícil, mas senti que cumprira meu dever.

Voltei ao Tesouro, para descobrir que, mais uma vez, as portas do inferno se abriram e todos os diabos estavam à solta. O Dow Jones Newswire estava informando que as conversas do Lehman com o KDB tinham fracassado. As ações da empresa despencavam e os swaps de crédito disparavam – chegariam a 400 pontos-base no fim do dia. Mas eu precisava de um terminal da Bloomberg para saber o que estava acontecendo. Mais uma vez uma grande instituição financeira estava em dificuldade, sem nenhuma solução à vista. Se o Lehman não encontrasse um comprador com urgência, ele logo emborcaria.

Eu nada podia fazer, a não ser pensar naqueles empregados da Freddie Mac, preocupados com seus empregos e poupanças. Evitáramos o pior com o Bear Stearns e com as GSEs, mas a situação se agravava cada vez mais. Ao contrário da conjuntura em março, quando o Bear afundou, agora toda a economia americana nitidamente estava em queda: o desemprego chegara a 6,1% em agosto, o nível mais alto em cinco anos, e sem dúvida estávamos em recessão. A última coisa de que precisávamos era a falência do Lehman.

Enquanto ruminava esses pensamentos, reuni-me com Carlos Gutierrez, secretário do Comércio, para um almoço agendado havia algum tempo, na sala de reuniões, ao lado do meu gabinete. Não consegui concentrar-me integralmente em nossa conversa. Tudo que girava em minha cabeça era: *O que fazer a respeito do Lehman? Deve haver uma solução – sempre conseguimos tirar um coelho da cartola na última hora.*

Já estávamos almoçando havia uns 40 minutos, quando Christal West, minha assistente, interrompeu-nos para me dizer que Tim Geithner estava ao telefone e precisava falar comigo com urgência. Quem sabe era uma boa notícia? Mas Tim telefonara para dizer que os mercados estavam em polvorosa, e que ele não sabia como o Lehman sobreviveria em sua forma atual. Ele disse que já conversara com um combalido Fuld.

Refletindo sobre nossa experiência com o Bear Stearns, perguntei-me se o Lehman duraria o suficiente para que encontrássemos uma solução conjunta com o setor financeiro durante o fim de semana. "Perguntei a Tim: "Será que conseguimos segurar essa barra até o fechamento do mercado, na sexta-feira?"

Tim disse que talvez fosse possível, mas que os mercados precisavam de alguma manifestação do governo de que estávamos buscando uma saída. Os investidores talvez se acalmassem um pouco se ficasse claro que o Lehman continuava procurando um comprador.

"Vou procurar Ken Lewis", disse. "Quem sabe se, ao preço certo, o BofA não está disposto a fazer alguma coisa?"

Carlos e eu terminamos o almoço e, cerca de uma hora depois, falei com Fuld. Os vendedores a descoberto o atacavam por todos os lados e ele parecia em pânico. Fiquei pensando se ele não deveria antecipar a divulgação dos resultados e ao mesmo tempo anunciar seu plano de reestruturação. Eu não sabia se essas medidas seriam suficientes para tranquilizar os investidores, mas disse a Dick que a decisão era dele. Também falei que tentaria convencer Ken Lewis a adquirir o Lehman – embora o Bank of America tivesse considerado essa hipótese duas vezes no verão e houvesse abandonado a ideia em ambas as ocasiões. Dick concordou que essa era a melhor solução.

Ken mantinha uma relação de amor e ódio com Wall Street. No outono passado, anunciando prejuízos do BofA em operações de mercado, ele fez uma declaração que se tornou famosa: "No momento, tenho no banco de investimentos toda diversão que aguento." Mas ele queria promover o crescimento do banco por meio de aquisições e ansiava por uma plataforma de negócios fora dos Estados Unidos. Eu o conhecia como homem de poucas palavras e como negociador enérgico, que gostava de negócios complexos. Com o poderio de seu balanço patrimonial e seus antecedentes de jogador rápido, o Bank of America seria o comprador ideal para o Lehman.

No entanto, por mais que eu esperasse que o preço de liquidação das ações do Lehman convencesse Ken a encarar o negócio como pechincha rara, eu achava desde o início que ele só se interessaria pela transação se pudesse deixar para trás grande parte dos ativos indesejáveis. Além disso, nem o Merrill Lynch nem o Morgan Stanley pareciam fortes, o que me levava a recear que Ken preferisse adquirir uma dessas duas instituições. Ambas tinham negócios de banco de investimentos maiores que o do Lehman e as duas desfrutavam de boa reputação no varejo, algo que Lewis almejava. Com efeito, eu até sabia que Ken havia muito tempo cobiçava o Merrill.

Na terça-feira de tarde, todo o setor começava a compreender a gravidade da situação do Lehman. Poucos se davam conta disso com mais acuidade que John Thain, CEO do Merrill, que me telefonou para expressar suas preocupações. Eu já o conhecia havia 29 anos – primeiro como recém-formado pelo MIT, com MBA por Harvard; depois, como uma das estrelas em ascensão do Goldman Sachs; agora, como CEO autoconfiante do Merrill Lynch – ele sempre fora muito seguro de si e extremamente analítico. Porém, o Merrill era considerado, em geral, a instituição mais fraca depois do Lehman. Ele se preocupava com o potencial desastroso daquela situação para o mercado e para a empresa dele.

"Hank, espero que você esteja de olho no Lehman", disse. "Se eles afundarem, não será bom para ninguém."

John queria saber como pretendíamos lidar com o Lehman e como ele poderia ajudar. Ele me telefonara no verão, quando o Lehman começava a engasgar, oferecendo-se para participar de qualquer solução setorial.

Agradeci a John pela oferta e, em seguida, telefonei para Ken Lewis. Ele disse que vinha observando a situação do Lehman. Retruquei que ele seria de grande ajuda se considerasse com seriedade a hipótese de comprar a instituição problemática. Observei que o Lehman estava muito mais barato agora. Será que ele poderia analisar com mais cuidado a hipótese, o mais rapidamente possível?

"Hank", respondeu Ken, "já analisamos a situação umas duas vezes antes e concluímos que os riscos eram grandes demais em relação aos ganhos potenciais."

Afirmou, contudo, que talvez se dispusesse a comprar a empresa se pudesse descartar os ativos referentes a imóveis comerciais, num negócio semelhante ao do Bear Stearns. Respondi-lhe que não poderíamos entrar com dinheiro do governo, mas pressionei-o para que retornasse com uma decisão o mais rápido possível.

"Essa seria uma grande mordida para nós", disse ele.

Ele, em seguida, levantou outra questão. O BofA comprara a Countrywide Financial, mutuante hipotecário problemático, em janeiro, por US$4,1 bilhões, na expectativa de que o Fed lhe concedesse alguma forma de atenuação das exigências de capital mínimo, por ter feito o negócio. Em vez disso, o Federal Reserve Bank de Richmond, regulador imediato do BofA, o pressionara a refazer seu plano de capital e a reduzir seus dividendos. Lewis queria que eu o ajudasse a resolver sua questão com o Fed.

À primeira vista, o pedido era razoável. Como o BofA poderia fazer um negócio com o Lehman e tensionar anda mais seus índices de capital, sem primeiro resolver a pendência com o Fed? A solução, contudo, estava fora de minha jurisdição. Disse a Ken que transmitiria as preocupações dele a Tim e a Ben Bernanke. Pedi-lhe que telefonasse para Dick Fuld e iniciasse o processo de verificações prévias.

Em seguida, Tim e eu nos reunimos em teleconferência com Dick. Havíamos concordado que, na medida do possível, sempre conversaríamos com o CEO do Lehman juntos. Queríamos ter a certeza de que ele ouvia a mesma coisa de nós dois. Expressei minhas reservas sobre a seriedade de Lewis, mas Dick ficou entusiasmado.

"O importante é a velocidade", disse-nos. "Será que o Lewis poderia enviar o pessoal dele para cá hoje à noite? Estamos dispostos a trabalhar 24 horas por dia."

Telefonei, então, para Ken e o exortei a montar uma equipe o mais rápido possível. Em seguida, marquei uma teleconferência com Chris Cox, Tim, Ben e o staff do Tesouro para as 17 horas, com o objetivo de tratar de possível falência do Lehman.

No verão, o Tesouro, o Fed e a SEC haviam constituído uma equipe para lidar com essa contingência. Sabíamos como ela seria desastrosa, caso se concretizasse: A falência do Lehman, mesmo que na forma atenuada de recuperação judicial, desencadearia ondas de choque globais. Tim e eu enfatizamos a urgência da situação naquele momento.

"O Lehman paira como um peso morto sobre o mercado", afirmei. "Graças a Deus já resolvemos a questão da Fannie e da Freddie."

Discutimos maneiras de prevenir o colapso do Lehman. Tim sugeriu uma reprise do socorro do Long-Term Capital Management, em 1998. Naquela ocasião, um grupo de 14 empresas de Wall Street se reuniu para montar um pacote de US$3,6 bilhões, ficando, em troca, com 90% do fundo de hedge periclitante, que acabou sendo liquidado. Para fazer algo semelhante, disse eu, primeiro teríamos de atrair o interesse de Lewis – o que não era pouco – e, em seguidas, permitir que ele comprasse o que quisesse, para depois convencer um consórcio setorial a assumir os ativos remanescentes. John Thain já se declarara disposto a ajudar em operação de socorro do setor privado, mas teríamos de persuadir os outros CEOs. Não seria tarefa fácil, com todo o setor financeiro sob pressão crescente. Evidentemente, a alternativa, a falência do Lehman, era muito pior.

Enquanto eu estava na teleconferência, Dick Fuld me telefonou para relatar que ele ainda não tinha falado com o Bank of America. Assegurei-lhe que estávamos fazendo tudo o que podíamos. Em seguida, procurei Ken Lewis e lhe disse que já havia conversado sobre a Countrywide.

"Falei com Ben e Tim. Eles compreenderam a importância da questão", disse-lhe, garantindo-lhe que havia solução à vista. Sob minha instância, ele concordou em enviar uma equipe para o Lehman imediatamente.

Poucos minutos depois, recebi notícias de Lewis. Ele afirmou que já havia conversado com Fuld e que começariam as negociações. Dick telefonou em seguida, excitado, para informar que a equipe de Lewis chegaria a qualquer momento. Apesar dos avanços e retrocessos daquela tarde e noite – registramos quase uma dúzia de conversas telefônicas com Lewis ou Fuld em três horas – eu não estava completamente convencido da seriedade de Lewis. Minhas dúvidas apenas aumentaram quando ele telefonou uma última vez e novamente salientou a insatisfação dele a respeito do negócio com a Countrywide. Ele queria ter a certeza de que a pendência com o Fed seria resolvida.

Telefonei para Dick pouco depois das 19 horas para tranquilizá-lo com a informação de que Lewis ainda estava no jogo. "Temos algumas questões a resolver", disse. "Mas ele está chegando ao ponto."

Naquele dia, o Dow caíra 280 pontos, para 11.231, perdendo os ganhos da segunda-feira. As ações do Lehman mergulharam 45%, para US$7,79, e seus CDS afundaram quase 50%, para 475 pontos-base. E, ainda por cima, circulavam outras notícias preocupantes: Investidores preocupados com a exposição da AIG a hipotecas forçaram baixa de 19% nas ações da empresa, para US$18,37.

Mas a AIG não era minha principal preocupação em mais uma noite insone, pensando em como o Lehman sobreviveria àquele fim de semana.

Três dias era tempo demais.

Quarta-feira, 10 de setembro de 2008

Eu acabara de chegar ao Tesouro nas primeiras horas da manhã daquela quarta-feira, quando Dick Fuld telefonou para me dizer que a equipe do BofA ainda não aparecera. Era pouco depois de 7 horas.

"Ainda não tivemos notícias deles", queixou-se Dick, exasperado. "Perdemos uma noite inteira."

"Você não soube de nada?"

"Absolutamente nada", respondeu.

Foi um mau começo de um dia ruim. Presumi que o Fed ainda não tinha atendido à reivindicação de Ken Lewis sobre a questão do capital do BofA e pedi informações a Tim e Ben. Menos de uma hora depois, o Lehman fez a divulgação prévia dos resultados do terceiro trimestre – prejuízo de US$3,9 bilhões, decorrentes de baixa contábil de US$5,6 bilhões, referente hipotecas comerciais e residenciais. A empresa também anunciou que venderia participação majoritária em subsidiária de gestão de recursos de terceiros, a Neuberger Berman, e que cindiria algo entre US$25 bilhões a US$30 bilhões de seu portfólio de hipotecas comerciais.

Os investidores não gostaram das notícias. As ações do Lehman caíram nas pré-negociações anteriores à abertura, enquanto os CDSs saltaram para 577 pontos-base. O mercado farejava carniça.

Enquanto eu especulava sobre as perspectivas de entrada em cena do Bank of America, outro parceiro hipotético despontou no palco, pegando-me de surpresa. Bob Steel – meu ex-subsecretário de finanças domésticas, agora CEO do Wachovia – telefonou-me pouco antes das 8 horas para dizer que conversara com Bob Diamond, presidente do banco inglês Barclays. Os dois banqueiros se conheciam do período em que Steel atuara no Conselho de Administração do Barclays, poucos anos atrás.

Steel me disse que o Barclays estava interessado no Lehman. Admito que tive de perguntar-lhe se eles estavam falando sério. O banco inglês nunca antes demonstrara capacidade de agir rápido nem de consumar grandes transações estratégicas. O Barclays ainda se recuperava de derrota em batalha pela aquisição do controle do ABN AMRO, holandês, para o Royal Bank of Scotland. Eu também receava que o Barclays não tivesse capacidade financeira para negócio daquela envergadura.

Embora eu tivesse mencionado o possível interesse do Barclays em minhas conversas naquele dia, com Tim, Ben, Chris e o grupo de Nova York, nossa atenção convergia para o Bank of America. Lewis se comprometera a nos procurar na noite de quinta-feira, se não ocorressem vazamentos. Compreendíamos que o banco de Charlotte poderia muito bem decidir não comprar o Lehman ou insistir, não obstante minhas recomendações a Lewis, em que precisaria de apoio financeiro.

Em minha teleconferência da tarde com Tim e com o pessoal do Tesouro, mais uma vez discutimos como poderíamos ajudar o Lehman. Minha equipe e eu achávamos que deveríamos enfatizar em público que não haveria dinheiro do governo em possível transação. Em minha opinião, essa era a única maneira de conseguir o melhor preço de um comprador e de preparar o setor financeiro para a probabilidade de precisar participar de alguma solução.

"Precisamos fazer tudo a nosso alcance para desenvolver uma alternativa envolvendo o setor privado", disse ao grupo.

Tim concordou. Ele também era a favor de uma solução setorial. Mas ambos sabíamos que, se a operação de socorro no estilo Bear Stearns fosse a única solução, a falência do Lehman seria mais dispendiosa para os contribuintes.

Todos nós estávamos bem conscientes de que, depois da Fannie e da Freddie, o país, o Congresso e ambos os partidos estavam fartos de operações de socorro. Obama e McCain, cabeça a cabeça nas pesquisas nacionais, cada candidato se manifestava contra elas na campanha presidencial. No dia anterior, com efeito, McCain e Sarah Palin publicaram artigo na página de opiniões do *Wall Street Journal* intitulado "Protegeremos os contribuintes contra novas operações de socorro" (We'll Protect Taxpayers from More Bailouts). E pouco antes do começo de nossa teleconferência, eu falara com Chris Dodd, que me disse: "Fuld é amigo. Tente ajudá-lo, mas não socorra o Lehman."

Discutimos o cenário de pior hipótese: nenhum comprador para o Lehman, ninguém no executivo disposto a injetar capital e nenhuma autoridade do judiciário propensa a promover a desativação gradual e ordeira de uma instituição financeira não bancária falida. Sabíamos que o colapso do Lehman seria um desastre. Com mais ou menos US$600 bilhões em ativos, a empresa era maior e ainda mais interligada que o Bear Stearns. Nessas circunstâncias, como poderíamos estabilizar o mercado?

Depois da teleconferência, Tim e eu conversamos em particular, analisando a situação: nenhum de nós tinha autoridade para pôr dinheiro na entidade que o Lehman pretendia criar, na qual entulharia seus ativos imobiliários comerciais – conhecida oficiosamente como Spinco. E, sem dúvida, as perdas implícitas se revelavam grandes demais para que o Lehman conseguisse atrair capital privado. Era improvável que um plano de reestruturação pudesse ajudar a empresa naquelas circunstâncias.

Apenas três dias depois da histórica tomada de controle pelo governo, as GSEs já eram notícia velha para o público. No entanto, não tiráramos os nossos olhos de cima delas. As taxas das hipotecas haviam caído, mas ainda estavam altas demais, uma vez que as GSEs ainda não estavam sob as asas do governo dos Estados Unidos.

Enquanto isso, continuei mantendo contato com os desafortunados funcionários das GSEs. Na quarta-feira de tarde, encontrei-me com o staff da Fannie Mae, na sede da empresa, situada na Wisconsin Avenue, a pequena distância da National Cathedral. Encontrei um grupo ainda mais duro que o de nossa reunião na sede da Freddie. Eles me questionaram com mais veemência, transtornados com a grande desvalorização de suas ações e preocupados com as perspectivas de longo prazo da empresa. Respondi às perguntas com franqueza, explicando como a contribuição da empresa seria importante para tirar o país da crise, mas a imagem daqueles semblantes infelizes perdurou em minha memória, mesmo depois do término do evento.

Naquela noite, quando verifiquei com Ken Lewis, soube que ele ainda não havia enviado uma equipe a Nova York. A questão com o Fed continuava pendente. Mas ele me assegurou que o BofA agiria com rapidez, uma vez que já havia feito verificações prévias no Lehman durante o verão.

Telefonei para Tim para saber quando o Fed resolveria o problema com o BofA. Ele me garantiu que trabalharia imediatamente para encontrar uma solução.

Quinta-feira, 11 de setembro de 2008

De manhã cedo, na quinta-feira, pouco depois de me sentar à minha mesa, Ken Wilson sugeriu que eu telefonasse para Bob Diamond, do Barclays. O banco inglês precisava de mais estímulo. Quando falei com ele, ele confirmou o interesse do banco em adquirir o Lehman.

"Vocês precisam agir com rapidez", disse-lhe. "Também é bom que vocês saibam que não poderemos injetar dinheiro público na transação".

"Eu sei disso".

Perguntei se o Conselho de Administração do Barclay e o CEO John Varley concordavam com ele sobre um possível negócio com o Lehman. Com base em minha experiência, eu sabia que os Conselhos de Administração ingleses exerciam papel mais ativo nas aquisições de controle que suas contrapartes nos Estados Unidos.

"Concordam", confirmou Bob. "Trata-se, evidentemente, de um grande empreendimento."

Sugeri que ele se aprofundasse nos entendimentos com Varley e com o Conselho de Administração, enquanto eu trocava ideias com Tim Geithner, a quem procurei imediatamente em seguida.

"Diamond sem dúvida está interessado", afirmei. "O Barcleys não tem muitos antecedentes em aquisições, mas acho que devemos avançar nessa área com muita disposição."

Precisávamos agir com rapidez – e não apenas a bem do Lehman. Os receios do mercado estavam transbordando para outras instituições. As ações da Washington Mutual, mutuante hipotecário problemático de Seattle, estavam sob pressão. Tim e eu concordamos que, se fosse para o setor participar da solução, precisaríamos arregimentar Wall Street com rapidez. Sugeri que convocássemos os CEOs para uma reunião na sexta-feira à noite, pois precisaríamos de uma solução no domingo à noite. John Thain telefonou depois, na mesma manhã, para dizer que as ações do Merrill caíam forte e que seus spreads de crédito se ampliavam cada vez mais. Ele se dispôs a participar de uma solução setorial para o Lehman. Respondi que pretendíamos reunir um grupo em Nova York durante o fim de semana.

Afastei-me do Lehman durante tempo suficiente para dar mais de 20 telefonemas a membros do Congresso, relatando-lhes sobre as GSEs e sobre os problemas nos mercados financeiros. Em geral, os congressistas apoiaram nossas iniciativas em relação às GSEs, mas fizeram numerosas advertências quanto às operações de socorro e – a exemplo de Chris Dodd na véspera – preveniram-me de que não queriam ver dinheiro dos contribuintes no Lehman.

De novo entrei em contato com Bob Diamond, que confirmou a intenção do Barclays e me disse que Varley queria falar diretamente comigo. Ele observou que o Conselho de Administração do Barcleys estava muito preocupado em não ficar em situação embaraçosa, como seria o caso se vazassem informações de que estavam interessados no negócio, mas algum outro proponente desse o lance final.

"Queremos exclusividade", lembro-me das palavras dele. "Se recebermos essa garantia, podemos agir como muita rapidez."

"Não temos condições de garantir-lhe exclusividade, e acho que também o Lehman Brothers não poderá dar-lhe essa certeza", respondi. O Barclays não pedira ajuda para fazer o negócio e, supondo que Ken Lewis precisaria de apoio, eu também sabia que essa diferença era grande vantagem para o banco inglês. "Acho que, se vocês agirem com rapidez, as chances são muito altas de que sejam bem-sucedidos. Posso garantir-lhes que o Fed e eu trabalharemos juntos para que seja assim."

Enfatizei que, como o governo não poderia pôr dinheiro na transação, o Barclays deveria concentrar-se nos ativos problemáticos do Lehman, para que discutíssemos com realismo como chegar a um acordo. Recomendei que ele telefonasse para Dick Fuld imediatamente e combinassem uma reunião.

Ken Lewis ligou pouco depois das 17 horas, dizendo que a questão do capital tinha sido mais ou menos resolvida com o Fed; Ben Bernanke garantira-lhe que tentaria solucionar o problema. Mas a boa notícia se limitava a isso.

"Analisamos com muito cuidado o Lehman Brothers e constatamos que numerosos ativos nos deixariam em situação precária", disse. "Lamento dizer-lhe que não poderemos fechar o negócio."

Mas eu não o deixaria escapar do anzol. "Se recebesse ajuda em relação aos maus ativos, você estaria disposto a prosseguir?"

"Você afirmou que não haveria dinheiro do governo", retrucou. "Você mudou de posição?"

"Não, reitero minha afirmação anterior. Mas, espero que, se sua proposta for razoável, talvez outras empresas do setor ajudem a financiar a parte que você se recusa a assumir. Seria como o consórcio da LTCM."

Lewis vira o Fed ajudar o JPMorgan a adquirir o Bear Stearns, razão por que era natural que tentasse conseguir qualquer ajuda possível – do governo ou do setor privado. Ele concordou em elaborar uma proposta e voltar a procurar-me. Ao mesmo tempo, eu arregimentaria empresas de Wall Street para desenvolver algum plano. Disse-lhe que precisaríamos fechar qualquer acordo até domingo, razão por que gostaria de receber as primeiras ideias dele até a noite de sexta-feira.

Notícias de que eventuais compradores estavam cercando o Lehman contribuíram para fortalecer o mercado. O Dow finalizara o dia em alta de quase 165 pontos, a 11.434 pontos. Até a WaMu ganhou, fechando em US$2,83, em comparação com US$2,32 no dia anterior, mas seus CDS explodiram para espantosos 2.838 pontos-base, em cotejo com 2.267 na véspera. O Lehman não se beneficiou com a alta do mercado. Suas ações caíram 42%, para US$4,22. As ações do Merrill afundaram quase 17%, para US$19,43, o nível mais baixo em quase uma década.

Naquela noite, minha equipe participou de teleconferência com o Fed de Nova York, o Fed de Washington e a SEC. Talvez houvesse de 30 a 40 pessoas na linha, todas com uma única preocupação: Sustentar o Lehman até o fim de semana.

Tim conduziu-nos em rápida análise dos mercados perplexos. Um dos membros da equipe do Fed de Nova York observou que o financiamento do Lehman era cada vez mais problemático. O JPMorgan, naquele dia, renovara pedido de reforço de garantia de US$5 bilhões, que já fora ampliada uma semana atrás. Parecia uma reprise do drama do Bear Stearns, com uma diferença crítica: Os receios quanto aos prejuízos no balanço patrimonial do Lehman eram muito maiores. Muita gente temia que todas aquelas más notícias que inundavam o mercado levaria os bancos a começar a recolher seus fundos. O Lehman tomou emprestados US$230 bilhões da noite para o dia no mercado de reposição – dependência espantosa a fundos de curto prazo, que podiam ser exigidos a qualquer momento. A instituição corria alto risco de tornar-se vítima de uma corrida deflagrada por um acesso generalizado de perda de confiança. Chris Cox afirmou que a SEC estava elaborando planos de contingência para a hipótese de falência do Lehman.

Lembrei ao grupo que tínhamos dois compradores potenciais do Lehman. O Bank of America estava à frente, mas ele relutava em assumir muitos ativos que perfaziam quantia expressiva.

"Conversei com Lewis, que se disse decidido a desistir, se não obtivesse ajuda, mas acredito que ele volte com uma proposta", disse. Acrescentei que o Barclays parecia mais interessado no Lehman.

Então, percebendo que estava falando para um grupo grande, enfatizei mais uma vez que não haveria ajuda pública numa operação de socorro do Lehman e que recorreríamos ao setor privado para ajudar o comprador a completar a aquisição. Minha equipe no Tesouro acreditava que precisávamos salientar em público esses dois pontos, a fim de preparar o setor para a probabilidade de precisar ajudar-nos. O Fed de Nova York convidaria CEOs de Wall Street para uma reunião, e não queríamos que chegassem com a expectativa de que estaríamos acenando com o talão de cheques na mão. Mesmo que, no domingo, tivéssemos de recorrer a fundos públicos, naquela sexta-feira era preciso exercer o máximo de pressão sobre o setor privado.

Na noite de quinta-feira, Michele Davis garantiu a repórteres, off-the-records, que o governo não entraria com recursos para salvar o Lehman, esperando que nossa posição ficasse bem clara nos jornais de sexta-feira. Michele queria preparar o terreno para o que todos nós esperávamos viria a ser o negócio de compra do Lehman no fim de semana.

Sexta-feira, 12 de setembro de 2008

Cheguei ao escritório às 7 horas, de mala na mão, preparado para passar o fim de semana em Nova York. Mas, até lá, precisávamos sobreviver a mais um dia de negociações nos mercados, e tudo indicava que aquele seria um daqueles dias. Os spreads de crédito do Lehman continuavam grandes, enquanto Merrill Lynch, WaMu e AIG também recebiam marteladas.

Folheando os jornais naquela manhã, constatei que nossa estratégia de comunicação não havia produzido o efeito almejado. Embora um artigo de primeira página, de David Cho, Heather Landy e Neil Irwin, no *Washington Post*, afirmasse "O governo está buscando um acordo que não envolva dinheiro público", eu sabia que pouca gente em Wall Street prestava atenção ao jornal de Washington. Suas fontes de notícias mais prováveis, o *New York Times* e o *Wall Street Journal*, deixavam a porta aberta. Assim, Michele rapidamente foi à CNBC reiterar que não haveria dinheiro público. Às 9h15, Steve Liesman, da CNBC, informou que, de acordo com fonte sintonizada com o secretário do Tesouro, "não haverá dinheiro público na solução dessa situação".

Tomei o café da manhã da sexta-feira com Ben Bernanke na pequena sala de reuniões vizinha ao meu escritório no Tesouro. Ele não iria para Nova York, mas estaria acessível a qualquer momento. Eu disse que estava esperançoso, mas que tinha sérias dúvidas a respeito do Bank of America e do Barclays. Porém, não achava que qualquer outra instituição estaria interessada nem tomáramos conhecimento de qualquer manifestação a esse respeito.

Ben e eu revimos nossas opções para a hipótese de falência do Lehman; mas a realidade inequívoca era que não tínhamos muitas saídas. Como eu sabia muito bem, e como Ben me lembrara, se o Lehman ajuizasse pedido de falência, perderíamos o controle do processo, e não contaríamos com muita flexibilidade para minimizar o estresse do mercado.

"Só nos resta a esperança de que, se o Lehman afundar, o mercado tenha tempo suficiente para se preparar", ponderou.

Durante toda a manhã, mantive contato constante com Tim e com Ken Lewis, encorajando este último a fazer uma oferta. Enquanto isso, ainda esperávamos qualquer notícia do Barclays. Tim expressou preocupação com minha postura pública a respeito da ajuda do governo. Ele disse que, se acabássemos tendo de ajudar um comprador do Lehman, eu perderia credibilidade. Mas eu continuava disposto a afirmar: "Nada de ajuda do governo" para facilitar um acordo. Se tivéssemos de voltar atrás no fim de semana, tudo bem.

No começo da tarde, recebi um telefonema de Alistair Darling, chancellor of the exchequer (ministro das finanças) do Reino Unido, com quem eu mantinha boas relações de trabalho e cujas opiniões sobre os mercados eram parecidas com as minhas. Para mim, Alistair era um aliado honesto e confiável, razão por que não hesitei em fornecer-lhe um relato objetivo e realista sobre a situação do Lehman.

"Compreendo que um de seus possíveis compradores é um banco inglês", lembro-me do que ele disse. "Quero que você saiba que estamos um tanto preocupados, porque nossos bancos já estão sob muita tensão. Não queremos que eles se endividem e se enfraqueçam ainda mais."

Depois, comentei com Jim Wilkinson que Alistair parecia estar dizendo que os ingleses não queriam que seus bancos pegassem a doença americana. Mas, como ele se expressou em termos genéricos, não interpretei suas palavras como a bandeira vermelha que, em retrospectiva, parece ter sido seu propósito.

Parti para Nova York pouco depois das 15 horas, com Dan Jester, Jim Wilkinson e Christal West, em meio a renitente desaceleração dos mercados. O Dow caiu apenas 12 pontos, mas as ações do Lehman afundaram mais 13,5%, para US$3,65. As ações da AIG mergulharam outros 31% no dia, fechando a US$12,14, acumulando queda de 46% na semana. Percebi, então, que agora tinha de ficar de olho em mais uma instituição.

A caminho do aeroporto, recebi um telefonema de Chuck Schumer, senador por Nova York, que me expôs as ideias dele sobre o Lehman. "É melhor encontrarmos um comprador que não demita um monte de gente", recomendou. "O preferível seria um comprador nacional, em vez de um estrangeiro."

Fiquei pensando se Fuld, que preferia o BofA, não encomendara aquele sermão, mas não havia dúvida de que o senador se importava muito com seu Estado. Ele se mostrou contundente ao afirmar que a compra do Bear Stearns pelo JPMorgan custara muitos empregos a Nova York.

Tim sugeriu que eu telefonasse para Ken Lewis para saber até que ponto ele estava falando sério, pois sentia, como eu, que o Bank of America aos poucos se afastava do negócio. Já a bordo do avião, falei rapidamente com Lewis, que estava às voltas com uma minuta de proposta, mas nossa ligação estava ruim por causa de uma tempestade, e combinamos que eu telefonaria outra vez assim que estivesse no solo.

Refleti, meio taciturno, sobre o desafio à nossa frente. A crise era muito mais grave que a da LTCM, uma década antes, quase no mesmo dia. E as circunstâncias eram mais nefastas do que quando socorremos o Bear Stearns, em março. O sistema financeiro, e a economia global, estavam, agora, em condições muito mais precárias.

O avião aterrissou pouco antes das 17 horas, e eu saltei direto para um carro à nossa espera, acompanhado de Dan, Jim e Christal. Ao avançarmos lentamente por Manhattan, telefonei de volta para o BofA. Lewis apresentou uma proposta experimental, mas complexa. Ele afirmou que seu pessoal calculava a lacuna de capital do Lehman em mais ou menos US$20 bilhões. Para que o BofA comprasse o banco de investimentos, seria preciso deixar para trás US$40 bilhões em ativos. O banco da Carolina do Norte dividiria os primeiros US$2 bilhões em prejuízos com os Estados Unidos, 49% para BofA e 51% para o governo. Os Estados Unidos teriam de absorver 100% de todas as outras perdas com os ativos descartados. Em troca, como "adoçante" suave, o BofA daria ao governo bônus de subscrição para a compra de suas ações. Lembrei-lhe que não haveria dinheiro público na transação, mas que estávamos reunindo um consórcio do setor privado. Concordamos em nos reunir em Nova York para discutir o assunto com mais profundidade.

Em seguida, Dan Jester telefonou para Greg Curl, do BofA, para obter mais detalhes. Ouvi fragmentos da conversa e percebi a reação pouco entusiástica de Dan ao que ouvia. Eu suspeitava que Lewis, na verdade, não queria comprar o Lehman, mas também esperava que, caso ele achasse que poderia obter alguma ajuda, ele deveria tentar consegui-la da maneira mais barata possível.

Ao desligar o telefone, Dan parecia desanimado. O BofA apenas quis conversar sobre os maus ativos do Lehman e sobre o tamanho da lacuna de capital.

"Foi um sinal positivo que eles tenham apresentado o esboço de uma proposta", disse-lhe. "Mas, sem dúvida, parece que eles não estão muito dispostos a fazer o negócio."

"Eles não querem", Dan Concordou. "Mas temos alguma coisa melhor?"

Enquanto abríamos caminho, lentamente, em meio à chuva intensa e ao tráfego congestionado, rumo à sede do Fed de Nova York, na Liberty Street, no Baixo Manhattan, repassei alguns pontos com Tim. Ele afirmou que o Barclays estava tendo dificuldade em conseguir acesso a todas as informações que queria, com a rapidez de que precisava. Não me surpreendi; quando conversei pela primeira vez com Dick Fuld sobre o interesse do Barclays, ele se mostrara hesitante – sem dúvida, ele preferia o BofA como comprador.

Tim achava que deveríamos pressionar Fuld a ser cooperativo com o Barclays. Procuramos Dick e expressamos nossa preocupação. Também resumimos a proposta do BofA. Dick insistiu em que não compreendia por que o BofA precisava de apoio financeiro. Ele ainda persistia na crença quanto ao valor de seus ativos, mas, sob esse aspecto, estava sozinho, ponto que foi enfatizado em conversa subsequente que tive com Varley e Diamond. Os executivos do Barclays reafirmaram seu interesse, mas levantaram importante restrição.

"Analisamos os ativos mais problemáticos e precisaremos de alguma ajuda em termos de financiamento", disse Varley.

Ele também relatou que conversara com o Conselho de Administração do Barclay, assim como com a agência reguladora do banco, a Financial Services Authority (FSA), do Reino Unido, e acreditava na possibilidade de um acordo.

Garantindo-lhe, mais uma vez, que não deixaríamos o banco dele em situação embaraçosa, disse-lhe que queríamos a melhor proposta dele imediatamente. "Sua equipe precisa trabalhar durante toda a noite nas verificações prévias", afirmei. "Precisamos do máximo de especificidade, o mais cedo possível."

Construído na década anterior à do Grande Crash de 1929, o prédio do Federal Reserve de Nova York é uma fortaleza em estilo neoclássico, com janelas protegidas por barras de ferro, atarracado entre os arranha-céus de Wall Street. Seus 14 andares de escritórios se erguem sobre o que se diz ser a maior pilha de ouro do mundo. Durante a minha carreira profissional, percorri seus corredores numerosas vezes, mas nunca com tamanho senso de urgência.

Tim convocara a reunião para as 18 horas, mas ela só começou às 19 horas, por causa do congestionamento do trânsito. O tempo, a demora e as condições do mercado contribuíam para uma atmosfera sombria.

Tim, Chris e eu nos encontramos no 13º andar, onde Tim se estabelecera temporariamente, enquanto os escritórios executivos do 10º andar eram reformados. Rapidamente revimos a ordem das apresentações e então tomamos o elevador para a sala de reuniões do primeiro andar, onde se realizava a reunião. Sentamo-nos diante de uma longa mesa, onde já estavam os mais importantes CEOs de Wall Street, à nossa espera. Entre eles, incluíam-se Jamie Dimon, do JPMorgan; John Mack, do Morgan Stanley; Lloyd Blankfein, do Goldman Sachs; Vikram Pandit, do Citigroup; John Thain, do Merrill Lynch; Brady Dougan, do Credit Suisse; e Robert Kelly, do Bank of New York Mellon.

Foi um momento extraordinário. Lá estavam as pessoas que controlavam Wall Street e as finanças globais. Todas lutaram durante anos, não raro em batalhas cruentas, no esforço de avançar com suas instituições para a linha de frente dos negócios, mas agora se aliavam para resgatar um rival – e as próprias vidas.

Tim abriu a reunião, salientando a seriedade da ocasião e a fragilidade dos mercados. Também enfatizou a importância de que todos trabalhassem juntos para salvar o Lehman e para encontrar uma maneira de conter os danos, se isso fosse possível. O fracasso daquela missão teria consequências catastróficas, e não haveria como proteger os bancos do impacto da explosão. Tim preparara seu discurso para atrair o interesse dos CEO e, quando me passou a palavra, todos pareciam dedicar-me a mais completa atenção.

Fui direto ao ponto. Todos nós sabíamos por que estávamos lá. Sem a ajuda deles, o Lehman não abriria para negócios na segunda-feira. As consequências para os mercados – e para todos os presentes no recinto – seriam devastadoras. Expliquei que tínhamos dois compradores potenciais para o Lehman; sem a presença de nenhum representante do Bank of America ou do Barclays, era evidente para todos quem eram os pretendentes.

Frisei que a venda do Lehman era possível, mas não provável. O setor teria de encontrar sua própria solução. Ambas as propostas apresentavam lacunas de capital cujos tamanhos ainda não eram conhecidos com certeza. O que se sabia, contudo, era que o governo não poderia entrar com dinheiro dos contribuintes em nenhuma operação de socorro. Eu tinha a certeza de que, se não fosse explícito a esse respeito, alguém poderia imaginar que o velho Hank entraria com a grana.

Depois de Chris Cox explicar como a SEC planejara gerenciar a falência, concluí que precisávamos trabalhar juntos exatamente para evitar a hipótese tão temida, se conseguíssemos chegar a um acordo, ou para enfrentar a situação, se o colapso fosse inevitável.

Tim disse que o Fed estava considerando muitas hipóteses de injetar liquidez nos mercados. E, para evitar contração ainda maior, ele recomendou que os CEOs não continuassem pressionando uns aos outros.

Imediatamente, as perguntas pipocaram. Com quanto esperávamos que os bancos contribuíssem para o negócio? Por que os bancos arriscariam o próprio capital? Que diferença o salvamento do Lehman faria para os mercados, considerando os problemas que afetavam todo o setor?

Todos os participantes sabiam como os mercados estavam turbulentos e que seus problemas iam muito além do Lehman. Àquela altura, ninguém ignorava que a AIG enfrentava problemas. As dificuldades da seguradora eram destaque nos noticiários e jornais do dia. Além do mergulho dramático de suas ações, a Standard & Poor's já advertira que poderia rebaixar a classificação de crédito da empresa; o que forçaria a AIG a oferecer bilhões para o aumento das garantias adicionais. E então? Qual seria o objetivo de forçar o setor privado a enfraquecer-se ainda mais para socorrer o Lehman, se, logo em seguida, outra instituição precisasse de ajuda?

Porém, quando Pandit perguntou se o grupo também conversaria sobre a AIG, Tim simplesmente afirmou: "Vamos manter o foco no Lehman."

Em seguida, Tim delineou um plano de ação para que três grupos principais trabalhassem em busca de soluções para o Lehman. Um deles desenvolveria maneiras para minimizar as repercussões do que Tim denominou cenário de "apagão", na hipótese de falência do Lehman, concentrando-se no enorme novelo de derivativos, financiamentos garantidos e transações tripartites no mercado de reposição. Um segundo grupo de empresas analisaria como o setor poderia comprar todo o Lehman, com a intenção de liquidá-lo aos poucos – abordagem semelhante à que Wall Street adotara na operação de socorro da LTCM, em 1998. Um terceiro grupo de empresas examinaria como financiar a parte do Lehman que os possíveis compradores não quisessem.

No final das contas, a reunião acabou sendo muito menos contenciosa do que eu receava. Percebia-se que os CEOs não estavam de todo convencidos de que resolveriam qualquer coisa arriscando o próprio capital. Sem dúvida, também questionavam a decisão do governo de não usar dinheiro dos contribuintes. Mas também era evidente que tinham comparecido à reunião com um propósito: todos estavam empenhados em trabalhar conosco e em encontrar uma solução que evitasse o caos no mercado.

"Voltem amanhã", Tim disse aos CEOs. "E estejam preparados para fazer alguma coisa."

Capítulo 9

Sábado, 13 de setembro de 2008

No sábado, de manhã cedo, Jim, Christal e eu, acompanhados por minha escolta do Serviço Secreto, saímos cedo do Waldorf–Astoria Hotel, em Midtown Manhattan, entramos no carro e descemos em disparada a Park Avenue deserta, chegando ao Fed de Nova York pouco depois das 7 horas. Sob aquela luminosidade cinzenta do começo da manhã, a tranquilidade era surpreendente, inclusive porque chegáramos tão cedo que nem as equipes de televisão estavam a postos. Embora os acontecimentos da noite anterior fossem confidenciais, notícias sobre nossa reunião se destacavam em todos os matutinos. Quando Dan Jester chegou, poucos minutos depois, os repórteres já começavam a aglomerar-se fora do prédio.

Subimos de elevador até o 13º andar, onde Tim Geithner arrumou um ambiente para eu trabalhar, em uma sala emprestada pelo departamento de tecnologia da informação, um pouco abaixo de seu gabinete, no mesmo corredor. Comecei a trabalhar imediatamente e telefonei para Ken Lewis. Ele me relatou que a equipe dele, depois de inspeção cuidadosa, agora achava que os ativos do Lehman estavam em condições ainda piores do que tinham estimado, na noite anterior – quando afirmaram que queriam deixar US$40 bilhões para trás. Não me admirei ao tomar conhecimento daquele novo obstáculo apontado por Lewis. Tornava-se cada vez mais evidente que ele realmente não queria comprar o Lehman. No entanto, combinamos que ele me apresentaria suas conclusões ainda naquela manhã.

Juntei-me a Tim na sala dele, para uma teleconferência com o Barclays, por volta das 8 horas. O chairman do banco, Marcus Agius, e o CEO, John Varley, estavam na linha, em Londres, e Bob Diamond também participava da reunião, no escritório do Barclays, em Midown Manhattan. Varley afirmou que eles estavam empenhados em possível negócio, mas precisavam ter a certeza de que Tim e eu não acabaríamos roendo a corda. O Barclays não queria ser usado como chamariz. Varley também manifestou séria preocupação com alguns ativos do Lehman e estimou que o Barclays precisasse segregar US$52 bilhões. Além das hipotecas comerciais problemáticas, a lista de negócios duvidosos incluía terras inexploradas e títulos de dívida da Chrysler, que não haviam sido marcados a mercado para valor inferior.

Disse a Varley para concentrar-se primeiro no maior problema – os ativos que ele considerava mais questionáveis – e nos dizer do que precisava para cuidar deles. Se o Barclays nos apresentasse sua melhor proposta naquele dia, talvez pudéssemos montar um consórcio do setor privado para fechar as lacunas. Naquele exato momento em que conversávamos, praticamente todo o setor bancário dos Estados Unidos estava reunido alguns andares abaixo, no prédio do Fed de Nova York. Os banqueiros do Barclays disseram que continuariam trabalhando. Desliguei o telefone com a expectativa de que o Lehman talvez tivesse encontrado comprador.

Deveríamos reunir-nos com os CEOs de Wall Street, na sala de conferências do primeiro andar, às 9 horas; porém, antes disso, Dick Fuld me telefonou. Relatei-lhe minha conversa pouco promissora com Lewis e disse que agora era mais importante que nunca que ele trabalhasse com o Barclays. Ele manifestou grande decepção, quase descrença, quanto às descobertas do BofA. Ele queria mais informações; no entanto, tive de interrompê-lo para comparecer à reunião.

Dirigindo-me aos CEOs pela segunda vez em 12 horas, tentei ser totalmente aberto. Eu sabia que deveria transmitir-lhes as informações cruciais assim que as recebesse, para que todos pudéssemos formular julgamentos esclarecidos. Disse-lhes que o Barcklay parecia ser o comprador mais provável do Lehman. Acrescentei que tínhamos programado uma reunião com o BofA para aquela mesma manhã, mas não me alonguei sobre as perspectivas de um negócio com o banco americano. Talvez tenham ficado claro para o grupo que aquelas conversas não levariam a nada. Enfatizei que estaríamos de mãos amarradas sem a ajuda deles.

"Estamos trabalhando com afinco numa transação e precisamos saber a posição de vocês em tudo isso", insisti. "Se houver lacuna de capital, o governo não poderá preenchê-la. Nesse caso, o que faremos?"

Mal consigo imaginar o que passou pela cabeça deles. Todos eram pessoas inteligentes e agressivas, que se encontravam numa situação difícil. Estávamos pedindo que socorressem um concorrente, ajudando a financiar sua venda a outro concorrente. Mas eles não tinham ideia da verdadeira situação dos livros do Lehman nem com quanto precisariam contribuir para facilitar o negócio. Sem essa informação, eles estavam voando às cegas. Dificilmente poderiam prever as consequências de qualquer curso de ação que adotassem. Eles sabiam como era importante manter o funcionamento regular do mercado e o quanto era importante que continuassem emprestando uns aos outros, se o Lehman realmente afundasse. Mas suas próprias instituições estavam todas sob fortes pressões, e eles não tinham ideia das provações a que poderiam ser submetidos no futuro próximo – nem se seriam fortes o suficiente para sobreviver à crise.

Mesmo assim, os CEOs, como grupo, estavam trabalhando duro para elaborar um plano consensual, mas, como seria de esperar, havia alguma resistência. John Mack perguntou por que o governo não podia promover outra transação assistida, no estilo da operação de socorro do Bear Stearns.

Tim rapidamente descartou a possibilidade de algo parecido. "Não é opção viável", reafirmou. "Precisamos desenvolver outro plano." Ele deixou claro que o Fed não poderia conceder empréstimos com base nos ativos duvidosos do Lehman, mas asseverou que não competia ao governo determinar os termos de qualquer negócio.

Os três grupos que Tim havia organizado para examinar os cenários do Lehman trabalharam durante toda a noite e relataram seus avanços. Citi, Merrill Lynch e Morgan Stanley analisaram uma operação de socorro do tipo LTCM, mas essa hipótese logo foi abandonada como opção, pois, na prática, não fazia sentido liquidar o Lehman sem grandes prejuízos, em consequência da má qualidade de seus ativos.

A equipe incumbida de investigar como o setor poderia ajudar um comprador independente subdividiu-se em vários subgrupos para, entre outras coisas, vasculhar os livros do Lehman, identificando e avaliando seus ativos podres, e desenvolver uma estrutura de negócios pela qual um consórcio setorial tivesse condições de financiar a compra desses ativos e absorver os prejuízos deles decorrentes. O Credit Suisse e o Goldman Sachs lideraram a avaliação dos ativos imobiliários duvidosos do Lehman (O Goldman, por conta própria, já dera uma olhada no portfólio no começo da semana). Brady Dougan, do Credit Suisse, relatou que os ativos de private-equity contabilizados pelo Lehman por US$11 bilhões valiam cerca de US$10 bilhões, enquanto os ativos imobiliários escriturados a US$41 bilhões seriam liquidados por algo entre US$17 bilhões e US$20 bilhões.

A informação de Brady não foi grande surpresa, considerando as dúvidas de Wall Street sobre a saúde do Lehman, mas, mesmo assim, foi chocante. Havia uma diferença superior a US$20 bilhões entre o valor atribuído pelo Lehman a seus ativos e o verdadeiro valor deles no mercado. Os CEOs devem ter ficado pensando como suas empresas poderiam fechar uma lacuna daquele tamanho e, pior ainda, que outros ativos podres e que outros prejuízos seriam chamados a absorver.

Com seus antecedentes como grandes bancos custodiantes, o JPMorgan e o Bank of New York Mellon assumiram a liderança do cenário "apagão". Enfatizando a fragilidade do mercado e, em especial, a precariedade das fontes de financiamento dos bancos, Bob Kelly, do Bank of New York Mellon, observou: "Temos de definir como nos organizarmos e como agiremos, pois estaremos fritos se deixarmos as coisas correrem soltas."

Reiterei a gravidade da situação. "Apenas vou repetir, sem meias palavras, que vocês precisam ajudar a financiar um concorrente, para não enfrentar a realidade da falência do Lehman", disse-lhes.

"Além de já sermos responsáveis por nosso próprio balanço patrimonial agora ainda teremos de cuidar da situação financeira dos outros?", perguntou Blankfein. "Se o mercado achar que temos de cuidar dos ativos alheios, isso aumenta o cacife." Na opinião dele, o mercado agora consideraria todos os bancos de investimentos mais vulneráveis.

As observações dele eram preocupantes para todos os defensores do livre mercado presentes no recinto. Até que ponto as necessidades do todo eram mais importantes que os interesses de cada empresa? Essa era a questão clássica da ação coletiva. Se as empresas em conjunto fossem obrigadas a amparar uma instituição claudicante, será que teriam de arregimentar ajuda para um próximo ator em dificuldade? Onde tudo terminaria? E qual seria o impacto sobre a capacidade de cada participante de avaliar a efetiva saúde do setor? Os investidores potenciais, ao avaliar a situação financeira de qualquer banco, teriam de considerar não só os ativos e passivos de seu balanço patrimonial, mas também se sua contabilidade refletia de maneira adequada os riscos de serem convocados para socorrer qualquer um de seus concorrentes. Nessas circunstâncias, como o mercado poderia avaliar com exatidão as condições de qualquer instituição financeira?

Quando saímos para o saguão principal, observei que o edifício do Fed se enchia rapidamente. Em breve, parecia que todo mundo que eu conhecia em Wall Street estava lá – CFOs, diretores de risco, chefes de bancos de investimentos, assessores seniores de grupos de instituições financeiras e especialistas em empréstimos, em financiamentos hipotecários e em private equity. Dezenas de financistas estavam trabalhando em mesas desdobráveis no saguão, em salas contíguas ao recinto e em dependências espalhadas por todo o prédio, na tentativa de elaborar um plano de socorro. O Barclays se instalara quatro andares acima; o Lehman estava no sexto andar; o Bank of America trabalhava em seus escritórios de Nova York. Cada banco trouxera uma equipe de advogados, e formava-se inconfundível atmosfera de sala de guerra.

Tim e eu concluímos que deveríamos reunir-nos individualmente com Jamie Dimon, Lloyd Blankfein e John Thain. Jamie e Lloyd eram os CEOs das duas instituições mais fortes e vinham reduzindo suas exposições ao Lehman. Acreditávamos que, provavelmente, outros os seguiriam caso eles assumissem a liderança de um esforço colaborativo para salvar a instituição em dificuldade. Com John, a questão era totalmente diferente. Tim e eu receávamos que, se o Lehman naufragasse, a empresa dele, que apresentava o segundo balanço patrimonial mais problemático entre os bancos de investimentos, também seria arrastada para o fundo. Pretendíamos sugerir-lhe que procurasse um comprador para o Merrill Lynch.

Pouco antes das 11 horas, Tim, Dan Jester e eu nos reunimos na sala de conferências do 13º andar, com a equipe de negociações do Bank of America: Joe Price, diretor financeiro; Greg Curl, chefe de estratégia; Chris Flowers, consultor financeiro; e Ed Herlihy, consultor jurídico. Price e Curl explicaram que, depois de esquadrinharem os livros do Lehman, o Bank of America agora achava que, para fazer o negócio, precisaria desvencilhar-se algo entre US$65 bilhões e US$70 bilhões em ativos podres do Lehman. O BofA identificara, além de US$33 bilhões em hipotecas e em imóveis comerciais podres, outros US$17 bilhões em títulos hipotecários residenciais que considerava problemáticos. Além disso, sua equipe de verificações prévias também levantara questões sobre outros ativos do Lehman, inclusive empréstimos de alto rendimento e certificados de recebíveis mobiliários referentes a financiamentos de automóveis e de casas móveis, assim como algumas posições em private equity. As perdas prováveis com todos esses ativos podres, estimavam, absorveriam a totalidade do patrimônio líquido do Lehman, no valor de US$28,4 bilhões.

Perguntamos se estariam dispostos a financiar alguns dos ativos que queriam descartar ou a assumir maiores perdas. Responderam que não.

Para dizer o mínimo, foi uma reunião decepcionante. Price e Curl nem mesmo consultavam papéis – simplesmente se recostaram nas cadeiras, despejando carradas de números, que exigiriam gigantesca operação de socorro do setor privado. Em outra época, aquilo talvez até parecesse uma charada bem-humorada, mas estávamos desesperados em busca de uma solução. No entanto, eu ainda não estava disposto a me render, e perguntei se eles estariam disponíveis para uma reunião ou para um telefonema mais tarde, para discutir com mais detalhes que ativos queriam deixar para trás. No mínimo, eu queria cozinhar o BofA em fogo brando, como licitante potencial, pois a presença de outro comprador aumentaria nosso poder de barganha nas negociações com o Barclays.

Quando todos se levantaram para ir embora, Chris Flowers chamou-me à parte e disse: "Hank, posso contar-lhe a confusão que está lá na AIG?" E me apresentou um pedaço de papel que, segundo ele, mostrava a situação de liquidez diária da empresa. Traçando setas e círculos na folha de papel para salientar o problema, Flowers disse que, de acordo com as próprias projeções da AIG, ela ficaria sem dinheiro em cerca 10 dias.

"Há alguma possibilidade de acordo?", perguntei.

"Eles são totalmente incompetentes", respondeu Fowers. "Só poria dinheiro nisso se a administração fosse substituída."

Eu sabia que a AIG enfrentava problemas – suas ações caíram durante toda a semana – mas não supunha que a situação fosse tão grave. Além de suas vastas operações de seguro, a empresa emitira swaps de crédito (credit default swaps – CDS) para segurar obrigações lastreadas em hipotecas. O crash do mercado habitacional atingira com grande impacto a AIG, que divulgara prejuízos nos últimos três trimestres. Bob Willumstad, que passara de chairman a CEO em junho, deveria anunciar nova estratégia em fins de setembro.

Transmiti as informações de Flowers a Tim, e concordamos em chamar Willumstad. Ele me surpreendeu ao afirmar que Flowers não deveria estar presente. "Flowers é o problema, não a solução", queixou-se Willumstad. Receei que Chris estivesse tentando comprar pedaços da AIG a preço de banana e prometi que ele não participaria da reunião.

Tim e eu nos reunimos em particular com Jamie Dimon. Vários dos CEOs haviam manifestado a preocupação de que ele estivesse usando a crise no intuito de manobrar o banco para posição mais segura. Com efeito, alguns estavam convencidos de que ele queria tirá-los totalmente do negócio. Começamos a conversa levantando essas reclamações. Jamie nos garantiu que o JPMorgan estava agindo com responsabilidade, mas observou que ele dirigia uma instituição com fins lucrativos e que tinha obrigações perante os acionistas. Enfatizei que precisávamos dele como líder do esforço para evitar a falência do Lehman Brothers.

Em seguida, como respeitava seu discernimento, pressionei-o a avaliar a situação. Na opinião dele, tínhamos alguma chance de chegar a um acordo setorial para socorrer o Lehman? Ele respondeu que seria difícil, mas possível. Os bancos europeus teriam mais dificuldade em conseguir uma decisão rápida de seus Conselhos de Administração e de suas agências reguladoras, mas também acabariam chegando lá. No fim das contas, senti-me seguro de que poderia contar com a liderança de Jamie.

Tim e eu conversamos com Lloyd à tarde. Ele ainda questionava a ideia de um consórcio privado, considerando a fragilidade do setor.

"Vocês acham que isso faz sentido?", perguntou. "O que vocês pedirão na semana que vem, quando o Merrill ou o Morgan Stanley começarem a apresentar problemas?"

"Lloyd, temos de tentar interromper esse processo agora", disse.

"O Goldman agirá com responsabilidade", respondeu ele. "Faremos a nossa parte, mas isso é pedir muito, e não sei se isso faz sentido."

Tim e eu acreditávamos que Lloyd e Jamie acabariam apoiando um consórcio do setor privado, e eu estava otimista quanto à probabilidade de os CEOs apresentarem um plano de ação. Agora, tínhamos de ter a certeza de que o Barclays também estava a bordo.

Voltamos ao primeiro andar por volta das 15h30, pouco depois da saída de Lloyd, e convocamos nova reunião com os CEOs. Garanti-lhes que o Barclays parecia interessado e agressivo. Não me dei ao trabalho de falar sobre o BofA. Já era óbvio, com base nas reuniões da manhã, que o banco de Charlotte não estava interessado. Pedi ao grupo para redobrar seus esforços em busca de uma maneira de financiar os ativos que o Barclays quisesse deixar para trás.

Os CEOs pareciam irritados e impacientes, mas de uma maneira que eu considerava produtiva. Estávamos pedindo a eles para arriscar bilhões de dólares. Eles haviam recebido relatórios de verificações prévias de suas equipes sobre a qualidade dos ativos do Lehman e sabiam que o esquema só funcionaria se eles concedessem um empréstimo garantido por ativos cujo valor de mercado era muito inferior ao valor contábil. Em outras palavras, teriam de assumir grande perda decorrente da marcação a mercado no momento em que se concluísse o acordo. A pergunta era: Quanto eles acabariam recuperando?

Vikram Pandit perguntou por que bancos como o Citi, que tinham fontes de recursos no varejo, deveriam contribuir com o mesmo valor a ser oferecido pelas instituições que só contavam com fontes por atacado. Afinal, eram os bancos de investimentos, carentes de depósitos de consumidores e dependentes de recursos de investidores institucionais, que enfrentavam dificuldades.

"Você conta com recursos por atacado tanto quanto qualquer outro aqui", Lloyd Blankfein contra-atacou Vikram. "E como você tem o Fed na retaguarda, você é como uma grande concessionária de serviços públicos."

Como sempre, Jamie Dimon se concentrou nos pontos específicos. "O Barclays comprará todos os ativos que quiser e assumirá apenas os passivos que considerar adequados, mas que passivos deixarão para trás?", perguntou. "Eles vão ficar com as contingências fiscais e as pendências com acionistas de anos anteriores, ou é isso que chutarão para Wall Street?"

Tim e eu nos encontramos uma última vez, durante apenas alguns minutos, com Curl e Price, do Bank of America. Mas não fizemos nenhum progresso. Quando conversamos pela terceira vez com o Barclays, naquele dia, às 16h30, o BofA já estava fora de cogitação. Tudo agora dependia do banco inglês.

Cada vez em que conversamos naquele sábado, as discussões se tornavam mais minuciosas e profundas, à medida que o Barclays se concentrava na qualidade dos ativos do Lehman e nas verificações prévias a serem executadas. Antes, o Barclays também já mencionara que a agência reguladora deles, a Financial Services Authority, queria certificar-se de que o banco inglês dispunha de plano de capital adequado para sustentar o negócio, exigência compreensível que esperávamos fosse atendida.

No entanto Bob Diamond levantou nova questão problemática. Considerando o tamanho da transação que estava sendo cogitada, disse ele, talvez a Bolsa de Valores de Londres exigisse que o Barclays submetesse a proposta de incorporação à aprovação dos acionistas. Ele também afirmou ainda ter esperança de que não se fizesse tal imposição, mas, se fosse o caso, será que o Federal Reserve garantiria o maciço livro de operações de mercado (trading book) do Lehman, abrangendo as operações de compra e venda da instituição no mercado de ações, até a aprovação do negócio? A votação pelos acionistas poderia demorar de 30 a 60 dias.

Tim explicou, com habilidade, que o Fed não poderia fornecer garantia tão ampla; mas, se a votação fosse indispensável, o Barclays deveria expor com rapidez suas melhores ideias sobre como lidar com a questão, para que o Fed analisasse suas opções.

Ao mesmo tempo em que me empenhava para preservar o apoio do setor a eventual negócio com o Lehman, eu não conseguia deixar de lado a situação do Merril Lynch. O fim de semana proporcionara à empresa um pouco mais de tempo; porém, eu me assustava ao pensar no que poderia acontecer na segunda-feira – mormente se não encontrássemos uma solução para o Lehman.

Por volta das 17 horas, John Thain, atendendo a meu convite, transpôs a porta de minha sala, no 13º andar. Ele nunca fora bom em ocultar as emoções; e agora parecia sombrio e inquieto. Tim teve de atender um telefonema e comecei a reunião sem a presença dele.

Àquela altura, eu já começara a suspeitar que o BofA acertava a mira na direção do Merrill e de suas legiões de corretores de varejo, que, como eu sabia, eram objetos de desejo de Ken Lewis havia muito tempo. Mas eu não estava certo de que essa minha suposição fosse verdadeira, e senti a necessidade de que John se conscientizasse da precariedade de sua instituição: o Merrill corria perigo iminente de colapso e ele precisava agir com rapidez.

Enquanto conversávamos sobre a falta de opções para a empresa dele, eu percebia que John já sentia o peso de todo o impacto da crise. Salientei que o governo, da mesma maneira como no caso do Lehman, não tinha poderes para socorrer o Merrill. Naquelas circunstâncias, a única solução era vender a empresa. Ele disse que estava analisando suas escolhas e conversando com o Bank of America, com o Goldman Sachs e com o Morgan Stanley. Ele perguntou o que eu achava de uma fusão do Merrill com este último. Respondi-lhe que a hipótese não fazia sentido: haveria muita sobreposição e o mercado não gostaria disso.

"Concordo", disse John.

Também analisamos a alternativa do Bank of America. Observei que, para mim, o BofA era o único candidato interessado, com capacidade para comprar o Merrill. No entanto, a reação de John foi um tanto evasiva. Não consegui discernir se ele realmente queria, ou pretendia, vender a empresa. Ele próprio talvez não tivesse resposta para essa dúvida naquela ocasião.

Bob Willumstad, da AIG, chegou ao Fed de Nova York tarde do dia, acompanhado de seus consultores financeiros e jurídicos. Daí a pouco, ele estava sentado numa sala de conferências no 13º andar. Willumstad, homem de fala macia, que já dirigira o grupo de consumo global do Citi, foi muito franco, admitindo que a AIG enfrentava problema de liquidez multibilionário, decorrente de prejuízos em seu negócio de derivativos, além do risco iminente de rebaixamento em sua classificação de risco de crédito. Também nos disse que, sem grande infusão de dinheiro, a AIG estimava que ficaria sem dinheiro já na semana seguinte. Ele descreveu seus esforços para levantar US$40 bilhões, mediante a venda de algumas seguradoras subsidiárias saudáveis a investidores de private equity, oferecendo como garantia títulos livres e desembaraçados de ônus. Essas iniciativas dependiam da aprovação de Eric Dinallo, superintendente de seguros do Estado de Nova York. Bob disse que as agências reguladoras de Nova York apoiaram o plano e se mostrou otimista quanto à possibilidade de o problema ser resolvido ainda naquele fim de semana.

Eu sabia que Willumstad já havia procurado Tim para ver se a AIG teria acesso ao redesconto do Fed numa situação de emergência, recebendo de Tim a resposta de que o Fed não poderia emprestar a uma instituição não bancária como a AIG. Senti calafrios ao pensar no impacto potencial dos problemas da AIG. A empresa tinha dezenas de milhões de clientes de seguro de vida e dezenas de bilhões de dólares em contratos de garantia de contas de aposentadoria, além de portfólios de previdência privada de pessoas físicas. Se algumas empresas fossem bastante grandes para provocar riscos sistêmicos, a AIG certamente seria uma delas, com seu balanço patrimonial de US$1 trilhão e sua teia maciça de negócios de derivativos, que a interligavam com centenas de instituições financeiras, governos e empresas em todo o mundo. Se aquela seguradora gigantesca emborcasse, só o processo de fechar seus contratos demoraria anos – e, no percurso, a devastação financeira arrasaria milhões de pessoas.

As dificuldades imediatas da empresa eram consequência da emissão de enormes volumes de swaps de crédito (credit default swaps – CDS), em garantia de obrigações lastreadas em hipotecas. Esses contratos continham gatilhos: em caso de rebaixamento, a AGI teria de aumentar as garantias adicionais. As exigências de garantias adicionais também dependiam do valor de mercado justo dos títulos mobiliários segurados, que vinham caindo com o declínio do mercado habitacional. Nessa reunião de sábado, Doug Braunstein, do JPMorgan, que prestava consultoria financeira à AIG, disse que os ativos desta última estavam avaliados agressivamente.

"O que você considera agressivamente?", perguntei.

"O oposto de conservadoramente", respondeu de pronto o financista veterano.

Não muito depois, expus minhas preocupações sobre o Lehman a Josh Bolten, na Casa Branca. "Essa é uma das situações mais difíceis que eu poderia imaginar", disse. "Há uma grande diferença entre o valor contábil dos ativos do Lehman e o que os compradores estão dispostos a pagar."

Josh também teve muito a ouvir quando lhe falei sobre as duas bolas com que eu fazia malabarismo em Nova York. Dedicáramos aquele fim de semana à tentativa de socorrer o Lehman Brothers e agora a AIG enfrentava uma crise de liquidez que a deixava à beira da falência. Ainda por cima, estávamos tão preocupados com o Merrill Lynch que chegamos a exortar John Thain a vender a empresa.

Enquanto isso, os CEOs e suas equipes trabalhavam duro. Era uma cena espantosa, todos aqueles executivos do setor financeiro analisando planilhas eletrônicas, esquadrinhando números e tentando conceber uma solução. Rivais de diferentes empresas estavam trabalhando juntos. Experientes operadores de mercado, reunidos em grupos, debruçavam-se sobre suas mesas, arquitetando como seria a liquidação das posições das empresas, na hipótese de não se concretizar a operação de socorro. Em outra área, financistas estudavam o portfólio de private equity do Lehman, no esforço de estimar as perdas que suas empresas teriam de absorver, se emprestassem dinheiro com base nesses ativos. Era motivador ver todos aqueles concorrentes ferozes tentando salvar um rival.

À noite, os CEOs haviam concordado, em princípio, em apoiar uma proposta segundo a qual o Barclays descartaria uma pilha de maus investimentos em imóveis e em private equity e liquidaria as ações ordinárias e preferenciais do Lehman. Para garantir o acordo, o Barclays queria que o consórcio de empresas de Wall Street emprestasse até US$37 bilhões a uma sociedade de propósito específico, que ficaria com os ativos, contabilizados no Lehman por US$52 bilhões, mas que agora eram estimados em algo entre US$27 bilhões e US$30 bilhões. As empresas se dispunham a perder, em conjunto, US$10 bilhões. O Barclays também contribuiria com algumas de suas próprias ações, reduzindo o prejuízo das empresas. O custo para elas ainda seria alto, mas o Lehman seria salvo.

Saí do Fed de Nova York antes das 21 horas, otimista quanto às perspectivas de um acordo. O setor estava fazendo a sua parte para levantar recursos, e eu tinha razões para acreditar que encontraríamos uma solução para a necessidade do Barclays de obter a aprovação dos acionistas.

Cheguei ao hotel exausto, prevendo outra noite insone. Entrei no banheiro da suíte e peguei um frasco de pílulas para dormir que me deram em Washington. Como cientista cristão, eu não tomo remédios, mas naquela noite minha necessidade de descanso era desesperadora.

Fiquei em pé sob as luzes fortes do recinto, olhando fixamente para a pequena pílula na palma de minha mão. Ansiava por uma noite de sono reparador. Por isso, decidi rezar, depositando minha confiança no Poder Superior.

Domingo, 14 de setembro de 2008

Fui para a cama um pouco otimista sobre nossas chances de salvar o Lehman e esperançoso de que John Thain encontrasse um sócio para o Merril Lynch. Deixei Steve Shafran e Dan Jester no Fed de Nova York, trabalhando com Bob Diamond e a equipe do Barclays na elaboração da oferta, e com o consórcio de Wall Street na estruturação dos termos do empréstimo. Quando conversei com Steve e Dan, logo cedo na manhã de domingo, soube que eles mal tiveram tempo para tomar banho e barbear-se, muito menos para dormir. Razoavelmente confiantes em que a oferta do Barclays estava progredindo, eles saíram do Fed às 4 horas, quando Diamond disse que tinha de conectar-se a uma reunião do Conselho de Administração. Eles também relataram que haviam feito bons avanços com o consórcio, na elaboração das condições preliminares do empréstimo que as empresas de Wall Street concederiam para viabilizar o negócio com o Barclays.

Tim falou com Diamond depois da reunião do Conselho de Administração do Barclays, às 7h15, hora de Nova York, e Bob o advertiu de que o Barclays estava tendo problemas com a agência reguladora. Quarenta e cinco minutos depois, Chris e eu nos encontramos com Tim no escritório dele para conversar com Diamond e Varley, que nos disseram que a FSA se recusara a aprovar o acordo. Não era difícil perceber a frustração, beirando a raiva, na voz de Diamond. Ele e Varley afirmaram que se sentiam surpresos e constrangidos com a virada nos acontecimentos.

Estávamos perplexos. Nunca nos haviam dito que a FSA poderia não apoiar o negócio. O Barclays nos assegurara de que vinham mantendo a agência reguladora informada sobre a transação. Agora, estavam dizendo que não compreendiam a posição da FSA. Dissemos a eles que procuraríamos as autoridades inglesas imediatamente para chegar ao fundo da questão.

Em seguida, Tim e Chris conversaram separadamente com Callum McCarthy, chairman da FSA. A agência reguladora inglesa, segundo foram informados, não estava preparada para aprovar a operação, mas, ao mesmo tempo, a FSA teve o cuidado de ressaltar que tampouco estava desaprovando a fusão. Lembro-me de que Tim e Chris afirmaram que a FSA manifestara preocupação com a necessidade de mais verificações prévias, com os planos do Barclays de levantar capital para financiar a aquisição e com a garantia do livro de operações de mercado do Lehman até a manifestação dos acionistas. Tudo isso significava perda de tempo e postergar o negócio era o mesmo que impossibilitá-lo: precisávamos de uma certeza hoje.

Enquanto ouvia o relato de Tim e Chris, repassei, mais uma vez, mentalmente, minha conversa com Alistair Darling, na sexta-feira, e me ocorreu que eu não havia compreendido o que ele realmente estava dizendo quando manifestou preocupação com a compra do Lehman pelo banco inglês. O que eu interpretei como cautela compreensível deveria ter sido entendido como clara advertência.

Tim falou mais uma vez com Callum Mc Carthy por volta das 10 horas, na tentativa de conseguir que os ingleses dispensassem a exigência da Bolsa de Valores de Londres de que os acionistas do Barclays aprovassem a compra do Lehman. Porém, o chefe da FSA passou a bola para Darling, assegurando que apenas o chancellor of the Exchequer (ministro da Fazenda) do Reino Unido tinha autoridade para tanto.

Com a desistência do Bank of America e com o Barclays agora no limbo, estávamos ficando sem opções – e tempo. O Departamento do Tesouro não tinha poderes para investir capital na operação e nenhuma agência reguladora dos Estados Unidos dispunha de autoridade para assumir o controle do Lehman e desativá-lo gradualmente, sem emaranhar-se no novelo complexo do processo falimentar. E, ao contrário do que ocorrera no caso do Bear Stearns, o Fed agora estava manietado, pois não tínhamos comprador.

Os mercados demandam certeza absoluta, e sabíamos desde o início que o Lehman não teria condições de abrir para negócios na segunda-feira, a não ser que já estivesse alinhado com uma grande instituição, como o Barclays, que garantisse suas operações de mercado. Esse fora o elemento crucial do resgate do Bear. Mesmo depois de o JPMorgan, escorado no Fed, ter anunciado que emprestaria ao Bear, na sexta-feira, 14 de março, o banco de investimentos continuou a desintegrar-se. O colapso só foi evitado no domingo, quando o JPMorgan concordou em comprar o Bear e em garantir suas obrigações nas operações de mercado até o fechamento do negócio, o que estancou a fuga contínua de contrapartes e clientes, prevenindo a falência do Bear.

A situação do Lehman Brothers era diferente da do Bear Stearns sob outro aspecto importante. Os ativos do Bear que o JPMorgan deixara para trás eram bastante limpos para garantir satisfatoriamente o empréstimo de US$29 bilhões do Fed. Mas a avaliação dos ativos do Lehman havia revelado uma lacuna espantosa em seu balanço patrimonial. O Fed não tinha amparo legal para tapar um buraco no capital do Lehman. Essa era a razão por que precisávamos de um comprador. E esperávamos que o setor privado ajudasse o comprador, oferecendo US$37 bilhões em financiamento, exposto a perdas esperadas de mais ou menos US$10 bilhões, a partir do primeiro minuto.

O Fed não tinha autoridade para garantir o livro de operações de mercado de um banco de investimentos, muito menos de seus passivos. E, sem um adquirente com poderoso balanço patrimonial para assegurar a solvência, mesmo um empréstimo de liquidez do Fed não teria sido suficiente para manter a integridade do Lehman até a manifestação dos acionistas. Ao contrário, o Fed estaria emprestando sob as mesmas condições que afligiu o Bear antes da entrada em cena do JPMorgan, ou seja, sob o risco de corrida iminente contra o Lehman. No período de 30 a 60 dias que poderia interpor-se até a votação pelos acionistas, os saldos das contas secariam; enormes volumes de garantias adicionais seriam retirados, à medida que se fechassem as posições, ao mesmo tempo em que se assistiria à fuga dos fundos de hedge e de outros clientes importantes; por fim, os empregados do banco seriam demitidos. Nessas condições, o mais provável é que os acionistas rejeitassem o negócio. O Fed se encontraria na posse de um banco insolvente e teria perdido US$10 bilhões.

Transmiti a má notícia a Josh Bolten, que já conversara com o presidente sobre a possibilidade de falência do Lehman.

"Você tem a aprovação do presidente para promover uma desativação gradual ordeira que não envolva recursos federais", disse-me Josh. "Para qualquer outra coisa, você deve voltar ao presidente e descrever-lhe o que está planejando."

Tim, Chris e eu já estávamos atrasados para nossa reunião às 10 horas com os CEOs. Convencido de que não deveríamos adoçar a situação, eu disse aos CEOs que tinham surgido alguns entraves regulatórios com o Barclays, mas que estávamos empenhados em resolvê-los.

Os CEOs nos apresentaram uma folha com as condições do negócio. No final das contas, eles foram muito mais longe do que Tim e eu imaginávamos. Eles concordaram em aplicar mais de US$30 bilhões para salvar o rival e arquitetaram como diluir o risco no setor financeiro. Se o Barclays se comprometesse com o negócio, contaríamos com o financiamento das demais instituições financeiras.

Tim pediu que o grupo continuasse aprimorando o plano, mas acho que todos suspeitaram que o negócio corria perigo.

Às 11 horas, voltei a subir para o 13º andar e, daí a meia hora, estava ao telefone com Alistair Darling, que solicitou um relatório sobre o Lehman. Disse-lhe que fiquei espantado ao saber que a FSA se recusava a aprovar a transação do Barclays. E observei que ficáramos sem alternativas em relação ao Lehman porque as autoridades americanas não tinham poderes estatutários para intervir.

Ele deixou claro, sem qualquer vestígio de desculpa na voz, que de modo algum o Barclays compraria o Lehman. Tampouco apresentou razões específicas, a não ser afirmar que estávamos pedindo para o governo britânico assumir riscos muito grandes e que ele não estava disposto a permitir que descarregássemos nossos problemas no contribuinte inglês. A principal preocupação de Alistair era o impacto da falência do Lehman sobre o sistema financeiro britânico. Ele queria saber o que os Estados Unidos fariam se o Lehman afundasse.

"Nós aqui estamos muito receosos", disse ele. "O Lehman tem negócios significativos no Reino Unido e estamos realmente preocupados com seu nível de capitalização."

O chancellor of the Exchequer (ministro das Finanças da Inglaterra) estava transmitindo uma mensagem clara: não receberíamos ajuda dos ingleses. Nossa última esperança para o Lehman se fora.

Desliguei sentindo-me desanimado e, ainda por cima, frustrado por termos perdido tanto tempo com o Barclays, num negócio que nunca teria condições de se realizar. Também estava irritado com o fato de, ao contrário do Barclays, as autoridades britânicas simplesmente não terem pedido, com objetividade, que o Fed garantisse o livro de negociações do Lehman, mesmo que não tivéssemos poderes para tanto. Francamente, estava começando a acreditar que os ingleses estavam com medo de que, se insistissem, acabássemos descobrindo alguma maneira de garantir o negócio, deixando-os com menos uma desculpa para não aprovar o negócio.

Eu apenas podia supor que, se Darling não apresentou alternativas nem deixou espaço para negociações, era porque os ingleses tinham suas razões para não querer a realização do negócio. Na verdade, eu até compreendia aquela hesitação. A situação dos bancos ingleses era ainda mais perigosa que a dos nossos. Em conjunto, os ativos bancários na Inglaterra perfaziam mais de quatro vezes o tamanho do PIB nacional; o total dos ativos bancários britânicos correspondia mais ou menos ao tamanho do nosso PIB. Além disso, os bancos ingleses, inclusive o Barclays, faziam suas próprias emissões de capital. Nessas circunstâncias, compreendia-se que as autoridades do país relutassem em abrir mão de procedimentos societários normais para a realização de um negócio que poderia resultar em grandes perdas para uma das maiores instituições financeiras inglesas, sem envolver riscos para o governo dos Estados Unidos.

"Darling não ajudará", disse a Tim. "Acabou."

Naquele momento, eu não tinha tempo para lamentações, recriminações nem questionamentos. Eu só podia pensar no enorme desafio que tínhamos pela frente.

Eu pedira a John Thain para falar comigo e ele chegou logo depois de minha conversa com Darling. Fui direto ao ponto: "Você fez o que eu recomendei e encontrou um comprador?"

"Hank, não sou burro", respondeu ele, um pouco irritado. "Ouvi o que você disse. Estou fazendo o que deve ser feito."

John não mencionou o Bank of America, mas eu mencionei. Àquela altura, presumi que ele estava em sérias negociações para vender o Merrill ao banco, e insisti em que ele deveria concentrar-se em fazer o negócio.

John não é ator, e eu podia garantir que ele estava profundamente empenhado em entendimentos sobre incorporações. Senti-me um pouco aliviado. Com o quase inevitável naufrágio do Lehman, não queria que o Merrill também fosse sugado pelo mesmo vórtice.

Telefonei para a minha equipe do Tesouro, em Washington, para relatar-lhes os infaustos acontecimentos com o Lehman e adverti-los de que o mercado se tornaria muito turbulento. Pedi a Kevin Fromer que se preparasse para conversar com as pessoas certas no Congresso e certifiquei-me de que Michele Davis estava pronta para lidar com a imprensa, que esperava alguma informação bombástica a respeito do Lehman antes da abertura dos mercados asiáticos.

Durante todo o fim de semana, Dick Fuld se encafuara na sede do Lehman, disparando telefonemas. Agora, eu lhe telefonava com uma notícia pouco alvissareira.

"Dick, eu estou arrasado", disse. "Estamos num beco sem saída. O governo inglês não permitirá que o Barclays prossiga no negócio. E o BofA não está interessado."

"Isso não pode estar acontecendo", foi a reação dele, perplexo. "Hank, você precisa encontrar alguma saída!"

Fuld não conseguia compreender por que o negócio com o BofA fora por água abaixo. Era impossível não se solidarizar com ele. Afinal, eu dirigira uma instituição financeira; ele fora um de meus colegas. Eu não podia deixar de pensar no que aquilo significaria para os milhares de pessoas que trabalhavam no Lehman Brothers, uma das quais era meu irmão, Dick.

Fuld também telefonara para Tim e para Ben, mas só eu conversei com ele. Embora eu estivesse envolvido diretamente nas discussões entre o Barclays e o Lehman, eu sabia que ele havia sido posto de lado e que o presidente do Lehman, Bart McDade, assumira as negociações

Tínhamos agendado outra reunião com os CEOs para as 12h30, porém, mais uma vez, estávamos atrasados, pois Tim voltara a falar pelo telefone com Callum McCarthy, lutando até o fim para concretizar o negócio Barclays-Lehman. Fiquei ao lado dele, observando-o rabiscar anotações num bloco – calmo e metódico como sempre, embora, provavelmente, estivesse tão frustrado quanto eu. Ele pressionava McCarthy para compreender o raciocínio dele e insistia em saber se poderia fazer alguma coisa para apressar as deliberações da FSA e talvez conseguir luz verde para o negócio.

Finalmente, Tim desligou.

"Não consegui nada", disse, simplesmente. A FSA insiste em não dizer o que seria necessário para que aprovasse o negócio.

Em seguida, caminhamos rumo aos elevadores. Para chegar à sala de conferências, tínhamos de passar por todos os executivos de Wall Street que apinhavam o primeiro andar. Era como caminhar por entre uma multidão num estádio esportivo. Parecia que todos queriam falar conosco. Estavam trabalhando duro havia muito tempo e não ocultavam a ansiedade por novas informações. Minha sensação era a de que perscrutavam nossas fisionomias na expectativa de detectarem alguma coisa. Quisera eu sentir-me estimulado por toda aquela energia e esforço; porém meu estado era de apatia e prostração. A notícia que eu divulgaria a qualquer momento seria um choque para todos. Algumas pessoas tentaram entrar conosco na sala de conferências, mas batemos a porta em cima delas, limitando a presença apenas aos CEOs.

Era pouco depois de 13 horas, quando Tim, Chris e eu nos dirigimos mais uma vez aos CEOs. Fui completamente franco. O Barclays havia desistido e não tínhamos comprador para o Lehman. Teríamos de fazer das tripas coração.

"Os ingleses nos ferraram", desabafei, mais frustrado que irado.

Estou certo de que a FSA tinha suas próprias razões para assumir aquela posição, e eu teria agido com mais responsabilidade e propriedade se apenas tivesse dito que estava surpreso e decepcionado com a decisão da agência reguladora inglesa, mas me deixei levar pela emoção do momento.

"Teremos de trabalhar todos juntos para resolver essa situação", prossegui. "Não temos comprador e nada podemos fazer a esse respeito."

Já tendo sido prevenidos sobre essa possibilidade na reunião da manhã, ninguém pareceu chocado com a má notícia. É até possível que tenham sido acometidos de certa sensação momentânea de alívio, por não mais precisarem comprometer bilhões numa operação de socorro duvidosa. No entanto, quando caiu a ficha, eles pareceram sombrios e apreensivos. E logo começaram a se juntar, manifestando uma única dúvida: *Como nos preparar para a abertura do mercado na segunda-feira?*

Chris Cox falou um pouco sobre o processo que se desdobraria. Ele disse que a SEC vinha elaborando, havia muito tempo, planos detalhados para lidar com a falência do Lehman.

Ao sair da sala de conferências para o saguão, numerosos executivos correram em minha direção para fazer perguntas. Um grupo do Lehman se aglomerou junto à porta de saída. Rodge Cohen, que prestava consultoria ao Lehman, se aproximou, acompanhado por Bart Mc Dade.

"Hank, o que está acontecendo?", perguntou.

Dei-lhe a má notícia. "Os bancos estavam prontos para fechar o negócio, mas o governo inglês não o aprovou."

Rodge segurou-me e lamentou: "Hank, isso é terrível."

Lembro-me de como McDade implorou que fizéssemos alguma coisa. Via-se o desespero em seus semblantes, ao depararem com a realidade nua e crua: era o fim. Eles haviam labutado durante todo o fim de semana em vão. Eu me sentia terrivelmente consternado com aquela conjuntura, mormente em relação a McDade, um cara honesto, leal e confiável, que havia sido jogado numa missão impossível, no último momento possível.

De volta a meu escritório temporário, no 13º andar, senti-me dominado por um acesso de medo repentino, ao pensar por um momento no que nos aguardava mais adiante. O Lehman estava morto e os problemas da AIG fugiam ao controle, numa espiral insana. Com os Estados Unidos mergulhando fundo na recessão, a falência de uma grande instituição financeira reverberaria por todo o país – e muito além de nossas praias. Eu divisava à minha frente a contração do crédito, as demissões em massa e as execuções de hipotecas, com a retomada dos imóveis, em ritmo devastador: milhões de americanos perderiam o emprego e a casa própria. Demoraríamos anos para remover o entulho da catástrofe.

Durante todo o fim de semana, usei minha armadura de crise, mas agora sentia que baixava a guarda, à medida que me rendia à ansiedade. Eu sabia que tinha de ligar para minha esposa, mas não queria fazê-lo do telefone de minha sala, pois havia outras pessoas lá. Saí e me dirigi para um canto mais discreto, perto de algumas janelas, no outro lado do saguão dos elevadores, e liguei par Wendy, que acabara de voltar da igreja. Falei-lhe sobre falência inevitável do Lehman e sobre os problemas iminentes com a AIG.

"E se o sistema desabar?", perguntei-lhe. "Todo o mundo está olhando para mim, e não tenho resposta. Estou realmente assustado."

"Você não precisa ter medo", respondeu Wendy. "Seu trabalho é refletir Deus, a Mente Infinita, e você pode confiar Nele."

Pedi a ela que orasse por mim, e pelo país, e que me ajudasse a enfrentar aquele súbito acesso de medo. Ela imediatamente citou a Segunda Epístola a Timóteo, versículo 7: "Pois Deus não nos deu um espírito de timidez, mas de fortaleza, de amor e de sabedoria."

O versículo era uma das passagens preferidas de nós dois. Ouvi-o com forte sensação de reconforto e percebi que recuperava minhas forças, depois daquela mensagem de alento. Com enorme gratidão, voltei aos negócios. Telefonei para Josh Bolten e para Michael Bloomberg, prefeito de Nova York, para alertá-los de que o Lehman ajuizaria pedido de falência naquela noite.

Durante o verão e, com mais intensidade, nos últimos dias, tentáramos preparar-nos para aquele momento. Imediatamente depois de eu ter informado aos CEOs que o Barclays não faria o negócio, as empresas de Wall Street, sob a orientação de Tim e do Fed de Nova York, puseram mãos a obra. Entre outras coisas, dividiram o setor em equipes, na tentativa de minimizar as rupturas que provavelmente ocorreriam no dia seguinte.

Um grupo no 13º andar trabalhava em outras questões. O Fed concluíra que poderia e deveria emprestar diretamente à corretora-distribuidora do Lehman para permitir-lhe o fechamento de suas posições no mercado de reposição. (Nos dias subsequentes, o Fed emprestaria nada menos que US$60 bilhões para essa finalidade.) Por sua vez, a Associação Internacional de Swaps e Derivativos (International Swaps and Derivatives Association) concordara em sancionar sessão extraordinária de negociações com derivativos, que começou às 14 horas e deveria encerrar-se às 16 horas, mas que acabou sendo prorrogada por mais duas horas. O objetivo era criar condições para que as empresas fechassem tantas operações quanto possível e compensassem suas exposições ao Lehman, antes que a empresa declarasse falência e lançasse o mercado em desordem.

No caso de uma empresa como o Lehman, com operações em todo o mundo, a falência levantava questões de grande complexidade. Que entidades também fariam e que outras resistiriam? Será que as instituições da Europa e do Reino Unido sucumbiriam antes da matriz em Nova York? O Federal Reserve e a SEC tinham de trabalhar nesses detalhes com o Lehman, a fim de definir a sequência adequada de pedidos de falência. A corretora-distribuidora do Lehman teria de abrir para negócios na segunda-feira, para que o Fed pudesse interromper o fechamento do gigantesco livro de reposições do Lehman.

Uma das principais questões era que a empresa parecia não ter levado a sério a possibilidade de pedir falência até o último minuto. Uma equipe do Lehman, acompanhada por Harvey Miller, advogado da Weil, Gotshal & Manges, só chegaria ao Fed de Nova York para analisar as escolhas alternativas referentes à falência no começo da noite de domingo, e, mesmo àquela altura, o Lehman dava a impressão de não estar convencido da inevitabilidade da falência.

Em meio a tudo isso, o presidente Bush me telefonou por volta das 15h30.

"Será que conseguiremos explicar por que o Lehman é diferente do Bear Stearns?", perguntou.

"Sim, senhor", respondi. "Simplesmente não houve maneira de salvar o Lehman. Não encontramos um comprador mesmo com a ajuda de outras empresas privadas. Teremos de administrar essa crise."

Precisei acrescentar que o Merrill, agora em conversações com o BofA, era o segundo banco de investimentos mais fraco, e que a AIG enfrentava grave problema de liquidez. Também disse ao presidente que, em minha opinião, talvez precisássemos pedir ao Congresso poderes mais amplos para lidar com a crise. Os problemas que teríamos de enfrentar estavam irrompendo com rapidez e ao mesmo tempo. A abordagem casuística que vínhamos adotando desde o Bear Stearns já não era apropriada. O presidente Bush – motivador, como sempre – disse-me que logo descobriríamos como superar a crise. Concordamos em reunir-nos no dia seguinte, depois que eu voltasse para Washington.

Ainda enquanto lutávamos com a situação do Lehman, a AIG avançou para o centro do palco. Naquela tarde, Chris Flowers procurou Dan Jester por telefone e disse-lhe que havia feito uma proposta à AIG para comprar algumas das subsidiárias mais valiosas da empresa. Pareceu-me que Flowers estava tentando adquirir a empresa por quase nada. Ao mesmo tempo, outras empresas de private equity estavam fazendo verificações prévias de várias áreas operacionais da AIG. Porém, Bob Willumstad tinha sua própria proposta para nós.

Pouco antes das 17 horas, Willumstad voltou ao Fed de Nova York com seus consultores, e mais uma vez nos reunimos na sala de conferências do 13º andar. Willumstad trazia notícias terríveis. A única proposta que conseguira de investidores de private equity fora a de Flowers, e seu Conselho de Administração a rejeitara como inadequada. Além disso, a AIG descobrira outro grande problema: perdas enormes em seu programa de empréstimos de títulos mobiliários. A AIG vinha emprestando suas obrigações de alto rendimento, mediante remuneração em dinheiro. A empresa reinvestia o dinheiro em certificados de recebíveis imobiliários, na esperança de gerar receita adicional. Quando as contrapartes tentaram fechar as operações para evitar exposição excessiva à AIG, a seguradora se defrontou com a perspectiva de precisar vender os certificados de recebíveis imobiliários sem liquidez, com grande prejuízo. Era evidente que o aperto de caixa da AIG provavelmente ocorreria em algum momento da semana seguinte – mais cedo do que havíamos previsto no sábado de manhã.

Mas Willumstad tinha um novo plano, pelo qual o Fed forneceria um empréstimo ponte de US$40 bilhões, além dos US$10 bilhões que a AIG geraria com seus títulos livres e desembaraçados de quaisquer ônus. A empresa venderia algumas de suas subsidiárias e usaria o produto da venda para liquidar os empréstimos.

Aquilo era desalentador. Tim e eu sabíamos que a falência da AIG seria devastadora, derrubando muitas outras instituições. Em um dia, a falta de caixa da empresa disparara para US$50 bilhões. Tim afirmou que o Fed não tinha condições de emprestar à AIG e que a empresa deveria recorrer a um consórcio de mutuantes privados para levantar um empréstimo ponte.

Juntei-me a Tim e a Kevin Warsh, governador do Fed, numa teleconferência com Ben, com Don Kohn, vice-chairman do Fed, e com o resto da equipe de Ben, em Washington. Analisamos os acontecimentos funestos do dia. Estávamos fazendo todo o possível, na expressão de Tim, para espalhar espuma na pista e evitar uma explosão na aterrissagem forçada do Lehman.

Entre outras medidas, o Fed ampliara a variedade de garantias adicionais que as corretoras podiam oferecer para receber empréstimos da Linha de Crédito Primária para Dealers (Primary Dealer Credit Facility – PDCF), incluindo qualquer coisa aceita no sistema de reposição tripartite – como ações e obrigações, mesmo abaixo do grau de investimento. O grande receio era que, depois da falência do Lehman, os mutuantes do mercado de reposição se afastassem dos bancos de investimentos e de outras instituições financeiras altamente dependentes dessa modalidade de financiamento. Ao expandir a variedade de garantias adicionais que davam acesso à PDCF, o Fed buscava assegurar aos mutuantes do mercado de reposição que, em caso de dificuldade, as contrapartes dos bancos de investimentos poderiam obter dinheiro do Fed, oferecendo qualquer garantia adicional, e usar o dinheiro para pagar o mutuante do mercado de reposição tripartite.

Por conta própria, com o meu apoio e o de Tim, dezenas de empresas de Wall Street se reuniram para criar uma linha de crédito de US$70 bilhões, que ofereceria apoio de liquidez em situações de emergência a qualquer banco participante que precisasse de recursos.

Contudo, depois de todas essas medidas, perdemos o gás. Nenhum de nós tinha a certeza de que aquilo seria suficiente. Alguns membros do grupo perguntaram se não estaríamos dispostos a reconsiderar a ideia de pôr dinheiro público no Lehman, mas Tim disse que não tinha poderes para tanto.

Todos estávamos frustrados por termos trabalhado tanto para nada. Sabíamos que as consequências da falência do Lehman seriam terríveis, mas, mesmo assim, ignorávamos o que enfrentaríamos na manhã de segunda-feira – ou nos próximos dias. Eu tinha o senso de que a situação ultrapassara nossa capacidade de enfrentá-la apenas com nossos recursos. Eu disse a Ben, a Tim e a outros participantes da teleconferência que provavelmente chegara a hora de voltar ao Congresso e requerer mais poderes especiais para enfrentar a crise em curso. Todos nós queríamos fazer isso havia algum tempo.

Depois da teleconferência, recebi a única boa notícia do fim de semana. O Bank of America compraria o Merrill Lynch por US$50 bilhões. Thain conseguira acertar a venda a US$20 por ação, com um ágio de 70% sobre o preço de mercado do Merrill. Eu estava aliviado, pois sabia que sem essa solução o Merrill não teria durado uma semana.

Programáramos anunciar a falência do Lehman às 16 horas, quatro horas antes da abertura dos mercados no Japão, de modo a dar tanto tempo quanto possível para que os participantes do mercado se preparassem para a turbulência. A SEC deveria assumir a liderança do processo, mas, durante toda a tarde, recebi relatórios do Fed informando que a comissão avançava com lentidão. Chris Cox estava em sua sala havia horas, trabalhando num comunicado à imprensa, para garantir aos clientes da corretora-distribuidora que estariam sob a proteção dos regulamentos da SEC. Ele também deveria discutir o planejado curso de ação do Lehman com o Conselho de Administração da empresa, mas até então não o fizera.

Pressionado por Tim e outros, finalmente entrei na sala de Chris por volta das 19h15 e insisti com ele para que agisse com rapidez e executasse o plano da SEC. "Os mercados asiáticos estão abrindo!", exortei-o. "Você precisa divulgar a sua declaração com urgência, mas antes terá de coordenar-se com o Lehman. É fundamental que você ligue para a empresa agora."

Chris esperava que o Lehman ajuizasse o pedido de falência por iniciativa própria. Eu compreendia que seria inusitado e bizarro uma agência reguladora pressionar uma empresa do setor privado a declarar falência, mas salientei que ele precisava fazer algo para deflagrar o processo, a bem de todo o sistema. E, embora Chris quisesse que Tim e eu também participássemos da conversa, afirmei que ele, como regulador do Lehman, deveria dar o telefonema sozinho.

Finalmente, dividindo a linha com Tom Baxter, advogado geral do Fed de Nova York, além de outras pessoas do Fed e da SEC, Cox telefonou para Fuld pouco depois das 20 horas, para reiterar que o governo não socorreria a instituição. O Lehman não tinha alternativa, senão a falência. Fuld, em seguida, conectou Cox com o Conselho de Administração do Lehman.

"Não posso dizer-lhes o que fazer", insistiu Cox. "Apenas insisto em que tomem uma decisão rápida."

O Lehman só ajuizou o pedido de falência à 1h45 da segunda-feira, bem depois da abertura dos mercados asiáticos.

Enquanto Tim e eu esperávamos que Chris terminasse a conversa com o Lehman, telefonei para Michele Davis e lhe disse que, apesar da boa notícia sobre o Merrill Lynch, eu estava esperando uma semana dura pela frente. Por mais difícil que fosse obter poderes especiais do Congresso, não tínhamos muitas escolhas, e precisaríamos de todo o esforço concentrado dos legisladores. Eu avisei a ela que já havia alertado o presidente a esse respeito.

Kevin Fromer vinha mantendo entendimentos com o pessoal de apoio do Congresso, mas eu precisava dar a informação aos principais congressistas. Telefonei, então, para Chuck Schumer, Barney Frank, Chris Dodd e Spencer Bachus. "Como será que todos esses defensores do livre mercado se sentirão quanto à proposta de deixar tudo por conta do mercado?", Barney indagou com contundência. Porém, ele compreendia com nitidez as terríveis ramificações dos acontecimentos. E acrescentou que estava decepcionado por só agora estar recebendo notícias minhas.

Antes de deixar o Fed de Nova York, me reuni uma última vez com Tim. A missão dele era muito clara: desbravar a mixórdia do Lehman e evitar barafunda ainda pior da AIG. Tim ainda esperava desenvolver uma solução do setor privado para a seguradora. Concordei em deixar que Dan

Jester ficasse em Nova York para ajudar com a AIG. Jeremiah Norton, vice-secretário assistente para políticas referentes a instituições financeiras, viria a Nova York para render Steve Shafran. Eu voltaria a Washington na manhã seguinte, enquanto Tim – sem tempo para descansar depois do Lehman – tentaria definir as necessidades de liquidez da AIG e desenvolver um plano para levantar dinheiro.

Voltei ao Waldorf por volta das 22 horas. Pouco depois de chegar, John Mack me telefonou. Eu podia garantir que o CEO do Morgan Stanley estava à beira de um ataque de nervos. Em apenas um dia, Wall Street passara por mudanças irreversíveis: o Lehman Brothers caminhava para a falência e o Merrill Lynch seria comprado a qualquer momento pelo Bank of America. O Morgan Stanley resistira bem até então, mas com o desaparecimento dessas duas empresas, John estava terrivelmente preocupado.

"Vamos ver como estarão as coisas amanhã de manhã", disse ele. "Os vendedores a descoberto cairão em cima da gente com razão."

Capítulo 10

Segunda-feira, 15 de setembro de 2008

Acordei exausto na segunda-feira de manhã, depois de algumas horas de sono intranquilo, atormentado pelas dimensões crescentes dos problemas da AIG e pelas palavras assustadoras de John Mack na noite anterior: Depois do naufrágio do Lehman Brothers, o Morgan Stanley talvez seja o próximo. Da janela de meu quarto, no Waldorf-Astoria, observei as ruas ainda tranquilas de Midtown Manhatan despertarem lentamente para a vida. Era pouco depois de 6 horas e ainda estava escuro, mas eu via táxis desembarcando passageiros, caminhões descarregando mercadorias, trabalhadores andando às pressas para os escritórios; enfim, o irromper de um novo dia.

Apenas poucas horas antes, já quase às 2 horas, o Lehman Brothers ajuizara o pedido de falência, o maior na história dos Estados Unidos. Fiquei pensando se alguém lá nas ruas poderia imaginar o que estava para despencar sobre suas cabeças.

O presidente Bush me telefonou pouco depois das 7 horas em busca de notícias, mas eu não tinha nada de novo para dizer-lhe. Àquela altura, o Lehman já deveria estar sob intervenção, em Londres, mas os mercados ainda não tinham aberto em Nova York. Tudo o que eu podia afirmar era que ficaríamos atentos quanto à situação e o manteríamos informados durante todo o dia. Se tivermos sorte, o sistema talvez resista à falência do Lehman, mas se a AIG também afundar, depararemos com a ameaça de um grande desastre. Mais do que qualquer outra empresa financeira que me viesse à mente, a AIG estava interligada com todos os cantos do sistema financeiro global, entrelaçando-se com empresas e consumidores das mais diferentes maneiras, mas todas extremamente impactantes.

Salientei minha confiança em que Tim Geithner faria tudo o que fosse possível para desenvolver uma solução do setor privado, mas a AIG enfrentava graves dificuldades e eu não me sentia otimista. Suas ações haviam caído 31% na sexta-feira e, depois de tantas informações e comentários sobre seus problemas no fim de semana, a situação hoje decerto seria ainda pior.

Telefonei para Chris Cox às 8h15 e insisti em que ele fizesse alguma coisa contra os vendedores a descoberto. Antes de sair para o aeroporto, entrei em contato com Tim. As notícias dele não eram encorajadoras – a situação da AIG já piorara em comparação com a da noite anterior. Concordamos que eu voltaria para Washington o mais rápido possível e prepararia minha equipe para lidar com o Congresso e para enfrentar a crise mais ampla. Ele supervisionaria as medidas em andamento para gerenciar a falência do Lehman e, mais importante, para pressionar por operação de socorro da AIG pelo setor privado, que, na expectativa dele, seria liderada pelo JPMorgan e pelo Goldman Sachs.

Entrei no avião de volta para Washington quando os mercados estavam abrindo e só quando voltei a falar com Tim, depois da aterrissagem, às 10h30, eu soube que o dia começara muito feio. Na primeira hora de negociações, as ações da AIG desceram quase 50%, para US$6,65; o Dow caiu 326 pontos, ou 2,9%. Em Londres, o FTE 100 Index afundou 183 pontos, ou 3,4%.

Pouco depois de minha conversa com Tim, Ken Brody, meu amigo e ex-colega do Goldman, agora chairman da Taconic Capital Advisors, me procurou.

"Hank, você cometeu um grande erro", disse. "Este mercado é frágil demais para enfrentar uma falência do Lehman Brothers. O sistema está à beira do colapso e o Morgan Stanley talvez seja o próximo."

Eu respeitava tremendamente as opiniões de Ken, mas aquilo era a última coisa que eu precisava ouvir, depois das notícias de Tim. Ele presumiu que tínhamos deixado o Lehman derreter premeditadamente e achava que talvez fosse bom reconhecer em público o erro. Respondi a Ken que eu não poderia estar mais frustrado, mas que não tivéramos escolha. Não contávamos com fundamentos legais para salvar o Lehman. Agora, estávamos fazendo tudo ao nosso alcance para gerenciar a situação.

No entanto, aquela avaliação dele me abateu e, quando cheguei ao escritório, constatei que os mercados sofriam grande declínio. Como era de esperar, as ações da AIG (perda de quase 60%) e do Lehman (baixa de 95%) estavam em queda livre, mas as do Morgan Stanley e do Goldman Sachs também caíam com rapidez. As taxas de seus swaps de crédito (credit default swaps) quase haviam dobrado – segurar US$10 milhões em dívidas agora custava cerca de US$450 mil para o Morgan Stanley e de US$300 mil para o Goldman. Eu sentia o começo do pânico. O nível do Morgan Stanley se aproximava de onde o Lehman estivera na quarta-feira anterior, e ninguém no mundo – ao menos no mundo racional – teria imaginado que a situação do Morgan Stanley estivesse quase tão ruim quanto a da instituição financeira agora falida.

Era o começo funesto do primeiro dia do que seria uma semana absolutamente sinistra.

Corri para a Casa Branca, onde me reuniria com o presidente, pouco depois das 13 horas e, em seguida, fui direto para a sala de imprensa, na Ala Oeste, para uma reunião com a mídia. Depois de breve declaração, passei a receber perguntas de mais ou menos 50 jornalistas que se apertavam no pequeno recinto sem janelas. Todos estavam ansiosos.

Em minhas respostas, tentei explicar a crise em contexto mais amplo, localizando suas raízes no colapso do mercado habitacional e salientando que o desenvolvimento de soluções mais satisfatórias havia sido inibido por nossa estrutura de regulação financeira arcaica. "O risco moral", deixei claro, "é algo que não desprezo." Mas fiz uma distinção entre nossas iniciativas em março, com o Bear Stearns, e, agora, com o Lehman Brothers. Salientei que, ao contrário do que ocorrera com o Bear, não houvera comprador para o Lehman. Por esse motivo, disse: "Em nenhum momento considerei adequado usar dinheiro dos contribuintes para resolver o problema do Lehman Brothers." Nem poderia. Na verdade, não se fechou negócio em que o governo pusesse algum dinheiro.

Em retrospectiva, acabei concluindo que deveria ter sido mais cuidadoso com minhas palavras. Houve quem as interpretasse no sentido de que estávamos traçando na areia uma linha intransponível que caracterizava o risco moral e que simplesmente não nos importávamos com o colapso do Lehman e com suas consequências. Nada poderia estar mais longe da verdade. Eu me empenhei ao máximo durante meses para rechaçar o pesadelo que prevíramos a respeito do Lehman. Mas pouca gente compreendeu o que fizemos – que o governo não tinha autoridade para injetar capital no negócio; além disso, um empréstimo do Fed, em si, não evitaria a falência.

Naquele momento, eu me deparava com o mesmo dilema doloroso em que me encontrara tantas vezes como servidor público. Embora, por natureza, eu seja franco e objetivo, era importante transmitir ao público um senso de resolução e confiança, para acalmar os mercados e ajudar os americanos a compreender as situações. Ser direto e aberto com a mídia e com a opinião pública por vezes é um tiro que sai pela culatra e você corre o risco de efetivamente provocar o que procurava evitar.

Eu não pretendia insinuar que estávamos inermes. Tampouco podia afirmar, por exemplo, que não tínhamos autoridade estatutária para salvar o Lehman – embora isso fosse verdade. Essa afirmação seria o fim do Morgan Stanley, cuja higidez financeira era muito melhor que a do Lehman, embora já estivesse sob ataque que se intensificaria drasticamente nos próximos dias. Se perdêssemos o Morgan Stanley, o Goldman Sachs seria a vítima seguinte – se ambos caíssem, o sistema financeiro poderia evaporar e, com ele, a economia americana.

No fim da tarde, eu conversaria com ambos os candidatos presidenciais. Agora eu entrava em contato com Barack Obama quase todos os dias e, menos frequentemente, com John McCain. Meu objetivo era evitar que dissessem algo capaz de transtornar os mercados – tarefa que se tornaria mais importante, e mais difícil, à medida que a campanha esquentava.

Naquela tarde, Obama me fez perguntas inteligentes, depois de lhe explicar por que não poderíamos ter salvado o Lehman e de observar que a reação do mercado estava sendo pior do que receáramos. Também lhe falei sobre os problemas da AIG. Como ele fazia sempre que conversávamos, Obama perguntou se eu falara com McCain – talvez para avaliar o que seu adversário estava pensando o para me estimular a manter McCain atualizado, para que todos nós formássemos uma frente única a respeito de questões econômicas cruciais, para o benefício do país.

McCain, que nunca me perguntava sobre Obama em nossas conversas, manteve-se impassível, enquanto eu o atualizava sobre a situação. Mas insistiu em que eu falasse com sua companheira de chapa. "Ela aprende rápido", afirmou, com admiração. Ainda energizada pela indicação de Sarah Palin, a chapa republicana liderava em algumas pesquisas, embora essa vantagem fosse desaparecer no fim de semana.

Quando entrei em contato com a governadora do Alasca, ela rapidamente demonstrou sua habilidade especial de se concentrar no ponto crítico, ao perguntar se os problemas da AIG tinham a ver com incompetência gerencial e, em seguida, tocou no cerne da questão.

"Hank", disse ela, "o povo americano não gosta de operações de socorro."

"Nem eu, mas a falência da AIG seria um desastre para o povo americano", respondi.

Em minha opinião, deveríamos estar preparados para qualquer coisa. Pouco mais de uma hora antes, o índice Dow Jones fechara na mínima de dois anos, depois de cair 504 pontos, ou 4,4% – o declínio mais acentuado num único dia desde a reabertura dos mercados, depois do 11 de Setembro. Ainda mais agourento, os mercados de crédito estavam em deterioração. O spread LIBOR-OIS, que chegara ao pico em 82 pontos-base, durante a crise do Bear Stearns, saltara para mais de 105 pontos-base, salientando a pouca confiança dos bancos na concessão de empréstimos uns aos outros. Se eu ainda tivesse alguma dúvida de que estávamos a ponto de entrar em nova fase tenebrosa, qualquer resquício de incerteza logo seria eliminado, quando recebi a visita de Jeff Immelt, CEO da General Electric, pouco antes das 18 horas, para uma conversa pessoal em minha sala.

Eu conhecia Jeff havia anos e admirava a atitude objetiva e fleugmática que ele vinha demonstrando como CEO da maior e mais prestigiosa empresa dos Estados Unidos. O objetivo de Jeff ao me procurar era dar continuidade a uma conversa telefônica que tivéramos uma semana antes, quando, pouco depois das tomadas de controle da Fannie Mae e da Freddie Mac, ele mencionara as dificuldades da GE no mercado de notas promissórias comerciais. A informação dele me alarmara. Esse mercado vinha enfrentando problemas desde o começo da crise de crédito, em agosto de 2007, cujo pior momento envolveu operações com certificados de recebíveis mobiliários de curto prazo, que sustentavam todos aqueles veículos de investimentos especiais (special investment vehicles), cheios de obrigações de dívidas colateralizadas (collateralized debt obligations) que os bancos haviam engendrado. Nunca me passara pela cabeça que essas questões contagiassem dessa maneira o mundo empresarial, muito menos, sem dúvida, a GE.

A nota promissória comercial (commercial paper) é basicamente um instrumento de dívida precificado com base na classificação de risco de crédito do tomador e lastreado por uma linha de crédito bancária. Em geral, esses papéis são emitidos por períodos curtos – 90 dias ou menos – e são comprados por fundos de investimentos money market, em busca de alternativas seguras que lhes ofereçam taxas de retorno mais elevadas que as das letras do Tesouro de curto prazo. As empresas recorrem a esses empréstimos para conduzir suas operações do dia a dia, financiando seus estoques e folhas de pagamento, entre outras coisas. Se não tiverem acesso a esses financiamentos de curto prazo, as empresas terão de recorrer aos bancos (que, em setembro de 2008, relutavam em emprestar). Se não conseguirem financiamentos de curto prazo, de qualquer fonte, as empresas se veem obrigadas a restringir suas operações normais.

Agora, lá estava Jeff, relatando que a GE estava tendo muita dificuldade em vender suas notas promissórias comerciais com prazo superior a um dia. O fato de o maior emitente desses papéis, num mercado de US$1,8 trilhão estar com problemas de financiamento era espantoso.

Se a poderosa GE tinha dificuldade em rolar suas notas promissórias comerciais, situação muito pior deveria estar afligindo centenas de outras empresas industriais, como Coca-Cola, Procter & Gamble e Starbucks. Se todas elas tivessem de reduzir estoques e desacelerar as operações, assistiríamos a demissões de pessoal maciças, assolando toda uma economia que já vinha sofrendo as dores da recessão.

"Jeff", ainda me lembro de ter dito, "precisamos apagar esse incêndio."

Terça-feira, 16 de setembro de 2008

A segunda-feira, 15 de setembro, fora terrível. Mas, na terça-feira, todas as portas do inferno se abriraram e o dia foi um pandemônio.

Normalmente, eu saía de casa às 5h45, ia para a academia de ginástica, corria intensamente na esteira e fazia alguns exercícios até as 7h45. Quinze minutos depois eu estava no escritório. (Aqueles banhos de 90 segundos da minha infância decerto me ajudaram a manter esse ritmo).

Naquela manhã, prevendo o problema, deixei de lado os exercícios, o que se repetiria nas semanas seguintes, e fui direto para a Sala de Mercados, no segundo andar do Edifício do Tesouro, para ver com Matt Rutherford como andavam os mercados. As informações que recebi foram horripilantes. Embora o spread LIBOR-OIS tivesse diminuído, as instituições financeiras, como Washington Mutual, Wachovia e Morgan Stanley, estavam sob forte pressão. (O CDS do venerável banco de investimentos dispararia de 497 pontos-base, na segunda-feira, para 728 pontos-base – nível mais alto que o do Lehman Brothers na véspera da falência.)

Em breve, eu recebia notícias de Dan Jester e de Jeremiah Norton, que estavam ajudando Tim com a AIG. Eu precisava deles em Washington, mas Dan, em especial, tinha conquistado a confiança de Tim, e eu concordara, com relutância, em deixá-lo no Fed, a pedido de Tim. Também as informações deles foram desanimadoras. As agências de classificação de risco de crédito haviam rebaixado a seguradora na segunda-feira, obrigando-a a oferecer mais garantias adicionais para a cobertura de seu livro de derivativos. Para o meu mais completo assombro e desespero, as necessidades de liquidez da AIG haviam explodido. No domingo, a empresa precisava de US$50 bilhões; agora, necessitava de um empréstimo de US$85 bilhões até o fim do dia. Qualquer solução do setor privado parecia muito improvável.

A incompetência da AIG era espantosa, mas eu não tinha tempo para ficar com raiva. Imediatamente telefonei ao presidente Bush para dizer-lhe que o Fed talvez tivesse de socorrer a AIG e que, para tanto, precisaria do apoio dele. Ele me disse para fazer o que fosse necessário.

Tim Geithner telefonou para informar-me que conversara com Ben Bernanke, o qual se mostrara disposto a recomendar ao Board do Fed a concessão de um empréstimo ponte à AIG, se o presidente e eu ficássemos do lado dele. Ele dissera que US$85 bilhões talvez fossem suficientes, mas salientou que teríamos de agir com rapidez. A empresa precisaria de US$4 bilhões até o término do expediente de negócios do dia seguinte. Mesmo essa estimativa de tirar o fôlego se revelaria otimista. Nas últimas horas da manhã, descobrimos que a AIG, para evitar a falência, precisava de dinheiro até o fim do dia – o total talvez chegasse a US$14 bilhões.

Tim, Ben e eu analisamos nossas escolhas com grande cuidado, numa teleconferência que começou às 8 horas e se prolongou por horas. Dela também participaram Don Kohn, vice-chairman do Fed, e Kevin Warsh e Elizabeth Duke, governadores do órgão. Não importa o que acontecesse, não poderíamos deixar a AIG afundar.

Ao contrário do que ocorrera em relação ao Lehman, o Fed achou que tinha condições de conceder um empréstimo para ajudar a AIG, pois estávamos lidando com um problema de liquidez, não de capital. O Fed acreditava que o empréstimo poderia ser garantido pelas seguradoras subsidiárias da AIG, as quais poderiam ser vendidas para pagar o empréstimo, sem que o banco central americano corresse o risco de perder dinheiro. Além disso, essas subsidiárias também eram mais estáveis, por causa do vigor de seus negócios e de suas classificações de risco de crédito autônomas, não sendo influenciadas pela situação da empresa controladora. Em contraste, antes da falência do Lehman, seus clientes já haviam começado a fugir, levando o Fed a encarar a perspectiva de conceder empréstimo a uma instituição em plena corrida bancária. Além disso, em consequência da toxidade dos ativos do Lehman, o Fed decerto perderia dinheiro, o que era impedimento legal para a concessão do empréstimo.

Desenvolvemos um plano de ação: Tim elaboraria os detalhes do empréstimo ponte, enquanto eu trabalharia na busca de um novo CEO para a empresa. Tínhamos menos de um dia para fazer tudo isso – os saldos da AIG já estariam exauridos no segundo dia.

Pedi a Ken Wilson para largar tudo e ajudar. Em três horas, ele havia localizado Ed Liddy, CEO aposentado da Allstate e um dos executivos financeiros mais tarimbados do mundo. Ele alcançou Liddy em Chicago. Em seguida, subiu à minha sala e pediu-me que eu telefonasse para ele. Ofereci a Ed a posição de chefão da AIG na hora. O emprego seria pouco recompensador, mas eu não imaginava nenhuma outra pessoa com capacidade e disposição para executar aquela missão.

Na terça-feira de manhã, as consequências da falência do Lehman se tornavam cada vez mais notórias. E, então, recebi um telefonema surpreendente de Lloyd Blankfein, CEO do Goldman. Ele me informou que o administrador judicial da falência do Lehman, no Reino Unido, a Pricewaterhouse-Coopers, congelara os ativos da empresa no país, apreendendo suas garantias adicionais e de terceiros em operações de mercado. Essa era uma paulada completamente inesperada – e talvez devastadora. Nos Estados Unidos, as contas dos clientes eram segregadas com rigor e ficavam sob proteção nos processos de falência. Porém, no Reino Unido, o administrador judicial da falência misturou e congelou todas as contas, recusando-se a transferir as garantias adicionais para os credores do Lehman. A decisão era sobremodo danosa para os fundos de hedge com sede em Londres, que haviam confiado no Lehman como corretora primária, ou principal fonte de financiamento.

Praticamente todos os fundos de hedge de Londres e de Nova York, mantendo ou não relacionamentos com a instituição falida, ficaram nervosos e chegaram a uma conclusão assustadora: não deveriam fazer negócios com qualquer empresa que pudesse terminar como o Lehman. A notícia era péssima para o Morgan Stanley e para o Goldman Sachs, as principais corretoras primárias. Operando com frequência e mantendo grandes saldos, os fundos de hedge estavam entre seus melhores e mais lucrativos clientes. Lloyd receava que, se algo não fosse feito, o Morgan Stanley faliria, quando os clientes corressem para resgatar seus saldos e os fundos de hedge se apressassem em fechar suas contas de corretagem. E, mesmo com muita liquidez e caixa, o Goldman talvez fosse o próximo.

"Hank, a coisa é pior do que qualquer um de nós imaginou", disse Lloyd. Se os fundos de hedge não puderem contar com a segurança de suas contas nas corretoras-distribuidoras, prosseguiu, "ninguém fará negócios conosco."

Os fundos de hedge eram apenas a ponta do iceberg. A liquidez se evaporava com rapidez por toda parte. Quando os investidores – fundos de pensão, fundos de investimentos, seguradoras e até bancos centrais – não mais pudessem sacar seus ativos das contas do Lehman, a consequência seria que, na cadeia de causalidade dos mercados, todos seriam menos capazes de atender às demandas das contrapartes. De repente, todos se considerariam em situação de risco e teriam cada vez mais medo de negociar com qualquer contraparte, por melhor que fosse a reputação da outra empresa e por mais longo que fosse o relacionamento entre ambas. O enorme e crucial mercado de recompra do Tesouro, em condições adversas desde agosto de 2007, começava a fechar.

A notícia era terrível. Quando os investidores institucionais, por exemplo, compravam títulos mobiliários, como obrigações de empresas, eles frequentemente faziam hedge de suas posições, vendendo títulos do Tesouro. Porém, se não tivessem títulos do tesouro em seus estoques, eles usavam o mercado de reposição, para tomá-los emprestados de outros investidores.

Com a falência do Lehman, grandes investidores institucionais pararam de emprestar títulos mobiliários, com medo de que suas contrapartes falissem e não devolvessem seus papéis, conforme estipulado. Entre os principais investidores que agora se mostravam hesitantes estavam os gestores de reservas de alguns bancos centrais do mundo, que vinham auferindo receitas adicionais mediante o empréstimo de parte de seus grandes portfólios de títulos do Tesouro, em operações overnight. Alguns bancos centrais pequenos haviam começado a se retirar do mercado de reposição na semana anterior ao início da circulação de rumores sobre a falência iminente do Lehman. Na segunda-feira, suas contrapartes maiores, na Ásia e na Europa, começaram a agir da mesma maneira.

Em situação clássica de "fuga para a qualidade", todos queriam títulos do Tesouro dos Estados Unidos, o papel mais seguro do mundo. No leilão de meio-dia da terça-feira, recebemos mais de US$100 bilhões em pedidos de compra de letras do Tesouro de quatro semanas, no valor de US$31 bilhões. A taxa dos papéis atingira a mínima espantosa de 0,10% – queda de 1,15 ponto percentual em relação à semana anterior. O impacto dessa fuga para a qualidade sobre os mercados de crédito globais eram enormes.

A súbita escassez de títulos do Tesouro resultou em nível sem precedentes de "não entregas", ou seja, de investidores que não devolviam os títulos mobiliários que haviam tomado emprestados. Em 12 de setembro, a sexta-feira anterior à falência do Lehman, esse nível se situava em US$20 bilhões; uma semana depois, já era de US$285 bilhões. Em 24 de setembro, chegou a US$1,7 trilhão, antes de culminar em US$2,3 trilhão, no começo de outubro – cifra extraordinária, nunca alcançada antes, várias vezes mais alta que em qualquer episódio anterior da história.

Grandes investidores, que queriam desesperadamente títulos do Tesouro, por motivos de segurança ou para fazer o hedge da compra de outros papéis, não conseguiam adquiri-los, pois ninguém estava disposto a emprestar títulos mobiliários de seus portfólios. Grandes corretoras-distribuidoras pararam de vender títulos do Tesouro, com medo de não conseguir entregá-los aos compradores. E, não sendo capazes de hedgear suas posições com títulos do Tesouro, os investidores relutavam em fazer quaisquer outras compras em outros mercados de crédito, que, basicamente, pararam.

Nas duas horas seguintes daquela manhã, devo ter falado pelo telefone com dezenas de senadores e deputados. Todas as conversas foram breves e objetivas. Estamos fazendo o melhor possível para manter a integridade do sistema; a falência do Lehman foi lamentável, mas não havia compradores; a AIG era um problema e nos empenhávamos ao máximo em busca de uma solução.

A falência iminente da seguradora desencadeava ondas de choque por todo o planeta. Peer Steinbrück, ministro das Finanças alemão, telefonou para dizer que considerava fora de cogitação a falência da AIG. Christine Lagarde, ministra das Finanças da França, também expressou a mesma opinião: O mundo inteiro estava exposto à seguradora e seu naufrágio seria catastrófico. "Presumo que você fará o melhor possível", disse-me ela. Repeti o que eu já havia dito a Steinbrück – "Não posso assumir nenhum compromisso" –, mas garanti-lhe que faríamos tudo que estivesse ao nosso alcance.

Em meio a todos aqueles telefonemas, soube que McCain comparecera ao programa "Today", da NBC, e declarara: "Não podemos admitir que os contribuintes salvem a AIG ou qualquer outra instituição." Eu também não queria que os contribuintes americanos se atolassem em nenhuma operação de socorro, mas Ben, Tim e eu não víamos alternativa, e eu não queria que McCain – nem Obama – usassem linguagem populista que exacerbasse ainda mais a situação. Assim, telefonei para McCain, instando que fosse mais cuidadoso com as palavras.

"O senhor sabe que, se essa empresa afundar, ela arrastará com ela muitos americanos", expliquei-lhe. Além de fornecer todos os tipos de seguros a milhões de cidadãos dos Estados Unidos, a AIG tinha enorme participação em planos de previdência privada, vendendo anuidades e garantindo a renda de aposentadoria de milhões de professores e de profissionais de saúde. Pedi-lhe que se referisse às nossas iniciativas como intervenção, não como socorro ou salvamento. No dia seguinte, McCain se mostraria mais moderado em suas críticas, usando parte de meu léxico, apenas para ser criticado como vira-casaca.

Ao meio dia, os mercados de ações europeus despencavam, os mercados americanos começavam a afundar e as más notícias ficavam cada vez piores. A falência do Lehman e as dificuldades crescentes da AIG começaram a erodir os fundos money market. Tipicamente, esses fundos investem em títulos públicos ou quase públicos. No entanto, para produzir rendimentos mais elevados para os investidores, eles também se tornaram grandes compradores de notas promissórias comerciais. Durante toda a manhã, ouvimos relatos de que investidores nervosos estavam retirando seu dinheiro e acelerando a corrida para o mercado de títulos do Tesouro. O Reserve Primary Fund, o primeiro fundo money market do país, fora atingido com muita intensidade, em consequência de seus grandes estoques de papéis do Lehman, agora sem valor.

Muitos americanos achavam que os fundos money market eram tão garantidos quanto suas contas bancárias. Embora não contassem com o seguro de depósito, os investidores acreditavam que sempre seriam capazes de resgatar seus saldos a qualquer momento, daí serem considerados de liquidez imediata, e de receber 100% do principal, acrescido de rendimentos. Os fundos preservavam o valor de ativo líquido (net asset value – NAV) de pelo menos US$1 por quota. Nenhum fundo caíra abaixo desse ponto desde a derrocada do mercado de títulos da dívida, em 1994. Os fundos que perdessem ativo líquido estariam mortos. Os investidores sacariam todo o seu dinheiro.

Em retrospectiva, percebo que a configuração do setor era boa demais para ser verdade. A ideia de que era possível auferir rendimentos superiores aos oferecidos pelo governo federal e ainda desfrutar de liquidez overnight não fazia nenhum sentido. O esquema funcionara por tanto tempo apenas por que os investidores não sacavam o dinheiro. Mas, com a falência do Lehman, as pessoas começaram resgatar seus recursos.

Por volta das 13 horas, Bill Osborn, chairman da Northern Trust e bom amigo meu, de Chicago, telefonou com um relato em primeira mão. "Detesto incomodar você, Hank", desculpou-se, "mas os mercados estão sem liquidez. O de notas promissórias comerciais está congelado."

Prosseguindo, Bill me falou sobre os problemas que ele estava enfrentando em seus fundos money market. Como os mercados de notas promissórias comerciais tinham parado de funcionar, ele estava buscando maneiras de não perder o principal, talvez alguma solução que permitisse à empresa controladora sustentar os fundos financeiramente sem assumir obrigações em seu balanço patrimonial. No entanto, essa saída envolvia atenuação das normas contábeis. Ele já havia procurado a SEC, mas queria que eu soubesse de seu problema iminente.

Respondi a Bill que minha principal preocupação no momento era a AIG, mas que o Fed estava trabalhando em vários programas de liquidez, para que os investidores de novo começassem a comprar papéis.

"É bom que eles se apressem", retrucou. "Eu nunca vi nada parecido com isso."

Nem eu. Surgindo como eventual substituto dos bancos para os consumidores americanos, os fundos money market tinham mais de 30 milhões de clientes de varejo. Nos anos recentes, o negócio passou a ser usado por empresas – à medida que se tornava global. As empresas recorriam aos fundos money market para suprir suas necessidades de gestão de caixa. Além disso, dinheiro oriundo do exterior também inundava o mercado americano – cingapurense, chinês e inglês – em fluxos cada vez mais ansiosos por obter retornos superiores aos dos títulos do Tesouro.

Era o tipo de dinheiro "quente", pronto para bater asas ao primeiro sinal de problema, e eu receava o começo de uma corria num setor de US$3,5 trilhões, que proporcionava enorme volume de financiamento de curto prazo, de importância fundamental para as empresas americanas. Imediatamente me lembrei de meu encontro com Jeff Immelt, na véspera, e nos problemas que ele vinha enfrentando para vender notas promissórias comerciais da empresa dele. Telefonei para Chris Cox, que me disse estar ciente da questão contábil; o pessoal de normas contábeis já estava trabalhando no assunto, mas não havia solução óbvia.

Tim, Ben e eu conversamos durante todo o dia, para que Tim nos mantivesse atualizados sobre o tamanho do problema da AIG. Tínhamos uma reunião do Grupo de Trabalho do Presidente (President's Working Group) agendada para as 15h30. Quando cheguei ao Salão Roosevelt, o presidente, o vice-presidente e os demais membros do PWG, com exceção de Tim, já estavam todos lá. Descrevi a situação pavorosa da AIG, detalhando a incompetência de sua administração e a necessidade de evitar o colapso da instituição, tendo em vista sua rede de produtos financeiros mundiais e a quantidade de fundos money market e de pensão que mantinham em carteira suas notas promissórias comerciais.

"Como chegamos a esse ponto", indagou o presidente, exasperado. Ele queria compreender por que o colapso de uma instituição financeira infligiria danos difusos em toda a economia.

Expliquei que a AIG era diferente do Lehman, porque este último enfrentava dificuldades de capital e de liquidez, enquanto aquela apenas tinha problema de liquidez. O banco de investimentos se entupira de ativos tóxicos, cujo valor de mercado era muito inferior ao valor contábil, o que abria uma lacuna de capital, provocando a fuga de contrapartes nervosas e drenando a liquidez.

No caso da AIG, o problema não era capital – pelo menos assim pensávamos na época. A seguradora mantinha em carteira muitas hipotecas tóxicas, mas suas dificuldades mais prementes resultavam do portfólio de derivativos, que incluía grande quantidade de swaps de crédito (credit default swaps) sobre CDOs de hipotecas residenciais. A queda no valor das moradias e, agora, os rebaixamentos nas classificações de risco de crédito da AIG, exigia que ela oferecesse mais garantias adicionais. De repente, a AIG parecia dever dinheiro a todo o mundo e estava espavorida em busca de US$85 bilhões a toque de caixa.

"Se não ampararmos a AIG", prossegui, "provavelmente perderemos várias outras instituições financeiras. O Morgan Stanley, para começar."

Observei que o colapso da AIG seria muito mais devastador que a falência do Lehman, em razão de seu tamanho e das perdas que infligiria a milhões de pessoas físicas, cujas contas de aposentadoria eram seguradas por ela. Acrescentei que estava preocupado com a fuga de dinheiro que eu já constatara, dos fundos money market e das notas promissórias comerciais. Chris Cox já nos informara que o Reserve Primary Fund acabara de sofrer perdas de capital.

O presidente não conseguia acreditar que uma seguradora tivesse tamanha importância sistêmica. Tentei explicar-lhe que a AIG era empresa controladora não regulada, que abrangia muitas entidades seguradoras altamente reguladas. Ben atalhou, com uma observação contundente: "É como um fundo de hedge aboletado em cima de uma empresa seguradora."

Ben disse que, conforme os planos do Fed, o governo emprestaria à AIG US$85 bilhões, à taxa de LIBOR mais 850 pontos-base, ou cerca de 11,5%, na época. O governo adquiriria participação de 79,9% na empresa, diluindo substancialmente o patrimônio líquido existente, e promoveria a liquidação gradual e ordeira da empresa, para pagar o empréstimo do Fed.

"Algum dia vocês terão de me explicar como estragamos nosso sistema financeiro e o que faremos para consertá-lo", disse o presidente, observando que deveríamos adotar abordagem mais consistente e abrangente à crise.

Eu não poderia estar mais de acordo com a recomendação dele. No domingo à noite, com o Lehman na iminência de pedir falência, eu advertira o presidente de que talvez precisássemos pedir ao Congresso poderes mais amplos para estabilizar o sistema financeiro como um todo. Agora, ainda atuando como bombeiros, na tentativa de apagar o grande incêndio da AIG, não voltei a levantar a questão de ir ao Congresso. Mas eu sabia que, quando chegasse a hora, o presidente me apoiaria.

O presidente era um baluarte admirável. Embora a mentalidade predominante na época, de um modo geral, e, em especial, no Congresso, fosse contrária às operações de socorro, o presidente Bush raciocinava com independência. O objetivo dele era deixar o país em condições financeiras tão sólidas quanto possível para seu sucessor. Os céticos talvez duvidem de mim, mas essa é a verdade: em qualquer relato exato da crise financeira, jamais se verá o presidente fazendo jogo político nas decisões cruciais – de modo algum. Ele se empenhou, com toda a autenticidade, em oferecer ao país o melhor de si, sem considerações políticas, ao apoiar nosso plano de resgate da AIG.

"Se sofrermos danos políticos, que seja", disse o presidente.

Depois, recebi confirmação do que Chris dissera sobre o Reserve Fund. Enquanto estávamos com o presidente, o Reserve anunciou que suspenderia o pagamento de resgates durante uma semana em seu Primary Fund, fundo money market de US$63 bilhões, que foi surpreendido com US$785 milhões em dívidas de curto prazo do Lehman, quando o banco de investimentos pediu falência. Na segunda-feira, os investidores inundaram a empresa com pedidos de resgate; mais ou menos ao meio-dia da terça-feira, US$40 bilhões já haviam sido retirados. O fundo, oficialmente, perdeu ativo líquido, o primeiro nessa situação desde 1994, quando o U.S. Government Money Market Fund, que havia investido intensamente em derivativos com taxas ajustáveis, caiu para 96 cents.

O senso de pânico se tornava mais difuso. Dave McCormick e Ken Wilson, entraram para me dizer que haviam tomado conhecimento, por fontes de Wall Street, que numerosos bancos chineses estavam sacando grandes somas de fundos money market. Também tinham ouvido que os chineses estavam retirando recursos de empréstimos overnight segurados e encurtando o vencimento de suas posições em papéis da Fannie e da Freddie – indícios de que estavam fechando as escotilhas. Pedi a Dave para conferir os rumores sobre os chineses e informar-me sobre a situação o mais cedo possível.

Enquanto estávamos na reunião do PWG, o Morgan Stanley divulgou seus resultados do terceiro trimestre, com um dia de antecedência. O lucro de US$1,43 bilhão foi 7,6% mais baixo que o de igual período do ano anterior, mas bem melhor que o esperado. Não que isso ajudasse muito. Depois de breve recuperação, as ações do Morgan Stanley caíram 10,8% no dia, para US$28,70, enquanto as taxas de seus CDSs fecharam em 728 pontos-base, depois de atingirem o pico de 880 pontos-base. Também o Goldman Sachs divulgara seus resultados naquela manhã: o lucro líquido de US$845 milhões caiu 70,4% em comparação com o do mesmo trimestre do ano anterior.

Pouco depois, fui todo ouvidos para o desabafo de John Mack, em cuja opinião o Morgan Stanley corria perigo. John é um líder vigoroso, ao mesmo tempo enérgico e afável. Não era de modo algum chorão, mas não havia dúvida de que ele estava assustado. O que ele havia previsto na noite de domingo se confirmara: os investidores demonstravam perda de confiança e os vendedores a descoberto apertavam o cerco sobre seu banco. Suas reservas de caixa estavam evaporando, embora ele estivesse fazendo tudo a seu alcance para controlar a situação.

"Hank", disse John, "a SEC precisa agir antes que os vendedores a descoberto destruam o Morgan Stanley."

Desde a segunda-feira, ele vinha telefonando para senadores, para deputados, para a Casa Branca e para mim, na tentativa de persuadir todo o mundo a pressionar a SEC para fazer alguma coisa que contivesse a atuação abusiva dos vendedores a descoberto. Ele não estava sozinho. John Thain também me procurou naquela tarde para expor o problema das vendas a descoberto. Os acionistas ainda não haviam aprovado o negócio do Merrill com o Bank of America e ele não punha a mão no fogo por nada. Mas a preocupação imediata dele era o Morgan Stanley. A falência de outra grande instituição, ele sabia muito bem, seria devastadora.

Ben e eu havíamos combinado de nos reunir com líderes do Congresso naquela noite, mas primeiro Tim e eu precisávamos telefonar para Bob Willumstad, chefão da AIG, para confirmar que o Fed estava em vias de conceder o empréstimo – e para dizer-lhe que ele estava sendo substituído. Ele servia como CEO havia apenas três meses; antes, atuara como chairman da AIG, depois de longa carreira em serviços financeiros, inclusive um período em banco de varejo, no Citigroup. Ele era altamente conceituado por sua acuidade e integridade, mas, na AIG, deparou com problemas além de sua capacidade – talvez além das qualificações de qualquer mortal. Durante todo esse período de tribulações, Willumstad se revelou cavalheiro sem igual, inclusive ao procurar Ken Wilson e ao renunciar por iniciativa própria às indenizações a que faria jus com base em seu contrato de gestão.

Em seguida, tive de preparar-me para minha ida ao Congresso. À tarde, eu havia enfrentado resistência na tentativa de programar alguma coisa. Antes da reunião do PWG, eu falara com Nancy Pelosi mais de uma vez, dizendo-lhe que, embora o Fed ainda não tivesse tomado decisão final sobre o empréstimo à AIG, provavelmente precisaríamos reunir-nos com líderes do Congresso, para discutir a questão. Também observei durante nossa conversa que se tratava de uma emergência, mas ela retrucou: "É difícil agendar alguma coisa com tão pouca antecedência. Precisa ser esta noite?"

Assim que cheguei à minha sala, de volta da Casa Branca, tentei falar com Harry Reid. Eu sempre considerara o líder da maioria no Senado parceiro sincero, confiável e trabalhador. Filho de mineiro de Nevada, ele chegara ao topo da maneira mis difícil, e sua modéstia e sinceridade me cativavam.

"Estamos enfrentando um grande problema com a AIG", disse-lhe. "O Fed terá de intervir. Preciso que você reúna a liderança." Ele concordou, e marcamos uma reunião para as 18h30.

Antes de ir para a reunião, informei Obama e McCain sobre a AIG. Com efeito, conversei com Obama duas vezes antes de ir para o Capitólio. Por via das dúvidas, talvez eu tenha incorrido em excesso de comunicação com ambos os candidatos, porque eu não tinha dúvida de que se algum deles explorasse a crise, em parte ou no todo, como tema de campanha, para conquistar popularidade, estaríamos perdidos. Disse-lhes que o Fed precisava partir para a ação e insisti em que não estávamos socorrendo os acionistas, mas, sim, protegendo os contribuintes. Novamente, pedi a ambos que não se referissem a qualquer intervenção como operação de socorro.

Ben e eu fomos em automóveis separados para o encontro no Congresso, que Harry Reid havia convocado, na sala de reuniões da Comissão de Normas do Senado, recinto pequeno, destituído de mesas ou cadeiras, no qual todos nós ficamos em pé. O líder da maioria no Senado arregimentara um grupo importante, composto, entre outros, de Chris Dodd; Judd Gregg, membro republicano da Comissão de Orçamentos do Senado; e Barney Frank, que chegou atrasado.

Abri a reunião afirmando que o governo decidira socorrer a seguradora gigantesca e que o Tesouro e o Fed estavam cooperando. Aparentemente, eu estava calmo, mas eu sentia os efeitos da exaustão física e das pressões acumuladas nos últimos dias. Ben falou em seguida, expressando-se com clareza e com exatidão. Ele descreveu as condições de um empréstimo ponte de US$85 bilhões, com prazo de dois anos.

A reunião caracterizou-se por uma atmosfera surrealista, como que onírica. Perplexos, os legisladores olhavam para nós com ar de quem não estava compreendendo o que estava ouvindo. Fizeram algumas perguntas, mas todos se mostraram solidários.

John Boehner disse que seríamos loucos se deixássemos a AIG falir. Reid pôs as mãos na cabeça ao ouvir o tamanho do empréstimo, enquanto Barney Frank perguntou: "De onde você tirará os US$85 bilhões?"

"Temos US$800 bilhões", respondeu Ben, referindo-se ao balanço patrimonial do Federal Reserve.

Chris Dodd perguntou duas vezes se o Fed tinha autoridade para conceder empréstimos e assumir o controle de uma empresa seguradora. Ben explicou que a Seção 13(3) do Federal Reserve Act permitia que o banco central americano adotasse essas medidas em "circunstâncias inusitadas e prementes (unusual and exigent circumstances), o mesmo fundamento legal a que recorreu o Fed para salvar o Bear Stearns.

No fim, Reid disse: "Você ouviu o que tínhamos a dizer. Mas quero ser absolutamente claro na afirmação de que o Congresso não lhe concedeu aprovação formal para agir. Trata-se de atribuição e de decisão do Fed."

Ao deixar a reunião, acompanhado de minha escolta do Serviço Secreto, de repente precisei afastar-me rapidamente do grupo, na tentativa de não ser visto. Durante toda a vida, desde o ensino médio, vez por outra eu tinha acessos de vômito, quando me sentia exausto ou insone. Durante a crise de crédito, talvez tenham ocorrido de seis a oito vezes. Naquela noite, ao ser acometido de náusea, meti-me atrás de uma coluna durante alguns segundos, diante de uma bandeira americana que pendia do teto. Eu receava que alguém da imprensa me visse naquelas condições, mas, graças a Deus, não foi o caso.

Às 21 horas, o Fed anunciou que interviria para salvar a AIG. O Conselho de Administração da empresa aprovara o contrato de empréstimo de US$85 bilhões, pelo prazo de dois anos, que seria garantido pelos ativos da AIG, inclusive as ações de suas subsidiárias, sob jurisdição de agências reguladoras, a ser pago com a venda desses ativos. Com participação societária de 79,9% na AIG, o governo tinha o direito de vetar o pagamento de dividendos aos acionistas.

Quarta-feira, 17 de setembro de 2008

A terça-feira foi ruim, mas ainda foi melhor que a quarta-feira. Nossa intervenção na AIG não acalmou os mercados – se surtiu algum efeito, foi o de agravar a situação.

Cheguei ao Tesouro às 6h30 e fui direto à Sala de Mercados. Logo percebi que a situação do Morgan Stanley deteriorara ainda mais. Suas ações estavam afundando nas operações pré-mercado, enquanto seus CDSs continuavam a disparar. Pouco depois das 7 horas, o presidente telefonou. Disse-lhe que os mercados estavam sendo movidos pelo medo e que os vendedores a descoberto agora estavam atrás do Morgan Stanley, como se fosse o Lehman Brothers. Eu me mantinha muito atento às notas promissórias comerciais, onde os financiamentos se escasseavam cada vez mais Estávamos sendo atacados por todos os lados.

"A situação está muito difícil", eu disse ao presidente. "Talvez seja a hora de ir ao Congresso para conseguir poderes adicionais."

"Já não temos o suficiente com o Fed? Vocês acabaram de socorrer a AIG", observou ele.

"Não, senhor, acho que não."

Depois de prometer ao presidente Bush que o manteria informado, falei com Dave McCormick, que confirmou os relatórios de que os chineses haviam recuado. Ele disse que tinha conversado com Zhou Xiaochuan, presidente do Banco Central da China, que enfatizara que as manobras não haviam sido orquestradas pelo governo, mas, sim, por burocratas de nível médio e por várias instituições financeiras, que agiram da forma que consideraram mais inteligente. A liderança chinesa, afirmou McCormick, daria alguma orientação a esses profissionais para que não se retirassem do mercado financeiro nem de empréstimos garantidos. Recomendei a Dave que se mantivesse em contato constante com as autoridades chinesas e que sempre me informasse das novidades.

Entre 7 horas e 7h40, Ken Wilson telefonou-me três vezes para informar sobre telefonemas alarmantes que estava recebendo: Bob Kelly, CEO do Bank of New York Mellon; Larry Fink, chefão do BlackRock; e Rick Waddell, CEO do Northern Trust, disseram que estavam recebendo solicitações de resgate em seus fundos money market no valor de bilhões. O Reserve Primary Fund já estava muito ruim, e se os fundos dessas instituições perdessem ativo líquido, enfrentaríamos situação de pânico em grande escala, na medida em que as empresas, as seguradoras, os fundos de pensão e os clientes de varejo tentassem sacar seu dinheiro ao mesmo tempo.

Daí a pouco, Ken me telefonou de novo. A tela do computador dele mostrava que a demanda por títulos do Tesouro se tornara tão grande que o rendimento de letras de três meses havia entrado em território negativo. Os investidores agora pagavam pela segurança dos títulos do governo dos Estados Unidos. Ele disse não ter dúvidas de que o sistema financeiro estava perdendo as rodas.

Em meio àquele caos pestilento da manhã, eu falei com Dick Fuld. Ele andou ligando para mim e achei que deveria procurá-lo de volta. Nós não conversávamos desde o fim de semana. Foi um telefonema muito triste.

"Vejo que vocês socorreram a AIG", lembro-me da observação reticente dele. "Hank, o que você precisa fazer agora é deixar o Fed entrar no Lehman Brothers. Faça com que o governo venha aqui e garanta nossas operações. Devolva minha empresa. Posso trazer todo o pessoal de volta. Teremos de novo o nosso banco."

Recordo-me de que conversei com Tim Geithner um pouco depois. "Recebi um telefonema triste de Dick Fuld", disse-lhe. Ao que ele respondeu: "Ele pediu para você desfazer a falência, certo?" E acrescentou: "Sim, muito triste." Ele também conversara com Dick por telefone. O que tornava o apelo de Dick ainda mais pungente era o fato de que já se sabia àquela altura que o Barclays iria adquirir os negócios de banco de investimentos e de mercado de capitais do Lehman, resgatando-os da falência.

Telefonei para Jamie Dimon para saber como ele avaliava a situação dos mercados. Eu sabia que podia confiar no CEO do JPMorgan como profissional frio, com visão clínica e direto ao ponto. Ele não me tranquilizou. "Os mercados estão congelados", declarou.

Eu previra no domingo que teríamos de pedir ao Congresso poderes de emergência e autoridade fiscal para enfrentar a crise. Kevin Fromer e eu analisáramos essa questão na segunda e na terça-feira, mas eu não me sentia seguro em recorrer aos legisladores, sem a certeza de contar com apoio político. A rejeição do Congresso a um pedido urgente dessa magnitude poderia ser calamitosa. Mas o socorro da AIG não acalmara os mercados, o pânico se agravava e os legisladores estavam ficando zangados.

Na quarta-feira de manhã cedo, Kevin e eu concordamos que o problema era tão grande que o Congresso deveria ser parte da solução. Eu não estava em busca de uma lacuna legislativa que nos permitisse comprometer grandes volumes de recursos dos contribuintes; o Congresso teria de endossar explicitamente nossas iniciativas. E, pela primeira vez, achei que o Congresso provavelmente nos daria o que precisávamos. A extrema gravidade das condições do mercado deixava claro que não havia boa alternativa. E os legisladores deveriam deixar a cidade em nove dias, para fazer campanha política em suas bases estaduais, o que era um incentivo para que agissem com rapidez. Expus esse raciocínio a Jim Wilkinson e a Ken Wilson.

Por volta das 8h30, reuni minha equipe na grande sala de conferências. Disse-lhes que precisávamos arquitetar uma maneira de passar à frente dos mercados e de estabilizar o sistema antes que outras instituições fossem para o fundo. Também lhes relatei que Ben deixara claro que não poderíamos depender do Fed sozinho para resolver o problema.

"Este é o nosso momento da verdade", afirmei. "Por enquanto, estamos apagando incêndios isolados, mas o importante agora é quebrar a espinha dorsal da crise, já."

Defini dois princípios que deveriam nortear minha equipe, enquanto buscávamos soluções. Primeiro, qualquer iniciativa precisaria ser simples e facilmente compreensível pelos mercados. Segundo, nossas iniciativas teriam de ser decisivas e irresistíveis – aprendi essa lição em julho, durante a crise da Fannie e da Freddie.

No intuito de gerenciar a carga de trabalho e de estimular a criatividade, minha equipe já se dividira em grupos para lidar com diferentes aspectos da crise. Um deles começara a trabalhar na noite anterior com o staff do Fed, em Washington e em Nova York, com o objetivo de desenvolver soluções para os mercados de crédito. Outro, encabeçado por Neel Kashkari, se concentraria em alternativas para comprar os ativos tóxicos que obstruíam os balanços patrimoniais dos bancos. Dave McCormick e Ken Wilson chefiavam um terceiro grupo, que trabalharia com a SEC em questões de políticas públicas, como vendas a descoberto.

Eu já aprendera, havia muito tempo, que não se conseguia nada em Washington sem uma crise. Ótimo! Estávamos convivendo com uma saraivada de crises em curso, que nos assediavam de todas as direções, ao mesmo tempo. No Goldman Sachs eu me orgulhava de minha capacidade de lidar simultaneamente com muitas situações diferente; mas, no Tesouro, o desafio era diferente. Cada uma das questões com que eu me defrontava revestia-se de enorme importância – uma decisão errada poderia prejudicar não só um cliente ou uma empresa, mas todo o sistema financeiro e muitos milhões de pessoas nos Estados Unidos e em todo o mundo.

Pouco depois das 13 horas, John Mack me telefonou em pânico. O Morgan Stanley estava sitiado. Suas ações caíram para menos de US$20 e suas taxas de CDS estavam em alta – sendo negociadas por algo em torno de 800 pontos-base. Para contextualizar a situação, as taxas de CDS do Lehman atingiram o topo em 707 pontos-base, na sexta-feira anterior ao naufrágio da instituição. Os vendedores a descoberto estavam derrubando o banco de Mack. "Precisávamos fazer alguma coisa", disse.

Mas John e a equipe dele não se renderiam sem muita luta. Ele explicou que o Morgan Stanley estava procurando levantar capital por meio de investidores estratégicos e que os chineses eram uma hipótese plausível. A China Investment Corporation, fundo soberano do país, já detinha 9,9% da empresa.

"Todos os sinais que temos captado indicam que eles gostariam de receber de você alguma manifestação de apoio e de estímulo", disse Mack.

Ele perguntou se eu estaria disposto a conversar com meu velho amigo Wang Qishan, vice-premier da China, encarregado de assuntos econômicos e financeiros. Respondi a John que ele podia contar com nosso apoio e que Dave McCormick acompanharia a situação com ele.

Pouco depois, Hillary Clinton me ligou em nome de Mickey Kantor, que servira como secretário do Comércio no governo Clinton e agora representava um grupo de investidores do Oriente Médio. Esses investidores, disse Hilary, queriam comprar a AIG. "Talvez o governo não tenha de fazer nada", acrescentou.

Expliquei a ela que isso seria impossível se os investidores não tivessem um enorme balanço patrimonial e recursos em profusão para garantir todos os passivos da AIG.

O telefonema dela se destaca em minhas recordações, porque reflete o sentimento geral então predominante sobre a AIG – que era uma boa empresa, com muitos compradores interessados. O mercado acreditava que o problema da AIG era de liquidez, não de capital.

Quando, finalmente, tive alguns minutos para tratar da situação do Morgan Stanley, procurei Chris Cox, por telefone, para discutir a manipulação do mercado. A queda no preço das ações dos bancos de investimentos e a ampliação dos CDSs pareciam ser impulsionadas pelos fundos de hedge e pelos especuladores. Eu queria que a SEC investigasse o que me parecia ser comportamento predatório e conluiado, uma vez que nossos bancos estavam sendo atacados um a um.

Chris vinha considerando várias medidas que a SEC poderia adotar, inclusive a proibição temporária das vendas a descoberto, mas o Conselho

Deliberativo dele parecia dividido. Ele queria que Tim, Ben e eu o apoiássemos na defesa da iniciativa.

O debate sobre as vendas a descoberto era outro tema em que me vi obrigado a assumir posição oposta às convicções que sustentei durante toda a minha carreira. A venda a descoberto é elemento crucial para a formação e para transparência dos preços – afinal, David Einhorn, o gestor de fundo de hedge que vendera a descoberto o Lehman, no final das contas estava certo. Havia muito tempo eu comparava a proibição das vendas a descoberto à queima de livros, mas agora eu reconhecia que as vendas a descoberto eram um grande problema. Concluí que, embora a proibição generalizada pudesse acarretar todos os tipos de efeitos colaterais e de consequências imprevistas, nada poderia ser pior que a situação dos mercados naquele momento. Precisávamos fazer algo.

Na quarta-feira à tarde, eu estava em condições de combater todos os incêndios. Eu havia vendido minhas ações no Goldman Sachs e já tinha rompido todos os laços com a empresa ao assumir o cargo de secretário do Tesouro. Também havia assinado um acordo ético que impedia meu envolvimento em qualquer transação do governo "exclusivamente com o Goldman Sachs." Com os outros dois bancos de investimentos restantes à beira do abismo, Tim Geithner argumentou que minha função como secretário do Tesouro exigia a minha participação. Vivíamos uma emergência nacional e eu sabia que ele estava certo. Obtive liberação da Procuradoria da Casa Branca e do órgão responsável pela ética pública no Departamento do Tesouro.

Agendáramos para as 15 horas uma reunião de acompanhamento de nossas três frentes de batalha, inclusive para a programação de mais uma longa noite de trabalho. Meu gabinete se encheu de colaboradores para revermos a situação. Os mercados estavam quase em caos. A bolsa de valores despencava – o Dow configurava queda de 449 pontos, ou 4,1%. Os mercados de crédito estavam paralisados.

O tumulto se espalhava pelo mundo. Na terça-feira, a Rússia suspendera por uma hora o pregão da bolsa de valores, interrupção que se repetira na quarta-feira. Karthik Ramanathan recebia telefonemas de gestores de reservas de bancos centrais em todo mundo, que mal ocultavam o pânico, implorando-nos para melhorar a liquidez no mercado de títulos do Tesouro. Alguns deles queriam que assumíssemos a responsabilidade por títulos que as contrapartes dos bancos não podiam devolver.

A certa altura, Ben levantou a questão da necessidade de irmos ao Congresso. Eu não poderia estar mais de acordo com ele, mas tamanha era a minha preocupação em como conseguir os poderes de emergência que não lhe respondi. Eu estava imerso em lucubrações a respeito de tudo o que tínhamos pela frente, inclusive, e não menos importante, obter o apoio da Casa Branca. Eu não tinha dúvida de que poderíamos contar com o presidente, mas também precisaríamos da colaboração da assessoria de imprensa, do pessoal de políticas públicas e do staff de assuntos legislativos, para o êxito de uma empreitada que todos consideravam difícil e alguns julgavam impossível.

Começamos a elaborar um plano abrangente para lidar com todos os elementos da crise que pipocavam por toda parte. Precisávamos tratar de cada problema, à medida que surgiam, e, ao mesmo tempo, desenvolver solução mais ampla a ser proposta à Câmara dos Representantes e ao Senado.

Os membros das três equipes trabalhavam com afinco em suas atribuições: mercados de crédito, compras de ativos e políticas públicas. Periodicamente, eles se reuniam em minha sala, para trocar ideias e receber orientação, e depois voltavam ao trabalho por mais algumas horas. A equipe de mercados de crédito fora incumbida da questão mais premente: descobrir maneiras de aumentar a liquidez dos mercados de dinheiro e impulsionar o mercado de recebíveis mobiliários de curto prazo, (asset-backed commercial paper), antes da paralisação de empresas como a GE. Trabalhando com a SEC, a equipe de políticas públicas investigou ampla variedade de questões, como, por exemplo, se as agências reguladoras deveriam restabelecer a limitação das vendas a descoberto apenas a situações de alta e se conviria alterar as normas contábeis referentes a valor justo no caso de fusões e incorporações de bancos. A equipe que tratava da compra de ativos ilíquidos levantou três questões: que ativos comprar, de quem comprá-los e de que maneira comprá-los. Como ponto de partida, recorremos ao plano "Break the Glass" (Quebre o Vidro), da primavera anterior, que desenvolvera hipóteses de recapitalização dos bancos.

Em nossas tentativas anteriores com o Congresso – a lei de estímulo de 2008 e a reforma das GSEs – tínhamos semanas para elaborar os planos e para persuadir os legisladores. Agora, enfrentando situação muito mais grave, não mais tínhamos condições de nos dar a esse luxo. A equipe do Tesouro trabalhou durante toda a noite de quarta para quinta-feira. A maioria das pessoas fez uma pausa por volta das 5 horas, para ir em casa, tomar banho, trocar de roupa e novamente voltar para o escritório. Outras, como Neel Kashkari, dormiram no escritório e se arrumaram na sala de ginástica do Tesouro. Todos aprenderam a se arranjar com pouco sono e com comida ruim.

Ao olhar para as fisionomias cansadas de minha equipe, lembrei-me das palestras que eu dava no Goldman sobre a necessidade de equilibrar a vida profissional e a vida pessoal. Mas, naquela época, eu nunca enfrentara uma situação como esta, com várias crises demandando soluções, e com toda a economia à beira do abismo.

Capítulo 11

Terça-feira, 18 de setembro de 2008

Na terça-feira, de manhã cedo, membros de meu staff entravam e saíam de minha sala, relatando-me situações e ouvindo minhas conversas telefônicas. Cansados, mas atentos, a maioria tinha trabalhado durante toda a noite num dos três grupos de crise que havíamos constituído para analisar questões referentes a políticas públicas, compras de ativos e mercados de crédito. Mais um dia exaustivo despontava à nossa frente. O Reino Unido e a Irlanda estavam preparando restrições às vendas a descoberto. A Rússia havia suspendido o funcionamento do mercado de ações pelo terceiro dia consecutivo.

Pouco antes das 9 horas, recebi um telefonema inesperado de Bob Scully, vice-chairman do Morgan Stanley, que exercera papel de fundamental importância ao ajudar o Tesouro a preparar-se para a recuperação da Fannie Mae e da Freddie Mac. Banqueiro rematado, ele nunca falara sobre sua própria empresa durante esse período. Porém, agora, ele estava telefonando para dizer-me que os especuladores e os vendedores a descoberto estavam não só empurrando para baixo as ações do Morgan Stanley, mas também solapando a confiança nos bancos de investimentos. À medida que contrapartes nervosas se afastavam da empresa, sua liquidez declinava rapidamente. Ele não sabia o que fazer, mas disse que se sentia obrigado a reconhecer que não sabia se o Morgan Stanley resistiria ao ataque.

Vinda de Bob, sempre calmo e ponderado, tratava-se de mensagem assustadora. Preveni Tim Geithner e mais uma vez telefonei para Chris Cox, exortando-o a fazer alguma coisa para impedir aquelas vendas a descoberto abusivas. Já conversáramos sete vezes na quarta-feira e falaríamos outras tantas na quinta-feira, sobre o mesmo assunto. Implorei-lhe que não ficasse sentado sem fazer nada enquanto nosso sistema financeiro era destruído pelos especuladores. Em qualquer outra época, teria argumentado veementemente contra qualquer proibição, mas meu raciocínio agora era pragmático: nossas normas sobre vendas a descoberto não tinham sido escritas para aquelas condições, e qualquer coisa que fizéssemos não poderia ser pior que o pânico com que deparávamos naquele momento. Chris parecia mais preocupado com os efeitos colaterais para o mercado.

"Se esperarmos um pouco mais", adverti, "não haverá mercado a ser regulado."

Chris também enfrentava oposição na própria SEC e de seus colegas comissários. Ele reiterou que precisava do apoio público de Ben Bernanke, de Tim e de mim. Tim receava que a proibição pudesse inibir a assunção de riscos e contribuir para a instabilidade – as estratégias de operação de muitos fundos de hedge altamente alavancados dependiam de operações a descoberto.

Não muito depois, falei com o presidente, que cancelara sua viagem ao Alabama e à Flórida, para levantamento de fundos, no intuito de concentrar-se na emergência financeira. Ele estava com Joel Kaplan, subchefe da Casa Civil. Disse-lhes que a crise se agravara a tal ponto que teríamos de adotar medidas drásticas, inclusive requerer poderes excepcionais ao Congresso. O presidente pareceu solidário, mas pediu que eu mantivesse a equipe dele plenamente informada. Era essencial que todos os membros do Poder Executivo trabalhassem juntos, pois todos nós sabíamos que seria difícil induzir o Congresso à ação.

Às 9h30, meu staff e eu entramos em teleconferência com Tim, Ben, Chris e respectivas equipes. O Fed estava trabalhando com afinco para atenuar as pressões de liquidez nos mercados globais. Às 3 horas da madrugada daquele dia, hora de Nova York – 8 horas em Londres – o banco central americano anunciara expansão dramática de US$180 bilhões em suas linhas de swap, disponibilizando dólares para outros bancos centrais que precisassem atender às necessidades de seus bancos comerciais.

Eu estava especialmente preocupado com os fundos money market. Steve Shafran, do Tesouro, e equipe, que trabalharam durante toda a noite com o pessoal do Fed, desenvolveram uma lista de ideias para melhorar a liquidez. Uma delas consistia em o Fed oferecer financiamentos de longo prazo aos bancos de investimentos, além dos recursos de curto prazo a que tinham acesso. Outra era permitir que os fundos money market tomassem empréstimos diretamente do Fed.

"Isso não impedirá uma corrida", eu disse. Se surtir algum efeito será o de estigmatizar o fundo que recorrer ao Fed, sujeitando-o a saques ainda maiores. "O que vocês fariam se quisessem ser ainda mais ousados?"

Steve apresentou outra sugestão: "Bem, poderíamos recorrer ao Exchange Stabilization Fund (Fundo de Estabilização Cambial) para garantir os fundos money market."

Bati na mesa. Era exatamente o que eu estava procurando – o grande passo que a situação exigia: algo drástico que evitaria a implosão iminente de fundos money market no valor de US$3,5 trilhões.

"É o que quero fazer", disse-lhe. "Parta para a ação."

Garantir os fundos money market foi uma ideia brilhante; o problema era como executá-la. O insight de Shafran foi crucial. O Tesouro quase não dispunha de recursos para financiamento – com uma exceção. O Gold Reserve Act, de 1934, criara o Exchange Stabilization Fund (ESF), para permitir que o Tesouro interviesse nos mercados cambiais para estabilizar o dólar. O ESF fora usado de maneira muito seletiva ao longo dos anos. A situação mais controversa foi quando o presidente Bill Clinton recorreu a essa fonte para conceder empréstimos de US$20 bilhões ao México. Agora, os fundos money market vinham sendo alvos de resgates maciços, alguns deles de investidores estrangeiros inquietos. O colapso da indústria de fundos money market poderia desencadear com facilidade uma corrida contra o dólar. Com a aprovação do presidente, poderíamos usar o ESF, que totalizava cerca de US$50 bilhões, para financiar de início os fundos money market.

David Nason postergara a decisão de deixar o Tesouro para ajudar-nos naquele momento crítico, e pedi-lhe para trabalhar com Steve. David já fora da SEC. Eu sabia que ele tinha uma longa lista e contatos no setor de fundos money market, além de capacidade técnica para desenvolver um programa de garantia temporária. Ao mesmo tempo em que enfrentavam um tsunami de resgates, os fundos money market ainda regurgitavam certificados de recebíveis mobiliários que não conseguiam vender. Os profissionais do Fed vinham trabalhando em alternativas para comprar esses papéis dos fundos money market.

"Hank, você está disposto a ir ao Congresso para conseguir autoridade fiscal?", perguntou Bernanke.

"Ben, Ben, Ben", interrompi-o, ao me dar conta de que não tivera tempo de informar-lhe da conversa que eu acabara de ter com o presidente. "Você e eu vamos à Casa Branca."

Depois do telefonema, pedi à minha equipe para preparar uma breve apresentação ao presidente. Joel Kaplan sugerira, com sabedoria, que a maneira mais eficiente de manter informado o pessoal-chave da Casa Branca era convidá-los a participar de nossas reuniões no Tesouro. Às 13h30, Joel, Ed Lazear, Keith Hennessey e Dan Meyer já estavam no Tesouro. Eles passariam muitas horas das semanas seguintes conosco, e posso garantir que eles se surpreenderam com a atmosfera. A qualquer momento, havia aproximadamente umas 15 pessoas em minha sala, aglomerando-se em grupos, participando de diferentes reuniões e falando a 150km por hora, enquanto eu trabalhava em minha mesa no centro do redemoinho. Praticamente mantínhamos teleconferência ininterrupta com Tim e Ben, de cuja linha entravam e saíam participantes intermitentes a toda hora. Não raro, ao mesmo tempo, eu ainda falava com alguém em outra linha, sempre na tentativa de acelerar o ritmo dos trabalhos.

Agora, a equipe da Casa Branca se apertava em minha sala com o pessoal do Tesouro, para uma teleconferência com Ben, Tim e Chris. Falei boa parte do tempo.

"Estamos vivendo o que, em economia, equivale a uma guerra", disse. "O mercado está na iminência de um colapso."

Não podíamos continuar recorrendo a remendos e retalhos para sustentar o sistema. Tratava-se de uma crise nacional e os ramos do legislativo e do executivo precisavam envolver-se. Embora eu estivesse determinado a obter os novos poderes, eu sabia como seria difícil convencer o Congresso e manter a integridade do sistema, enquanto estivéssemos tentando. Teríamos de definir com cuidado o que reivindicaríamos e planejar muito bem como abordaríamos os legisladores. Tratava-se da mais crucial iniciativa legislativa do Tesouro desde a Grande Depressão. O cacife era extremamente alto: as consequências de reivindicar poderes e não obtê-los talvez fossem mais graves que as de não requerê-los.

Chris levantou a questão de proibir as vendas a descoberto. Tim e Ben se juntaram a mim na defesa da proibição, o que dava a Chris o suporte necessário para obter a aprovação dos demais comissários da SEC. Reiteramos a necessidade de garantir os fundos money market. Admiti que ainda não sabíamos exatamente como o programa funcionaria. As complexidades eram estonteantes, mas persisti. "Temos de fazer isso."

Quase todo o mundo gostou da ideia, mas também havia quem receasse que estivéssemos avançando com muita rapidez. Mas, francamente, eu não tinha alternativa, a não ser me orientar pelo instinto e pela intuição. A alternativa, ou seja, esperar até que houvéssemos esmiuçado todos os ângulos, era inviável.

Antes de partir para a Casa Branca, telefonei para Ben e lhe disse que o presidente o pressionaria para agir até o limite de sua autoridade, pois a ideia de depender totalmente do Congresso era um anátema para o governo. O presidente provavelmente vai querer saber o que o Fed poderia fazer se o Congresso não nos outorgasse os poderes necessários. Estimulei-o a raciocinar de maneira mais abrangente. "Se o mercado achar que o Congresso é nossa última linha de defesa e se nosso pedido for rejeitado, as consequências serão fatais", lembrei.

No meu trajeto para a Casa Branca, recebi um telefonema de Nancy Pelosi, em busca de informações sobre os mercados. Ela queria que eu fosse ao Congresso no dia seguinte de manhã para conversar com a liderança dos democratas. Relatei-lhe como a situação se deteriorava com rapidez e disse que teríamos de ir ao Congresso naquela noite para pedir poderes especiais. Ela perguntou por que não seria possível esperar algumas horas e respondi que poderia ser tarde demais.

"Precisamos que a lei seja aprovada com rapidez", disse-lhe. "Temos de enviar um sinal forte ao mercado."

A presidente da Câmara dos Representantes imediatamente insistiu em incluirmos no projeto um pacote de aumento das despesas públicas para estimular a economia. "Nancy, estamos correndo para evitar um colapso dos mercados financeiros", insisti. "Não é a hora de estímulos."

Um grande grupo se juntou na Sala Roosevelt, às 15h30, para a reunião com o presidente. Ben, Chris e Kevin Warsh, governador do Fed, estavam presentes, além de um vasto contingente da Casa Branca e do staff do Tesouro. Joel Kaplan avisou ao presidente, com antecedência, que Ben e eu estávamos no limite.

Comecei dizendo ao presidente que o Fed e o Tesouro estavam se preparando para adotar algumas medidas extraordinárias e que necessitaríamos de poderes especiais do Congresso.

"Senhor presidente, estamos vivendo uma situação de pânico financeiro", enfatizou Ben. Descrevemos com cores vivas o que estávamos vendo nos mercados, desde as tribulações dos emissores de notas promissórias comerciais, até as dificuldades dos empréstimos garantidos, e aonde tudo isso levaria se não encontrássemos uma maneira de conter o contágio.

"Será que essa é a pior crise desde a Grande Depressão?", perguntou o presidente.

"Sim", respondeu Ben. "Em termos de sistema financeiro, não vimos nada igual desde a década de 1930, e pode ficar pior."

Pessoas físicas e jurídicas corriam perigo iminente. Eu respondi ao presidente: "Os fundos money market estão na iminência de colapso. As empresas estão adotando medidas drásticas para preservar sua situação financeira – não só os grandes bancos, mas também do setor industrial, como General Electric e Ford."

Vínhamos enfrentando essas crises uma de cada vez, na base do improviso. Mas agora precisávamos adotar abordagem mais sistemática antes de sangrarmos até a morte. Todos nós sabíamos que a causa básica de tudo aquilo se situava no colapso do mercado habitacional, que abarrotara os balanços patrimoniais dos bancos com ativos hipotecários tóxicos, tornando-os relutantes em conceder empréstimos. Precisaríamos comprar esses ativos podres quando necessário, o que exigiria a outorga de novos poderes pelo Congresso ao governo, além de maciça apropriação de fundos para essa finalidade. Porém, ao reivindicar mais poderes, estaremos deixando evidente nossa disposição de socorrer Wall Street, situação que para todos pareceria inequivocamente ruim, desde devotos do livre mercado até demagogos populistas. Porém, não fazê-lo, seria ruim para a economia em geral e para os cidadãos comuns.

O presidente Bush se mostrou muito preocupado com os fundos money market e com os mercados de notas promissórias comerciais, tendo em vista a profundidade com que afetam a vida cotidiana da média dos americanos. Como ele disse: "Vocês precisam proteger o cara em Midland, Texas, que quer sacar US$10.000 de seu fundo money market para comprar alguma coisa."

O presidente ouviu com atenção nossos relatos sobre as medidas que pretendíamos implementar: usar o dinheiro do Tesouro para garantir os fundos money market e a linha de crédito de liquidez do Fed para sustentar os recebíveis mobiliários de curto prazo. Embora tivesse um desprezo genuíno por Wall Street e seus sequazes, ele não permitiu que tal idiossincrasia influenciasse suas decisões sobre o que deveria ser feito. Da mesma maneira como engolira em seco para conseguir a reforma da legislação sobre a Fannie e a Freddie, em julho, ele agora deixava de lado seus sentimentos pessoais.

"Se estamos em pleno colapso financeiro, tudo o que pergunto é se isso dará certo", disse o presidente Bush. Ele observou que não tínhamos tempo para nos preocupar com política. Precisávamos descobrir a melhor solução e deixar claro para o Congresso que não podíamos perder tempo.

"Digam ao Congresso que estamos tentando evitar um colapso financeiro", recomendou. "Precisamos insistir com eles que essa é a nossa estratégia e sermos firmes."

Então, perguntei a Ben o que o Fed poderia fazer se o Congresso se recusasse a nos conceder os poderes necessários. Insisti nessa pergunta, pois eu sabia que o presidente precisava ouvir a resposta.

Ben reiterou que, legalmente, o Fed não poderia fazer mais nada. O banco central americano já havia distendido ao máximo seus recursos e tinha chegado aos limites de seus poderes. A situação exigia medidas de política fiscal, e o Congresso precisava avaliar a situação. O presidente o pressionou, mas ele se manteve firme.

"Já passamos da fronteira do que o Fed e o Tesouro podem fazer sozinhos", repetiu Ben.

O presidente Bush nunca hesitou em apoiar-nos, mas naquele dia ele demonstrou excepcional solidariedade. Prometeu que toda a equipe dele trabalharia conosco para conseguir a aprovação do Congresso, com o máximo de rapidez possível. Quando a reunião estava próxima do fim, o presidente circulou pela Sala Roosevelt, batendo de leve no ombro de cada participante.

"Vamos superar essa crise", disse-nos. "Temos de vencer essa crise."

Depois soube que ele chamou Michele Davis de lado e disse: "Diga ao Hank para se acalmar e repousar um pouco, pois ele precisa estar bem descansado."

Ao deixar a reunião, eu estava mais convencido do que nunca de que teríamos de movimentar-nos com rapidez na garantia dos fundos money market. Esse era um passo que poderíamos dar por conta própria. Assim que cheguei ao Tesouro, passei pela sala de David Nason e disse a ele que queria anunciar a garantia na manhã seguinte, mesmo que só pudéssemos concluí-la em semanas. Precisávamos deixar claro imediatamente como pretendíamos agir. Instrui David a trabalhar em estreita colaboração com Steve Shafran e atribuir a mais alta prioridade à missão.

Os mercados já haviam recebido uma dose extremamente necessária de boas notícias antes de entrarmos na Casa Branca, quando a CNBC noticiou que o Tesouro estava considerando a adoção de medidas para comprar ativos ilíquidos dos bancos. A matéria também dizia que Chuck Schumer, senador por Nova York, afirmou que anunciaríamos novas iniciativas ainda naquele dia. As ações dispararam. Na última hora do pregão, o Dow, que já tinha caído mais de 200 pontos, disparou 617 pontos, ganhando no dia 410 pontos, ou 3,9%.

As ações do Morgan Stanley se mostraram ainda mais voláteis, fechando a US$22,55, alta de 80 cents, depois de terem caído nada menos que 46% no dia. Porém, os mercados de crédito continuavam fracos. Os CDSs do Morgan Stanley foram comercializados a 866 pontos-base, enquanto sua liquidez continuava sendo drenada.

Com o Merrill Lynch aparentemente seguro, nos braços do Bank of America, todos os olhos agora se voltavam para o Morgan Stanley e para o Goldman Sachs. Se um dos dois bancos de investimentos falisse, o colapso quase certamente derrubaria o outro e desencadearia uma corrida mundial, de proporções catastróficas para o povo americano. E a falência era a hipótese mais realista.

Havíamos marcado uma reunião com os líderes do Congresso para as 19 horas. Quando eu subia o Capitólio, Ben telefonou para rever nossa estratégia. Eu achava que estávamos tão bem preparados quanto possível. Ben exporia o panorama econômico do que poderia acontecer se ocorresse um colapso sistêmico. Eu descreveria os poderes de que precisávamos e forneceria alguns detalhes. Kevin Fromer e eu concordáramos que necessitaríamos de autoridade para comprar pelo menos US$500 bilhões em ativos podres, mas ainda não queríamos determinar um número.

A reunião seria na sala de conferências de Nancy Pelosi, adjacente ao escritório dela no Capitólio. Sempre se apresentando com elegância, a presidente da Câmara dos Representantes manteve uma atmosfera sofisticada, quase formal, num ambiente com flores viçosas e barras de chocolate, tudo muito diferente da aridez do plenário. A certa altura, quando apareci com um copo de Diet Coke, ela disse: "Ah, aqui não usamos copos de plástico", e imediatamente um ajudante me entregou um copo de cristal muito bonito, com minha bebida.

Ben e eu conversamos enquanto esperávamos os líderes. Chris Cox se juntou a nós. Ele estava sob fogo cerrado. Em evento de campanha, naquele dia, mais cedo, John McCain afirmou que, se fosse presidente, ele demitiria o chefão da SEC. Em breve, as figuras mais poderosas do Congresso entraram no recinto, entre as quais Nancy Pelosi, John Boehner, Barney Frank, Steny Hoyer, líder da maioria; Spencer Bachus, membro da comissão de serviços financeiros; e Rahm Emanuel, chairman do cáucus democrata da Câmara; e Harry Reid, Mitch McConnell, líder da minoria; Dick Durbin, corregedor da maioria; Chris Dodd, Richard Shelby, Chuck Schumer e Patty Murray, secretário da Conferência Democrata.

Apertamo-nos em torno da longa mesa. Sentei-me diante de Nancy e Harry Reid, flanqueado por Ben e Chris. Foi uma reunião demorada e difícil. O Congresso entraria em recesso daí a oito dias, e ninguém estava feliz em estar lá. Ben enfatizou a gravidade da crise e eu disse que o Tesouro precisava de dinheiro e de autoridade para recapitalizar os bancos, comprando os ativos tóxicos de seus balanços patrimoniais.

Ben enfatizou como a crise financeira poderia transbordar para a economia real. Se as ações caíssem mais uns 20%, a GM talvez falisse, e o desemprego subiria – para uns 8% ou 9%, em comparação com a taxa então vigente de 6,1% – se não fizéssemos nada. Em breve, essas estimativas se revelaram otimistas em comparação com o que efetivamente nos atingiria (no momento em que escrevo esta página, o desemprego está em dois dígitos), mas foi o suficiente, na época, para empalidecer os membros do Congresso.

"Estamos falando de uma questão de dias", disse Ben, "antes que ocorra um colapso no sistema financeiro global."

Os presentes irromperam em perguntas. Todos tinham um programa a defender e uma opinião a manifestar. Spencer Bachus perguntou por que não recapitalizávamos os bancos comprando ações em vez de ativos. Foi uma boa pergunta, e gostei que ele a tivesse feito, pois criou condições para que eu enfatizasse meu principal ponto: o programa não pretendia ser refrigério para bancos falidos. Queríamos que as instituições financeiras vendessem ativos ilíquidos para que pudéssemos criar um mercado para eles. Isso encorajaria o livre fluxo de capital para bancos saudáveis, ajudando-os a limpar seus balanços patrimoniais e a romper o impasse do crédito.

Falando pelos democratas, Barney Frank expôs os dispositivos que queria incluir na lei, como restrições à remuneração dos executivos das empresas que recebessem dinheiro do governo. "Se venderem, você provavelmente estará fazendo um favor às empresas", disse. "É de esperar que aceitem as restrições."

Embora eu não tenha ficado surpreso com essa proposta de Barney, resisti com energia. Para mim, limitar a remuneração significava impingir um estigma preclusivo ao programa. E isso era exatamente o que eu queria evitar. Minha prioridade era fazê-lo decolar o quanto antes, para que o sistema não afundasse enquanto estávamos negociando. Tim, Ben e eu queríamos um programa que estimulasse o máximo de participação. Centenas de bancos absolutamente sadios em todo o país tinham ativos tóxicos a serem expurgados para que ficassem em melhores condições. Não queríamos desestimulá-los de aderir à iniciativa, seja forçando os executivos a sofrer cortes em sua remuneração, seja dando a impressão de que os participantes estavam de fato debilitados. Eles não resistiriam a essa percepção do mercado.

Eu continuaria a resistir às pressões por cortes na remuneração dos executivos durante vários dias. Eu também me espantava, como qualquer pessoa, com as práticas de remuneração de Wall Street, que, inclusive, tentamos evitar no Goldman Sachs. Quando eu era CEO, fiz o melhor possível para alinhar os incentivos com o desempenho a longo prazo. Eu sabia que os níveis de remuneração eram muito altos em todo o setor, mas eu não podia mudar essa situação. Precisávamos ser competitivos para atrair as melhores pessoas.

Ao afastar os CEOs da Fannie, da Freddie e da AIG, o governo já demonstrara que não recompensaria o fracasso, mas, em retrospectiva, reconheço que estava errado por não ter sido mais sensível ao clamor público.

Como seria de esperar, os legisladores me instaram a apresentar um número em dólar. Mas, propositadamente, eu fui vago. "Ainda não temos o número, e queremos trabalhar com vocês nisso", disse. "O certo é que deverá ser bastante grande para fazer diferença."

Quão grande era "grande", eles queriam saber.

"Precisamos comprar centenas de bilhões de dólares em ativos", respondi. Eu sabia que era melhor evitar a palavra *trilhão*. Qualquer menção a cifra dessa magnitude provocaria ataques cardíacos. "Precisamos acenar com alguma coisa para acalmar os mercados, e aprovar a lei na semana que vem", afirmei.

O que aconteceria se não obtivéssemos os poderes que buscávamos, alguém perguntou.

"Que Deus nos ajude", respondi.

No fim da reunião, todos os participantes, com a notável exceção de Shelby, pareciam solidários até certo ponto. O tumulto nos mercados forçara um raro consenso bipartidário. Os líderes pareciam compreender que algo devia ser feito e que a única maneira de chegar lá era formar uma frente unida.

"Este é um problema mundial", disse Barney Frank. "Mas somos os donos dele."

Chris Dodd recomendou que o governo cooperasse na redação do projeto; mas não queria receber um fato consumado. A Câmara e o Senado precisavam aprovar qualquer projeto que apresentássemos, mas a situação política era escorregadia, semanas antes da eleição presidencial. Avessos a operações de socorro de empresas em dificuldade, promovidas pelo governo, os eleitores jamais teriam ideia da dor de um colapso generalizado do sistema financeiro, a não ser que o experimentassem. Como disse Barney: "Ninguém jamais será reeleito por evitar uma crise." Nancy Pelosi observou: "Temos de caracterizar a nova lei como estímulo e alívio para o mutuário de financiamento habitacional nos Estados Unidos."

Ao nos prepararmos para encerrar a reunião de quase duas horas, eu senti certo alívio diante do que logo se tornou demonstração pública de apoio e, um tanto ingenuamente, cheguei a imaginar que a lei seria aprovada com mais facilidade do que eu receara de início. Porém, Harry Reid expôs uma avaliação mais realista: "Não podemos agir imediatamente", advertiu, observando que o Congresso geralmente demorava semanas para fazer alguma coisa.

Sexta-feira, 19 de setembro de 2008

Eu já estava no escritório havia 15 minutos, na sexta-feira de manhã, quando recebi um telefonema de Sheila Barir, visivelmente transtornada, pouco depois das 7 horas. Deveríamos anunciar a garantia aos fundos money market em menos de uma hora, e, na pressa, não consultáramos a presidente da FDIC – pior ainda, nem mesmo a informáramos de nossa intenção. Ela tomara conhecimento de nossos planos pela imprensa e estava telefonando para queixar-se. Afirmou não ter dúvida de que eu estava sob forte pressão, mas disse que considerava infame que eu não tivesse conversado com ela antes.

Desde quando cheguei ao Tesouro, em julho de 2006, sempre mantive relacionamento construtivo com Sheila, trabalhando em estreito entrosamento com ela em várias questões referentes a habitação, sobre as quais ela apresentava muitas ideias. Ela desenvolvera instintos políticos excepcionais, mas tendia a ver o mundo sob o prisma da FDIC – foco compreensível, mas, por vezes, estreito demais. Agora ela me dizia que nossa garantia dos fundos money market prejudicaria os bancos.

"Muitos depósitos bancários que não são garantidos", observou, "podem migrar agora para os fundos money market."

Sheila tinha uma boa solução para evitar que isso acontecesse: segurar apenas os saldos de clientes que já estivessem nos fundos money market antes daquele dia ou naquele dia, 19 de setembro. Disse-lhe que gostara da ideia dela e que pediria a David Nason para trabalhar com ela e o staff dela na implementação da ideia.

A verdade é que tínhamos de agir com rapidez crescente, em razão do agravamento contínuo da crise, mas, às vezes, tropeçávamos. Deparávamos com essa dura realidade cada vez que trabalhávamos em nova ideia: não raro nossas soluções acarretavam consequências impopulares. Sempre que o governo intervinha – como no caso do programa de garantia – corríamos o risco de provocar distorções maciças nos mercados. Quanto maior a velocidade da ação e menor o tempo disponível para considerar todas as implicações possíveis, maior era o risco de um passo em falso provocar distorções maciças nos mercados. Em consequência, precisávamos ser maleáveis e flexíveis o suficiente para efetuar correções durante o percurso, sempre que se mostrassem necessárias.

A concessão de garantias dos fundos money market foi extraordinária improvisação de Nason e Shafran. Eles trabalharam noite adentro para esboçar suas linhas gerais e para tornar o plano exequível. Com o tempo, os fundos beneficiários da garantia pagariam taxas para a formação de uma reserva que suplementaria o ESF, o qual, por sua vez, não gastaria um único dólar com o programa.

O Tesouro estava operando tanto na base do improviso que Nason recrutou pessoal do Terrorism Risk Insurance Program, sob a supervisão dele, para ajudar a formular os esquemas de acordos e preços da garantia. Ele foi anunciado em 19 de setembro, abriu 10 dias depois e foi, em minha opinião, a ação em si mais poderosa e mais importante para manter a integridade do sistema, antes da atuação do Congresso. (A garantia foi concebida para ser um programa temporário e acabou sendo extinta pelo Congresso.)

De início, preocupamo-nos com a aceitação do plano pelo setor. Nason e Shafran sondaram tanta gente quanto possível, desde executivos da Charles Schwab e do Vanguard Group até o Investment Company Institute, associação setorial, e constatou que muitos participantes relutavam em pagar pelo seguro do que já consideravam um produto de baixa margem. Porém, no fim das contas, conquistamos adesão de quase 100% e auferimos mais de US$1bilhão em prêmios.

Naquela manhã, o governo dos Estados Unidos divulgou um pacote de novos programas para reforçar a liquidez e acalmar os mercados. A SEC emitiu novas normas, proibindo vendas a descoberto de ações de 799 empresas financeiras, durante 10 dias úteis (prorrogáveis até 30 dias). Meu empenho em arregimentar o apoio de Tim e de Ben proporcionara a Chris Cox o respaldo de que ele necessitava; e, depois de nossa reunião com os líderes do Congresso na noite anterior, os comissários da SEC haviam aprovado a proibição de vendas a descoberto em sessão de emergência. No entanto, a divulgação da medida não foi isenta de falhas. Numerosas empresas importantes, como GE e Credit Suisse, não entraram na lista, que, depois, acabou sendo expandida.

Às 8h30, O Federal Reserve anunciou sua Asset-Backed Commercial Paper Money Market Fund Liquidity Facility, mais conhecida como AMLF. Sob esse programa, o Fed concederia empréstimos irrecorríveis a instituições depositárias e a empresas controladoras de bancos, para financiar suas compras de certificados de recebíveis mobiliários de curto prazo, de alta qualidade, vendidos por fundos de investimentos money market. Em ação à parte, para reforçar a liquidez, o Fed divulgou que compraria dívidas de curto prazo da Fannie Mae e da Freddie Mac.

Essa profusão de programas, além de novas notícias de que tínhamos comparecido ao Congresso para conseguir novas leis, surtiu o efeito de tônico para os mercados. Impulsionado pelas ações de empresas financeiras, as bolsas de valores operaram em alta desde a abertura. Às 9h42, o Dow já subira 275 pontos, a caminho de todo um dia de alta de 369 pontos. As ações do Morgan Stanley subiram 33% nos primeiros minutos do pregão.

Enquanto meu pessoal se preparava para as apresentações na Casa Branca e no Congresso, meu telefone tocava a toda hora. Lloyd Blankfein, CEO do Goldman, me ligou para expressar sua preocupação com o Morgan Stanley e com as possíveis consequências de suas dificuldades – para o mercado e para a empresa dele. O mercado estava perdendo a confiança nos bancos de investimentos, disse, e, embora o balanço de pagamentos do Goldman fosse robusto, suas contrapartes e suas fontes de financiamento estavam assustadas.

"Eu nunca torci tanto por um concorrente", disse ele. "Se eles afundarem, nós seremos os próximos."

Dick Fuld também me telefonou; e, embora eu realmente não tivesse tempo para falar com ele, acabei ficando na linha 20 minutos. Como em nossa conversa alguns dias antes, achei-o muito triste. Ele estava com medo de passar muitos anos às voltas com a justiça. Ele me perguntou se eu deporia a favor dele, enfatizando como ele se empenhara e o que ele havia feito. Eu disse que sabia que ele não pouparia esforços para salvar o Lehman, mas a crise que enfrentávamos era inédita. Aquela foi a última vez em que falei com ele.

A assessoria de imprensa do Tesouro esteve ocupada naquele dia. Às 10 horas, divulguei um comunicado que explicava nossas razões para ir ao Congresso – como os ativos ilíquidos estavam entupindo o sistema financeiro e ameaçando as poupanças pessoais dos americanos e, de resto, toda a economia americana. Disse que eu trabalharia com o Congresso durante o fim de semana para aprovar a nova lei na semana seguinte. E aproveitei a oportunidade para insistir na necessidade da reforma regulatória que eu defendia havia tanto tempo.

Quarenta e cinco minutos depois, Ben, Chris e eu estávamos no Rose Garden da Casa Branca, com o presidente Bush, que resumiu as medidas que estávamos tomando e anunciou que havíamos exposto ao Congresso a necessidade de aprovação urgente de nova lei que outorgasse autoridade ao governo para intervir e comprar ativos problemáticos. "Essas medidas serão como graxa nas engrenagens de nosso sistema financeiro, que corria o risco de grimpar", disse ele.

Ainda havia muito a ser feito. O staff do Tesouro assumiu a liderança, como representante do poder executivo, no trabalho conjunto com as comissões de serviços financeiros da Câmara e do Senado, para elaborar o que viria a ser o Troubled Assets Relief Program. Recomendei à minha equipe que elaborasse a proposta mais abrangente possível, com o mínimo de limitações, pois eu sabia que só tínhamos uma chance de conseguir a aprovação do Congresso.

À tarde, Kevin Fromer chamou-me de lado e disse: "Se você recear que US$500 bilhões não sejam suficientes, talvez valha a pena pedir mais."

"Você está absolutamente certo", disse. Na realidade, eu precisava de uma cifra maior, assim como os mercados. Mas eu não queria correr o risco de pedir demais e ser rechaçado. "Qual é o máximo que você acha que conseguiríamos?"

"O público e o Congresso detestarão US$500 bilhões", respondeu. "Já é algo impensável. Mas não sei se fará muita diferença reivindicar de uma vez US$700 bilhões. Mas se você aumentar muito, para mais perto de US$1 trilhão, de fato teremos dificuldade."

Nossa escolha por US$700 bilhões não foi apenas questão de julgamento político. Também se baseou em cálculo de mercado. Nossas estimativas indicavam que havia cerca de US$11 trilhões em hipotecas residenciais no país, a maioria delas boa. Precisaríamos comprar apenas pequena fração delas, para oferecer transparência e energizar os mercados. E achávamos que US$700 bilhões seriam suficientes para fazer diferença.

No entanto, o pedido de US$700 bilhões chocou muitos americanos – e o Congresso. Talvez minha incapacidade de prever essa reação demonstre como eu me tornara insensível aos números extraordinários associados a um colapso financeiro total. A toda hora eu me defrontava com quantias espantosas. Na sexta-feira, enquanto os mercados de ações subiam, os mercados de crédito continuavam tensos e a fuga para a qualidade manteve a demanda por títulos do Tesouro incrivelmente alta. As não entregas chegaram ao nível de US$285 bilhões por dia, aumento espantoso de US$20 bilhões em uma semana.

Corrêramos contra o relógio no caso do Bear Stearns e, de novo, com a Fannie, a Freddie, o Lehman e a AIG. Agora, de novo, tentávamos ganhar a corrida contra o tempo com quatro instituições financeiras gigantescas – Washington Mutual, Wachovia, Morgan Stanley e Goldman Sachs – refrega que se prolongaria nos dias subsequentes.

Os líderes do Congresso nos recomendaram que não lhes apresentássemos um documento acabado, mas, sim, que trabalhássemos com eles. Assim, preparamos uma proposta sucinta e objetiva, aberta a mudanças, conscientes de que os próprios parlamentares elaborariam a legislação. Por volta das 21 horas da sexta-feira, Chris Dodd me telefonou para perguntar sobre a situação de nossa proposta. "Meu staff está esperando desde as 17 horas", reclamou, insistindo em que deveríamos ser cooperativos.

No fim das contas, reduzimos a proposta a três páginas, e ela acabou sendo um erro político de três páginas.

Pedimos amplos poderes para gastar até US$700 bilhões, destinados à aquisição de ativos problemáticos, inclusive títulos hipotecários e certificados de recebíveis imobiliários, sob os termos e condições que considerássemos adequados.

Os ativos seriam precificados com base em mecanismos de mercado, como leilões reversos, em que os lances são dos vendedores – não dos compradores, como em geral é o caso. Depois de comprados, eles seriam administrados por gestores de recursos privados. Os rendimentos se destinariam a um fundo geral do Tesouro, em benefício dos contribuintes americanos.

Refletindo a urgência da situação, nossa minuta sugeria que o Tesouro dispusesse não só do máximo de discricionariedade na contratação de agentes para a execução dessas compras, mas também de proteção eficaz contra ações judiciais de terceiros do setor privado que tentassem invalidar ou retardar o programa. Essa blindagem contra questionamentos judiciais se baseava sob muitos aspectos no Gold Reserve Act, de 1934.

A proposta suscitou muitas críticas – das quais uma das mais comuns era sua brevidade, característica que foi interpretada por muitos linchadores como indício de superficialidade. Na verdade, nós primamos pela concisão, com o objetivo específico de oferecer ao Congresso espaço suficiente para manobras. Nosso documento "Break the Glass" (Quebre o Vidro), de abril, em que desenvolvemos alternativas de ação política, e no qual agora se baseava a nova proposta, tinha 10 páginas. A imunidade contra revisão judicial foi interpretada como excessiva, tanto que acabou não sendo aprovada. Porém, quase tudo o que pedimos e que acabaria sendo o arcabouço da nova lei, estava naquelas três páginas.

Entretanto, poderíamos ter sido mais habilidosos em nossa proposta do TARP. Ao menos, deveríamos ter configurado nossas três páginas na forma de lista com marcadores, em vez de como projeto de lei. Também poderíamos ter sido mais expeditos, para que ela estivesse no Congresso mais cedo. O documento só chegou ao Congresso à meia-noite, aumentando a ansiedade dos legisladores, das assessorias e da imprensa. E, como depois me disse Michele Davis, deveríamos ter convocado uma entrevista coletiva naquela noite para explicar a linguagem com mais clareza. Teríamos evitado muitos problemas para nós mesmos, se tivéssemos enfatizado que nossa proposta era um esboço. Mas todo o staff estava empenhado na elaboração do texto e não havia tempo para amenidades, como reuniões com a imprensa. Depois, evidentemente, realizaríamos muitas entrevistas coletivas tarde da noite.

Mesmo com a primeira versão do TARP já no Congresso, depois da adoção de garantias temporárias aos fundos money market e da proibição das vendas a descoberto por prazo limitado, eu ainda não conseguia respirar com facilidade, em consequência da forte pressão sobre o Morgan Stanley e sobre o Goldman Sachs. Eles eram os dois maiores bancos de investimentos do mundo – não só pelo prestígio, mas também pelo simples magnitude de seus balanços patrimoniais, de seus volumes de negociações e de suas exposições ao risco. O risco de contraparte deles era enorme, muito maior que o do Lehman. E nós, sem dúvida, sabíamos que o mercado não toleraria outra falência de instituição de grande porte.

O Morgan Stanley também se encontrava sob forte assédio. As medidas do governo naquela sexta-feira tinham feito maravilhas por suas ações, que subiram 21%, para US$27,21, e as taxas de seus swaps de crédito caíram mais de um terço. Porém, seus clientes e contrapartes já haviam perdido a confiança: desde a segunda-feira, os fundos de hedge estavam fechando suas contas de corretagem, enquanto outras instituições evitavam operações com a empresa. Em uma semana, as reservas da empresa controladora do Morgan Stanley haviam perdido cerca de US$81 bilhões, reduzindo-se a US$31 bilhões. Sabíamos que, se o Morgan Stanley afundasse, o foco se deslocaria para o Goldman Sachs.

Na noite de sexta-feira, por volta as 18h30, John Mack telefonou para dar-me algumas informações. Ele estava correndo em busca de uma solução, pois precisava desesperadamente de ser adquirido ou incorporado por um investidor estratégico, como demonstração de confiança e apoio. Porém, suas negociações com a China Investment Corporation (CIC), o fundo soberano de Beijing, não tinham ido longe, o que, para ele, poderia redundar em novos investimentos de capital próprio em sua empresa.

"Não estamos progredindo tanto quanto gostaríamos", ele reconheceu. "Os chineses precisam saber que o governo dos Estados Unidos considera importante encontrar uma solução."

"Conversarei com Wang Qishan", garanti-lhe. Ainda disse que eu estava disposto a pedir ao presidente Bush para conversar com Hu Jintao, presidente da China, se isso fosse útil e necessário.

Depois de minha conversa com John, falei com Ben e com Tim e marcamos nosso plano de ataque para o sábado e para o domingo. As hipóteses de acordo com o Congresso dominaram nossos entendimentos, assim como se repetiria durante todo o fim de semana. Receávamos que o Wachovia e o WaMu estivessem à beira da falência, assolados por pilhas de ativos podres e enfrentando graves problemas de solvência. Em contraste, o Morgan Stanley e o Goldman Sachs padeciam de falta de confiança. O Morgan Stanley também se defrontava com aperto de liquidez de curto prazo.

O Morgan Stanley e o Wachovia já haviam discutido naquela semana a hipótese de fusão ou incorporação, mas tinham concluído que a operação seria impossível, sem enorme ajuda financeira do governo, em razão da gigantesca exposição do Wachovia, de mais ou menos US$122 bilhões, à chamada opção ARMs. Além dos empréstimos mais venenosos, essas hipotecas de taxas ajustáveis (adjustable-rate mortgages – ARM) permitiam que os mutuários escolhessem diferentes métodos de pagamento. Geralmente, suas taxas de juros iniciais muito baixas atuavam como iscas. Ainda por cima, os esquemas de amortização, com as primeiras prestações demasiado reduzidas, redundavam em aumento do saldo devedor.

Tim tinha sérias dúvidas sobre se a fusão Morgan Stanley–Wachovia seria vista com bons olhos pelo mercado. Ambas as instituições estavam debilitadas e as conversas terminaram sem que o Morgan Stanley pedisse nem o Fed oferecesse ajuda.

Instigados pelo Federal Reserve, discutimos várias maneiras de fundir bancos de investimentos com bancos comerciais. Nosso raciocínio era simples: como a confiança no modelo de negócios dos bancos de investimentos tinha evaporado, a fusão ou incorporação deles com ou por bancos comerciais tranquilizaria os mercados. Na verdade, eu não gostava da ideia de criar megabancos – grandes e complexos demais para serem gerenciados com eficácia, e achava que tanto o Morgan Stanley quanto o Goldman Sachs tinham balanços patrimoniais melhores que os de muitos bancos comerciais. Mas precisávamos encontrar uma maneira de reduzir a probabilidade de falência dos bancos de investimentos – e o colapso de nosso sistema financeiro.

O Fed também estava trabalhando em planos de contingência que possibilitassem a transformação do Goldman e do Morgan Stanley em empresas controladoras de bancos, o que os transferiria para a jurisdição do

Fed, instituição mais confiável que a SEC aos olhos do mercado. No entanto, esse era o Plano B, e não o considerávamos suficiente para salvar os dois bancos de investimentos, a não ser que também conseguissem levantar capital entre investidores estratégicos. Porém, sob as condições então vigentes de pânico no mercado, ambos os bancos de investimentos tinham dificuldade em encontrar parceiros confiáveis.

Não importa o que fizéssemos, sabíamos que teríamos de emitir algum sinal ao mercado de que o Morgan Stanley e o Goldman Sachs não entrariam em colapso. A proibição das vendas a descoberto pela SEC propiciara-lhes um período de carência, mas não havia tempo a perder.

Sábado, 20 de setembro de 2008

Cheguei ao escritório às 9h15. Entre bancos de investimentos e legislação TARP, passei parcela considerável do dia ao telefone, atendendo a numerosas chamadas de interlocutores insignes, entre os quais Barack Obama e John McCain.

O Tesouro e a Casa Branca realizaram uma teleconferência no meio da manhã, sobre estratégia legislativa. Nosso objetivo era manter a TARP tão simples quanto possível e ao mesmo tempo envolver a maior quantidade possível de autoridades. O Tesouro lideraria os esforços do governo, com Neel Kashkari, Bob Hoyt e Kevin Fromer negociando com o staff do Congresso no Capitólio. Também tínhamos de considerar se nossa proposta seria boa para a Casa Branca e para o Escritório de Gestão e Orçamento.

Meu pensamento se concentrava no perigo para os bancos de investimentos. Tim e eu já havíamos conversado várias vezes naquela manhã. Meu estilo, quando estou ao telefone, com muita pressa, é tratar de toda a série de assuntos, dizer algo do tipo "Ok, tchau", e desligar. Se a pessoa não me conhece, não raro fica falando sozinha. Naquela manhã, acabei ligando várias vezes para Tim, por ter constatado que provavelmente o deixara pendurado ao telefone.

Tive várias conversas telefônicas desanimadoras com John Mack naquele fim de semana. Com a empresa dele na iminência de um naufrágio, ele estava sob grande pressão. Mas John ainda tinha a esperança remota de evitar a venda do Morgan Stanley. Àquela altura, nós dois duvidávamos que ele ainda conseguisse fechar um acordo com os chineses, embora eu o tivesse tranquilizado com a garantia de que levantaria a questão diretamente com o vice-premier Wang Qishan naquela noite. John tinha mais esperança de encontrar um investidor estratégico em outro gigante asiático, o Mitsubishi UFJ Financial Group, com quem já entabulara entendimentos. Mas eu estava cético quanto à probabilidade de o banco japonês se movimentar com rapidez suficiente, considerando a situação do Morgan Stanley.

"Você precisa e uma solução até este fim de semana", lembrei-o.

"Hank, você acha que eu devo vender o Morgan Stanley?"

"As consequências da falência do Morgan Stanley seriam tão grandes, John, que acho que você deve vendê-lo, se conseguir."

À tarde, telefonei para a Casa Branca e atualizei o presidente sobre a situação. Ele ficara satisfeito com a recuperação do mercado na sexta-feira, que, considerando a alta da quinta-feira, ele interpretou como sinal positivo. Mas tive de reiterar minha preocupação com os dois bancos de investimentos e com o Wachovia.

Ele perguntou se nós achávamos que o Morgan Stanley conseguiria encontrar um comprador, e eu respondi que, de fato, talvez precisássemos que ele conversasse com o presidente da China. Qualquer iniciativa desse tipo teria de ser programada com cuidado, porque o presidente dos Estados Unidos não deveria dar a impressão de estar pedindo diretamente ao presidente da China que o país asiático investisse numa instituição americana. Porém, caso parecesse provável que os chineses estivessem dispostos a fazer o negócio, poderíamos combinar uma conversa. O presidente americano agradeceria a Hu pela cooperação sino-americana para o fortalecimento dos mercados de capitais. Seria o suficiente para indicar a importância da questão para os Estados Unidos. Embora o presidente não tenha aprovado a ideia de imediato, ele me disse para trabalhar nessa hipótese com Steve Hadley, assessor de segurança nacional.

Kevin Warsh vinha mantendo entendimentos com o Wachovia e com o Goldman Sachs, com vistas a uma possível operação de fusão ou incorporação, mas até então não conseguira muita coisa. O banco da Carolina do Norte parecia carecer de senso de urgência. Na tarde de sábado envolvi-me no assunto.

Como apenas recentemente ele havia renunciado como subsecretário para finanças internas, Bob Steel, CEO do Wachovia, não tinha permissão para conversar com o Tesouro em nome do Wachovia, mas eu podia falar com os membros do Conselho de Administração do banco. Telefonei para Joe Neubauer, CEO do Aramark, um dos conselheiros. Eu já trabalhara com Joe e conhecia sua sofisticação financeira e sua objetividade.

"Joe, antes de qualquer coisa quero ter a certeza de que você está imbuído do indispensável senso de urgência", disse. "O pessoal do Goldman Sachs está à espera de vocês no escritório deles e ninguém apareceu."

"Por que isso tem que ser tão rápido?", perguntou.

"O Wachovia talvez quebre a qualquer momento", respondi. "O mercado está muito nervoso com o portfólio de títulos hipotecários de vocês. É muito melhor antecipar-se às situações."

Quando Joe me telefonou depois, era evidente que minha mensagem tinha surtido efeito. Também conversei numerosas vezes com Lloyd Blankfein para exortá-lo a ser agressivo e criativo. Expliquei-lhe, contudo, que o negócio Goldman-Wachovia seria inviável se exigisse muita ajuda do Fed.

Eu estava em casa por volta das 21 horas de sábado, esperando para falar com meu velho amigo Wang Qishan no outro lado do mundo, quando precisei atender a um telefonema de Max Baucus, senador por Montana. Ele queria conversar comigo sobre o TARP e sobre a remuneração dos executivos. A ideia dele era recorrer ao Código Tributário para controlar a remuneração dos executivos no caso de participantes do programa, eliminando as deduções tributárias para remunerações acima de certo nível.

Não era má ideia, mas, simplesmente, eu estava perdendo a paciência. Lá estava eu, tentando salvar os mercados e me preparando para uma conversa difícil com os chineses, e, mais uma vez, alguém insistia em encher meus ouvidos com a velha questão da remuneração dos executivos. "Se as pessoas são incompetentes, eu simplesmente as demito, sem indenizações rescisórias. Tenho sido duro com todos os meus colaboradores", lembro-me de ter dito a Baucus. Também reafirmei que não via sentido em mudar a legislação tributária para penalizar os mesmos bancos que queríamos atrair para nosso programa de compra de ativos.

Como eu viria a descobrir nos dias subsequentes, o senador democrata não desistiria de sua proposta, que tinha seus méritos. Nós por fim a aceitamos, mas naquela noite eu fui breve com ele, pois precisava conversar com Wang. Foi um milagre eu não me atrasar para o nosso telefonema das 21h30.

Eu sempre mantivera o vice-premier chinês informado durante toda a crise, e, embora nosso relacionamento sempre tenha sido amistoso, naquela noite limitamos ao mínimo as amenidades. Falamos sobre o mercado, sobre o TARP e sobre minhas expectativas otimistas de que o Congresso nos concederia os poderes necessários. Então, levantei a questão do Morgan Stanley.

Wang tinha John Mack e a empresa dele em alta conta. Tanto quanto ele sabia, a CIC pretendia aumentar sua participação de 9,9% no Morgan Stanley. Respondi que receberíamos de bom grado essa iniciativa. Mas Wang parecia cético e preocupado quanto à segurança de qualquer investimento chinês. Eu sabia que a CIC havia sofrido grandes prejuízos em sua participação no Morgan Stanley e que esse investimento era fonte de grande controvérsia na China. Eu disse a ele que o governo dos Estados Unidos atribuía ao Morgan Stanley importância sistêmica. Porém, o tom pouco entusiástico dele me convenceu a deixar de lado o assunto – a China já estava oferecendo enorme ajuda aos Estados Unidos ao comprar e manter títulos do Tesouro e papéis das GSEs. Se o negócio com o Morgan Stanley fosse possível, Wang teria emitido algum sinal.

Mais tarde, telefonei para Steve Hadley, na Casa Branca, e disse-lhe que não acreditava na hipótese de a China investir no Morgan Stanley, e que o telefonema do presidente para Hu seria desnecessário. No dia seguinte, quando liguei para John e disse que os chineses não pareciam interessados, ele não demonstrou surpresa.

Domingo, 21 de setembro de 2008

Recebi convites para participar de todos os programas de entrevistas de domingo, perfazendo uma sucessão de nada menos que quatro entrevistas. Se tivemos oportunidades para transmitir com nitidez nossa mensagem, aquela foi a melhor. Durante minha carreira no setor privado, sempre fiz questão de responder diretamente às perguntas. Porém, como servidor público de alto escalão, minha situação era diferente. As perguntas já eram conhecidas com antecedência, mas também era necessário insistir em alguns pontos e descobrir maneiras de abordá-los, independentemente da natureza das perguntas.

Embora tivesse dormido pouco na noite de sábado, Michele Davis chegou à minha casa de manhã cedo, no domingo, com o objetivo de preparar-me para a rodada de entrevistas. "Você não precisa transmitir todas as suas mensagens importantes de uma vez", disse. "Você terá tempo para tratar de todas elas durante a entrevista." Antes de entrarmos ao vivo em "Meet the Press", o apresentador Tom Brokaw repetiu a mesma coisa.

"Serei duro", disse ele. "E isso é bom para você – jogo limpo, mas duro; e não se tranque, Hank, lembre-se disso."

No fim da entrevista, Brokaw observou que o problema com os fundos money market contaminara as notas promissórias comerciais e agora ameaçavam a própria economia americana. E perguntou: "O efeito dominó de tudo isso culminará com a estagnação econômica, não?"

"É exatamente por isso que precisamos desses poderes. Essa é a razão por que o Congresso deve agir com rapidez", expliquei. "Para mim, é tremendamente doloroso deixar o contribuinte americano nessa situação, mas essa é a melhor alternativa."

À tarde, Ben e eu participamos de uma reunião disfuncional no gabinete de Bob Corker, senador pelo Tennessee, com vários outros senadores do Partido Republicano, da Comissão de Bancos do Senado (além de outros participantes, conectados em teleconferência). Corker, força construtiva no Senado, queria que Ben e eu esclarecêssemos o grupo a respeito da conjuntura, mas Jim Bunning sequestrou a sessão. Vez por outra eu já havia batido de frente com aquele conservador intratável, e o novo confronto não foi menos litigioso. O senador por Kentucky acreditava piamente que o povo americano não estava preocupado com nossas instituições financeiras nem com o risco de colapso econômico. Ben e eu ficamos irritados com Bunning. A reunião foi a mais absoluta perda de tempo, numa situação em que tempo era o recurso mais escasso.

As perspectivas de fundir ou incorporar o Morgan Stanley ou o Goldman Sachs pareciam sombrias, não obstante os esforços de Ben, Tim, Kevin Warsh e meus. Tim tentara facilitar entendimentos entre o Goldman e o Citigroup, com base na tese de que o Goldman fortaleceria a equipe gerencial do banco comercial, mas o Citi não demonstrou interesse. Ele também tomara a iniciativa de promover a aquisição do Morgan Stanley pelo JPMorgan, mas este rechaçou a hipótese. No meio da tarde, Ben e eu nos juntamos a Tim numa teleconferência com Jamie Dimon, e, em vão, novamente apelamos para que adquirisse o Morgan Stanley. Persistentes, telefonamos para Mack, sugerindo-lhe que procurasse Jamie Dimon mais uma vez. Irritado, John se recusou, explicando que já havia conversado com Jamie várias vezes e não estava disposto a importuná-lo de novo.

"A venda a preço de banana para o JPMorgan custaria milhares de empregos no Morgan Stanley", protestou.

O fato é que, se John tivesse procurado Jamie mais uma vez, o chefe do JPMorgan novamente teria dito não. O WaMu era a mais importante prioridade de Jamie, como eu já sabia não era da véspera. (Em uma semana, o JPMorgan anunciaria que estava comprando a instituição de Seattle).

O Goldman e o Wachovia também estavam interessados em fusão ou incorporação, mas o Goldman havia deparado com grandes prejuízos no portfólio imobiliário do Wachovia, como no caso do Morgan Stanley. Nenhum acordo poderia ser concluído sem a ajuda do governo. O Fed até estava admitindo nova abordagem que talvez lhe permitisse respaldar o negócio com um empréstimo garantido não só por ativos, mas também por bônus de subscrição, que lhe conferissem o direito de adquirir ações da empresa resultante da fusão.

No fim das contas, Ben, Tim e eu resolvemos não apoiar a operação Goldman-Wachovia. O negócio seria de difícil estruturação e envolveria dificuldades jurídicas e políticas complexas, talvez insolúveis. Minha ligação com o Goldman no passado sem dúvida suscitaria suspeitas.

Mais importante, contudo, eu não poderia respaldar uma fusão Goldman-Wachovia por uma razão fundamental. Sem nenhum negócio à vista com o Morgan Stanley, a operação com o Goldman aumentaria a probabilidade de falência do Morgan Stanley. Se o mercado acreditasse que o Goldman Sachs precisava fundir-se com um banco para sobreviver, a perda de confiança dos investidores num Morgan Stanley isolado seria ainda maior. Do mesmo modo, a aquisição do Morgan Stanley pelo JPMorgan seria desestabilizadora para o Goldman Sachs, ao deixá-lo sozinho, depois da falência ou da fusão ou incorporação de todos os outros grandes bancos de investimentos.

Nosso objetivo era, acima de tudo, reduzir o risco de falência desses bancos de investimentos. Depois de um fim de semana de atividades frenéticas, Ben, Tim e eu concluímos que o curso de ação que envolvia menor probabilidade de falência das duas instituições era nosso Plano B. O Fed precisava converter o Morgan Stanley e o Goldman Sachs em empresas controladoras de bancos, com a expectativa de que ambos encontrassem investidores estratégicos que garantissem sua sobrevivência. (Embora não o soubéssemos com tanta clareza na época, hoje acredito que tivemos muita sorte em não termos conseguido a fusão ou incorporação de um dos dois bancos, pois a última coisa de que precisamos hoje é de um setor de serviços financeiros ainda mais concentrado.

Na noite de domingo, conversei com Mack e Blankfein. John, que se mostrava cada vez mais otimista sobre a probabilidade de negócio com o Mitsubishi UFJ, me disse que esperava anunciar o acordo, a princípio, na manhã seguinte, com a venda de 20% do Morgan Stanley à empresa japonesa. Comprometi-me em fazer todo o possível para facilitar o negócio. Lloyd disse que procurara investidores estratégicos no Japão e na China, mas voltara de mãos vazias. Além disso, estava frustrado por ter perdido tanto tempo com o Wachovia, apenas para descobrir no final das contas que a ajuda do Fed era impossível. Será que eu tinha alguma ideia?

"Lloyd, você precisa encontrar um investidor. Não me ocorre nenhuma hipótese que você já não tenha considerado", disse. "Procure em todo o mundo uma instituição em que você tenha bom relacionamento com alguém confiável. Não deixe pedra sobre pedra."

Ele hesitou, refletindo sobre a situação. Então, perguntou, quase que para si mesmo: "Diga-me apenas uma coisa: Será que estou agindo certo?"

Pouco depois, às 21h30 daquela noite de domingo, 21 de setembro, o Federal Reserve anunciou que aprovara os pedidos do Morgan Stanley e do Goldman Sachs para se transformarem em empresas controladoras de bancos.

A Wall Street que eu conhecia chegara ao fim.

Capítulo 12

Segunda-feira, 22 de setembro de 2008

Na segunda-feira, nosso plano de socorro de US$700 bilhões era notícia no mundo inteiro. Cheguei ao escritório cedo e me dirigi imediatamente à Sala de Mercados, para verificar os spreads de crédito do Morgan Stanley e do Goldman Sachs. Para meu alívio, os CDSs dos bancos de investimentos haviam estabilizado, embora o spread LIBOR-OIS ainda estivesse sob pressão. Mas não havia dúvida de que nos equilibrávamos sobre um gume cortante como navalha. Precisávamos de rápida aprovação do projeto de lei.

Já teria sido muito difícil aprovar o TARP em ano não eleitoral, e a política realmente complicava ainda mais a situação. Em meio a uma campanha presidencial disputada a cada palmo, os republicanos previam grandes perdas no Congresso e estavam extremamente sensíveis quanto à exasperação dos eleitores com o governo Bush e com Wall Street. No domingo, o senador Obama, que fizera numerosas declarações públicas manifestando apoio com restrições à nossa abordagem, afirmou em entrevista à CNBC que faria questão de minha participação no período de transição, se ele ganhasse as eleições. Também o senador McCain expressara algum apoio.

Mas a economia se convertera na principal questão da campanha presidencial, e Obama continuou a martelar o rival por um comentário que ele fizera em 15 de setembro, de que "os fundamentos de nossa economia são fortes." McCain e Obama estavam separados por diferença de poucos pontos percentuais nas prévias e pelejavam em batalhas cruentas nos Estados indecisos. Obama ganhava terreno e McCain tentava distanciar-se da Casa Branca de Bush. Na tentativa de reduzir as perdas, ele também vinha adotando retórica populista e desancando Wall Street, além de referir-se continuamente à necessidade de proteger os contribuintes. Também explorava reiteradamente a expressão "operação de socorro".

Durante comício na manhã de segunda-feira, em Scranton, Pensilvânia, McCain declarou à multidão: "Estou muito receoso de que o plano conceda a uma única pessoa o poder sem precedentes de gastar US$1 trilhão – repito, um trilhão de dólares – sem a necessária e imprescindível prestação de contas. Nunca antes na história de nosso país tanto poder e dinheiro se concentrou nas mãos de um só indivíduo."

Eu tinha medo de que a vociferação de McCain inflamasse o sentimento público contra o TARP, razão por que recorri a Lindsey Graham, senador pela Carolina do Sul, grande amigo do candidato e co-chairman da campanha nacional. Lindsey me telefonou ao meio-dia para dizer que John estava no ponto da virada, na iminência de voltar-se contra o TARP. "O plano era realmente necessário?", indagou.

"Absolutamente", respondi.

Repassei todas as razões, enfatizando que o apoio de McCain seria crucial para que os republicanos no Congresso votassem a favor do projeto de lei. Lindsey instou-me a falar diretamente com John. Tentei mas não consegui. Poucas horas depois, voltei a procurar Lindsey, e ele repetiu o que já havia dito antes. Muitos assessores de McCain detestavam o TARP e viam vantagem política em que o candidato se opusesse ao programa.

"É muito importante que você converse com John", lembro-me da insistência de Lindsey. "Muita gente o está empurrando para a direção errada, e estou tentando passar tanto tempo quanto possível com ele. Insistirei para que ele lhe telefone de volta."

McCain me ligou em uma hora, mas a conversa não foi boa. "Hank, você esta pedindo autoridade demais", disse. "O povo americano não gosta de operações de socorro, e você sabe que sempre fui defensor dos contribuintes."

"Em circunstâncias normais, eu estaria totalmente ao seu lado, mas, neste exato momento, não há como exagerar quanto à fragilidade do sistema", respondi, enfatizando que várias instituições de grande porte estavam à beira do abismo. "Realmente preciso do seu apoio para conseguir alguma coisa – necessito do seu apoio público."

McCain estava com pressa e teve de desligar antes de comprometer-se em apoiar-me. Fiquei tão preocupado com a conversa que telefonei para Josh Bolten, na Casa Branca, para aconselhar-me com ele. Josh me garantiu que Lindsey Graham compreendia a necessidade de ação do governo e estava totalmente a nosso favor.

"Fique perto de Lindsey", recomendou. "Continue conversando com ele, trate-o como uma ponte para McCain."

A incerteza provocada pelo desencantamento republicano com o TARP ajudou a derrubar o Dow, que perdeu 373 pontos, enxugando os ganhos da sexta-feira. As ações da Washington Mutual e do Wachovia sofreram grande queda. No lado positivo, os spreads dos CDSs do Morgan Stanley e do Goldman se estreitaram muito, indicando que o plano de convertê-los em empresas controladoras lhes havia proporcionado um pouco mais de espaço para respirar. O anúncio do Mitsubishi UFJ de que pretendia comprar 20% do Morgan Stanley foi outro fato positivo.

No entanto, precisávamos empenhar-nos na venda do TARP. Enquanto o staff do Tesouro negociava com os democratas do Congresso os detalhes do programa, concluímos que não poderíamos demonstrar qualquer dúvida sobre nossos métodos nem qualquer abertura a outras ideias. Sempre que alguém no Capitólio perguntava à equipe do Tesouro se havia outros planos, a resposta era: "Este é o plano." Se tivéssemos admitido alternativas, o processo teria adoado.

A remuneração dos executivos continuou sendo ponto controverso naquela noite, quando me reuni com minha equipe – Kevin Fromer, Michele Davis, Jim Wilkinson, Neel Kashkari e Bob Hoyt – para rever a questão, discutimos o tom cada vez mais estridente da campanha eleitoral: "Estamos ouvindo o que as pessoas estão dizendo na campanha. Estamos ouvindo os candidatos", disse Michele. "Para conseguirmos os votos necessários, teremos de impor restrições à remuneração dos executivos."

Respondi que, em minha opinião, deveríamos ser muito rigorosos com os executivos de empresas em dificuldade, como quando demitimos os CEOs das GSEs e da AIG. Porém, para mim, restringir a remuneração poderia deixar-nos em terreno escorregadio no Congresso. Todo o conceito do TARP consistia em induzir o maior número de instituições a participar de nossos leilões e vender seus ativos podres. Os participantes limpariam seus balanços patrimoniais e atrairiam novo capital de investidores privados.

Ao sairmos da reunião, Kevin Fromer insistiu: "A luta será traiçoeira."

Retruquei: "Prefiro não conseguir nada a conseguir algo que me deixe de mãos amarradas e me impeça de trabalhar."

Resisti durante alguns dias, recusando-me a fazer concessões e enfurecendo muita gente no Congresso. Porém, agindo assim, pudemos concordar quanto a um conjunto de condições aceitáveis para o mercado. O Congresso as tornaria muito mais duras depois de minha saída.

Terça-feira, 23 de setembro de 2008

Ben Bernanke, Chris Cox, Jim Lockhart e eu deveríamos depor no Comitê de Bancos do Senado às 9h30. Tínhamos certeza de que a sessão não seria fácil e sabíamos que deveríamos estar preparados. Ben me telefonou duas horas antes e manifestou o receio de que não tivéssemos conseguido explicar nossas intenções. Ele queria ter a certeza de que eu não me sentiria constrangido com o que ele pretendia dizer.

Ao entrar na audiência, eu sabia que tinha de escolher minhas palavras com cuidado. Enfrentávamos um verdadeiro dilema: Para convencer o Congresso a agir, teríamos de fazer previsões funestas sobre o que aconteceria com a economia se eles não nos concedessem os poderes que queríamos. Mas o tiro poderia sair pela culatra. Consumidores assustados talvez parassem de comprar e começassem a poupar, a última coisa de que precisávamos naquele momento. Os investidores poderiam perder o último fio de confiança que vinha segurando os mercados.

Descrevi as causa básicas da crise, ou seja, as más práticas de empréstimos que penalizaram muitos mutuários e mutuantes, acabando por disparar uma reação em cadeia que contaminara a economia real, criando dificuldades para que empresas não financeiras financiassem suas operações diárias. Enfatizei a necessidade de ação rápida, mas resisti quando me pediram para descrever como seria um eventual colapso do sistema financeiro e para fornecer detalhes das consequências de perder a poupança para a aposentadoria e até o emprego.

Ben não hesitou tanto em descrever um cenário alarmante. "Os mercados financeiros estão em condições muito frágeis e acho que piorarão ainda mais se não agirmos rápido", afirmou sem titubear. "Sem o funcionamento eficaz dos mercados de crédito, os juros subirão, eliminaremos empregos, os mutuários perderão suas casas, o PIB se contrairá e a queda na atividade econômica será prolongada."

O Senado é mais civilizado que a Câmara, mas foi uma sessão longa e difícil. Só consegui falar depois de mais ou menos 90 minutos, após os discursos de muitos membros da Comissão.

Durante a audiência transmitida por rede nacional de televisão, com a duração de cinco horas, os senadores se mostraram muito preocupados com iniciativas precipitadas, com a proteção dos contribuintes e com a amplitude dos poderes que estávamos reivindicando. Era compreensível: estávamos pedindo muito, com pouca antecedência e apenas algumas semanas antes da eleição presidencial. Fomos alvos de uma saraivada de questionamentos e a retórica parlamentar explodiu palavrosa e untuosa. Jim Bunning denunciou o TARP como "socialismo financeiro" e "antiamericano". Richard Shelby criticou nossa abordagem improvisada e nossa precipitação. E aqueles eram nossos amigos republicanos.

Quanto aos democratas, Chris Dodd, cujo conselho seguíramos, ao recomendar apenas o arcabouço do projeto de lei, aproveitou a oportunidade para afirmar: "Essa proposta é espantosa e inédita pelo escopo e pela falta de detalhes... o que está em risco é não só nossa economia, mas também nossa Constituição."

No entanto, Chris foi útil de algumas maneiras. Ao ler o projeto atentamente, ele observou: "Não vejo nenhum impedimento para que se usem as noções e ideias flexíveis aqui delineadas para desenvolver abordagem talvez mais eficaz – uma infusão de capital, por exemplo."

Respondi: "Mr. Chairman,... suas palavras foram melhores que as minhas. De modo algum queria ver-me nesta situação que me obriga a reivindicar poderes especiais. Porém, nas atuais circunstâncias, acho que essa é a melhor alternativa... Nosso único objetivo aqui é minimizar o custo final para o contribuinte."

Até aquele momento, havíamos injetado capital apenas nas GSEs e na AIG, e basicamente eliminamos os acionistas dessas empresas. Não queríamos nem de longe fazer qualquer insinuação que reforçasse a especulação de que entraríamos com capital próprio, pois receávamos que qualquer cogitação nesse sentido serviria apenas para derrubar as ações dos bancos, cujo valor talvez se reduzisse a zero, antes que o Congresso tivesse a chance de votar o TARP. Deixei a sala de audiências consciente de que ainda estávamos longe de conseguir alguma coisa.

O senador Obama telefonou em seguida para saber como fora a audiência. Disse-lhe que a reunião não tinha sido fácil. Ele observou que o povo americano não se conformava com os grandes pacotes de remuneração num setor que precisava de ajuda do governo e me advertiu que eu deveria ser suprapartidário se quisesse garantir a aprovação do TARP. Os democratas, disse ele, estavam mais propensos a apoiar o projeto de lei.

Enquanto isso, eu recebia informações de meu pessoal de que o projeto em elaboração na Câmara e no Senado tornava-se cada vez mais longo – e ainda não havia nenhuma decisão quanto às questões básicas: remuneração dos executivos, proteção dos acionistas e fiscalização.

Uma das minhas preocupações se desvaneceu naquela terça-feira, quando o Goldman Sachs – que na noite de domingo se tornara o quarto maior banco de investimentos dos Estados Unidos – finalmente encontrou seu investidor estratégico. E descobriram ninguém menos que o investidor mais confiável do mundo, Warren Buffett, que anunciou a decisão de investir US$5 bilhões em ações preferenciais perpétuas, que renderiam 10%, com bônus de subscrição para adquirir US$5 bilhões em ações ordinárias. O catalisador de sua decisão foi a perspectiva de aprovação do TARP. Como ele diria em entrevista à CNBC no dia seguinte: "Se eu não achasse que o governo faria alguma coisa, eu não decidiria nada nesta semana."

Mas os mercados não se tranquilizariam com tanta facilidade: as ações levaram outro tombo no fechamento do pregão e o Dow terminou em queda de 162 pontos, em 10.854, enquanto os spreads de crédito continuavam a ampliar-se.

Com investidores como Buffett contando com o TARP, intensificamos nosso esforço de vendas. Às 18h15, sentei-me no gabinete de John Boehner com líderes republicanos da Câmara. Eles não gostavam do TARP, mas sabiam que algo precisava ser feito e persistiram no esforço de elaborar uma alternativa. Boehner já me advertira de que as coisas não corriam bem nas hostes do bom e velho partidão. Cerca de um terço dos deputados republicanos enfrentavam eleições difíceis e receavam perder seus assentos. Outro terço era tão movido pela ideologia que jamais aprovariam o TARP.

"O grupo a ser trabalhado é o terço do meio", recomendou-me Boehner. "E você está pescando em lago pequeno."

O staff de Boehner pusera uma mesa com comida nos fundos da sala, e os participantes se afastavam e retornavam, enquanto nos engalfinhávamos sobre como lidar com a crise. Ouvi mais do que falei, na tentativa de compreender as intenções e a atuação de Boehner. Ocorreu-me, então, como era difícil raciocinar com algumas pessoas. Os fatos pareciam pouco importantes para alguns membros do grupo. Olhei ao redor e me perguntei de onde viriam os votos. Adam Putnam, da Flórida, era o mais construtivo – ele sugeriu que eu descrevesse de forma mais explícita como ficaria ruim a situação se o sistema financeiro entrasse em colapso: desemprego maciço, gente morando nas ruas. Adam estava certo, mas apavorar o público para conquistar apoio apenas agravaria as condições da economia.

Eric Cantor, de Virginia, enquanto isso, insistia num programa de seguro. A proposta não estava muito bem desenvolvida, mas seu objetivo era evitar uma intervenção no estilo "governo grande". O plano, tal como o compreendi, ofereceria seguro às empresas que detivessem ativos hipotecários congelados, criando condições para que limitassem seus prejuízos. As empresas teriam de pagar prêmios de seguro ao Departamento do Tesouro pela cobertura. Naquela noite, eu já esgotara todo o meu estoque de paciência e perdi a cabeça, ao fazer uma observação sarcástica a Cantor sobre a hipótese de abandonar todo o nosso plano, em favor de seu esquema de seguro.

"Dirigimo-nos ao povo americano, procuramos o Congresso, apresentamos a melhor ideia para enfrentar este problema e recebemos o apoio de um bom número de pessoas", lembro-me de ter dito. "E agora você quer que eu saia daqui e diga: 'Olha, pensamos um pouco mais e tivemos uma ideia melhor. Vamos adotar o programa de seguro de Eric Cantor. Essa é a proposta que salvará a pátria'."

Saí do gabinete de Boehner arrasado. Muitas pessoas me chamaram de lado e afirmaram: "Acreditamos que a situação seja séria, mas você não conseguirá aprovação para a sua proposta. Você terá de apresentar outra ideia que funcione."

Quarta-feira, 24 de setembro de 2008

Depois da reunião no gabinete de Boehner, eu não me sentia muito ansioso para me encontrar com toda a Conferência Republicana da Câmara (House Republican Conference) na manhã seguinte. O evento foi marcado para as 9 horas, no Salão Canon Caucus. Àquela altura, eu já sabia do fiasco que ocorrera na manhã anterior, quando o vice-presidente Cheney, Josh Bolten, Keith Hennessey e Kevin Warsh se reuniram na mesma sala, no intuito de defender o TARP, apenas para enfrentarem uma reunião longa e tensa, com republicanos carrancudos.

Antes de sair para mais um encontro com os deputados republicanos, Michele Davis e Kevin Fromer recomendaram que eu apresentasse aos legisladores algo que eles compreendessem com facilidade. Eu teria de mostrar-lhes que os números esotéricos nas telas da Sala dos Mercados, no Tesouro, revelavam perigo real e iminente para o americano comum. Os mercados de crédito ainda estavam em crise. A contração do mercado de títulos do Tesouro se tornara quase inimaginável. As não entregas agora perfaziam o total espantoso de US$1,7 trilhão – em comparação com US$20 bilhões, 12 dias antes.

Antecipando como a reunião seria difícil, pedi a Ben Bernanke para acompanhar-me, com o que ele de pronto concordou. Dirigindo-nos à multidão na grande sala de reuniões, com seu espesso carpete vermelho e seus lustres de cristal, explicamos que o mercado de notas promissórias comerciais já não existia e que as fontes de financiamento estavam secando para empresas de grande e de pequeno porte, ameaçando a capacidade delas de sustentar suas atividades normais. Porém, tudo isso não fazia muita diferença para aquele público, que se opunha às intervenções do governo grande como primeiro passo na descambada para o socialismo. Eles fizeram filas em ambos os lados da sala, à espera do microfone, e nos bombardearam. Certos de que seus eleitores se opunham a operações de socorro, não havia como convencê-los de apoiar o TARP.

Embora Boehner tenha sido firme e direto a respeito de seu apoio em nossa reunião de 18 de setembro, com líderes do Congresso, ele se mostrou menos amistoso e menos disposto a trabalhar conosco nesse novo contexto. Limitou seus comentários a breves observações sobre a vitória tática do dia anterior a respeito de exploração de petróleo na plataforma continental. Em seguida, sucessivos participantes reiteraram que o projeto não seria aprovado sem o apoio dos deputados republicanos e que não poderíamos fazer nada para mudar a opinião deles. Era uma situação insustentável. Depois, um dos congressistas se dirigiu a mim e disse: "Durante toda a vida tenho pregado a desregulamentação e o livre mercado. Você está pedido que eu mude de opinião, o que para mim é impossível." Essa resposta viria a calhar para muitos dos presentes no recinto, naquela manhã.

Pouco depois, Boehner e eu fomos ao gabinete de Pelosi e lhe relatamos o que acontecera na reunião. Ela queria que o TARP fosse aprovado e pressionou Boehner: "O que você pode fazer? Quais são as suas ideias?" Ele não tinha muito a dizer além do plano de seguro de Cantor, que ele admitia estar mal formulado. E mencionou a hipótese de ideias "pró-crescimento", mas Pelosi disse que não era hora de falar em "cortes de impostos para os ricos".

A Comissão de Serviços Financeiros da Câmara se reuniria às 14h30. Algumas audiências da Câmara poderiam ser terríveis – nunca se sabia o que aconteceria. Mas as de Barney Frank eram diferentes. Sempre pragmático e eficiente, ele se empenhava para que as coisas avançassem, com boa dose de decoro.

No entanto, Ben e eu estávamos sob o fogo cruzado de perguntas disparadas de todos os lados. Por que o governo não assumia participação nas empresas que ajudasse? Por que não impúnhamos restrições à remuneração dos executivos? Para ser justo, é assim que funciona o governo representativo. Alguns jogavam para a torcida, sempre de olho na reeleição. Porém, na maioria, os legisladores apenas cumpriam sua missão, tentando compreender em muito pouco tempo uma questão demasiado complexa, para o que não contavam com formação específica nem experiência profissional. Na realidade, estávamos exigindo muito.

Durante a audiência da véspera, no Senado, eu me mantivera firme a respeito das restrições à remuneração dos executivos, mas eu agora me dera conta de que teria de ceder algum terreno. Disse ao grupo da Câmara que descobriríamos alguma maneira de lidar com essa questão.

Paul Kanjorski, democrata de Pensilvânia, que presidia a Subcomissão de Mercados de Capitais, disse que ainda não havíamos apresentado argumentos convincentes. "O americano comum realmente não sabe o que você na verdade está dizendo, quando afirma que isso nos custará muito menos que a alternativa", observou, acrescentando que eu precisava explicar com clareza as ramificações de uma corrida eletrônica contra o sistema money market. "Quando converso com americanos comuns em meu distrito e país afora, o sol nasce hoje, eles vão para o trabalho hoje, eles repousam e se reabastecem hoje", prosseguiu, "e eles ficam pensando no que tudo isso significa. Qual era, perguntou com contundência, a alternativa a que me referi?

Respondi a essa pergunta da melhor maneira possível, considerando que Barney continuava apressando a reunião. Mas eu não me iludia – a reunião não ia bem. Para piorar a situação, Michele Davis recebeu uma mensagem pelo BlackBerry, informando-a de que John McCain estava suspendendo a campanha para voltar a Washington e tratar da crise econômica. Ela me passou uma nota que dizia em parte: "Se lhe fizerem alguma pergunta, apenas responda que você sabe que os senadores McCain e Obama reconhecem a gravidade da situação."

Virei-me e olhei para Michele, perplexo. Aquilo era loucura. Ainda mais inacreditável, eu conversara com Lindsey Graham poucos minutos antes de entrar na audiência e ele não me dissera uma palavra sobre a volta de McCain.

Durante uma interrupção da reunião, fui ao gabinete de Barney e telefonei para Josh Bolten para dizer, em termos incisivos, que eu considerava perigoso aquele retorno de McCain. Eu mal podia acreditar que o presidente o tivesse permitido. Josh garantiu que a casa Branca estava igualmente estupefata. McCain queria uma reunião na Casa Branca, e o presidente achava que não tinha escolha, senão recebê-lo.

Telefonei para Obama imediatamente. Ele disse que tentaria ser tão construtivo quanto possível, mas que os democratas estavam fazendo a parte deles e que era melhor eu me manter em contato com McCain. O presidente faria importante discurso naquela noite, defendendo o TARP, mas a notícia da decisão de McCain de suspender a campanha dele dominou o resto da tarde. Depois da audiência na Câmara, dirigi-me à ala do Senado, no Capitólio, para responder a perguntas do cáucus democrata no Senado. O grupo estava reunido no Salão Lyndon Baines Johnson, um recinto enorme, com chão assoalhado e afrescos no teto, onde LBJ outrora reinara como líder da maioria. Harry Reid e os democratas estavam à minha espera, mas antes de eu entrar, Joe Lieberman veio em minha direção.

"Você está fazendo um ótimo trabalho, Hank", cumprimentou-me o senador por Connecticut, confidenciando-me que os democratas queriam excluí-lo daquela reunião porque ele estava apoiando McCain. "Vou entrar ao seu lado, porque assim eles não me expulsarão."

Ben já estava lá, e, quando cheguei (Lieberman já havia desaparecido na multidão), Reid dirigiu-se à tribuna e disse ao grupo que responderíamos a perguntas. A primeira pessoa a falar foi John Kerry, de Massachusetts, que me pareceu atuar de maneira consistente no lado certo das questões referentes à crise financeira. Ele afirmou não ter certeza de que queria a presença de Ben e a minha naquela reunião, pois havia um elemento político em tudo, e sugeriu que o grupo primeiro trocasse ideias sem a nossa participação. Porém, Reid discordou, insistindo em que persistiam dúvidas que demandavam respostas. Pelo jeito, todo o cáucus estava lá, embora alguns membros não parecessem mais ansiosos para votar o TARP que os republicanos da Câmara. Muitos não ocultavam a insatisfação. Ao menos um terço estava furioso com a simples ocorrência da crise em si e relutavam em concordar com a proposta, se não introduzíssemos grandes modificações no projeto. Um após outro, todos falaram, vez por outra fazendo alguma pergunta, mas, quase sempre, apenas atacando nossa proposta. Senti certo alívio ao lembrar-me de que Chris Dodd presidia a Comissão de Bancos, pois muitos daqueles senadores gostavam dele e confiavam nele. Mas ele tinha de cumprir sua missão.

No meio da sessão, aconteceu o desastre. Havia muitas semanas, eu trabalhava muito e me exercitava pouco, passando de uma reunião ou conversa difícil para outra, sem tempo para relaxar. Até que perdi o gás. Percebi que, a qualquer momento, teria acesso de vômito. Se aquilo acontecesse diante de toda aquela gente, as notícias na imprensa seriam desastrosas, para dizer o mínimo. Então, ocorreu-me uma piada infeliz.

"Desculpem-me", anunciei, diante do atril. "Tenho de descarregar algumas Diet Cokes."

Saí às pressas da sala e corri para o banheiro, onde tive um breve acesso de vômito. Voltei em seguida para a reunião. Ninguém deu a impressão de ter percebido nada de errado e, quando entrei na sala, Ben estava respondendo a outro senador enfurecido.

Logo depois, Hillary Clinton me disse para grudar em Schumer, se eu quisesse conseguir alguma coisa. Disse-lhe que faria isso, mas, na verdade, Chuck e eu tínhamos sério desentendimento sobre como distribuir os US$700 bilhões. Eu insistia em que o Tesouro tivesse acesso à quantia total desde o começo, mas Schumer preferia que a verba fosse liberada em parcelas. Suspeito que ele pretendia deixar parte do dinheiro para o próximo governo.

Antes de ir para a cama naquela noite, assisti ao discurso do presidente Bush para a nação, do State Floor, na Casa Branca. "Toda a nossa economia está em perigo", disse, explicando cuidadosamente como chegáramos àquele ponto: investimentos estrangeiros nos Estados Unidos, crédito fácil, bonança habitacional, irresponsabilidade de mutuantes e mutuários. Aquele foi seu discurso mais substancial sobre a crise financeira e foi bem proferido; porém, meu último pensamento antes de adormecer foi que mesmo um discurso do presidente não seria capaz de demover os deputados republicanos.

Quinta-feira, 25 de setembro de 2008

Elaboráramos o TARP para salvar o sistema financeiro. Agora, tudo se resumia em política – política presidencial. O presidente, os líderes de ambos os partidos e ambos os candidatos deveriam reunir-se por volta das 16 horas daquela quinta-feira. Fiquei pensando no que McCain poderia estar imaginando. Convocar uma reunião como aquela, quando ainda não chegáramos a um acordo era brincar com dinamite.

Os democratas, eu soube mais tarde, tinham engatado a marcha de velocidade para conceber uma estratégia capaz de garantir que saíssem vencedores da manobra de McCain. Eles não queriam assumir a culpa pelo fracasso do TARP – e tampouco queriam que McCain reivindicasse méritos pelo seu sucesso.

No meio da manhã, democratas e republicanos da Câmara e do Senado estavam debatendo as disposições do projeto. Durante mais ou menos duas horas, no Salão de Relações Exteriores, localizado abaixo do gabinete do vice-presidente, no lado do Senado, os negociadores concordaram quanto a vários itens importantes, inclusive a fixação do tamanho do TARP em US$700 bilhões. Os recursos do TARP não estariam imediatamente disponíveis para o governo, mas poderiam ser sacados em parcelas. Os negociadores do Senado e da Câmara concordaram quanto à necessidade de impor restrições à remuneração dos executivos e de outorgar ao Tesouro títulos conversíveis, que garantissem participação societária no capital das empresas beneficiárias do programa, de modo que os contribuintes compartilhassem dos possíveis ganhos.

Por volta do meio-dia, já se alcançara progresso suficiente para que Bob Bennett, senador republicano por Utah, exultasse no momento em que saía da sessão de negociações. Ele agarrou um microfone e declarou à imprensa: "Agora, acho que realmente temos um plano que mereça ser aprovado pela Câmara e pelo Senado, para depois ser sancionado pelo presidente, capaz de, finalmente, incutir algum senso de certeza nos mercados, em relação a essa crise que ainda aflige o país." Chris Dodd declarou aos repórteres que ele também estava confiante.

Mas havia problemas nesse cenário. Ainda tínhamos muito caminho pela frente, para afirmar que os negociadores realmente haviam chegado a um acordo. Pior ainda, os deputados republicanos ainda não haviam embarcado, e, sem eles, o TARP não chegaria a lugar nenhum. A matemática era simples. Precisaríamos de 218 votos para aprovação na Câmara. Embora os democratas, com 236 membros, tivessem maioria nítida, não conseguiríamos 100% de seus votos; razão por que precisávamos contar com alguns republicanos. No entanto, o único deputado republicano que participara daquela sessão de negociação matinal tinha sido Spencer Bachus, o republicano mais graduado na Comissão de Serviços Financeiros da Câmara. Depois, ele reconheceu que se havia feito progresso, mas ainda não tinha uma posição a transmitir a seus colegas.

A cada hora, a necessidade da nova lei se tornava mais urgente. O gargalo continuou a apertar nos mercados de crédito americanos. No fechamento do pregão, os spreads LIBOR-OIS haviam aumentado para quase 200 pontos-base, alta de 30 pontos-base em comparação com a véspera. Para cotejo, eles se situavam na metade desse nível, pouco depois da falência do Lehman.

E, então, o Washington Mutual afundou – a maior falência na história bancária dos Estados Unidos. Enquanto os legisladores negociavam, Sheila Bair me telefonou por volta das 11 horas, para me dar a notícia de que a FDIC assumiria o controle do banco e que o JPMorgan pagaria ao governo US$1,9 bilhão pela empresa, que tinha US$307 bilhões em ativos.

A queda do WaMu não foi surpresa. A instituição vinha lutando havia meses e sofrera uma guinada catastrófica para pior. Suas taxas de CDS, que já haviam chegado a chocantes 2.742 em 15 de setembro, tinham quase dobrado, para 5.266, em 24 de setembro, quando o banco foi atingido por uma corrida de depositantes. Os clientes haviam sacado US$16,7 bilhões nos 10 dias anteriores.

Em março, o JPMorgan tentara comprar o WaMu, mas sua agência reguladora, o Office of Thrift Supervision (OTS), e a administração da empresa preferiram um investimento de capital de US$7 bilhões, por um grupo liderado pela TPG, empresa de private equity. Essa decisão se revelou errada: a aquisição pelo JPMorgan teria estabilizado o banco. No entanto, eu me mantivera em contato estreito com Sheila e Ben Bernanke sobre o WaMu e, por vezes, conversava com Jamie Dimon, CEO do JPMorgan.

Infelizmente, a solução para o WaMu não foi perfeita, embora tivesse sido executada sem sobressaltos, seguindo os processos normais da FDIC. A compra pelo JPMorgan não custaria nada aos contribuintes e não acarretaria perdas para os depositantes, mas os detentores de títulos de dívida do WaMu receberiam cerca de 55 cents por dólar, mais ou menos o mesmo valor pelo qual esses papéis vinham sendo negociados. Em retrospectiva, vejo que, em meio ao pânico, a decisão foi um erro. O WaMu, o sexto maior banco do país, tinha importância sistêmica. Esmagar os detentores de dívidas preferenciais e quirografárias e estropiar os detentores de dívidas privilegiadas serviu apenas para intranquilizar os credores de outras instituições, agravando a incerteza do mercado sobre as iniciativas do governo. Os bancos relutavam ainda mais em emprestar dinheiro uns aos outros. No futuro, concluí, teríamos de ir além dos processos ortodoxos da FDIC, no caso de bancos em dificuldade.

Às 14h25, falei com John McCain, que acabara de chegar a Washington. A conversa não me tranquilizou.

"Temos de proteger os contribuintes americanos", disse-me o candidato, insistindo em que nada seria feito no Congresso sem o apoio dos deputados republicanos. Eles não tinham gostado da nossa proposta e eu deveria ouvi-los com mais atenção, reiterou.

"John, nosso sistema está à beira do abismo", enfatizei. "O WaMu escapou da falência por um fio, hoje, graças a uma operação de socorro. Várias outras instituições estão cambaleando junto ao precipício. Se não fizermos algo com urgência, a economia americana entrará em colapso."

Eu estava com tanto medo de que McCain fizesse ou dissesse algo desastroso que recorri a uma ameaça velada: "Não sou político, mas se você ou qualquer outra pessoa fizer alguma coisa que provoque o colapso do sistema, o fardo não recairá apenas sobre meus ombros. Irei à luta e direi toda a verdade ao povo americano."

Assim que desliguei o telefone, liguei para Joel Kaplan, na Casa Branca, para narrar-lhe minha conversa dura com o candidato presidencial republicano. Não muito depois, o senador Judd Gregg telefonou para confirmar meus piores receios sobre o retorno de McCain.

"Hank", disse o republicano de New Hampshire, "acabei de sair de uma reunião que me tirou o fôlego."

McCain, parece, voltara a Washington para salvar a pátria, e ficou lívido quando desembarcou do avião e soube que, aparentemente, se havia chegado a um acordo sem a presença dele. Conforme Judd me disse, McCain, com Lindsey Graham a seu lado, se atrasara para o almoço do Comitê de Política Republicana do Senado, que se realizava todas as semanas no Salão Mike Mansfield, no segundo andar do Capitólio. McCain assistiu a parte de uma exposição de Bennett e a outra mais breve de Judd. Lindsey. Em seguida, disse à assembleia de quarenta e tantos senadores: "Vocês não podem chegar a nenhum acordo, pois não há acordo se John não concordar."

Depois, relatou Judd, McCain declarou: "Não quero saber o que vocês combinaram, farei o que for certo para o país." O senador pelo Arizona se retirou do recinto a passos largos, deixando os senadores republicanos diante de seus pratos, com ou sem apetite para terminar a refeição.

Agora sei por que McCain parecia tão furioso quando conversáramos meia hora antes.

Eu mal saíra do telefone, quando Barney Frank me ligou para dizer que Spencer Bachus acabara de implodir o acordo. Bachus havia divulgado uma declaração de que não tinha sido autorizado a fechar nenhum acordo e que, naquela manhã, "não houve acordo, a não ser o de prosseguir as discussões."

Bachus depois insistiu comigo que agira sob instruções de Boehner, que deve ter compreendido que qualquer acordo sem o apoio da massa crítica dos deputados republicanos estava fadado ao fracasso.

Barney queria que eu conversasse com Nancy Pelosi; nós três entramos em teleconferência e os dois democratas me repreenderam acerca de Bachus. Ambos queriam saber como poderiam conseguir alguma coisa, com os republicanos, segundo suas palavras, se comportando daquela maneira.

Enquanto isso, os líderes republicanos da Câmara e do Senado, John Boehner e Mitch McConnell, divulgavam declarações de que não se tinha chegado a um acordo com os democratas.

Nada daquela desavença e animosidade prenunciava bons resultados para a próxima reunião na Casa Branca.

Joel Kaplan pediu que eu falasse com o presidente Bush antes da reunião bipartidária no Salão do Gabinete. Nós três fomos para o terraço contíguo à sala de refeições privativa do presidente, e lá fiquei observando George Bush mastigar um cigarro apagado, naquela tarde sombria e friorenta.

Narrei-lhe meu entrevero com McCain e percebi um esboço de sorriso em seus lábios. Ele disse que foi bom eu ter sido firme. Estávamos jogando com grandes cacifes. Também afirmou ter a certeza de que McCain sabia o que estava fazendo. Como sempre, ele tentou tranquilizar-me.

"Hank, vamos conseguir o que queremos", prometeu. "Boehner dará um jeito e talvez eu possa ajudar com os deputados republicanos."

Qualquer esperança que eu tenha sentido depois daquela conversa logo se desvaneceu quando entramos no Salão Oval, onde os líderes republicanos estavam reunidos. Todos tentavam cooperar. McConnell disse que deveríamos persistir. Mas Boehner afirmou que nada havia mudado; ele não tinha os votos necessários.

"Precisamos chegar lá", insistiu o presidente, pressionando-o.

"Estou tentando", disse Boehner, salientando a relutância que vinha enfrentando. "Não tenho o apoio necessário."

Desde o início Boehner afirmara que não conseguiria reunir os votos e agora a realidade parecia confirmar seus receios. Acho que ele me culpava por tê-lo jogado naquele aperto, tanto que não voltou a falar comigo até 3 de outubro, quando o Congresso finalmente aprovou o TARP.

Do Salão Oval, descemos para o pequeno corredor que leva ao Salão do Gabinete, onde nos reuniríamos com a liderança democrata, com Obama e com McCain. Era uma plêiade de notáveis, que se juntara no intuito de encontrar uma solução para a crise financeira. Sentados diante da mesa oval de mogno com o presidente, o vice-presidente, McCain, Obama e eu, viam-se os membros da liderança da Câmara e do Senado: Reid e McConnell, Pelosi e Boehner, Dodd e Shelby, Frank e Bachus, Durbin e Hoyer. Assessores enchiam as filas de cadeiras encostadas à parede e em frente das portas francesas que se abriam para o Rose Garden.

O presidente abriu a reunião dizendo que tínhamos um objetivo comum e que precisávamos trabalhar juntos e agir o mais rápido possível para realizarmos nossos propósitos. Enquanto ele falava, tive o forte pressentimento negativo, ao percorrer com os olhos aquele grupo de políticos que representavam interesses díspares e, em alguns casos, se mostravam refratários em suas posições. O presidente me passou a palavra e, mais uma vez, descrevi as condições assustadoras do mercado e salientei a necessidade de dispormos de poderes de emergência. Quando terminei, o presidente afirmou que adotava um critério simples quando precisava tomar decisões sobre a crise em andamento: "Se Hank Paulson e Ben

Bernanke dizem que vai funcionar e que ajudará a estabilizar o sistema financeiro, eu aprovo."

Pelo protocolo, George Bush passou a palavra à presidente da Câmara dos Deputados. Quando Pelosi começou a falar, logo ficou claro que os democratas tinham feito o dever de casa e haviam planejado uma resposta habilidosa a McCain. Pelosi afirmou que Obama representava os democratas, os quais, observou ela, estavam trabalhando comigo de boa-fé para formular um acordo. Harry Reid concordou que Obama falasse pelos democratas.

Então, Obama proferiu um discurso ponderado e bem elaborado, delineando em grandes traços o problema e enfatizando a necessidade de ação imediata. Ele afirmou que os democratas vinham trabalhando em estreito entrosamento comigo, também repassou as linhas gerais dos debates da manhã no Capitólio e, em seguida, salientou a premência de ajustes na fiscalização pelas agências reguladoras e na remuneração dos executivos, assim como a necessidade de ajuda aos mutuários. Ele falou sem anotações – muito menos sem teleprompter – e se destacou pela eloquência. "Os democratas darão os votos necessários", asseverou.

Em seguida, ele expôs a armadilha que os democratas haviam montado: "Ontem, o senador McCain e eu distribuímos uma declaração conjunta, afirmando em uníssono que essa não era hora de fazer política. E, ao virmos para cá, estávamos na iminência de um acordo. Agora, há quem diga que devemos voltar ao ponto de partida... Se, de fato, retornarmos à estaca zero, as consequências podem ser graves."

Mas, evidentemente, ainda não havia acordo. Bachus vinha manobrando para dar credibilidade à aparência de algo congênere. Mas ele, Boehner e McConnell, desde então, vinham emitindo comunicados, desmentindo a ideia de que se chegara a um acordo.

Agora, Obama e os democratas, habilidosamente, representavam o enredo de que a intervenção de McCain polarizara a situação e que os republicanos estavam dificultando os entendimentos. Foi uma encenação política brilhante, que estava na iminência de degenerar em farsa.

Ignorando o protocolo, o presidente virou-se para McCain para oferecer-lhe a chance de responder: "Acho justo que eu lhe dê a chance de falar em seguida."

Mas McCain declinou o convite. "Esperarei minha vez", disse. Foi um momento incrível, sob todos os aspectos. Aquela deveria ser a reunião de McCain – ele a pedira, não o presidente, que simplesmente atendeu à proposta do candidato republicano. Agora, parecia que McCain não tinha nenhum plano – a ideia dele fora suspender a campanha e convocar todos nós para aquela reunião. Não se tratava de estratégia, mas, sim, de jogada política, e os democratas reagiram com brilhantismo.

Boehner, que havia pouco nos dissera no Salão Oval que não tinha os votos, afirmava agora que estava tentando descobrir uma maneira de engajar os deputados republicanos. "Não estou falando de elaborarmos algo totalmente novo, mas precisamos mexer no núcleo do programa", disse.

Ele aventou a hipótese de incluir o plano de seguro inconcluso de Cantor. Obama me perguntou se ele era compatível com o que estávamos tentando fazer. Respondi que não era.

O decoro começou a evaporar à medida que a reunião se desdobrava em muitas conversas paralelas, com os participantes interrompendo uns aos outros. Shelby acenou com uma pilha de papéis, alegando que lá estavam as opiniões de mais de 100 economistas, que consideravam o TARP má ideia. Ele também insistiu em que precisávamos de tempo para analisar o plano. O presidente interveio para reiterar: "Não, essa é uma situação em que precisamos agir. Não temos tempo para consultar um monte de economistas."

McCain ainda não tinha falado. Finalmente, sobrepondo-se ao vozerio, Obama proclamou alto e bom som: "Eu gostaria de ouvir o que o senador McCain tem a dizer, pois, até agora, ele não se manifestou."

A sala ficou em silêncio e todos os olhares se deslocaram em direção a ele, sentado discretamente em sua cadeira, com uma única folha de anotação nas mãos. Ele a olhou com rapidez e levantou alguns pontos genéricos. Disse que muitos republicanos tinham preocupações legítimas e que eu começara a avançar na direção certa quanto à remuneração dos executivos e a supervisão do programa. Também mencionou que Boehner vinha tentando conduzir seu grupo da melhor maneira possível e que deveríamos dar-lhe espaço para manobras. Acrescentou que tinha confiança em que seria possível atingir o consenso com rapidez. Enquanto ele falava, eu sentia que Obama ria por dentro.

Os comentários de McCain foram o anticlímax, para dizer o mínimo. A volta dele a Washington foi impulsiva e arriscada, e não acho que ele tivesse algum plano em mente. Caso tenha surtido algum efeito, a jogada dele disparou pela culatra, levando-o a ser ridicularizado pela imprensa. No fim das contas, não acho que aquela manobra tenha exercido influência significativa sobre o processo legislativo do TARP.

Muita gente que eu tenho em alta conta no Capitólio pensa de maneira diferente. Elas acham que McCain acabou sendo útil, ao concentrar a atenção do público no TARP e ao galvanizar o Congresso para a ação. E John, mais tarde, efetivamente tentou encontrar maneiras de convencer os deputados republicanos a apoiar o projeto. Mas os democratas definitivamente não querem que ele receba nenhum crédito. Eles pretendiam ficar com todos os méritos da política econômica. Acusar McCain de implodir um acordo inexistente não passou de jogo duro na política. Porém, o fato é que, na hora da verdade, McCain teve pouco a dizer no fórum que ele próprio convocara.

Em meio a toda aquela balbúrdia, Spencer Bachus atalhou para dizer que, embora ele e os deputados republicanos não tivessem endossado um acordo, ele se orgulhava de estes últimos terem conseguido incluir poderosas proteções para os contribuintes. Pelosi pulou, insistindo alto e bom som que os deputados democratas eram os responsáveis pelas salvaguardas para os contribuintes, não os deputados republicanos. Os dois partiram para uma discussão calorosa, em que se sobrepunham e se interrompiam um ao outro, enquanto o presidente tentava restabelecer a ordem, e não demorou muito para que Pelosi e Bachus estivessem aos gritos. A sala descambou para o caos, enquanto os deputados e senadores irrompiam em gritaria grotesca ao redor da mesa. Frank começou a interpelar McCain aos berros, que continuou sentado, impávido.

"Qual é a proposta dos republicanos?", pressionou. "Qual é o plano dos republicanos?"

A situação ficou tão ridícula que o vice-presidente Cheney começou a rir. Francamente, eu nunca vira algo parecido em política ou em negócios – nem em meus tempos de confrarias, em Dartmouth.

Finalmente, o presidente se levantou e disse: "Pelo visto, eu sem dúvida perdi o controle dessa reunião. Ela está encerrada.'

Enquanto a sala se esvaziava, eu me sentia estupefato e desanimado. Além de ter vivenciado uma experiência até então inimaginável, ainda por cima nem nos aproximamos de um acordo.

Em seguida, os democratas se reuniram no Salão Roosevelt. Receoso de que viessem a divulgar algo explosivo para a imprensa, ao irem embora, resolvi procurá-los e recomendar moderação.

Todos se aglomeravam em torno de Obama, no extremo oeste do recinto, e, quando me viram, irromperam em alvoroço, gritando para que eu saísse. Então, numa tentativa de quebrar a tensão, dirigi-me a Pelosi, ajoelhei-me, e orei diante do altar da presidente da Câmara dos Representantes.

"Nancy", comecei a dizer.

Ela estourou numa gargalhada. "O que é isso, Hank! Eu não tinha a menor ideia de que você fosse devoto!"

"Não exploda o que já conseguimos", roguei-lhe. Foi uma reunião difícil, reconheci, mas todos precisávamos juntar forças.

"Não somos nós os bombardeiros", respondeu.

Capítulo 13

Sexta-feira, 26 de setembro de 2008

A corrida contra o Wachovia começou na manhã de sexta-feira, 26 de setembro. O banco da Carolina do Norte vinha enfrentando dificuldades havia meses, mas, depois que a FDIC assumira o controle do WaMu, na véspera, os operadores de mercado começaram a tratar o Wachovia como se ele fosse o próximo da fila de falências. Durante a noite, seus swaps de crédito dispararam e os clientes institucionais e empresariais leais começaram a fugir, esvaziando as contas de transações. Ao fim do dia, US$5 bilhões tinham debandado e as ações do banco caíram 27%, para US$10.

O Colapso do WaMu já tinha sido terrível, mas o do Wachovia foi de outra ordem de magnitude. Com agências espalhadas por todo o país, da Califórnia às Carolinas, subindo a região nordeste, era o quarto maior banco dos Estados Unidos em ativos, e o terceiro em depósitos de famílias. O Wachovia crescera rapidamente por meio de aquisições. Uma dessas compras veio a ser sua desgraça: a Golden West Financial, grande associação de poupança e empréstimo da Califórnia, recheada de hipotecas com taxas ajustáveis (option adjustable-rate mortgages). O Wachovia a comprara em 2006, no pico do boom do mercado habitacional.

Com os clientes tradicionais do Wachovia retirando o dinheiro, nós, no Tesouro, sabíamos que a falência era apenas uma questão de tempo. No entanto, considerávamos essa hipótese inadmissível. Nosso sistema financeiro talvez não tivesse resistido à debacle. Porém, eu tinha decidido manter-me à distância de qualquer negociação. Meu ex-colega Bob Steel deixara o Tesouro em julho para liderar o Wachovia durante a crise e ele infringiria a lei se conversasse comigo ou com alguém do Tesouro em nome de seu banco.

Eu analisara as dificuldades do Wachovia com Tim Geithner no começo da manhã, as quais também foram tema de conversa durante meu café da manhã rotineiro das sextas-feiras com Ben Bernanke, no Fed. Tínhamos esperanças de que o Wells Fargo ou o Citigroup entrasse em cena e comprasse o Wachovia. Do contrário, os reguladores dispunham de poderes necessários para lidar com um banco em processo de falência, embora eu estivesse confiante em que todos compreendiam a necessidade de evitar esse desfecho.

Eu ainda estava ruminando os acontecimentos estranhos do dia anterior e o que eles poderiam significar para o TARP. Depois da reunião desastrosa no Salão do Gabinete, fiquei pensando se conseguiríamos a aprovação dos legisladores. Foi bom, como disse Obama quando conversamos por telefone, mais tarde, na noite de quinta-feira, que o público não tivesse assistido àquela baixaria entre os partidos, pois, do contrário, não restaria mais nenhuma confiança nos mercados.

No entanto, por piores que tivessem sido, os acontecimentos do dia propiciaram alguns resultados positivos. Como Ben me dissera na noite anterior, "eu não sei o que você falou com McCain, mas o que quer que tenha sido, está funcionando. Ele agora parou de falar besteira."

Eu percebera o começo da formação de um espírito bipartidário na noite de quinta-feira, numa apinhada reunião de negociações a portas fechadas no Capitólio. Nós a convocáramos depois da derrocada no Salão do Gabinete, decididos a conquistar algum terreno. A reunião foi muito produtiva e até me deixou um pouco otimista.

Porém, com o colapso do WaMu e a corrida contra o Wachovia, era evidente que os mercados não estavam dispostos a esperar a aprovação do TARP para punir a próxima vítima. Os bancos haviam parado de emprestar uns aos outros e os mercados de dinheiro continuavam quase congelados.

John McCain telefonou no meio da manhã. Ele parecia otimista, embora um tanto constrangido pelo vexame do dia anterior. "Cara, que reunião difícil", disse. "A razão de eu não ter dito nada no fim foi a dificuldade de falar alguma coisa, com Barney Frank gritando em seu ouvido."

McCain assumiu tom positivo, afirmando que os deputados republicanos estavam dispostos a conversar se algumas de suas ideias – e enfatizou o plano de seguro, em especial – fossem consideradas. "Precisamos descobrir um meio de deixar que eles consigam algo", disse.

No entanto, McCain se metera numa enrascada. O primeiro debate presidencial estava marcado para aquela noite e a equipe de Obama parecia ter encurralado John. Ao suspender sua campanha na quarta-feira, McCain pedira que o debate fosse cancelado para concentrar-se no acordo referente ao pacote de socorro. Obama se recusara, marcando pontos ao questionar como alguém que pretendia ser presidente não era capaz de conciliar as negociações do acordo com as preparações para o debate. Pouco depois de nossa conversa, a equipe de McCain anunciou que ele voaria de volta a Oxford, Mississippi, para o debate.

Durante todo o dia fiquei ao telefone, conversando com os líderes do Senado e da Câmara, na tentativa de fazer algum progresso nos temas mais questionáveis, ao mesmo tempo em que a equipe do Tesouro participava de reuniões de negociação e de elaboração com vários grupos de diferentes comissões do Congresso. As ações do Wachovia continuavam em queda livre, enquanto seus swaps de crédito mais do que dobravam, para 1.560 pontos-base. O Morgan Stanley retornara à zona de perigo: seus CDs tinham ultrapassado a marca de 1000 pontos-base.

Assisti a apenas parte do primeiro debate presidencial naquela noite, mas fiquei satisfeito ao constatar que nem Obama nem McCain tentaram conquistar pontos políticos a expensas do TARP. Talvez, assim eu esperava, as partes polarizadas fossem capazes de aproximar-se o suficiente para fazer o necessário ao salvamento do sistema.

Sábado, 27 de setembro de 2008

Eu pretendia voltar ao Tesouro no domingo, de manhã cedo, mas Kevin Fromer me disse para ficar em casa. "Descanse", disse ele. "Temos de estreitar as questões em aberto e colocar os acordos no papel." Ele estava certo de que, por maiores que ainda fossem as dificuldades pela frente, já contávamos com os lineamentos do que chamava de "dispositivo legal". A autoconfiança dele me contagiou.

Eu estava trabalhando na poltrona de meu quarto quando Nancy Pelosi telefonou para levantar uma questão potencialmente contenciosa. A presidente da Câmara dos Deputados não gostava da ideia de os contribuintes arcarem com o ônus da operação de socorro e sugeriu que aumentássemos a tributação sobre o setor financeiro, para que o governo recuperasse o dinheiro gasto na sustentação dos mercados. Aquela foi a primeira vez em que eu ouvi semelhante ideia, mas posso garantir que Nancy não estava tentando complicar as negociações – sem dúvida, ela vinha enfrentando problemas com o seu grupo. Mas, de modo algum, o setor financeiro admitiria aquela hipótese. Seria como salvar e punir alguém ao mesmo tempo. Disse-lhe que discordava radicalmente da ideia, mas que trabalharia com ela para encontrar uma solução. Desliguei confiante em que poderíamos fazer alguma coisa.

Naquela tarde, deveríamos trabalhar nas principais questões em aberto com os líderes do Congresso, mas, tanto a composição do grupo quanto a agenda eram presságios de problema. A chave para conseguir a aprovação de um projeto é reunir as pessoas certas na sala. Eu pretendia realizar uma sessão pequena e simples, e os republicanos concordaram em enviar um representante de cada casa do Congresso. Porém, os democratas da Câmara e do Senado também queriam enviar representantes. Como presidente da Comissão de Bancos, Chris Dodd, era o principal negociador do Senado. No entanto, Max Baucus não admitia deixar de lado as considerações sobre remuneração; Chuck Schumer, cada vez mais assertivo, se pôs à frente da liberação do TARP em parcelas; Kent Conrad, presidente da Comissão de Orçamentos do Senado, estava empenhado nos aspectos de supervisão e seguro; e Jack Reed, senador por Rhode Island, insistia na ideia dos democratas de o Tesouro receber bônus de subscrição das empresas que vendessem ativos ilíquidos.

Chegamos ao Dirksen Senate Office Building lá pelas 14 horas e nos reunimos no gabinete do vice-presidente para uma preparação de última hora, antes de nos encaminharmos para o salão de conferências de Nancy Pelosi e aquela mesma mesa comprida onde, pouco mais de uma semana atrás, Ben Bernanke, Chris Cox e eu havíamos sustentado a necessidade de rápida ação do Congresso. Kevin Fromer, Neel Kashkari, Bob Hoyt e eu nos sentamos entre Judd Gregg e Roy Blunt, os principais negociadores do lado republicano, diante dos deputados e senadores democratas. Talvez 30 membros do staff se apertavam mais atrás, junto às paredes.

Mitch McConnell incumbira Gregg da liderança das negociações pelos republicanos do Senado, quando Richard Shelby optou por ficar fora dos debates. Foi uma escolha feliz e inspirada. Judd era conservador respeitado de New Hampshire, que possuía uma das mentes mais afiadas do Senado, conhecia as questões com objetividade e era excelente negociador, impondo-se por tudo isso entre os republicanos do Senado. Ele compreendia que o sistema estava ameaçado e queria resultados. Roy Blunt tomara o lugar de Spencer Bachus à mesa, o que também me agradou. O deputado por Missouri era ouvinte atento e maneiroso, que faria bom trabalho como representante dos deputados republicanos. Como Gregg, ele estava consciente de que precisávamos fazer alguma coisa.

Chris Dodd abriu a reunião com observações sobre a importância do suprapartidarismo. Eu comecei chamando a atenção para a extensão crescente do projeto legislativo e deixei claro que não aceitaria algo ineficaz. O esboço de três páginas que enviáramos ao Capitólio já se convertera em projeto de 40 páginas, sob a influência de Dodd e Barney Frank no fim de semana anterior. Agora, continha mais de 100 páginas.

"Queremos elaborar algo que funcione, mas enfrentamos resistência em nossos grupos", Barney disse, com diplomacia. Ele representava os deputados republicanos, juntamente com Rahm Emanuel. Charlie Rangel também estava presente.

Não demorou muito para que a reunião começasse a fugir ao nosso controle. Sucediam-se interrupções frequentes e as pessoas não pareciam dispostas a negociar. Iniciamos com uma questão contenciosa: remuneração dos executivos. Baucus e Frank eram os principais proponentes da visão democrata, mas todos tinham opinião. Alguns, como Baucus, queriam limitar a dedutibilidade tributária da remuneração dos executivos. Outros pretendiam confiscar a remuneração que fosse concedida com base em demonstrações financeiras inexatas. Schumer liderou o ataque contra indenizações rescisórias desmesuradas, aqueles pagamentos generosos geralmente feitos a executivos aposentados ou demitidos.

Eu não estava disposto a defender essas indenizações rescisórias, mas precisávamos de algo aceitável. Nossa prioridade era comprar com rapidez o maior volume possível de ativos ilíquidos. Para tanto, almejávamos normas claras, de fácil execução, que estimulassem a adesão da maior quantidade possível de bancos. Assim, insisti em isentar as instituições menores das novas normas, ao mesmo tempo em que resistia a fórmulas mais complexas de limitação da remuneração, que talvez inibissem a participação de grandes bancos ou que fossem de difícil execução. Eu achava que nossa posição fazia sentido. Até então tínhamos sido duros, forçando os CEOs da Fannie Mae e da Freddie Mac a irem embora sem indenizações rescisórias. Em contraste, os democratas, como era de esperar, buscavam algo que pudessem alardear, no intuito de atenuar a reação política que anteviam em formação.

Duas noites antes, Chris Dodd dirigira uma reunião ordeira, e fizéramos progressos reais em muitos assuntos espinhosos. Já a reunião de hoje, em contraste, tornava-se cada vez mais ruidosa e caótica. Daí a pouco, talvez irritado com a minha posição – ou apenas para ser ouvido acima do vozerio – Baucus começou a gritar comigo.

"Hank, você está sozinho em suas posições quanto à remuneração dos executivos. Não sou de ameaçar, mas você precisa ouvir."

Recebemos informações de fora da sala de que a imprensa já estava noticiando sobre a cena no interior. Era infame. Lá estava eu, enfrentando uma sala apinhada de senadores democratas, que competiam entre si na violência dos ataques contra mim, enquanto seus assessores vazavam indiscrições para seus contatos na mídia, sem se importar com as consequências dessa insídia para os mercados. De imediato nos queixamos da situação, e Rahm Emanuel agiu com rapidez, confiscando os BlackBerrys dos membros do staff. Aquilo me lembrou o Velho Oeste, quando todos tinham de deixar as armas na entrada do saloon.

Rahm buscava uma solução, e sem meias palavras resumiu o dilema sobre a remuneração dos executivos: "Você precisa que seu mercado funcione, mas nós também precisamos que o nosso funcione", disse. "As indenizações rescisórias são um problema."

Rahm estava certo, assim como Kent Conrad, que acrescentou: "Precisamos de algo a ser aprovado e vendido em relação à remuneração dos executivos."

Contudo, muitas eram as vozes concorrentes para que avançássemos em meio à algazarra. Também havia gama igualmente ampla de opiniões sobre questões de supervisão. Baucus queria constituir uma inspetoria-geral, exclusivamente para o TARP. Outros propunham fiscalização pelo Congresso; Conrad insistia num Conselho de Supervisão da Estabilidade Financeira, cujos membros seriam Ben Bernanke, Chris Cox, Jim Lockhart, Steve Preston, secretário do HUD, e eu. Discutimos até que ponto esse órgão se envolveria no dia a dia das atividades. Todos reconheceram que já havia muitas propostas referentes a órgãos de supervisão, mas ninguém queria abrir mão daquele de sua preferência.

"Confiamos em você", garantiu-me Conrad. "Isso não se destina a você, pessoalmente. Mas precisamos de mais supervisão."

Agradeci pela observação. Na verdade, eu achava que a supervisão rigorosa protegeria o TARP e considerava boa a ideia de Conrad de um Conselho de Supervisão, embora eu tivesse ressalvado que a nova entidade deveria ser de natureza consultiva. Caso ela se envolvesse na microgestão de decisões executivas, nada seria feito. "Vamos promover uma supervisão eficaz", disse.

Hoje, acho que eu deveria ter fincado o pé e ter combatido com veemência a ideia de criar mais um órgão de supervisão redundante, quanto mais não seja para economizar o dinheiro dos contribuintes e para tornar o programa mais eficaz. De mais a mais, o TARP já estava sob os olhos do gabinete do inspetor-geral do Departamento do Tesouro – para não falar no Government Accountability Office (GAO), braço investigativo do Congresso, assim como de numerosas comissões do parlamentares.

No meio da reunião, alguns deputados tiveram de sair, para votar num acordo de cooperação nuclear entre os Estados Unidos e a Índia (foi aprovado). Os senadores, enquanto isso, sondavam as especificidades do plano TARP, questionando a cifra de US$700 bilhões. Como chegáramos àquele número? Eu disse que era a nossa melhor estimativa e que o mercado não se satisfaria com menos.

Depois da volta dos deputados que haviam saído, passamos à questão mais controversa da tarde: o cronograma de liberação do dinheiro do TARP. Os democratas estavam plenamente convencidos de que Obama ganharia a eleição e não queriam que o Tesouro de Bush gastasse todo o dinheiro. A intenção deles era conceder-nos de imediato US$250 bilhões ou US$300 bilhões e deixar o restante para a nova administração.

Chuck Schumer não acreditava que o Congresso se dispusesse a dar US$700 bilhões à administração Bush. Eu insisti em que os mercados precisavam saber que o dinheiro estava disponível, mas ele não pareceu convencido. Encarando aqueles recuos e avanços como ingrediente normal de qualquer negociação, ele continuava repetindo: "Vocês provavelmente não conseguirão gastar mais de US$100 bilhões." Eu fazia o possível para me comunicar com o grupo e eles comigo, mas parece que não conseguíamos romper as couraças uns dos outros, enquanto a tensão aumentava.

Perguntei o que aconteceria se de repente precisássemos de mais fundos e não tivéssemos tempo de recorrer ao Congresso. Barney atirou rápido: "Nesse caso, procurem o tio Ben." O tiro certeiro quebrou a tensão e propiciou aquilo de que mais precisávamos no momento: uma gargalhada geral.

Então, Schumer disse: "Se você precisar de mais que US$350 bilhões antes de 20 de janeiro, recorra ao Fed ou nos peça mais."

"Você está levantando uma preocupação do Congresso, mas precisamos proteger o povo americano do desastre financeiro", contestei. "Geithner, Bernanke e Warren Buffett dirão que da maneira como você quer não vai dar certo."

"Você fica repetindo isso a toda hora, mas não ouço razões convincentes. Explique-nos por quê", protestou Max Baucus.

Descrevi mais uma vez a terrível situação dos mercados. Era evidente para mim que precisaríamos pelo menos de tanto dinheiro quanto estávamos pedindo e que era crucial que enviássemos sinal inequívoco para os mercados de que os fundos estariam disponíveis, desimpedidos e sem quaisquer restrições políticas.

Depois de umas duas horas, interrompemos a reunião para o jantar, sem termos feito progresso numa única questão. Dodd queria retornar, em seguida, à mesma temática de discussões, porém, depois de sair, eu me recusava a voltar. Na verdade, a reunião parecia uma armação: aquilo não era negociação, era apenas bate-boca. Não chegávamos a lugar nenhum sobre a liberação do dinheiro do TARP e eu sentia que estávamos sendo atropelados por um grupo acéfalo de senadores democratas pedantes. O fato de terem sugerido que o mesmo grupo voltasse a reunir-se mais tarde significava para mim que das duas uma: ou eles não queriam ou não sabiam como chegar a um acordo. Precisávamos quebrar o impasse.

Fomos para a sala de reuniões de John Boehner. Telefonei para Pelosi, Obama e Reid, que estava fora do prédio. Havia simplesmente cozinheiros demais na cozinha, disse. As propostas referentes à remuneração dos executivos não eram razoáveis e eu receava que dessem para trás. Eu disse a Obama que a turma dele estava bombardeando as negociações, aparentemente na tentativa de levarem a melhor uns em relação aos outros. Ele respondeu que conversaria com Chris Dodd e me telefonou 45 minutos depois para me dizer que Dodd estava otimista, pois percebia algum progresso.

Poucos dias antes, Obama me dissera, numa de nossas conversas frequentes: "Hank, pretendo ser presidente, e não quero presidir uma economia de terra arrasada. Portanto, não deixe de avisar-me, se em algum momento atingirmos o ponto em que terei de intervir." Com o TARP – e com a segurança do sistema financeiro – em risco, eu acreditava que tínhamos chegado à situação a que ele se referira e o adverti a esse respeito. "Essas negociações estão sendo um desastre", avisei-o. "Os democratas do Senado não as estão levando a sério. Parece que eles não estão compreendendo a gravidade da situação." Soube depois que Obama ligara para Harry Reid, que entrou nas negociações, mais tarde, naquela noite.

Minha equipe e eu decidimos procurar Barney Frank, que compreendia a importância da aprovação do TARP, para o que era indispensável o voto republicano. Dan Meyer e Kevin Fromer o encontraram no terceiro andar, jantando com Jim Ready, e lhe pediram que se juntasse a nós.

Barney disse ter a impressão de que os dois lados estavam progredindo, mas, quando Dan e Kevin lhe explicaram nossa opinião de que seria contraproducente reiniciar a reunião anterior, ele concordou em ir ao gabinete de Boehner para reunir-se comigo.

A discussão com Barney foi muito mais produtiva que a sessão da tarde. Com Keith Hennessey e Judd Gregg, tratamos da questão do parcelamento e logo fizemos grande avanço na liberação dos fundos. O congresso nos daria de início US$250 bilhões, que poderiam ser aumentados para US$350 bilhões, se o presidente garantisse ao Congresso que se tratava de medida necessária. Para levantar os restantes US$350 bilhões, o Tesouro teria de apresentar um relatório ao Congresso, com detalhes do que faria com o dinheiro. Se o Congresso não se manifestasse, o dinheiro seria liberado automaticamente depois de 15 dias. Para reter os fundos, o Congresso teria de aprovar nova lei negando a liberação e ainda derrubar o veto presidencial.

Com base nesse êxito, decidimos tentar nova estratégia naquela noite. Isolaríamos os democratas, trataríamos cada um como um rei e os doutrinaríamos pessoalmente, em relação a cada assunto. E, assim, iniciamos uma noite de diplomacia itinerante. Os negociadores cruzaram a elegante vastidão do National Statuary Hall (Saguão do Estatuário Nacional) do Capitólio, que já fora o local de reuniões da Câmara, para chegar ao gabinete pessoal de Boehner, onde estabelecemos nossa base.

Enquanto estávamos negociando no Congresso, funcionários da FDIC e do Fed se empenhavam, no mesmo afã de todo o dia, na busca de um comprador para o Wachovia. O grande banco estava desabando, e, como eu dissera a Judd Gregg durante um intervalo nas conversações: "Estamos aqui, negociando, mas não consigo deixar de pensar no Wachovia." Eu sabia que o Wells Fargo e o Citi se destacavam como os principais interessados no banco da Carolina do Norte. Pouco antes das 20 horas, conversei com Sheila Bair para descobrir o que estava acontecendo. Ela parecia otimista, mas nada seria anunciado naquele dia. Como Tim Geithner, ela achava que o Wells Fargo era o comprador mais provável.

Rahm Emanuel, exercendo papel extremamente construtivo, corria de um lado para outro, entre Pelosi e nós, negociando a proposta de tributação do setor financeiro, que, em nossa opinião, comprometia o objetivo de nossa intervenção. Transferir para o setor financeiro o custo da compra de ativos podres pelo governo serviria apenas para sobrecarregar as instituições financeiras com as próprias perdas das quais queríamos desonerá-los e com as quais não tinham condições de arcar. Rahm, obviamente, também não gostava da ideia. Mas, quando ele tentou chegar a um acordo conosco, um membro do staff de Pelosi disse não. A certa altura, Rahm achou que teríamos de render-nos, e tentou passar por cima de mim, entendendo-se diretamente com Josh Boltem, mas este lhe disse que a Casa Branca não me desautorizaria. Mantivemos nossa posição.

Às vezes, tinha-se a impressão de que o espetáculo daquela noite se desenrolava como que num circo de três picadeiros, no qual senadores, deputados e assessores entravam e saíam de cena na tentativa de aparar suas diferenças. Alguns se acotovelavam nos corredores estreitos fora dos gabinetes de Boehner ou de Pelosi. À medida que a noite avançava, o gabinete de Boehner aos poucos se transformava numa pizzaria. Quase todos pareciam estar comendo uma fatia: mozarela, pepperoni, calabresa ou enchova. Eu nunca antes vira tantas caixas de papelão engorduradas em minha vida.

Embora cansados, os atores e figurantes davam o melhor de si. A reformulação inteligente da linguagem ajudou-nos a transpor o abismo entre democratas e republicanos quanto à proposta de seguro dos ativos podres. Mas o trabalho não foi fácil. Kent Conrad já a tachara de "a pior ideia de todos os tempos". Por fim, Barney Frank acenou com a abertura para um acordo, ao afirmar: "Se o plano for aceitável para o secretário, os deputados democratas o apoiarão."

Pusemos mãos à obra. Os deputados republicanos queriam algo diferente de nossa abordagem. Eles insistiam não só em que prevíssemos o seguro no projeto, mas também em que desenvolvêssemos um plano para implementá-lo. Porém, Conrad ameaçou de liquidar o TARP se o projeto incluísse algo do gênero, pois receava que qualquer dispositivo nesse sentido onerasse o governo com enormes passivos contingentes desconhecidos. Os republicanos queriam que a nova lei determinasse a implementação do programa de seguro.

Não considerávamos a ideia do seguro tão ruim em si. Apenas não havia sido bem elaborada. Os deputados republicanos nos pediram para mudar a redação e Neel Kashakari explicou aos assessores legislativos as diferentes maneiras pelas quais seria possível precificar e lançar o seguro: uma hipótese seria limitá-lo a ativos no total de US$700 bilhões, menos os prêmios recebidos; outra seria restringi-lo a US$700 bilhões em prêmios, do que redundaria programa muito poderoso, capaz de garantir trilhões de dólares em ativos. Os republicanos preferiram limitar a cobertura a US$700 bilhões em ativos, com o objetivo de proteger os contribuintes, por meio dos prêmios cobrados sobre os seguros.

Nossa combinação foi redigir o projeto de modo a exigir que o Tesouro definisse o prêmio do seguro em nível capaz de garantir "proteção integral aos contribuintes. Em outras palavras, o seguro seria tão caro que ninguém o usaria. Expliquei a Conrad os efeitos dessa redação e ele pareceu satisfeito.

Harry Reid, respondendo a meus telefonemas anteriores para ele e para Obama sobre a falta de progresso, voltara ao Capitólio mais tarde, naquela noite, e passou algum tempo sozinho com Nancy Pelosi. Pouco depois das 23 horas, os principais negociadores voltaram a reunir-se no gabinete da presidente da Câmara, para acertar as principais diferenças, com duas exceções. Uma era o imposto setorial de Nancy; a outra era a remuneração dos executivos. Era tarde e todos estávamos cansados, mas Nancy insistiu em que buscássemos um acordo.

"Não podemos ir embora agora", disse ela. "O povo americano espera um acordo. Os mercados exigem um acordo."

Judd Gregg ficou para trabalhar nos dispositivos referentes ao imposto com Nancy, Rahm e Barney Frank, e o trio de democratas concordou com a ideia dele de deixar o texto em aberto. Se, depois de cinco anos de TARP, os contribuintes ainda estivessem perdendo, o presidente, na época, poderia propor que o Congresso lançasse o imposto, para que o setor financeiro arcasse com as perdas geradas pelo programa. Sabíamos que essa redação não inquietaria os mercados, que a considerariam inerme.

Neel Kashkari e eu nos reunimos com Schumer, Dodd e Baucus na sala de reuniões de Nancy, na tentativa de encontrar uma solução para o impasse a respeito da remuneração de executivos. Schumer vinha insistindo em obrigar os bancos a cancelar retroativamente todos os contratos de indenização rescisória. Afirmamos que isso era impossível na prática. Finalmente, Schumer sugeriu: "E se proibíssemos 'novas' cláusulas de indenização rescisória?" Não havíamos pensado nessa hipótese e todos fizemos uma pausa para discuti-la.

Exausto, voltei à pequena sala que eu estava usando e tive um acesso de vômito em frente de Judd Gregg. Não foi algo muito intenso, mas fez muito barulho, o que pareceu reanimar Rahm Emanuel.

"Precisamos reunir outra vez todo o mundo e aprovar esse esquema", disse.

Harry Reid entrou e perguntou se eu precisava de um médico. Disse que não, eu só estava cansado. Era cerca de meia-noite; eu estava sentado, conversando com Neel e Kevin Fromer, quando Schumer, Baucus e Dodd entraram na sala. Concordamos com a proposta de Baucus de limitar a dedução tributária referente à remuneração de executivos a US$500 mil e de proibir novas cláusulas de indenização rescisória para executivos de empresas falidas. Tivemos o cuidado de especificar que as empresas que precisassem de ajuda especial deveriam sujeitar-se a limitações de remuneração mais severas do que empresas que simplesmente participassem de vendas de ativos relacionadas com o TARP. Neel pegou uma folha do bloco de papel timbrado de Nancy, redigiu os pontos básicos de nosso acordo e depois enviou cópias para todos os participantes.

Finalmente tínhamos o arcabouço de um acordo. Redação factível sobre liberação parcelada; restrições à remuneração de executivos de empresas participantes do TARP; vários níveis de supervisão que, mesmo assim, nos conferiam flexibilidade para agir com eficácia; previsão de que o governo receberia bônus de subscrição conversíveis em ações das empresas participantes; e referência evasiva à recuperação das despesas públicas com o programa, mediante possível tributação do setor financeiro. A redação seria concluída naquela noite e a Câmara votaria o projeto na segunda-feira.

Imbuídos de ânimo comemorativo, Pelosi, Reid, Dodd, Frank, Schumer e eu caminhamos rumo ao o Statuary Hall para anunciar o acordo. Quando nos aproximávamos de uma bateria de microfones instalada em meio às estátuas de mármore de americanos famosos, Shumer colocou os braços ao redor de meus ombros e eu retribui o gesto dele, também o abraçando. Embora eu tivesse interpretado aquele gesto como sinal de camaradagem, ele depois disse à imprensa que fizera aquilo para sustentar-me. Acho que realmente meu aspecto era de exaustão.

Fiquei satisfeito com nosso progresso, mas, ao mesmo tempo em que me sentia aliviado, eu também sabia que nada havia terminado. Ainda tínhamos que elaborar o programa, contratar pessoas, implementá-lo e fazer tudo isso em tempo de ajudar os mercados. Mas a situação parecia melhor que semanas atrás. O TARP estava avançando e tudo indicava que em breve o Wachovia estaria em novas mãos, mais seguras.

Talvez eu devesse ter previsto os novos problemas pela frente, mas, por um momento, naquela noite, ao adormecer, senti-me bem.

Domingo, 28 de setembro de 2008

Quando me levantei, poucas horas depois, soube que o chairman do Wells Fargo, Dick Kovacevich, conversara durante o café da manhã com Bob Steel e queria comprar o Wachovia imediatamente. O Wells parecia disposto a pagar um preço acima do valor de mercado, o que me surpreendeu, considerando as circunstâncias sombrias que cercavam o Wachovia. Eu esperava que se conseguisse chegar a um acordo até o fim do dia. O Wells era exceção rara num setor apinhado de bancos em dificuldade. Embora tivesse sofrido perdas em cartões de crédito e em hipotecas, a instituição preservara padrões rigorosos na concessão de empréstimos, enquanto seus concorrentes afrouxavam os seus critérios. Em consequência, encontrava-se em condições relativamente fortes.

Enquanto isso, no Capitólio, Kevin Fromer, Bob Hoyt e Neel Kashkari trabalhavam contra o tempo para negociar os muitos detalhes remanescentes e convertê-los em texto legislativo. Acertar na redação adequada era nossa tarefa mais importante.

No domingo à tarde pedi a Ben Bernanke que desse alguns telefonemas, para ajudar-me a angariar apoio para o TARP entre os deputados republicanos. Receava que eles já estivessem ficando cansados de ouvir a minha voz — e de ouvir os elogios dos democratas ao secretário do Tesouro. Já me haviam dito que a interferência de Ben e do presidente talvez fossem mais eficazes. O presidente de bom grado interveio, mas as consequências foram muito desestimulantes para ele, pois a maioria das pessoas com quem falou acabaram rejeitando a proposta. Ben teve experiência muito parecida com a sua lista.

Naquela noite, informei ao presidente e a Josh Bolten sobre o Wachovia. Disse-lhes que estava otimista, embora com um pé atrás, de que o Wells poderia comprar o Wachovia, mas observei que, sem um comprador, o banco iria à falência, a não ser que recebesse apoio do governo. O mercado debilitado precisava que amparássemos nossas principais instituições.

Expliquei-lhe que pela primeira vez na história dos Estados Unidos o governo talvez tivesse que invocar o perigo iminente de risco sistêmico para socorrer um banco. Conforme a legislação vigente, a FDIC poderia oferecer ajuda financeira a bancos e a associações de poupança e empréstimo sob ameaça de falência, desde que o método a ser adotado – empréstimo ou contribuição em dinheiro – custasse menos que a liquidação imediata. O Congresso queria garantir que os acionistas das instituições em dificuldade não se beneficiassem com o dinheiro dos contribuintes e o Improvement Act de 1991 admitia apenas uma exceção à exigência de "menor custo": a convicção da FDIC que a falência da instituição provocaria sérios danos para a economia ou para a estabilidade financeira, situação em que poderia invocar a ressalva do "risco sistêmico". Para tanto, necessitava-se da aprovação do secretário do Tesouro (depois de consulta com o presidente), dois terços dos votos do Federal Reserve Board e dois terços dos votos do Conselho de Administração da FDIC. A intenção dos legisladores era que só se recorresse à exceção nas circunstâncias mais graves, razão por que nunca fora invocada antes.

O Wachovia, contudo, era tão grande, e o sistema, tão frágil, que eu sabia que chegara a hora, deixando esse ponto bem claro. Josh respondeu que o governo não tinha medo de tomar decisões difíceis.

Antes de ir para a cama, instrui minha equipe do Tesouro a telefonar-me sobre o negócio com o Wachovia, não importava a hora. Adormeci sem receber notícias e despertei no meio da noite, preocupado com a falta de informações. Conversei com minha equipe na manhã seguinte, e o que disseram me deixou sem respiração.

Eu supunha que o Wells Fargo seria o comprador, mas, no domingo, o suposto comprador desistiu da compra. No começo da noite, o governo concluiu que deveria invocar a exceção do risco sistêmico. Como eu não estava no Tesouro, competiu a David Nason pedir a aprovação do presidente para agir em relação ao Wachovia. Às 23 horas David telefonou para Josh Bolten.

O FDIC disse ao Wachovia que recorreria a seus poderes especiais para oferecer ajuda ao banco e convidou o Citigroup e o Wells a apresentar propostas. Como se veio a saber depois, todos passaram a noite em claro, enquanto Sheila Bair ia e voltava na tentativa de conseguir que o Federal Reserve ou o Tesouro assumisse o risco de quaisquer perdas resultantes da ajuda governamental. O staff do Tesouro questionou zelosamente as premissas da FDIC numa série de teleconferências. O Wells, finalmente, retornou na calada da noite com uma oferta muito pouco atraente. Às 4 horas, o staff da FDIC concluiu que a oferta do Citi não deveria acarretar perdas para o governo. E assim terminou o debate sobre a divisão das perdas entre os órgãos públicos. Sheila concordou em aceitar a oferta do Citi.

Segunda-feira 29 de setembro de 2008

Nas primeiras horas da manhã de 29 de setembro, a FDIC anunciou que o Citigroup adquiriria o Wachovia. Todos os depositantes seriam protegidos. Porém, ao contrário do que ocorrera na falência do WaMu, também os credores não ficariam desamparados, iniciativa de enorme importância para sinalizar aos mercados a disposição do governo de sustentar bancos de importância sistêmica.

Nos termos de sua proposta complexa, o Citi pagaria US$2,16 bilhões em ações e assumiria US$53 bilhões das dívidas privilegiadas e quirografárias do Wachovia. Este, por sua vez, seria cindido; a gestão de recursos e a corretagem de ações seriam deixadas com os acionistas, num toco remanescente, ainda denominado Wachovia. O Citi adquiriria os negócios de banco comercial e de varejo e absorveria até US$42 bilhões dos prejuízos do Wachovia, em seu pool de empréstimos de US$312 bilhões. A FDIC garantiria o restante das perdas. Em troca, a FDIC receberia US$12 bilhões em ações preferenciais e em bônus de subscrição do Citigroup, proporcionando-lhe meios para a possível recuperação de dinheiro para seu fundo.

Embora a FDIC tenha enfatizado em declaração que o Wachovia não falira, a verdade era que sem a intervenção de um grande banco a instituição provavelmente teria entrado em colapso. Muita gente no Congresso, todavia, não compreendeu como a situação era precária. Durante todo o fim de semana, enquanto negociávamos os detalhes do TARP no Capitólio, eu advertira que outro grande banco estava na iminência de afundar. Agora, enquanto lutávamos para conseguir US$700 bilhões para todo o sistema financeiro, a FDIC garantira quase US$300 bilhões em ativos para um único banco e ninguém piscou o olho. Dizíamos: "Precisamos aprovar o TARP com urgência – veja o Wachovia". E respondiam: "O Wachovia acabou de ser adquirido." Eles não se deram conta da realidade.

As notícias que transbordavam da Sala dos Mercados na segunda-feira sobre as instituições financeiras europeias, sob forte pressão, não poderiam ter sido piores. O Reino Unido assumira o controle da mutuante Bradford & Bingley e vendeu boa parte dela para o Banco Santander, enquanto a gigante Hypo Real Estate, segunda maior mutuante de financiamentos hipotecários da Alemanha, recebia garantia de 55 bilhões de euros (US$50 bilhões) do governo e de um grupo de bancos privados. Essas iniciativas se seguiram à operação de socorro de US$11,2 bilhões de euros (USR16,3 bilhões) da Fortis, empresa de serviços financeiros belga, pelos governos da Bélgica, de Luxemburgo e da Holanda.

Os mercados de ações europeus despencavam, enquanto os mercados de crédito se deterioravam ainda mais. Os spreads LIBOR-OIS disparavam para níveis sem precedentes. Os bancos continuavam receosos de negociar uns com os outros – sinal inequívoco de pânico.

Durante toda a manhã, conversei com membros do Congresso, que manifestaram apoio ao TARP, ao mesmo tempo em que expressavam suas preocupações específicas. Maxine Waters, deputada pela Califórnia, telefonou para falar sobre contratação de minorias e para insistir em que fizéssemos algo sobre a retomada de imóveis. Disse-lhe que consideraríamos esses aspectos. "Isso é bom", respondeu ela, "porque vou votar a favor e, se vocês me deixarem na mão, eu estou perdida."

Apesar dos telefonemas alvissareiros, eu também recebia relatórios de que o projeto não seria aprovado. Roy Blunt, minority whip, controlador do processo decisório formal do partido minoritário, advertiu-me que não contava com republicanos suficientes a bordo. Minutos antes do começo da votação, Josh Bolten e Joel Kaplan me disseram que não estavam otimistas. Só nos restava rezar.

Quando começou a votação, eu estava trancado em minha sala com Michele Davis e ao telefone com o ministro das Finanças russo, Alexei Kudrin. Era uma hora ruim para um telefonema, mas a Rússia se destacava como importante investidor nas dívidas dos Estados Unidos e das GSEs e eu precisava tranquilizar meu colega russo. Ele explicou que estava começando a detectar sinais de que a crise bancária estava contagiando a Rússia, oriunda da Europa, e eu percebia que os problemas dele eram muito mais graves do que ele deixava transparecer. Ele estava preocupado com a corrida de sexta-feira contra o Wachovia e com nossa operação de socorro do banco e queria saber mais sobre o TARP. Ele não estava sozinho. Eu já falara naquele dia com Jean-Claude Trichet, do Banco Central Europeu, e com Ibrahim al-Assaf, ministro das Finanças da Arábia Saudita. Todos esperavam que o Congresso aprovasse o TARP para restabelecer a confiança. Quando desliguei o telefone, Michele começou a preparar-me para uma entrevista coletiva com a imprensa, depois da vitória no jogo.

"Quando tudo isso tiver acabado", disse ela, "você precisará sair e fazer uma declaração inequívoca, agradecendo ao Congresso por oferecer-lhe condições de trabalho. Você terá de enfatizar que não se trata apenas de comprar ativos ilíquidos. Trata-se principalmente de injetar confiança nos mercados. Não fale sobre aspectos técnicos."

Acenei, concordando. Meus principais assessores entravam e saíam, enquanto o total de votos negativos continuava subindo. Michele e Jim Wilkinson garantiram-me que as rejeições geralmente são mais frequentes no começo, para só depois as aprovações começarem a avolumar-se. Porém, o processo avançava rápido e, pouco antes das 14 horas, os votos negativos superaram o total de 218, o que significava derrota. Michele me disse para não me preocupar: "Os whips conseguirão algumas mudanças de voto."

Enquanto a votação prosseguia, Obama me telefonou para dizer sem evasivas: "Hank, você vai perder. Sua tropa não está fazendo a parte dela. Os republicanos não estão cumprindo o papel deles."

Eu nunca o ouvira falar com tanto partidarismo.

"Precisamos de mais democratas", respondi.

"Que eu saiba, restam muito poucos. Mesmo que eu lhe dê seis ou sete, não serão suficientes."

Surpreendi-me ao ouvir Obama, geralmente tão calmo e frio, falar com tanta agitação como naquele momento.

Em seguida, falei com McCain, que disse: "Estou fazendo tudo o que posso."

No fim das contas, evidentemente, o TARP foi derrotado por votação de 228 a 205. Pelosi me telefonou para dar a má notícia, culpando os republicanos pela derrota, que não queriam aprovar nada que se parecesse com uma operação de salvamento. Dois terços deles tinham votado contra o TARP, em comparação com 40% dos democratas. Os líderes republicanos, por seu turno, inclusive Boehner, responsabilizavam Pelosi por enxotar votos republicanos com um discurso no plenário em que denunciara a "ideologia de direita vale-tudo" da administração Bush. Não faltavam pretextos para culpas, mas o fato é que, infelizmente, nenhum dos lados compreendeu plenamente as consequências do fracasso.

As equipes de televisão que me esperavam na Sala de Imprensa para me entrevistar foram mandadas embora. Em vez de conversar com os jornalistas, dirigi-me à Casa Branca, com Michele Davis e Jim Wilkinson, para uma reunião com o presidente, o vice-presidente e os principais assessores. A caminho, telefonei a Roy Blunt para agradecer-lhe por tudo que havia feito. Ele estava decepcionado, mas garantiu-me que não desistiria; tinha confiança em que acabaria conseguindo os votos. Eu também, mas, a realidade é que aquela fora uma derrota acachapante.

"Há alguma coisa que possamos fazer sem isso?", perguntou o vice-presidente Dick Cheney. Embora defensor do livre mercado e extremamente cético quanto às intervenções do governo, ele compreendeu desde o primeiro dia como era fundamental que fizéssemos alguma coisa. Ele não estava nada satisfeito de ficar sentado, sem fazer nada, assistindo à devastação econômica que poderia resultar da inação do Congresso. "O Fed não tem poderes? Nós não temos poderes?"

"Não, não temos", respondi.

"Vamos dar um jeito", afirmou o presidente.

Josh Bolten me chamou de lado e me tranquilizou mais uma vez: "Vamos conseguir."

Antes de voltar para meu gabinete, fui aos jardins da Casa Branca e falei com a imprensa. Daquela vez, eu estava menos preocupado em tranquilizar os mercados que em transmitir uma mensagem forte ao Congresso. "Temos muito que fazer", disse. "Isso é importante demais para simplesmente fracassar."

Senti um buraco no estômago quando voltei ao Tesouro e olhei para o terminal da Bloomberg, atrás de minha mesa. As ações já haviam iniciado o pregão em declínio acentuado e entraram em queda livre quando a votação no Congresso evoluía para a rejeição do TARP. O Dow acabou registrando naquele dia sua maior baixa de todos os tempos, quase 778 pontos, ou 7%, enquanto o S&P 500 sofreu queda de 8,8%, em seu pior dia, desde o crash de outubro de 1987. No todo, o mercado de ações perdeu de roldão naquele dia mais de US$1 trilhão – recorde escorchante em um único dia.

Embora eu geralmente atentasse para o que muita gente considerava aspectos esotéricos das finanças – financiamento por notas promissórias comerciais, taxas de CDS ou mercado de reposição tripartite – eu também me importava profundamente com as perdas de valor nos mercados de ações, que exercem forte impacto sobre os cidadãos comuns – ao afetarem a poupança para a aposentadoria e o senso de confiança.

Embora cruciais, as funções dos mercados de crédito são um tanto abstratas para a maioria dos americanos. Com que frequência se ouve falar em spreads LIBOR-OIS nos noticiários da noite? Mas, se o fluxo de crédito for interrompido, empresas fecharão as portas, o desemprego disparará e o consumo despencará, em círculo vicioso. É como obstruir as artérias do corpo humano. Logo, as funções vitais serão paralisadas e o indivíduo morrerá.

Naquela tarde e naquela noite, conversei com várias pessoas, cujas atitudes positivas ajudaram a me soerguer. Lindsey Graham foi muito inspirador. "Hank", disse ele, "você conta com o apoio dos dois candidatos presidenciais num ano de eleição. Também a liderança do Congresso está ao seu lado. Tudo de que você precisa são 13 votos a mais na Câmara. Você precisa demonstrar confiança, em público e em particular."

Também conversei de novo com Josh Bolten, que já estava pensando em novas abordagens. "Hank, você fez o que pode", disse-me. "Deixa a bola comigo durante alguns dias, e vamos ver se conseguimos angariar os votos."

Terça-feira, 30 de setembro de 2008

Trinta de setembro marcou o feriado judaico de Rosh Hashaná. Os mercados estavam abertos, mas o Congresso não funcionou. Acordei cedo e fui para a academia de ginástica pela primeira vez desde o dia seguinte à queda do Lehman. Senti-me fora de forma e, ao tentar seguir minha rotina, esforçava-me para não ficar pensando na derrota na Câmara.

Os mercados se encontravam sob forte pressão naquela terça-feira. Durante a noite, o LIBOR saltara para 6,8%, mais que o dobro de uma semana antes e o nível mais elevado havia anos. A crise se espalhava rapidamente por toda a Europa. Naquela manhã, o banco franco-belga Dexia se tornou a quinta grande instituição financeira europeia a sucumbir nos últimos dois dias, exigindo operação de socorro ou estatização. Governos em todo o mundo, da França à Índia, passando pela Coreia do Sul, estavam adotando medidas extraordinárias para estabilizar e, em alguns casos, para sustentar suas instituições financeiras debilitadas. A Irlanda disse que garantiria pagamentos até US$400 bilhões de euros (US$574 bilhões) em dívidas bancárias, cifra suficiente para cobrir quase todo o sistema bancário irlandês, equivalente ao dobro do produto interno bruto do país.

A toda hora eu recebia informações de Josh Bolten ou de Joel Kaplan a respeito do progresso do TARP. Eles de novo se sentiam otimistas. Rahm Emanuel ajudara a engendrar uma estratégia com Harry Reid, que previa a aprovação do projeto, primeiro no Senado, onde os republicanos se sentiam mais seguros em seus assentos que seus colegas da Câmara, além de se mostrarem mais sensíveis à situação. Preparando-se para agir com ousadia e rapidez, Reid disse que poderia programar a votação já para o dia seguinte.

Duas eram as alternativas para conseguir a aprovação do TARP na Câmara, numa segunda tentativa. Uma era assumir que os republicanos nunca ofereceriam apoio suficiente ao projeto e, portanto, tentar conquistar o máximo possível de votos democratas. E uma maneira de angariar esse apoio seria propor um segundo plano de despesas públicas para estimular a economia, como Pelosi já sugerira. No entanto, essa iniciativa afastaria os republicanos do Senado.

A segunda consistia em procurar angariar apoio mais amplo e atrair os republicanos, combinando o TARP com créditos tributários associados à energia, que expirariam em breve, e um remendo no Imposto Mínimo Alternativo (Alternative Minimum Tax – AMT), forma de tributação impopular que precisava ser ajustada permanentemente, para proteger a classe média do aumento da carga tributária. Outros adoçantes eram elevar os limites do seguro de depósito da FDIC e, de alguma maneira, ampliar as normas contábeis sobre marcação a mercado.

A liderança optou pela segunda hipótese e incluiu novos dispositivos no projeto. Mas, conforme observou Josh Bolten, importante razão pela qual alguns republicanos se mostravam mais receptivos era o fato de terem visitado suas bases eleitorais e de terem constatado que seus eleitores estavam aborrecidos com a perda de 10% de suas contas de aposentadoria em consequência da não aprovação do TARP – culpando o Congresso pelo prejuízo. Em consequência, a queda do mercado de ações na segunda-feira exigia muito mais cooperação.

Em meio a todas essas dificuldades, Ben Bernanke me disse que, na opinião dele, a solução da crise demandaria muito mais que a compra de ativos ilíquidos que havíamos solicitado ao Congresso. Na visão dele, teríamos de injetar capital próprio nas instituições financeiras. Dan Jester e Jeremiah Norton vieram visitar-me e defenderam o mesmo ponto. Concordei que eles provavelmente estavam certos, mas não tínhamos nenhum plano a esse respeito e o conceito me deixava pouco à vontade, embora tivéssemos tido o cuidado de garantir que a redação do TARP deixasse espaço para a sua inclusão. Por questão de princípio, eu me opunha a qualquer iniciativa que tivesse cheiro de estatização – as intervenções governamentais sempre acarretam formas indesejáveis de influência ou controle – e eu também sabia que estaríamos sabotando nossos esforços no Congresso se, no meio do caminho, levantássemos a mão e disséssemos que precisaríamos injetar capital próprio. Eu acreditava que as compras de ativos ilíquidos seriam a parte principal de qualquer plano de ação, e enfatizei essa opinião para Ben.

No entanto, eu também já havia conversado com numerosos investidores que me inspiravam confiança, e todos me disseram a mesma coisa: os problemas do sistema eram grandes e imediatos demais para serem tratados com qualquer outra terapia que não fossem injeções de capital. Pedi a Dan, a Jeremiah e a David Nason que refletissem um pouco a esse respeito.

Tivemos uma reunião na terça-feira de manhã e, depois, uma teleconferência para discutir o aumento seguro de depósitos da FDIC, de US$100 mil para US$250 mil, como parte dos adoçantes do TARP. Nelas também abordamos outra questão-chave – garantia de todas as contas correntes – tema a que retornamos em teleconferência com Ben Bernanke, Tim Geithner, Kevin Warsh, Joel Kaplan e David Nason.

A ideia estava sendo defendida por Larry Lindsey, ex-assessor econômico do presidente e ex-governador do Fed. Para pagar suas contas, as empresas em geral mantinham saldos em suas contas correntes muito acima do limite de seguro da FDIC, no valor de US$100 mil. A insegurança daí resultante as tornava propensas a sacar o dinheiro ao primeiro sinal de perigo, como no caso do Wachovia, fomentando, portanto, corridas bancárias. Discutimos a hipótese de garantias ilimitadas para estabilizar essas contas, mas receamos que, em situações de pânico, depositantes estrangeiros transferissem seu dinheiro para os Estados Unidos, no intuito de tirar proveito dessa nova proteção, deflagrando ações retaliatórias por parte de outros países e debilitando o sistema financeiro global.

Nenhum de nós gostou da ideia de Lindsey, e Tim, em especial, se mostrou preocupado. Ele observou, com razão, que aquilo poderia levar a todas as espécies de distorções. Ninguém queria incitar uma rodada desastrosa de políticas protecionistas globais de empobrecimento dos vizinhos, por meio de desvalorizações cambiais e de restrições às importações.

Não obstante esses receios, a ideia de garantias do governo para estabilizar os bancos era atraente: O simples anúncio, como o fizéramos 10 dias antes, de que garantiríamos os fundos money market havia acalmado esse segmento crítico do mercado financeiro.

"O que realmente precisamos é que o presidente disponha de autoridade para garantir quaisquer passivos de instituições financeiras", disse Tim. Ele provavelmente estava certo a respeito dessa ideia ousada, mas quem lidava diretamente com o Congresso sabia que seria impossível obter essa outorga de poderes extraordinários. Já estávamos enfrentando dificuldades suficientes em conseguir autoridade temporária para investir em ativos.

No fim da tarde de terça-feira, durante outra teleconferência, Sheila Bair entrou em cena. A presidente da FDIC também estava preocupada com o impacto desestabilizante dos saques de grandes contas correntes nos bancos – afinal, isso foi exatamente o que acontecera com o Wachovia – e também ela apoiava com disposição a proposta de garantir sem limites as contas correntes.

Antes de o Senado retomar o TARP na manhã seguinte, o governo, depois de exercer forte pressão, conseguiu o aumento do seguro de depósitos para US$250 mil.

Quarta-feira, 10 de outubro de 2008

Na quarta-feira, fui com Ben ao almoço mensal dele com o presidente. Não havia agenda e passamos boa parte da reunião conversando sobre as perspectivas do projeto TARP e sobre a fragilidade dos mercados. Eu sempre disse ao presidente Bush o que me passava pela cabeça e naquele dia falei que, embora o Congresso ainda não tivesse aprovado o plano de compra de ativos, Ben e eu estávamos começando a achar que talvez também precisássemos de um programa que nos permitisse assumir participação societária direta nas instituições financeiras.

"Vocês ainda estão insistindo no plano de compra de ativos ilíquidos", perguntou o presidente.

"Evidentemente", respondi, acrescentando, contudo, que teríamos de agir com mais rapidez para estabilizar o sistema financeiro.

O presidente Bush sabia que não estávamos exagerando. Desde 18 de setembro, quando lhe havíamos apresentado pela primeira vez nosso plano para a compra de ativos tóxicos, os mercados haviam piorado – agora estava em situação bem mais grave, em escala muito mais ampla – muito além de nossas piores previsões.

Harry Reid avançou todos os sinais no Senado para conseguir a aprovação do TARP na noite de quarta-feira, 1º de outubro. Enfatizando a gravidade da ocasião, ele pediu que todos os senadores votassem enquanto em seus assentos, e o projeto, já devidamente adotado com outros dispositivos, foi aprovado por grande margem suprapartidária de 74 a 25.

Com a aprovação pelo Senado, o sucesso do TARP agora dependia mais uma vez apenas da Câmara, onde Barney Frank estava trabalhando duro. Para conquistar o voto dos democratas, ele agora nos pressionava a fazer algo para aliviar os mutuários. Estávamos empenhados na atenuação das condições das retomadas de imóveis e observamos que quanto mais comprássemos ativos ilíquidos, mais teríamos condições de trabalhar com os bancos para essa finalidade. Porém, recusei-me a dar a Barney uma carta que ele solicitara, explicando nossa posição, a ser usada para tranquilizar o grupo dele. Não havia muito que eu pudesse afirmar por escrito que eu já não tivesse dito antes. E eu receava que uma carta pudesse irritar os republicanos da Câmara, que se opunham a medidas de mitigação das execuções de hipotecas, o que poderia levar-nos a perder mais votos.

Quinta-feira, 3 de outubro de 2008

Enquanto nos empenhávamos para conquistar apoio na Câmara, fomos surpreendidos com a notícia de que o negócio da Wachovia com o Citi ainda não estava fechado. Eu soubera por Ken Wilson que o Wells talvez voltasse à cena mais uma vez e pedi a Sheila e a outros que se mantivessem em alerta. Até que, na tarde de quinta-feira, enquanto eu corria na esteira na academia de ginástica, Ken me ligou para dizer que era definitivo: O Wells telefonara e afirmara que faria nova oferta pelo Wachovia, porque concluíra que obteria benefícios significativos com o negócio.

"Eles estão vindo", disse.

"Ken, antes de tudo, eles não devem procurar-nos agora, primeiro eles precisam ir ao Fed. Não quero que eles venham falar comigo diretamente. Segundo, eles já andaram por aqui e perderam a chance. O negócio com o Citi já foi anunciado."

"Estou apenas dizendo a você que o Wells Fargo está vindo e, que eu saiba, eles não querem nenhum dinheiro do governo", disse Ken. O banco estava preparado para fazer uma oferta firme, sem contingências.

Interrompi meu exercício e fui para um pequeno escritório no ginásio. Rapidamente telefonei para Kevin Warsh, Tim Geithner e Joel Kaplan para o que, de repente, se tornara uma situação extremamente complexa. Tim ficou furioso. Ele achava que a aceitação da proposta do Wells e a anulação do acordo com o Citi solapariam a confiança na capacidade do governo de promover acordos e talvez desestabilizassem o Citi. Os receios eram procedentes e sérios. Eu sabia que o Citi também tinha seus problemas. Contudo, a oferta do Wells era melhor para os contribuintes – não necessitava de dinheiro público.

Depois, de volta ao Tesouro, falei de novo com Kevin Warsh e disse: "Temos de conversar com Sheila."

Ela ainda não tinha recebido a notícia oficial. Eu não tinha dúvidas de que ela consideraria a nova oferta com seriedade e cumpriria seu dever estatutário, atribuindo alta prioridade à redução dos custos para o governo. Mas lembrei-lhe de que ela deveria ser cuidadosa: o acordo Wachovia-Citi já havia sido anunciado e o Wells já tinha desistido antes. Ela me agradeceu. Em seguida, a primeira notícia que recebi foi a de que o Wachovia fechara novo negócio – com o Wells.

Mais tarde, me reuni com Neel Kashkari, Jim Wilkinson e Joel Kaplan, para dizer-lhes que, antecipando-me à aprovação do TARP no dia seguinte, eu nomearia Neel secretário-assistente interino do Tesouro, incumbido de dirigir o novo programa. Embora eu receasse que ele talvez fosse visto como apenas um financista júnior do Goldman Sachs que eu trouxera para trabalhar comigo, a nomeação dele era decisão fácil. Não havia ninguém melhor que Neel para o cargo: duro e corajoso, ele sabia fazer as coisas com rapidez.

Na quinta-feira à noite, o Wells Fargo fez uma oferta ousada de US$15,4 bilhões, que foi aceita pelo Conselho de Administração do Washovia. O Wells Fargo pretendia manter o Wachovia intacto e, embora estimasse que assumiria perdas de US$74 bilhões no portfólio de empréstimos da adquirida, não pediria ajuda ao governo. Para fechar o acordo, o Wachovia emitiu em nome do Wells Fargo ações preferenciais com valor correspondente a 39,9% do capital com direito a voto.

Na manhã seguinte, o Citi reagiu com uma declaração de que a transação infringia acordo de exclusividade assinado com o Wachovia no domingo anterior e ameaçou adotar as medidas judiciais cabíveis. No entanto, o Fed e a FDIC nada podiam fazer, pois se tratava de negócio privado e os contribuintes não corriam riscos.

Eu vinha trocando telefonemas com Tim, Sheila e Kevin Warsh sobre a situação do Wachovia, quando Nancy Pelosi ligou para dizer que, embora a luta tivesse sido longa, a perspectiva de aprovação do TARP pela Câmara, na sexta-feira, parecia boa.

A presidente da Câmara dos Deputados estava certa. Às 13h22 de uma tarde ensolarada de outono, a Câmara aprovou o Emegency Economic Stabilization Act, de 2008, por 263 a 171, com 91 republicanos votando a favor do projeto. Os votos afirmativos incluíram mais 32 democratas e 26 republicanos que a primeira votação.

Com efeito, foi impressionante que nos últimos dias da sessão legislativa, a um mês de eleições presidenciais extremamente acirradas, um Congresso controlado pelos democratas tenha respondido com tanta rapidez aos apelos de uma administração impopular e em fim de mandato, por um conjunto de poderes de emergência, inclusive para a realização de despesas extraordinárias, sem precedentes na história do país, por seu escopo e flexibilidade.

Durante todo o dia, recebi numerosos telefonemas congratulatórios, mas todos vieram com uma advertência: faça alguma coisa com rapidez. A ministra das Finanças da França, Christine Lagarde, deixou-me preocupado ao enfatizar a precariedade dos mercados europeus. Os problemas bancários da Europa se agravavam dia a dia. A decisão da Irlanda, no começo da semana, de garantir os depósitos bancários havia desencadeado fuga de dinheiro do Reino Unido para bancos irlandeses. Na sexta-feira, a Inglaterra se viu obrigada a aumentar o limite de seu próprio seguro de depósitos. O presidente francês, Nicolas Sarkozy, estava convocando pequena reunião de cúpula em Paris, no dia seguinte, para enfrentar a crise financeira.

Não havia tempo para saborear nossa vitória legislativa. Nos Estados Unidos, a aprovação do TARP não acalmou os mercados: o Dow caiu 157 pontos, perfazendo perda total de 818 pontos na semana.

No fim da sexta-feira, sentado em minha sala, disse a Michele Davis: "Para dizer o mínimo, não me sinto em êxtase." No mínimo, eu achava que nossa situação era ainda quase tão vulnerável quanto quando propusemos o TARP ao Congresso. Na verdade, os mercados estavam em condições muito piores.

Seguindo a orientação de Michele, salientei em meus comentários em público que precisaríamos de algum tempo para implementar um plano abrangente e que ainda teríamos de recorrer aos poderes conjuntos de todos os reguladores.

Eu necessitava de tempo para pensar num ambiente tranquilo. Assim, Wendy e eu decidimos passar o fim de semana fora – meu primeiro descanso em semanas. Antes de sair do Tesouro, pedi a Neel para estimar em quanto tempo poderíamos começar a comprar os ativos tóxicos dos bancos. E não deixei de dizer a Dan Jester e ao resto da equipe: "Descubram uma maneira de injetar capital próprio nessas empresas."

Capítulo 14

Sexta-feira, 3 de outubro de 2008

Deixei Washington na sexta-feira, às 16 horas, para descansar no fim de semana, plenamente consciente de que a lei sancionada pelo presidente Bush às 14h30 daquela tarde não nos dava muito tempo, No mínimo, os mercados financeiros e a economia estavam em piores condições do que antes da aprovação do TARP.

O Congresso e os mercados esperavam resultados imediatos, mas demoraríamos semanas para lançar um programa de compra de ativos tóxicos dos bancos. Desde segunda-feira daquela semana, os mercados financeiros mundiais haviam dado uma guinada drástica para baixo. Os bancos europeus estavam vacilantes, os mercados de crédito continuavam congelados – com o negócio vital de notas promissórias comerciais quase paralisado – e os preços das ações vinham sofrendo quedas vertiginosas. A proibição pela SEC de vendas a descoberto venceria em poucos dias. Eu orientara minha equipe a desenvolver um plano para oferecer capital aos bancos, mas ainda não sabíamos como seria o funcionamento desse programa.

Sem dúvida, aquele seria um fim de semana de trabalho, mas, ao menos, eu trabalharia em Little St. Simons Island, um dos lugares preferidos de minha família no planeta. Havia 27 anos, Wendy, eu e os filhos frequentávamos com regularidade essa faixa estreita de terra na costa da Geórgia. O lugar pouco mudara ao longo desses anos. Quase inexplorada comercialmente, suas florestas e pântanos formidáveis haviam sido abençoados com a mais profusa e pródiga vida selvagem.

Descemos na vizinha St. Simons Island e dirigimos cinco milhas até a marina. A maioria das pessoas navegava até a ilha em barcos a motor – é impossível chegar lá de carro – Mas Wendy e eu preferíamos fazer a travessia de caiaque. E deixamos para trás as preocupações com Washington durante uma hora, enquanto remávamos os quase seis quilômetros até a ilha, chegando ainda a tempo de apreciar o pôr do sol. Enquanto caminhávamos até nosso chalé, respirando aquela brisa salgada, Wendy garantiu-me que eu dormiria bem naquela noite, e eu comecei a relaxar um pouco. Quanto mais não fosse, eu conseguira aquele fim de semana.

Sábado, 4 de outubro; domingo, 5 de outubro de 2008

Na manhã seguinte, de madrugada, saí com todos os apetrechos de pesca rumo ao Bass Creek (Riacho dos Bagres) para pescar peixes vermelho. Caminhando por águas rasas e mornas, cercado por aves marinhas, fisguei e soltei meia dúzia de espécimes. Pela primeira vez em muito tempo, eu me sentia eu mesmo – apenas Hank Paulson, pescando.

Mas, em breve, eu cairia na realidade. Ao voltar ao chalé, recebi um telefonema de Tim Geithner, dizendo que precisávamos divulgar declaração pública inequívoca de apoio às nossas instituições financeiras.

Concordei, mas como fazê-lo de maneira verossímil para os mercados? O Grupo de Trabalho do Presidente (President's Working Group – PWG) oferecia-nos excelente plataforma, concluímos. O Federal Reserve, a FDIC e a SEC poderiam reunir-se e comprometer-se em adotar medidas coordenadas para enfrentar a crise.

Tim e eu convocamos para o trabalho as equipes do Tesouro e do Fed de Nova York. Queríamos definir com clareza as ferramentas poderosas de que os órgãos do governo agora dispunham para lidar com a conjuntura, destacando especificamente os amplos poderes – e a profusão de recursos – concedidos ao Tesouro pela Lei do TARP, assim como a capacidade da FDIC de proteger os depositantes e garantir os passivos, invocando o risco sistêmico, conforme ocorrera com o Wachovia.

Durante todo o fim de semana, minutas de declarações foram e voltaram entre as diferentes agências. Consegui pescar um pouco mais; porém, passei umas três ou quatro horas em ligações com Ben Bernanke e Tim Geithner ou em conversas com minha equipe no Tesouro.

Também me mantive atento em relação ao triângulo Citigroup-Wachovia-Wells Fargo, discutindo a situação cada vez mais complexa com Ben e Tim. O Citi exigia que o Wells Fargo desistisse de sua oferta de US$15,1 bilhões pelo Wachovia, sob a alegação de transgressão dos termos do acordo anterior com o Citi. Segundo os noticiários, Vikram Pandit, CEO do Citi, tachara o negócio de ilegal, o que sugeria a iminência de um processo judicial.

No lado positivo, o Wachovia, não obstante o volume e intensidade de seus problemas, atraíra dois grandes bancos e seria salvo da falência. Mas um desses interessados, o Citi, enfrentava seus próprios problemas, já tendo baixado US$19 bilhões em ativos duvidosos nos primeiros seis meses do ano. Receávamos que o Citi sofresse danos se seu negócio com o Wachovia se desintegrasse – e dessa vez a instituição sob ataque seria uma das maiores empresas de serviços financeiros do mundo.

Voei de volta para Washington na tarde de domingo e entrei em teleconferência com meu staff por volta das 19 horas. Entre outras coisas, Dave McCormick atualizou-nos a respeito dos acontecimentos na Europa, que tornavam ainda mais clara a necessidade de apressarmos a declaração do Grupo de Trabalho do Presidente, além de agilizarmos nossos programas de injeção de capital e de compra de ativos ilíquidos.

Durante o fim de semana, a conferência de cúpula de líderes europeus, promovida pelo presidente da França, Nicolas Sarkozy, acabou não promovendo a almejada unidade que tranquilizaria os mercados. Muito pelo contrário: os participantes altercaram em público sobre como deveriam apoiar suas instituições financeiras mais importantes. Na noite de domingo, hora continental, enquanto a Alemanha montava operação de US$68 bilhões para socorrer a Hypo Real Estate, mutuante hipotecária em dificuldade, a chanceler Angela Merkel afirmou que seu país garantiria as contas de poupança pessoais, iniciativa que, segundo alguns cálculos, afetaria poupanças no valor de US$1 trilhão.

Dave andara conversando com seus colegas no exterior, na tentativa de compreender a situação da Alemanha. Esperávamos que o comentário de Merkel tenha sido apenas uma "garantia moral", no intuito de acalmar seus mercados, não um seguro de dois anos, como o que o parlamento irlandês aprovara na semana passada.

"Receio que essa situação avance com rapidez e nos obrigue a adotar medidas desejáveis ou indesejáveis", observei.

Segunda-feira, 6 de outubro de 2008

Ao chegar ao Tesouro de manhã, geralmente eu passava pela Sala dos Mercados. Naquela segunda-feira, contudo, fui direto à sala de McCormick para verificar a situação na Europa.

"As coisas estão na mais completa desordem", disse-me ele.

A Inglaterra estava em polvorosa. A imprensa inglesa noticiava que as autoridades financeiras do país estavam aborrecidas com a omissão de Merkel quanto às suas reais intenções. O Reino Unido receava que a política protecionista de Merkel, de empobrecimento dos vizinhos, desencadeasse efeito dominó, com o risco de desestabilizar os sistemas bancários em toda a Europa, à medida que cada país também oferecesse garantias para evitar que o dinheiro fugisse rumo a portos mais seguros. Não demoraria muito para que tivéssemos de tomar providências semelhantes.

Joel Kaplan, subchefe da Casa Civil de Bush, reiterou as preocupações de Dave, quando conversei com ele mais tarde, naquela manhã.

"Hank, acho que teremos de fazer alguma coisa para seguir os europeus", disse ele.

"Você provavelmente está certo", respondi.

Naquela manhã divulgamos a declaração do PWG. Reafirmamos nosso empenho em promover ações coordenadas, comprometendo-nos avançar com "forças substanciais em numerosas frentes". Quanto à atuação da FDIC em relação ao Wachovia, asseveramos que apoiaríamos nossas instituições de importância sistêmica. A declaração tinha o intuito de tranquilizar os mercados, mas não cumpriu seus objetivos.

Na verdade, não sei se qualquer outra declaração faria diferença naquele dia. Os mercados asiáticos e europeus despencaram em reação aos problemas dos bancos europeus e em consequência do receio de que o TARP não fosse solução eficaz para os Estados Unidos. Quando nossos mercados abriram, as primeiras notícias foram igualmente assustadoras: o Dow caiu abruptamente – em pouco menos de uma hora, a queda já era de 578 pontos, ou 5,6%. O spread LIBOR-OIS atingiria alta sem precedentes de 288 pontos-base antes de estreitar-se um pouco; um mês antes, o mesmo indicador se situava em 81 pontos-base.

A desordem levou a Casa Branca a discutir se o presidente Bush deveria convocar uma reunião dos líderes mundiais para enfrentar a crise. Para mim, o importante era encontrar uma solução com rapidez, a fim de evitar o colapso, mas eu não achava que uma conferência de cúpula fosse a solução, pois exporia divisões políticas entre os países que enfraqueceriam ainda mais os mercados. Durante o almoço de segunda-feira, eu disse a Steve Hadley, Keith Hennessey e Dan Price, o talentoso e dinâmico assistente do presidente para assuntos econômicos internacionais, que qualquer reunião desse tipo, envolvendo líderes mundiais, deveria ser realizada, se fosse o caso, logo depois das eleições presidenciais dos Estados Unidos.

"A crise piorará ainda mais, antes de melhorar", afirmei.

Em vez de reunir-se com seus pares, sugeri que o presidente Bush telefonasse para os chefes de Estado, instando-os a enviar seus ministros das Finanças para a próxima reunião do G-7, em condições de forjarem uma solução. O Fundo Monetário Internacional e o Banco Mundial realizariam seus encontros anuais em Washington no próximo fim de semana. Isso significava que o G-20, que incluía representantes de países desenvolvidos e emergentes – como China, Índia e Rússia – estariam na cidade. Resolvemos pedir ao chairman do G-20, o ministro da Fazenda do Brasil, Guido Mantega, para reunir o grupo no sábado.

Na segunda-feira, anunciei que Neel Kashkari lideraria nossas iniciativas do TARP como secretário adjunto interino do Tesouro para estabilidade financeira. Fiz questão de que a nomeação fosse interina, pois estávamos trabalhando para identificar e analisar candidatos permanentes, a serem mantidos por Obama ou McCain.

Neel, que combinava rigorismo com exatidão de engenheiro vinha executando, como sempre, excelente trabalho, que consistia, de início, em formar a equipe e em montar a estrutura organizacional, para cumprir a missão. Naquela manhã, ele e o staff tinham concluído uma apresentação de 40 páginas em PowerPoint, esboçando um grande empreendimento. Ele já constituíra grupos que vinham trabalhando em todas as frentes, desde a contratação de gestores de recursos até o desenvolvimento de rotinas para a realização de leilões.

Embora o Dow tenha subido no fim do pregão daquela segunda-feira, ele terminou abaixo de 10.000 pontos pela primeira vez em quatro anos.

Em todo o mundo, mais de US$2 trilhões haviam evaporado do mercado de ações. A incerteza que cercava a luta pelo Wachovia impactou todos os mercados financeiros. No começo do dia, o Citi reagira ao chute que levara, ajuizando ação de US$60 bilhões, mas concordou em interromper o litígio até a quarta-feira. As ações do Wachovia caíram quase 7%; as do Citi, mais de 5%; e as do Wells Fargo, quase 3%. Os swaps de crédito do Morgan Stanley chegaram a 1.028 pontos-base.

Depois do fechamento, o Bank of America divulgou redução de 68% no lucro do terceiro trimestre e anunciou planos para levantar US$10 bilhões em capital próprio. Eu sabia que o dia seguinte seria de novos ataques às ações dos bancos.

Terça-feira, 7 de outubro de 2008

Terça-feira de manhã cedo fui à Casa Branca para uma teleconferência entre o presidente Bush e o primeiro-ministro britânico Gordon Brown, que nos informou da intenção de seu governo de injetar capital nos bancos do Reino Unido. Ele queria nosso apoio e prometeu coordenar-se conosco. Brown também recomendou que o presidente Bush considerasse a hipótese de reunir os líderes do G-20 para enfrentar a crise financeira. O presidente aceitou a sugestão, mas sua prioridade era garantir uma boa reunião entre os ministros das Finanças do G-7, capaz de desenvolver um plano de ação conjunto.

A Europa continuava a sofrer. A Islândia, que se defrontava com a inadimplência de suas obrigações, assumira o controle de dois de seus três maiores bancos e estava negociando um empréstimo com a Rússia. Apesar da pequena população, de apenas 300.000 habitantes, a expansão de seus bancos comerciais fora tão intensa que seus ativos correspondiam a várias vezes o PIB do país. Agora, toda a sua economia enfrentava grave aperto de liquidez, agravando as tribulações da Europa.

Algo precisava ser feito. Os mercados de crédito continuavam fechados, ameaçando as empresas – e o emprego – em todo o mundo. Na terça-feira, o Fed fez outra tentativa de descongelar os mercados, divulgando sua nova Linha de Crédito de Financiamento de Notas Promissórias Comerciais (Commercial Paper Funding Facility). A primeira incursão do Fed no mercado de notas promissórias comerciais fora direcionada para certificados de recebíveis mobiliários emitidos por instituições financeiras. A nova abordagem consistiu em criar uma sociedade de propósito específico para comprar papéis de três meses de todos os emitentes dos Estados Unidos, melhorando em muito a liquidez do mercado. A nova linha de crédito representava mudança radical do Fed, mas Ben Bernanke e seu Conselho sabiam que era necessário adotar medidas extraordinárias.

Naquela tarde, avancei mais um passo com o programa de injeção de capital, quando Neel, Dan Jester e eu nos reunimos com o presidente Bush e com um grande contingente do staff da Casa Branca, no Salão Roosevelt. Eu mantivera o presidente e sua equipe atualizados a respeito dos investimentos de capital próprio, razão por que ele não se surpreendeu quando lhe expus nossas ideias com maiores detalhes.

Desde o começo da crise de crédito eu concentrara minha atenção no capital dos bancos, estimulando os CEOs a levantarem capital próprio para fortalecer seus balanços patrimoniais. O TARP preservou esse foco. Os bancos estavam atulhados de ativos tóxicos, descartáveis apenas a preços de liquidação, o que as instituições relutavam em fazer. Ao comprar esses ativos em leilão, raciocinamos, poderíamos dar a partida no mercado, criando condições para que os bancos vendessem esses ativos duvidosos de maneira ordenada, obtendo melhores preços e liberando recursos para empréstimos.

De início, quando procuramos flexibilidade legislativa para injetar capital nos bancos, achei que talvez precisássemos recorrer aos novos poderes apenas para salvar instituições falidas de importância sistêmica. Sempre me opus à estatização e estava preocupado em não fazer nada que nos levasse para esse rumo. Porém, agora, eu me dava conta de dois fatores cruciais: o mercado se deteriorava com tanta rapidez que o programa de compra de ativos talvez não fosse implementado com rapidez suficiente. Além disso, o Congresso não nos daria um tostão a mais que os US$700 bilhões já liberados, razão por que precisávamos extrair o máximo de cada dólar. E sabíamos que o dinheiro surtiria muito mais efeito se fosse injetado como capital a ser alavancado pelos bancos. Simplificando: assumindo que o índice de alavancagem dos bancos fosse de 10 para 1, a injeção de 70 bilhões em capital próprio proporcionaria tanto impacto quanto a compra de US$700 bilhões em ativos. Essa era a maneira mais rápida de extrair o máximo do dinheiro destinado aos bancos, de renovar a confiança na força do sistema bancário e de destravar a concessão de empréstimos.

David Nason, Jeremiah Norton e Dan Jester trabalhavam num programa de injeção de capital, em que analisavam vários temas, desde as modalidades de instrumentos possíveis até questões de precificação e outros temas. Eles estavam agindo com rapidez, mas eu queria que avançassem em ritmo ainda mais acelerado, pedindo-lhes inclusive que me atualizassem várias vezes por dia.

Como estávamos empenhados em apoiar instituições saudáveis, em vez de socorrer as que estivessem à beira da falência, consideramos um programa em que o governo entraria com a mesma quantia levantada pelos bancos entre investidores privados. Também exploramos diferentes maneiras de adquirir participações societárias A compra de ações ordinárias reforçaria os índices de capital, mas as ações ordinárias têm direito a voto, e queríamos evitar qualquer coisa que lembrasse estatização.

Portanto, nossa inclinação era para ações preferenciais sem direito a voto (exceto em circunstâncias muito limitadas) e que seriam reembolsadas na íntegra, mesmo que as ações ordinárias sofressem perdas substanciais. Além disso, os acionistas preferenciais desfrutam de privilégios em relação aos acionistas ordinários e fazem jus a dividendos mais altos, outro benefício para o público.

Expusemos tudo isso ao presidente, que ouviu com sua usual atenção e interesse.

"Vocês ainda vão comprar ativos ilíquidos?", perguntou ele.

"Essa é nossa intenção", respondi.

"Vocês precisam reconhecer onde estão o Congresso e o povo americano", observou o presidente. "Vocês terão de comunicar essa decisão com muita clareza."

O presidente Bush estava certo, mas esse dilema me atormentou durante toda a crise – como fazer o público compreender a gravidade da situação, sem inflamar os mercados ainda mais.

Sem dúvida, parecia que estávamos enfrentando uma corrida desenfreada contra o sistema. Na quinta-feira, sob a pressão de insegurança generalizada quanto às ações dos bancos, o Dow afundou novamente, caindo 508 pontos, ou 5,1%, para 9.447; enquanto o S&P 500 declinava para menos de 1.000 pontos pela primeira vez desde 2003. As ações do Bank of America mergulharam 26%, atingindo US$23,77. As do Morgan Stanley perderam mais 25%, chegando a US$17,65, levantando uma questão: Mitsubishi UFJ ainda estava disposto a fechar o negócio?

Eu não sabia até que ponto o sistema aguentaria mais estresse.

Quarta-feira, 8 de outubro de 2008

Por fim, a declaração de Angela Merkel na noite de domingo, de que a Alemanha garantiria os depósitos bancários, acabou sendo apenas um compromisso informal para reforçar a confiança, não uma obrigação formal do governo. A Alemanha não institucionalizaria o seguro de depósito irrestrito, a exemplo da Irlanda. Na quarta-feira, o governo inglês anunciou seu próprio plano, um programa de 500 bilhões de libras (US$875 bilhões) para sustentar seu sistema bancário. Oito bancos, inclusive o Royal Bank of Scotland e o HBOS, haviam concordado de início em participar do programa.

Os mercados precisavam de toda a ajuda possível. Na quarta-feira, em iniciativa sem precedentes, seis bancos centrais, inclusive o Fed, o Banco da Inglaterra e o Banco Central Europeu, todos reduziram as taxas de juros. Essa foi a primeira vez na história em que o Fed coordenou a redução da taxa de juros com outros bancos centrais: a meta de taxa de juros dos fundos federais agora era de 1,5%.

Os mercados europeus entraram em ligeira alta, mas as ações americanas abriram mais baixas, não obstante essas iniciativas. O spread LIBOR-OIS disparou para 325 pontos-base, em comparação com 289 pontos-base no dia anterior. E podíamos ver os problemas se espalhando para os mercados emergentes: na quarta-feira, a Bolsa de Valores da Indonésia interrompeu o pregão depois que seu principal índice caiu 10%.

Considerando o escopo global das dificuldades, eu sabia que não deveríamos contar com soluções mágicas. Ao contrário, precisávamos adotar um conjunto de medidas abrangentes e duradouras.

Enquanto Jester e Nason trabalhavam nos detalhes de um plano para fazer investimentos de capital próprio nos bancos, eu observava os europeus com preocupação. Receávamos que eles desencadeassem uma onda de medidas defensivas, inclusive garantias, não só para os depositantes, mas também para empréstimos bancários não garantidos. Com a disseminação do medo, essas garantias poderiam contribuir para o restabelecimento da confiança nas instituições financeiras, mas deixariam os bancos americanos em desvantagem, a não ser que fizéssemos algo semelhante.

Aparentemente, estávamos assistindo a uma corrida contra o sistema bancário global e precisávamos de medidas drásticas para contê-la, da mesma maneira como as garantias que oferecemos aos fundos money market tinham estancado o pânico no setor. Uma semana antes, Tim sugerira que tentássemos obter poderes para darmos garantias ainda mais abrangentes sob o programa TARP. A proposta era inviável, mas, como observáramos na declaração do PWG, a FDIC tinha autoridade para garantir as dívidas de bancos específicos.

Precisávamos saber o que a FDIC estava preparada para fazer. Depois de conversar com Tim, telefonei para Sheila Bair.

Estávamos enfrentando uma emergência nacional, e os europeus quase certamente fariam alguma coisa, disse-lhe. Todas as economias europeias eram muito dependentes dos respectivos sistemas bancários: os ativos dos bancos europeus correspondiam a mais de três vezes o PIB da eurozona, enquanto nos Estados Unidos os ativos dos bancos eram mais ou menos do tamanho do PIB. Perguntei a Sheila se, de alguma maneira, a FDIC poderia comprometer-se em público a apoiar empréstimos bancários não garantidos.

Embora Sheila compreendesse a gravidade da situação, ela receava que a FDIC não tivesse recursos suficientes para oferecer garantias nem capacidade técnica para avaliar os riscos. Ela disse que poderia trabalhar comigo nessa questão. Decidi malhar em ferro quente e propus uma reunião em meu gabinete com ela e com Ben, que também estava ansioso para dispor de garantias amplas da FDIC.

Mais ou menos no meio da manhã daquele dia nublado de outono, Ben, Sheila e eu nos reunimos em minha sala, com Tim, em Nova York, conectado ao meu telefone, em viva voz. Eu disse a Sheila que as medidas dela em relação ao Wachovia tinham sido extremamente importantes. E se adotássemos aquela mesma abordagem de maneira mais ampla?

"Estamos pensando em fazer uma declaração contundente de que não permitiremos o colapso de nenhuma instituição de importância sistêmica", afirmei.

Perguntei se a FDIC estaria preparada para garantir a dívida de qualquer uma dessas instituições. Tim acrescentou que uma garantia ampla desse tipo era necessária para demonstrar nosso compromisso inequívoco em proteger o sistema financeiro.

Eu sabia que estávamos pedindo muito. Por lei, a FDIC tinha que adotar o método menos custoso para oferecer ajuda financeira aos bancos em dificuldade, a não ser que invocasse a exceção do risco sistêmico, por julgar que o colapso da instituição provocaria sérios danos à economia ou à estabilidade financeira. Agora, buscávamos algum tipo de medida que se aplicasse a todos os bancos, não apenas a determinado banco e pretendíamos oferecer alguma modalidade de garantia que se estendesse a empréstimos não garantidos de empresas controladoras de bancos, não apenas às instituições sob seu controle. Não chegaríamos a um acordo hoje, mas precisávamos avançar.

Como seria de esperar, Sheila se mostrou muito zelosa em relação aos fundos da FDIC sob sua responsabilidade. "Temos apenas cerca de US$35 bilhões, Hank."

"Se não agirmos, enfrentaremos múltiplas falências de bancos", alertei, "e nada sobrará de seus fundos."

"Isso é fundamental", reforçou Ben.

Conversamos sobre a necessidade de garantia ampla dos passivos dos bancos. Sheila finalmente indicou que continuaria trabalhando conosco. Depois da reunião, eu imediatamente lhe enviei uma minuta, sugerindo que "a FDIC, com o apoio integral do Fed e do Tesouro, usasse sua autoridade e recursos para atenuar o risco sistêmico, resguardando situações não garantidas, segurando passivos e adotando outras medidas de apoio ao sistema bancário." Telefonei para Joel Kaplan com informações encorajadoras. "Talvez estejamos chegando lá", disse-lhe.

Mas eu falara cedo demais. Não muito tempo depois, recebi um e-mail de Sheila, dizendo não estar convencida de que poderia avançar em nosso plano. Eu sabia que tinha ido um pouco longe demais e que a redação sugerida sobre eventual garantia da FDIC era ampla e genérica demais. No entanto, quando telefonei outra vez para Joel, minha mensagem foi a de que continuaria trabalhando com Sheila e acreditava que chegaríamos a alguma conclusão.

No meio tempo, eu estava decidido a fazer alguma declaração pública mais categórica sobre a necessidade de injeções de capital. Com a ajuda de Michele Davis, elaborei uma descrição detalhada da situação dos mercados financeiros desde a aprovação do TARP. Eu não queria ser explícito – afinal, ainda não tínhamos um programa – mas pretendia ampliar a declaração do PWG na segunda-feira.

"Os mercados querem ouvir que injetaremos capital, mas os políticos e o público não querem saber disso", observou ela. "Convém deixar que o balão se esvazie um pouco."

Às 15h30, durante entrevista coletiva com a imprensa, ao vivo, divulguei declaração de quatro páginas e meia, descrevendo nossos poderes sob a nova legislação, na qual fiz questão de incluir em primeiro lugar a capacidade de injetar capital em instituições financeiras. Também observei que provavelmente só faríamos nossa primeira compra de ativos depois de algumas semanas. Como ainda não tínhamos um programa de investimentos de capital, não admiti perguntas. Estou certo de que essa decisão aborreceu a imprensa, que não tivera a oportunidade de me interrogar desde a aprovação do TARP.

Nada daquilo, nem minha declaração aos mercados financeiros, nem a operação de salvamento dos bancos ingleses, nem a redução da taxa de juros pelo banco central, animou os mercados. O Dow caiu mais 189 pontos, para 9.258, queda ainda mais acentuada no caso das ações de bancos. As do Bank of America afundaram 7%; e as do Morgan Stanley, 4,8%, para US$16,80; seus CDs dispararam para mais de 1.100.

Agravando as dores do mercado, a AIG voltou a sangrar. Poucos dias antes, a empresa anunciara que venderia tudo, exceto seus negócios de seguro de imóveis e de acidentes pessoais, para pagar a dívida com o governo. Agora, a empresa já gastara quase a totalidade do empréstimo de US$85 bilhões – em cerca de três semanas. Na tarde de quarta-feira, o Federal Reserve anunciou que emprestaria mais US$37,8 bilhões à empresa, garantidos por títulos de dívida com grau de investimento. Surpreendeu-me que nem mesmo US$85 bilhões tenham sido suficientes para estabilizar a seguradora.

Falei com John Mack, que se mostrou transtornado com o fato de a proibição pela SEC de vendas a descoberto vencer à meia-noite, antes que ele concluísse seu negócio com o Mitsubishi UFJ. Ele queria saber o que Chris Cox pretendia fazer. Concordei que a hora era horrível, mas o fato é que Cox criou um problema para ele próprio em depoimento no Congresso, durante a elaboração e aprovação do TARP, ao prometer que a SEC suspenderia a proibição pouco depois da aprovação da nova lei. Fiquei imaginando como se arranjaria o Morgan Stanley. A posição do banco se enfraquecera desde 22 de setembro, ao anunciar o investimento do Mitsubishi UFJ. Agora, suas ações mal valiam a metade da cotação naquele dia, de US$27, ante o receio de que o negócio nunca se realizasse. Eu também tinha minhas dúvidas.

Quinta-feira, 9 de outubro de 2008

Com o G-7 chegando à cidade, Ben Bernanke e eu sabíamos que o fim de semana seria muito cheio. Assim, adiantamos em um dia nosso café da manhã da sexta-feira. Na pequena sala de reuniões de meu gabinete, analisamos com apreensão a situação assustadora dos mercados americanos e a necessidade de agir com rapidez. Concordamos que precisávamos delinear um plano ousado e confiável para restabelecer a confiança dos mercados.

Relatei a Ben os progressos do Tesouro nos programas de capital e de garantias. Ele também me informou sobre os avanços do Fed no desenvolvimento de linha de crédito mais ampla para o financiamento de notas promissórias comerciais, inclusive de empresas industriais. Dias antes, Ben sugerira que se usasse o dinheiro do TARP, mas não concordei. Eu não queria que aquela linha de crédito reformulada fosse o primeiro programa do TARP, de mais a mais, precisávamos economizar recursos, em vez de usá-los em programas para os quais o Fed dispunha de recursos. Mas a ideia de Ben me deixou pensando, e pedi a Steve Shafran para conceber uma linha de crédito para o mercado de crédito ao consumidor, congelado àquela altura, usando estrutura semelhante à que Ben imaginara, na qual o TARP assumiria o risco da primeira perda.

Durante nossa rápida refeição, antecipamos o que poderia acontecer na reunião do G-7, quando Ben me entregou um trabalho bem elaborado, no qual se listavam nove ações específicas que poderíamos adotar em apoio a nossas instituições em situação crítica. As ideias que Ben sugeriu já se encontravam sob análise preliminar ou já haviam sido incluídas na minuta de nosso comunicado ao G-7, o que não me surpreendeu, considerando o estreito entrosamento com que o Fed e o Tesouro vinham trabalhando nessas questões – inclusive no fim de semana anterior, quando redigimos a declaração do PWG.

Agradeci-lhe e depois do café da manhã pedi a Dave McCormick para ver se ele poderia usar parte da redação de Ben em nosso documento para a reunião do G-7. Ele incluiu as ideias de Ben num apêndice, que intitulou "Plano de Ação".

Naquela manhã também me reuni com Mervyn Davies, chairman do Standard Chartered Bank. Cheio de orgulho, ele me disse que sua instituição não participaria do plano do Reino Unido, pois não precisava de capital do governo.

Depois, ele me puxou de lado e me perguntou, em voz baixa, sobre o Citigroup e a GE. "Será que também vão por água abaixo?", perguntou. "O que temos ouvido não é bom."

O comentário me sacudiu. Obviamente, o Citi tinha problemas, mas aquela era a primeira vez em que eu ouvia um chairman de outro grande banco especular sobre sua possível falência. E, embora eu também estivesse preocupado com a GE, eu tinha a certeza de que, com o Fed agora comprando notas promissórias comerciais, a empresa tinha superado a crise. Eu tinha Mervyn em alta conta; confiava no julgamento dele e gostava muito de sua franqueza. Também me ocorreu que ele estivesse vendo a GE sob o ponto de vista de parte interessada.

Naquele dia, o Tesouro estava todo dedicado aos preparativos para a reunião do G-7 que começaria na tarde seguinte. Dave McCormick chefiava os trabalhos e, num rasgo de inspiração diplomática, ele sugeriu que eu convidasse Sheila Bair para o jantar do grupo na sexta-feira, quando discutiríamos as experiências do Japão e da Suécia com grandes falências bancárias. Telefonei para ela naquela manhã e lhe disse como seria importante aquele encontro do G-7: Os europeus precisavam tranquilizar-se quanto ao compromisso do governo americano em amparar suas principais instituições financeiras. Perguntei se ela poderia fazer uma exposição a todos os ministros das Finanças e presidentes de bancos centrais que participariam do evento, explicando-lhes os poderes da FDIC e relatando-lhes como ela os usara para resolver a crise do Wachovia. Ela concordou na hora.

Ao meio-dia, Dan Jester e David Nason vieram ao meu gabinete para rever o progresso deles no programa de investimentos de capital destinado a ajudar as instituições financeiras americanas. Eles nos expuseram suas propostas, pedindo minha aprovação em alguns pontos críticos. Eles preferiram abandonar a ideia de o governo investir nos bancos as mesmas quantias por eles levantadas em emissões públicas no mercado, com o que concordei. A ideia fazia muito sentido político, mas o mercado estava efetivamente fechado para chamadas de capital pelos bancos, e não adiantava tentar algo inaceitável naquela conjuntura. Também aprovei a recomendação de que subscrevêssemos ações preferenciais para equilibrar os objetivos por vezes conflitantes de estabilizar o sistema e proteger os contribuintes: os bancos obteriam o capital necessário sem suscitar o espectro da estatização.

Debatemos ainda a imposição de limites à remuneração de executivos. Concordei com meus assessores políticos – Michele Davis, Kevin Fromer e

Bob Hoyt – de que, no caso, deveriam aplicar-se as restrições mais rigorosas do TARP. Isso significava, por exemplo, que, em vez de apenas eliminar as indenizações rescisórias nos novos contratos de alguns executivos, os principais diretores dos bancos que aceitassem capital do governo também teriam de renunciar a pagamentos previstos nos contratos vigentes. Além disso, devolveriam parte da remuneração já recebida, caso se constatasse inexatidões significativas nas demonstrações financeiras.

Restaram algumas questões pendentes. Precisávamos que as agências reguladoras dos bancos aprovassem o tratamento do capital para fins regulatórios. Eu também queria definir um mecanismo de precificação que assegurasse ampla participação, mesmo preservando-se a livre adesão ao sistema. Mas, no cômputo geral, eu me sentia confiante em que finalmente dispúnhamos do arcabouço de uma abordagem factível.

Fosse como fosse, precisávamos montar imediatamente um programa de investimentos de capital para ajudar o sistema financeiro. Os vendedores a descoberto não perderam tempo em justificar os receios de John Mack, voltando ao mercado na quinta-feira para derrubar as ações do Morgan Stanley e do Merrill Lynch, que caíram mais de 25%. Os CDs do Morgan Stanley ainda pairavam em torno de 1.100 pontos-base.

As más notícias continuavam a afluir de todo o mundo. Na quinta-feira de manhã, a Islândia fechou o mercado de ações e interveio no maior banco do país, o Kaupthing. Os dois maiores bancos seguintes também estavam sob controle governamental. Os spreads LIBOR-OIS dispararam para um novo recorde de 354 pontos-base.

Tive uma conversa telefônica muito longa e difícil com o presidente naquela tarde, em parte para discutir o papel dele nas reuniões do G-7 e do G-20 no fim de semana. Ele estava procurando algum raio de esperança no front financeiro. Ele fizera tudo que eu havia recomendado, inclusive iniciativas politicamente impopulares, que feriam os princípios do Partido Republicano, e lá estávamos nós, piores do que nunca. Ele me pressionou sobre o programa de investimentos de capital e perguntou: "Isso é que porá fim a essa situação?"

"Não sei, senhor", admiti, "mas espero que seja a dinamite que estamos procurando."

Sentia-me infeliz com o fato de que, quase uma semana depois da aprovação do TARP, eu só tivesse informações ruins para o presidente. A Europa enfrentava grandes problemas; sete países já tinham sido obrigados a socorrer bancos. Eu continuava preocupado com o Citigroup, com a GE e, principalmente, com o Morgan Stanley, cujo negócio com o Mitsubishi UFJ ainda era duvidoso. Embora o presidente Bush sempre me estimulasse a ser franco, aquele foi um momento ruim para mim. Mais tarde, naquele dia, Josh Bolten me telefonou para solidarizar-se comigo e para reiterar o apoio do presidente.

"Só fico pensando, Hank, por que será que, depois de todas as medidas que adotamos para estabilizar os mercados, os mercados ainda não reagiram?"

"Josh, fico pensando exatamente na mesma coisa", respondi.

Ainda no mesmo dia, o Citigroup retirou sua oferta pelo Wachovia, afirmando que não impediria a fusão com o Wells Fargo (embora sua ação judicial de US$60 bilhões continuasse em curso). Na superfície, era um fiapo de boa notícia; porém, depois de minha conversa com Mervyn Davies, eu me perguntava o que aconteceria com o Citi, agora que seus problemas tinham vindo à tona com tanta nitidez.

Sexta-feira, 10 de outubro de 2008

Com o aumento das demandas da crise, fiz de Dave McCormick, subsecretário de assuntos internacionais, minha cabeça de ponte no Morgan Stanley. Embora ainda na casa dos 40 anos, Dave era gestor maduro e grande comunicador, capaz de trabalhar com ministros de Finanças, assim como com seus representantes.

A primeira coisa que fiz na sexta-feira de manhã foi dirigir-me à sala de Dave. "Realmente precisaremos fazer alguma coisa com o Morgan Stanley", disse-lhe.

Dave vinha trabalhando com autoridades financeiras japonesas na tentativa de impulsionar o negócio com o Mitsubishi UFJ. A instituição financeira japonesa parecia estar desistindo do negócio. As ações do banco americano haviam caído tanto que o Mitsubishi UFJ receava que, se investisse nele, o governo dos Estados Unidos poderia intervir e zerar a participação societária japonesa.

"Sei que pode até não ser a coisa mais dignificante do mundo", disse Dave, "mas você terá de inclinar-se diante deles. O mercado não acredita no fechamento desse acordo."

Os ministros do G-7 já estavam chegando a Washington durante nossa conversa e, como de costume, tive uma reunião bilateral com o ministro das Finanças do Japão, Shoichi Nakagawa. O encontro fora agendado para o meio-dia, e eu disse a Dave que trataria da questão do Morgan Stanley com ele.

A sessão em minha pequena sala de reuniões com o ministro das Finanças Nakagawa versou, principalmente, sobre as questões mais relevantes com que nos defrontávamos; entre outras considerações, ele foi taxativo na opinião de que os Estados Unidos deveriam injetar capital em seus bancos, como o Japão fizera na década de 1990.

Então, virei a conversa para o acordo do Mitsubishi UFJ com o Morgan Stanley. "Acho", disse ele, "que essa transação é muito importante para a estabilidade dos mercados de capitais."

Amistoso e dinâmico, Nakagawa era o quarto ministro das Finanças do Japão em dois anos e, como todos nós, suas atribuições eram extremamente árduas. Ele não se comprometeu em impulsionar o negócio com o Mitsubishi UFJ, mas concordou em tratar da questão, e isso era o máximo que eu poderia esperar.

A reunião ministerial do G-7 começou às 14 horas. Reunimo-nos na Cash Room, enfeitada com bandeiras de nossos países. Ben e eu nos sentamos lado a lado, diante de nossos colegas das maiores economias do mundo. Eles se acomodaram em torno de um enorme retângulo de mesas: o chefe do banco central, Masaaki Shirakawa, e o ministro das Finanças, Nakagawa, do Japão; Axel Weber e Peer Steinbrück, da Alemanha; Christian Noyer e Christine Lagarde, da França; Mario Draghi e Giulio Tremonti, da Itália; Mark Carney e Jim Flaherty, do Canadá; Mervyn King e Alistair Darling, da Inglaterra. Jean Claude Trichet, do Banco Central Europeu, também estava lá, com Bob Zoellick, do Banco Mundial, e Dominique Strauss-Kahn, diretor-gerente do FMI. Como grupo, enfrentávamos desafios difíceis, mas os interesses em jogo nunca foram tão altos; nem o ânimo coletivo, tão sombrio.

Antes da reunião, Ben e Dave McCormick me haviam advertido que os europeus estavam aborrecidos com a questão do Lehman Brothers; muitos atribuíam seus graves problemas à falência dessa instituição financeira. No entanto, surpreendi-me ao ver Trichet distribuir um gráfico de uma página que mostrava o aumento dramático nos spreads LIBOROIS depois do colapso do Lehman Brothers. Em seguida, usando linguagem atipicamente ríspida, ele disse que as autoridades americanas haviam cometido um erro terrível ao permitir aquela falência, desencadeando a crise financeira global.

Trichet não estava sozinho nessa percepção – outros ministros, inclusive Nakagawa e Tremonti, apontaram para os problemas provocados pelo Lehman Brothers em suas palavras iniciais. Foi a primeira vez, embora de modo algum a última, em que ouvi líderes globais recorrerem a esse tipo de retórica para culpar o governo dos Estados Unidos pelo fracasso de seus sistemas financeiros, assim como do nosso. Era óbvio para mim que a AIG e algumas outras instituições financeiras estavam em trajetória de falência, independentemente do Lehman Brothers, da mesma maneira como os bancos do Reino Unido, Irlanda, Bélgica e França. O colapso do Lehman Brothers não fora a causa das dificuldades dessas instituições financeiras. No entanto, a realidade é que todos gostam de histórias simples, de fácil compreensão, e não havia dúvida de que a falência do banco americano agravara a situação.

Procurando não parecer defensivo, insisti em respostas simples. Meu objetivo não era justificar nossas iniciativas, mas garantir que sairíamos daquela reunião unidos pelo propósito de encontrar uma solução global coordenada para nossos problemas.

"O Lehman Brothers", insisti, "era sintoma de um problema mais amplo." Observei que o governo americano, por lei, não podia injetar capital no Lehman Brothers e que não havia comprador interessado na empresa. Agora, com o TARP, salientei, tínhamos poderes para agir.

Mervyn King se apegaria a esse argumento, reiterando aos ministros que "o Lehman Brothers era a causa imediata, mas não a causa fundamental" da atual crise nos mercados. Mervyn me pareceu tão ansioso quanto eu para deixar de apontar culpados e, em vez disso, dar as mãos para sairmos daquele atoleiro.

Durante nossas discussões, Mervyn e alguns dos demais participantes sugeriram que, para recuperar a confiança dos mercados, deveríamos anunciar algo diferente, mais impactante, em nosso comunicado. A mera repetição do mesmo de sempre não provocaria o choque almejado.

Mervyn achava que a minuta de comunicado não tinha a força de um murro reagente e que deveríamos elaborar algo muito mais breve e vigoroso, que coubesse numa única página. Concordei.

Enquanto isso, observei que Dave McCormick, sentado ao meu lado, já estava redigindo nova minuta de comunicado. Ele a entregou para um membro do staff, que logo trouxe de volta uma minuta impressa, que me pareceu adequada. Sugeri a meus colegas que adotássemos aquela versão abreviada, com o que todos concordaram. Dave desapareceu com seus auxiliares, voltando menos de meia hora depois com nova minuta.

O grupo havia redigido uma declaração concisa e poderosa – tão sucinta e vigorosa que passou por apenas uma rodada de alterações pelos ministros. Em poucos parágrafos curtos e cinco itens numerados, demonstramos nossa determinação:

> *O G-7 reconhece, hoje, que a situação vigente nos mercados exige ações urgentes e excepcionais. Comprometemo-nos a continuar trabalhando juntos no esforço de estabilizar os mercados financeiros e de restaurar o fluxo de crédito, com o objetivo de sustentar o crescimento da economia global. Concordamos em relação aos seguintes pontos:*
>
> *1. Adotar medidas decisivas e usar todas as ferramentas disponíveis para apoiar instituições financeiras de importância sistêmica e evitar sua falência.*
>
> *2. Tomar todas as providências necessárias para descongelar os mercados de crédito e de dinheiro e garantir que os bancos e outras instituições financeiras tenham amplo acesso a liquidez e a financiamento.*
>
> *3. Garantir que nossos bancos e outros grandes intermediários financeiros, na medida do necessário, sejam capazes de levantar capital de fontes públicas e privadas, em quantias suficientes para restabelecer a confiança e possibilitar que continuem a emprestar para famílias e empresas.*
>
> *4. Assegurar que nossos respectivos programas de seguro e garantia de depósitos sejam robustos e consistentes de modo que nossos depositantes de varejo continuem a ter confiança na segurança de seus depósitos.*
>
> *5. Adotar medidas, sempre que necessário, para restabelecer os mercados secundários de títulos hipotecários e de outros ativos securitizáveis. Avaliações exatas e divulgações transparentes de ativos, assim como a implementação consistente de normas contábeis de alta qualidade, são condições necessárias.*

Depois de aprovarmos o plano de cinco pontos, o ânimo do grupo mudou. Começamos com desesperança e acusações recíprocas, mas, de repente, nos sentimos prontos para a ação. Aquele punhado de palavras energizou nossa determinação e preparou o terreno para nossas manobras futuras.

Revigorados, dirigimo-nos para os degraus da entrada Bell do prédio do Departamento do Tesouro, defronte ao centro de visitantes da Casa Branca, para nossa costumeira "foto da turma". Estávamos no meio da tarde, o sol brilhava, e mesmo o vozerio de um grupo de manifestantes que entoava "Cadeia para Paulson!" não estragou meu bom humor. Peer Steinbrück inclinou-se em minha direção e disse: "Parece que estamos na Alemanha."

Como que para salientar a importância de nossas reuniões, a sexta-feira caracterizou-se por volatilidade espantosa nos mercados. O Dow afundou 8%, ou 680 pontos, para menos de 8.000 pontos, nos primeiros sete minutos de pregão. Em seguida, ricocheteou 631 pontos, nos 40 minutos seguintes. Depois de cair de novo, aumentou em 853 pontos, chegando a 8.890, pouco depois das 15h30, antes de mergulhar para 8.451, registrando perda final de 128 pontos no dia. Foi o ápice de uma semana terrível. O Dow e o S&P 500, ambos, fecharam com queda de 18%, enquanto a NASDAQ caiu 15%. Foi a pior semana do mercado de ações, desde 1933.

No mercado de crédito, o spread LIBOR-OIS atingira a espantosos 364 pontos-base, enquanto os investidores fugiam mais uma vez para a segurança dos títulos do Tesouro. As ações do Morgan Stanley fecharam o dia na casa de um dígito, a US$ 9,68, com seus CDSs alcançando a marca de 1.300.

Considerando os números horríveis do dia, eu me dei conta de duas realidades: Primeiro, se não fechasse o negócio com o Mitsubishi UFJ, o Morgan Stanley estava condenado à morte. Segundo, teríamos de trabalhar durante o fim de semana para dar a partida no programa de investimentos de capital. Os mercados não se contentariam com declarações genéricas e palavras encorajadoras. Precisávamos partir para iniciativas reais e eficazes – e rápido.

Felizmente, Sheila e eu avançávamos na questão das garantias aos bancos. Depois de umas duas conversas, ela elaborou uma boa proposta. Estávamos chegando lá. Sheila parecia disposta a garantir novos passivos, não apenas os existentes.

Mas precisávamos que Sheila fosse ainda mais longe. Ela queria garantir as dívidas somente dos bancos, não das empresas controladoras de bancos, e pretendia limitar a cobertura a 90% do principal. Porém, muitas dessas instituições emitiam boa parte, se não a totalidade de suas dívidas no nível de empresa controladora. A garantia lhes permitiria rolar os papéis existentes em dívidas de prazo mais longo e ganhar um pouco mais de espaço para manobra. Sheila receava que o escopo da garantia às empresas controladoras aumentasse o risco para os recursos da FDIC. Argumentamos que essa visão era muito estreita. Se essas grandes holdings dessem o calote em suas dívidas não garantidas, o estresse sobre todo o sistema bancário seria enorme, deixando-a com as mesmas escolhas pouco atraentes que ela estava tentando evitar.

Sábado, 11 de outubro de 2008

No começo da manhã seguinte, o presidente Bush se reuniu com os ministros das Finanças e com os presidentes de bancos centrais do G-7 na Casa Branca. Foi um grande gesto. O presidente nunca assistira nem participara de evento do G-7 antes, mas ele tinha o dom de deixar as pessoas à vontade, e foi caloroso e amistoso, falando com humildade e franqueza cativantes.

"Esse problema começou nos Estados Unidos, e precisamos resolvê-lo", reconheceu. Disse que, em sua terra natal, no Texas, as pessoas lhe perguntavam por que ele estava socorrendo Wall Street. Aquela operação de salvamento era algo que ele detestava muito mais que seus conterrâneos, mas a resposta do presidente a esse questionamento sempre era: "Tivemos de fazer isso para salvar os seus empregos." Agora, ele estava dizendo aos ministros das Finanças e aos presidentes de bancos centrais que queria resolver o problema enquanto ainda fosse presidente, para facilitar as coisas para seu sucessor, não importa quem viesse a ser.

A objetividade do presidente sem dúvida agradou ao grupo no Salão Roosevelt. Depois, nós o acompanhamos até o Rose Garden e nos postamos atrás dele, enquanto ele proferia rápido discurso, admitindo a gravidade da crise e resumindo os esforços do governo em busca de soluções.

Enquanto eu passava o dia em telefonemas e em encontros pessoais com os ministros das Finanças, a equipe do Tesouro se concentrava no programa de investimentos de capital. Às 15 horas, reuni-me na grande sala de conferências com Ben, Joel Kaplan, Tim Geithner e com a minha equipe do Tesouro. Tim viera a Washington na noite de sexta-feira, a meu pedido – não como chefe do Fed de Nova York, mas como formidável organizador que trabalharia com o Tesouro e nos ajudaria a elaborar algumas propostas específicas.

Sheila também estava presente. Enquanto trabalhávamos para finalizar a garantia de dívidas pela FDIC, ela começou a insistir em outra nova garantia, dessa vez das contas correntes de pessoas jurídicas, aquelas que as empresas mantinham nos bancos, sem remuneração.

Essa era uma medida radical – mas precisávamos partir para a ação naquele fim de semana. Tim estava nitidamente impaciente, e eu me sentia imbuído de premente senso de urgência. Pressionei tanto durante a reunião que, depois, Kaplan e Jim Wilkinson me chamaram à parte e me alertaram de que eu estava avançando com muita rapidez. Nossas iniciativas precisavam ser analisadas com mais cuidado e eles sentiam que meus métodos estavam desencorajando o dissenso. Disse-lhes que, se eu não estivesse apertando o cerco daquela maneira provavelmente ainda não teríamos proposta a debater.

Para ser franco, eu detestava a alternativa, mas eu não queria presidir um colapso. Pedi a Tim que liderasse o grupo no desenvolvimento de programas que pudéssemos implementar imediatamente, e, como sempre, ele arregaçou as mangas e pôs mãos à obra. Também pedi a David Nason, que conhecia com mais profundidade as garantias a bancos, no Fed ou no Tesouro, para atuar como advogado do diabo, para garantir o exame amplo e profundo de todos os aspectos e implicações.

Pouco depois da reunião, Dave McCormick e Bob Hoyt entraram em meu escritório. Dave disse: "Estamos com problemas para fechar o acordo do Morgan Stanley com os japoneses. Acho que o Mitsubishi ainda quer fazer o investimento, mas precisarão de mais garantias." McCormick vinha conversando com representantes do Mitsibishi UFJ e com o governo japonês, para deixar claro que estávamos acompanhando de perto as negociações. Ele descobriu que o banco japonês receava que, se o governo americano adquirisse participação societária no Morgan Stanley, seus investimentos sofreriam diluição. Era uma preocupação razoável e ele respondeu que o Tesouro estruturaria seus investimentos de capital de modo a não punir os demais investidores. Dave e Bob sugeriram que redigíssemos uma carta em papel timbrado do Departamento do Tesouro para tranquilizar os japoneses.

A conferência de cúpula do G-20 estava programada para daí a um mês, mas pedimos aos participantes que viessem a Washington naquele fim de semana para discutir a crise financeira. Às 18 horas, os ministros das Finanças e os presidentes de bancos centrais se reuniram na sede do

FMI, a uns poucos quarteirões da Casa Branca. Abri o evento, tentando ser objetivo e humilde sobre nossas falhas, ao mesmo tempo em que enfatizava os resultados muito positivos do G-7 e o empenho do governo dos estados Unidos em solucionar nossos problemas. Jean-Claude Trichet discursou em seguida e reiterou o sucesso do G-7.

Saí da sala durante alguns momentos, enquanto Guido Mantega fazia suas observações, preparadas de antemão, e surpreendi a todos ao retornar acompanhado pelo presidente Bush. Foi espantoso que o presidente dos Estados Unidos aparecesse assim de repente diante de um grupo de ministros das Finanças e de presidentes de bancos centrais. Mantega interrompeu o que dizia para deixar o presidente falar.

Como já o fizera na manhã daquele dia, o presidente reconheceu o papel dos Estados Unidos naquela crise financeira e acrescentou: "Agora é hora de resolver a crise." Então, ele se afastou para deixar que Mantega retomasse o seu discurso. O ministro da Fazenda do Brasil disse: "Se o senhor não se importar, vou falar em português, minha língua nativa."

O presidente Bush respondeu: "Tudo bem, mal falo inglês."

O grupo riu, em tom de aprovação. Naquele momento, tive a certeza que a visita de surpresa tinha sido ótima ideia. As pessoas precisavam tranquilizar-se quanto à nossa determinação, e o presidente fizera exatamente isso, à sua maneira descontraída.

Quando cheguei em casa, Wendy me disse que Warren Buffett havia tentado falar comigo. Eu pretendia conversar com ele logo depois do jantar, mas mal conseguia manter os olhos abertos e fui direto para a cama, caindo em sono profundo. Quando o telefone tocou mais tarde, atendi às apalpadelas e meio tonto.

"Hank, aqui é Warren."

Ainda grogue, o único Warren que me ocorreu foi o biscateiro de minha mãe, Warren Hansen. *Por que será que ele está me acordando a essa hora?*, pensei, antes de me dar conta de que era Warren Buffett no outro lado da linha.

Warren sabia que eu estava trabalhando no programa de investimentos de capital e tinha uma ideia. Estávamos às voltas com a questão dos preços. Precisávamos proteger os contribuintes e ao mesmo tempo estimular um grande grupo de bancos a participar da iniciativa. Nosso objetivo não era amparar determinadas instituições, mas, sim, todo o sistema, que estava subcapitalizado. Warren sugeriu que pedíssemos dividendos de 5% ou 6%, para começar, a serem pagos pelas ações preferenciais, e depois elevar a taxa.

"O governo ganharia dinheiro com o investimento, ajudaria os investidores e, mais tarde, a remuneração seria aumentada para estimular os bancos a reembolsar o capital ao governo", explicou ele.

Lutei contra a exaustão e sentei-me durante mais ou menos meia hora, no escuro, na poltrona de meu quarto, ruminando a ideia. Evidentemente, eu sabia que como investidor em instituições financeiras, inclusive no Wells Fargo e no Goldman Sachs, Warren tinha interesse na ideia. Mas a verdade e que eu estava procurando uma abordagem exatamente como a dele: um plano bom para os investidores, que protegesse os contribuintes e estabilizasse o sistema bancário, estimulando investimentos em instituições saudáveis. Considerando estruturas de dois gumes, semelhantes à de Warren, minha equipe se inclinava para dividendos da ordem de 7% ou 8%. Mas, ao voltar para a cama, eu estava convencido de que a proposta de Warren era a melhor maneira de, ao mesmo tempo em que atraíamos os bancos para o programa de investimentos de capital também os incentivávamos a reembolsar o governo.

Também o Warren de Omaha revelou-se faz-tudo muito habilidoso.

Domingo, 12 de outubro de 2008

Pouco depois das 9 horas, no domingo, telefonei para Jeff Immelt, da GE, no intuito de sondá-lo a respeito das garantias do governo às dívidas dos bancos, que vínhamos debatendo. Como não era banco, a GE não poderia participar do programa e talvez ficasse em desvantagem competitiva.

"Não acho que possamos fazer alguma coisa pela GE", observei. "Mas, para você, seria bom que lançássemos o programa?"

"A pergunta é fácil", respondeu. "Talvez muitos de meus colegas aqui na GE não concordem comigo, mas o sistema está tão vulnerável que você deve fazer o que for possível, e estaremos em melhores condições do que se você não fizer nada. E, mesmo que para nós não fosse bom, isso é algo que você deve fazer."

A resposta de Jeff me impressionou. Quantos CEOs na posição dele adotariam perspectiva tão ampla?

A equipe do Tesouro mais uma vez trabalhara até tarde da noite – daquela vez nos programas de investimentos de capital e de extensão das garantias, e, às 10 horas, uma equipe fatigada, mas muito motivada, se reuniu em minha grande sala de conferências. Também se juntaram a nós Ben Bernanke, Tim Geithner, Sheila Bair, Joel Kaplan e John Dugan, Comptroller of the Currency. Durante as três horas seguintes, debatemos os detalhes do plano que divulgaríamos no dia seguinte.

Em poucas palavras, descrevi minha conversa com Buffett, afirmando que agora achava melhor ações preferenciais, com dividendos começando em 5%, taxa que aumentaria gradativamente, até chegar a 9%. Os reguladores concordaram em ajustar as normas vigentes, para que os investimentos assim efetuados se qualificassem a receber tratamento de capital de nível 1, no caso de empresas controladoras de bancos que já tivessem emitido proporção substancial de ações preferenciais.

Agora que tínhamos um plano, eu estava pronto para discuti-lo. Desempenhando o papel que lhe fora atribuído de advogado do diabo, David Nason argumentou que a garantia da FDIC distorceria o mercado. Sempre que se põe o governo dos Estados Unidos por trás do papel de um grupo, disse ele, dificulta-se a posição de outro. Nesse caso, não daríamos cobertura a empresas industriais, ou instituições financeiras que não eram empresas controladoras de bancos, dificultando para elas o levantamento de dinheiro. No fim das contas, todos nós, inclusive David, concluímos que se tratava de medida indispensável.

Sheila continuou a manifestar dúvidas – a FDIC, afinal, estava arando campo novo. Ela indagou até que ponto seria adequado estender as garantias a dívidas de empresas controladoras de bancos, em vez de limitá-las a bancos segurados pela FDIC. E insistiu em incumbir os bancos de fazer o seguro de suas dívidas não garantidas. Tim sustentou que as taxas deveriam ser bastante baixas para estimular a participação. Como eu tinha bom relacionamento de trabalho com a presidente da FDIC, reuni-me a sós com Sheila várias vezes naquela tarde, quando a tensão entre Tim e ela aumentava muito ou para tranquilizá-la de que ela estava agindo da maneira certa.

"Todo o nosso sistema financeiro está em risco e tudo pode ser levado de roldão, inclusive seus recursos. A última coisa que alguém perguntará é: 'O que aconteceu com o dinheiro da FDIC?'", lembro-lhe de lhe ter dito isso. "Sua decisão evitará uma calamidade financeira, e Ben e eu a apoiaremos 100%." Também observei: "Se definirmos o preço adequado, você até poderá ganhar muito dinheiro."

Estender a garantia aos passivos de empresas controladoras de bancos era absolutamente essencial, mas se tratava de decisão muito difícil para Sheila. Disse-lhe que o Tesouro usaria o TARP para evitar a falência de empresas controladoras de bancos.

"Sei como isso é importante. Trabalhamos muito nisso", disse Sheila. Apesar da hesitação, ela finalmente concordou, considerando o apoio do Tesouro e do Fed.

Decidimos reunir-nos de novo à tarde, para definir detalhes e desenvolver o plano de implementação. Os programas de investimentos de capital e de extensão das garantias precisava ser fácil, compreensível e atraente. Já circulavam notícias de que o Reino Unido anunciaria oficialmente na segunda-feira que assumiria participação majoritária no Royal Bank of Scotland e no HBOS. Tínhamos recebido cópia do plano de capital do Reino Unido, e seus termos eram mais punitivos do que a nossa versão, ainda sob debate.

O fundamental para nós era atrair o máximo de instituições para nosso Capital Purchase Program – CPP (Plano de Compra de Capital), que era como chamávamos nossa iniciativa de injetar capital próprio nos bancos. Concordamos com investimentos de capital de 3% dos ativos ponderados pelo risco de cada instituição, até US$25 bilhões para os maiores bancos; isso significava algo em torno de US$250 bilhões em capital próprio para a totalidade do sistema bancário.

Queríamos passar à frente da crise e fortalecer os bancos, antes que falissem. Para tanto, precisávamos incluir instituições sãs, assim como as enfermas. Não tínhamos autoridade para obrigar instituições privadas a aceitar capital do governo, mas esperávamos que nosso dividendo de 5% – que chegaria a 9% depois de cinco anos – tornaria a proposta atraente demais para ser rejeitada.

Concebêramos o programa de investimentos de capital para que os bancos se candidatassem através de seus regulamentadores, que selecionariam e submeteriam os pedidos ao comitê de investimentos do TARP. Porém, em vez de esperar os pedidos, resolvemos pré-selecionar um primeiro grupo, informando-lhes o valor do investimento que seus reguladores consideravam adequado para cada um deles.

Depois da desastrosa semana anterior, precisávamos fazer algo dramático. Portanto, concluímos que antes de lançar o programa deveríamos convocar os CEOs das maiores instituições, convencê-los a aceitar as infusões de capital e rapidamente anunciar a iniciativa. Para aumentar a confiança do público, essas instituições deveriam parecer bem capitalizadas, com um colchão que as amparasse em períodos difíceis.

Raciocinamos que, se reuníssemos esses maiores bancos, outros também adeririam ao programa. As instituições mais fracas não se sentiriam envergonhadas de recorrer a esse recurso, enquanto as mais fortes poderiam afirmar que o fizeram a bem do sistema. Se apenas bancos mais fracos aceitassem capital, o programa ficaria estigmatizado, o que significaria a sua morte.

O Tesouro não participou da escolha do primeiro grupo de bancos, tarefa que ficou por conta do Fed de Nova York e da OCC. Eles escolheram bancos de importância sistêmica que, juntos, detinham mais de 50% dos depósitos dos Estados Unidos. Compunham o grupo os quatro maiores bancos comerciais dos Estados Unidos, JPMorgan, Wells Fargo, Citigroup e Bank of America; os três ex-bancos de investimentos, Goldman Sachs, Morgan Stanley e Merrill Lynch; o State Street Corporation e o Bank of New York Mellon, dois grandes bancos de compensação, vitais para a infraestrutura. Achamos que seria ótimo para o mercado tomar conhecimento na manhã de terça-feira de que esses bancos haviam concordado em aceitar investimentos de capital no total de US$125 bilhões, ou metade do CPP.

Competia a mim telefonar para os CEOs dos bancos e convidá-los para vir ao Tesouro na tarde do dia seguinte: Ken Lewis, Vikram Pandit, Jamie Dimon, John Thain, John Mack, Lloyd Blankfein e Dick Kovacevich, que, como chairman do Wells Fargo, era o único não CEO presente. Também convidamos Ronald Logue, do State Street, e Robert Kelly, do Bank of New York Mellon. Não lhes disse qual era a agenda – simplesmente salientei que era importante, que outras pessoas também estariam presentes e que, em última instância, tratava-se de boa notícia. Kovacevich hesitou um pouco – ele tinha de ir a San Francisco – mas, como todos, concordou em comparecer, apesar da pouca antecedência do convite.

Ao longo de todos os debates e programações, não havíamos perdido de vista as dificuldades do Morgan Stanley. Dave McCormick aventara a hipótese de enviar uma carta aos japoneses, enfatizando os princípios básicos das iniciativas de política pública que viéssemos a adotar e salientando nossa intenção de proteger os investidores estrangeiros. O objetivo era transmitir alguma segurança à diretoria e ao Conselho de Administração do Mitsubishi.

Gostei da ideia e Dave telefonou para o CEO do Mitsubishi e lhe expôs o que tinha em mente. Dave relatou que a reação do executivo do Mitsubishi UFJ pareceu positiva, embora reservada. Ele e Bob Hoyt redigiram a carta. O documento não mencionava expressamente o Morgan Stanley nem assumia compromissos específicos. Em essência, simplesmente reafirmava os sinais que vínhamos emitindo em público, mas estava lavrado em papel timbrado do Departamento do Tesouro dos Estados Unidos, o que fazia toda a diferença. Depois de minha aprovação, Dave o enviou para o Ministério das Finanças do Japão, que imediatamente o remeteu para o Mitsubishi UFJ. Pouco mais de uma hora depois, recebíamos a informação de que o negócio seria fechado.

Segunda-feira, 13 de outubro de 2008

O Dia de Colombo foi feriado para muitos americanos e trouxe boas notícias para as estafadas equipes do Tesouro. O Mitsubishi e o Morgan Stanley finalmente concluíram o negócio. Os termos haviam sido ajustados para atribuir valor mais baixo ao banco americano. Por seu investimento, o Mitsubishi UFJ agora receberia ações preferenciais conversíveis e não conversíveis, conferindo-lhe 21% dos direitos de voto do Morgan Stanley. Antes, o Mitsubishi adquiriria ações ordinárias e preferenciais. Naquela manhã, um cheque de US$9 bilhões seria entregue em mãos ao banco de investimentos de Nova York.

A Europa também divulgaria seu próprio quinhão de notícias estimulantes. Antecipando-se às nossas iniciativas, líderes dos 15 países da eurozona concordaram tarde da noite de domingo com um plano de injetar bilhões de euros em seus bancos, por meio da aquisição de participações societárias; também se dispuseram a garantir novas dívidas de bancos até 2009, inclusive. Na segunda-feira de manhã, o FTSE 100 do Reino Unido subiu quase 325 pontos, ou 8,3%, enquanto os mercados alemão e francês registravam alta superior a 11%. A taxa do mercado interbancário de Londres, de três meses, caiu 7 pontos-base, para 4,75%, enquanto o spread LIBOR-OIS se estreitou ligeiramente, para 354 pontos, em comparação com 364, na sexta-feira, invertendo tendência de alta firme de um mês.

Na segunda-feira, antes da abertura dos mercados, em Londres, o governo inglês havia estatizado, de fato, o Royal Bank of Scotland e o HBOS, injetando bilhões de libras de capital e nomeando representantes nos Conselhos de Administração das instituições. O programa do Reino Unido se caracterizava por maior controle governamental e por condições mais rigorosas que o nosso. O governo inglês demitiu os altos executivos dos bancos, congelou bônus para a administração e impôs dividendos de 12% às ações preferenciais.

Em consequência, os bancos maiores e mais saudáveis do Reino Unido – HSBC, Barclays e Standard Chartered – rejeitaram o capital. Não queríamos que isso acontecesse nos Estados Unidos. Ao contrário, elaboramos nosso plano com ênfase em sua atratividade, de modo que a mais ampla variedade possível de instituições saudáveis aceitasse nossos investimentos de capital próprio.

Antes da abertura dos mercados americanos, o staff do Tesouro e eu nos sentamos com Rick Wagoner, CEO da General Motors, e com vários de seus executivos, que esperavam conseguir algum dinheiro do governo para minorar as dificuldades da empresa. Rick já telefonara várias vezes, tentando marcar a reunião havia algum tempo, mas eu me recusara a recebê-lo. Eu achava que o TARP não fora concebido para amparar empresas industriais, mas, sim, para prevenir o colapso do sistema financeiro. Carlos Gutierrez, secretário do Comércio, participou da reunião em meu gabinete.

Ninguém duvidava que a empresa automobilística americana enfrentava problemas. Em 30 de setembro, o presidente Bush aprovara empréstimo de US$25 bilhões para ajudar os Três Grandes fabricantes de automóveis dos Estados Unidos a cumprir as normas federais sobre economia de combustível. Recentemente, correram notícias de que a General Motors e a Chrysler estavam negociando uma operação de fusão.

Agora, aquele contingente da GM trazia notícias assustadoras de que a empresa estava sofrendo uma corrida de credores e fornecedores, como a dos bancos, que não haviam sido pagos com pontualidade. Esse aperto de liquidez, argumentaram, resultaria na falência da empresa, bem na época das eleições presidenciais. Eles precisavam de um total de US$10 bilhões, metade em empréstimos e metade em linha de crédito rotativa.

"Precisamos de um empréstimo ponte para evitar um desastre, e necessitamos dele com urgência", disse Wagoner. "Não acredito que sejamos capazes de resistir até 7 de novembro."

Ele e a equipe dele talvez acreditassem com sinceridade nessa afirmação, mas eu sabia mais que isso. Eu trabalhara com empresas como a GM tempo suficiente para ter a certeza de que elas não morrem rápido. Uma instituição financeira podia sucumbir imediatamente, se perdesse a confiança dos credores e dos clientes, mas uma empresa industrial conseguia preservar os fornecedores por muito tempo. Em todo caso, eu relutava em fazer algo que conotasse influências políticas.

Eu disse a Wagoner que considerávamos a situação com muita seriedade, mas que ele deveria continuar trabalhando em estreito entrosamento com Carlos. "Não tenho autoridade para conceder um empréstimo à General Motors pelo TARP", disse.

Assim que a delegação da General Motors foi embora, engatamos a marcha de velocidade em nossos preparativos para a reunião da tarde com os CEOs dos bancos. Eu estava preocupado com Jamie Dimon, pois o JPMorgam parecia ser a instituição em melhor forma no grupo e eu queria ter a certeza de que ele aceitaria a injeção de capital. Pedi a Tim para amaciar Jamie com antecedência. Para meu alívio, Tim já o havia feito, solicitando o apoio de Jamie, sem expor nosso programa. Ele acreditava que Jamie nos apoiaria. As figuras principais do governo – Ben, Tim, Sheila, John Dugan e eu – nos reunimos mais uma vez para repassar o plano, definindo quem diria o quê.

Quando os nove banqueiros chegaram ao Tesouro para a reunião das 15 horas – subindo os degraus da entrada principal, diante da multidão de repórteres e câmeras – nosso plano já estava pronto. Na recepção, foram levados para minha grande sala de conferências. Minhas reuniões naquela sala eram tão frequentes que seu esplendor e suas peculiaridades – os móveis e candelabros do século XIX, os selos da moeda e dos tributos emoldurados nas paredes de nogueira envernizadas – se tornaram quase tão familiares para mim quanto a sala de visitas de minha casa. Mas, por vezes, ficava pensando se os visitantes achavam estranho tratar de problemas do século XXI naquele ambiente histórico, sob os retratos de George Washington e Abraham Lincoln.

Tomamos nossos lugares à grande mesa, com Ben, Sheila, Tim, John e eu de um lado e os CEOs sentados à nossa frente, dispostos por ordem alfabética, por banco. Felizmente, considerando a disputa pelo Wachovia, isso significava que Pandit, do Citi, e Kovacevich, do Wells, estavam em extremidades opostas da mesa.

Os homens diante de nós compunham o alto escalão do sistema bancário americano, mas suas condições eram diferentes. Alguns, como Dimon e Kovacevich, representavam instituições comparativamente fortes, enquanto Pandit, John Thain e John Mack vinham enfrentando perdas vultosas e mercados implacáveis. Porém, eu sabia que mesmo o mais forte deles sem dúvida estava preocupado com o futuro – e todos precisavam conscientizar-se de que navegavam no mesmo barco.

Abri a reunião, deixando claro que os convocáramos para aquela reunião porque todos nós concordávamos que os Estados Unidos tinham de adotar medidas decisivas. Juntos, eles representavam parcela significativa do mercado financeiro e, portanto, eram elementos essenciais em qualquer solução.

Em poucas palavras, descrevi o uso da exceção do risco sistêmico para garantir novas dívidas privilegiadas e expliquei o programa de investimentos de capital do Tesouro, com verba de US$250 bilhões. Também pedi que eles consultassem seus Conselhos de Administração para confirmar ainda naquela tarde a participação de seus bancos.

"Pretendemos anunciar o programa amanhã", disse, enfatizando nossa intenção de afirmar em público que as empresas deles eram os primeiros participantes.

Em seguida, Ben salientou a importância de nosso programa para a estabilização do sistema financeiro. Sheila explicou o Programa Temporário de Garantia de Liquidez (Temporary Liquidity Guarantee Program – TLGP), abordando questões de estrutura, precificação e tipos de dívida qualificáveis. O FDIC, disse ela, garantiria novas dívidas privilegiadas sem seguro, emitidas até 30 de junho de 2009, e protegeria todas as contas correntes, independentemente do tamanho, durante 2009.

Tim, retomando a palavra, anunciou as quantias que os reguladores haviam definido poucas horas atrás: US$25 bilhões para Citigroup, Wells Fargo e JPMorgan; US$15 bilhões para Bank of America; US$10 bilhões para Merrill Lynch, Goldman Sachs e Morgan Stanley; US$3 bilhões para Bank of New York Mellon; US$2 bilhões para State Street Corporation. No total, os nove bancos receberiam US$125 bilhões, ou metade do CPP.

Em resposta a uma pergunta, Tim enfatizou que os programas de investimento de capital e de garantias de dívidas estavam interligados: não se pode ter um sem o outro.

David Nason expôs aos banqueiros os termos básicos do programa de investimentos de capital, explicando-lhes o quanto teriam de pagar às ações preferenciais, observando que não poderiam aumentar os dividendos das ações ordinárias durante três anos e descrevendo as limitações que seriam impostas às recompras de ações. O Tesouro também receberia bônus de subscrição que lhe daria o direito de subscrever ações ordinárias ao preço de exercício total equivalente a 15% de seu investimento em ações preferenciais. Bob Hoyt falou sobre a remuneração dos executivos, cujas limitações seriam como as do TARP, sem indenizações rescisórias e com dedutibilidade tributária até US$500.000.

Os CEOs ouviram com atenção, bombardeando-nos com perguntas durante todo o tempo. Alguns se mostraram mais entusiasmados que outros. Dick Kovacevich não disfarçou sua insatisfação, argumentando que o Wells Fargo estava em boa forma, tanto que adquirira recentemente o Wachovia, e planejava levantar US$25 bilhões em capital privado – exatamente a importância que os reguladores lhe destinaram em recursos do governo.

"Como aceitar essa proposta sem consultar meu Conselho de Administração?", lembro-me dos protestos dele. "Para que eu quero mais US$25 bilhões?"

"Porque você não está tão bem capitalizado quanto supõe", respondeu-lhe Tim, calmamente.

Eu sabia tão bem quanto qualquer outra pessoa como eram as coisas no mercado financeiro. Até a última hora, quando a falência já era inevitável, mesmo os bancos mais fracos alegam que não precisam de capital. Mas o fato é que em meio à crise o mercado questiona os balanços patrimoniais até dos bancos mais fortes, inclusive do Wells, que agora era dono do Wachovia, com todos os seus ativos tóxicos, inclusive hipotecas com taxas ajustáveis. Nosso sistema bancário em massa carecia de capital, embora muitos bancos se recusassem a admitir a realidade. Todos os bancos representados naquela sala se beneficiariam com o restabelecimento da confiança e da estabilidade do mercado financeiro.

"Olha, estamos fazendo uma oferta", disse eu, levantando-me. "Se vocês não a aceitarem e em algum momento mais adiante sua agência reguladora lhes disser que seus bancos estão subcapitalizados e que terão de levantar capital, mas vocês não conseguirem, é muito possível que não gostem das novas condições, se tiverem de recorrer ao Tesouro."

Ben reforçou minha advertência, afirmando que o programa era bom para o sistema e bom para todos. Ele qualificou a reunião de muito construtiva e lembrou a importância de todos trabalharmos juntos.

Mais tarde, as notícias na imprensa destacariam as dificuldades da reunião, mas foram muito melhores que nossas expectativas. Aqueles CEOs eram pessoas inteligentes, acostumadas a negociar e a questionar. Mas, para alguns, não havia necessidade de discussões.

"Eu já fiz as contas", disse Vikram Pandit. "Esse capital está muito barato. Estou nessa."

"Eu realmente não acho que todos estamos na mesma situação, mas, sem dúvida, o custo do capital é atraente", observou Jamie Dimon. "E também compreendo que a iniciativa é importante para o sistema."

John Thain e Lloyd Blankfein questionaram vários pontos referentes a recompra de ações, volume dos bônus de subscrição e reembolso das ações preferenciais. John também levantou dúvidas sobre remuneração dos executivos. "Essas condições mudarão com o início do novo governo?", perguntou. Disse-lhe que o CPP era um contrato em que ele podia confiar e que estávamos incluindo todas as exigências de pagamento especificadas na lei do TARP. Mas, de fato, salientamos que não havia garantias contra nova lei que mudasse as condições.

A essa altura, Ken Lewis, que ficara em silêncio durante toda a reunião, finalmente falou.

"Tenho três pontos", disse ele, com sua fala suave. "Primeiro, se insistirmos ainda mais nessa celeuma de remuneração dos executivos, estaremos passando atestado de insanidade. Segundo, não há muito mais a falar sobre tudo isso. Todos nós acabaremos aceitando a proposta; portanto, não despedicemos o tempo de ninguém. E, terceiro, não concentremos a atenção em como isso prejudicará ou ajudará cada uma de nossas instituições, pois a proposta, inevitavelmente, terá pontos fortes e pontos fracos para umas e outras – por exemplo, a garantia ilimitada para contas correntes será muito prejudicial para nós. Vamos deixar de lado os pormenores e partir para o que interessa."

Cada CEO recebeu uma folha de papel com nossas condições básicas. Os bancos deveriam concordar com a emissão de ações preferenciais em nome do Tesouro; participar do programa de garantia de dívidas do FDIC; expandir o fluxo de crédito para consumidores e empresas; e "empenhar-se com diligência, sob os programas vigentes, para modificar os termos das hipotecas residenciais, conforme as necessidades". Nas lacunas existentes, os CEOs deveriam escrever os nomes de suas instituições e o capital que receberiam do governo, além de assinar e datar o documento.

John Mack assinou o acordo imediatamente, diante de todos nós.

"Você não pode fazer isso sem a aprovação do Conselho de administração", disse Thain.

"Meu Conselho está à minha disposição 24 horas por dia", Mack garantiu-lhe. "Consigo isso, sem problema."

Kovacevich, por seu turno, disse que não obteria aprovação de seu Conselho com aquela rapidez. Pedi-lhe que tentasse.

A reunião terminou às 16h10, pouco depois do fechamento do mercado. Programamos tudo de maneira que cada CEO se retirasse para uma sala no Edifício do Tesouro e desse os telefonemas necessários para os membros do conselho de administração e para seu pessoal-chave, analisando a proposta e obtendo a aprovação necessária. Voltei ao meu gabinete e liguei para os líderes do Congresso e para os candidatos presidenciais, no intuito de evitar que soubessem da reunião por meio de possíveis vazamentos de informações.

Em geral, os líderes do Congresso foram encorajadores. Barney Frank compreendeu na hora tudo o que lhe expliquei a respeito de nosso plano de ação. Spencer Bachus, que levantara a ideia de investimentos de capital nos primeiros dias do TARP, apoiou-nos, assim como Chris Dodd. Nancy Pelosi não deixou de observar que os democratas queriam isso desde o começo. Roy Blunt, que trabalhara duro para arregimentar os republicanos em torno do TARP, lembrou, contudo, que "isso será uma surpresa para o país e para muitos republicanos."

Depois de nos dar seu apoio no dia anterior, Jeff Immelt agora me telefonou para dizer que o programa de investimentos de capital seria prejudicial à GE. "Continuamos emprestando, somos maiores que a maioria desses bancos, e fomos deixados para trás", disse. E acrescentou que o pessoal dele estava nervoso. "Não estou querendo que você se sinta mal; reafirmo o que disse. Estamos melhores com esse programa que sem ele. Mas devo dizer-lhe que estou preocupado com minha empresa e com a capacidade dela de rolar suas dívidas sob essas novas condições."

Enquanto dava meus telefonemas, pessoas entravam e saíam de minha sala com notícias sobre os CEOs: Pandit assinou; Kovacevich também aderiu, mas se recusou a preencher a lacuna com a quantia em dólar que o Wells receberia – um protesto, suponho, por ter sido forçado a aceitar o dinheiro. Jamie Dimon também após sua assinatura, mas, depois eu soube, disse a Bob Hoyt para deixar sua aceitação pendente, até que todos os demais assinassem. (Ele também deu a Bob o número do telefone celular pessoal dele, dizendo: "Telefone-me e avise-me quando tudo estiver terminado. Então, jogue fora este número, depois de usá-lo.")

Como esperávamos, todos os CEOs assinaram o documento naquele dia, e nunca tivemos de nos reunir de novo.

O dia continuou dando boas notícias. A abertura tórrida dos mercados asiáticos e europeus se repetiu nos Estados Unidos, refletindo o otimismo do mercado sobre as iniciativas governamentais para resolver a crise financeira global. Mesmo enquanto nos reuníamos com os mais importantes CEOs do setor, o Dow registrou seu maior ganho em pontos de todos os tempos, saltando 936 pontos, ou 11%, para 9.388.

Pouco depois de receber a notícia de que todos os CEOs haviam aderido ao CPP, Wendy me telefonou da Casa Branca. Ela estava no jantar de Estado do Columbus Day, em homenagem a Silvio Berlusconi, primeiro-ministro italiano. Tive de me esforçar para entender o que ela falava, por causa do burburinho. Ela disse que o elenco do espetáculo da Broadway "Jersey Boys" cantaria algumas de minhas canções favoritas de Frankie Valli.

"O presidente quer que você venha para cá", disse ela.

Respondi a Wendy que logo estaria com ela.

Capítulo 15

Quinta-feira, 14 de outubro de 2008

Recostar-se, relaxar e dar um longo e profundo suspiro, não é o que sei fazer de melhor. Mas, na terça-feira, 14 de outubro – depois de todos termos labutado sem parar desde agosto para evitar o desastre – eu finalmente tive a chance de inspirar e expirar pausadamente, baixando a guarda por um momento. A atmosfera finalmente parecia desanuviar-se. Na véspera, os nove maiores bancos dos Estados Unidos tinham concordado em aceitar US$125 bilhões como investimento de capital do governo, os líderes europeus haviam anunciado planos para resolver os próprios problemas bancários e nenhuma instituição de importância sistêmica parecia à beira da falência.

Cedo, naquela manhã, Ben Bernanke, Sheila Bair, John Dungan e eu promovemos uma entrevista coletiva com a imprensa na Cash Room do Edifício do Tesouro para explicar as manobras do dia anterior. Tratei da questão controversa da intervenção direta do governo, observando que não queríamos adotar aquelas medidas – em tese, a intervenção mais abrangente no sistema bancário desde a Grande Depressão – mas que elas tinham sido necessárias para restaurar a confiança no sistema financeiro.

Os mercados mundiais haviam respondido com entusiasmo. O Índice Nikkei, do Japão, disparou 14,2%, enquanto o FTSE 100, do Reino Unido, subiu 3,2%. No começo das negociações, o Dow saltara 4,1%, para 9.794. Os mercados de crédito também estavam mais fortes, enquanto o spread LIBOR-OIS se estreitava um pouco, para 345 pontos-base.

Porém, eu mal chegara de volta ao meu gabinete, quando um assunto espinhoso, que eu supunha já estivesse resolvido, voltou à tona. Ken Lewis estava ao telefone, preocupado em relação ao negócio com o Merrill Lynch. Com os mercados estabilizando, o CEO do Bank of America receava que John Thain, que vendera o Merrill apenas para evitar sua falência, agora talvez quisesse recuar. Depois de nossas medidas do fim de semana, Thain talvez já não estivesse assim tão convencido de que a sobrevivência de sua empresa dependia do BofA. Se esse fosse o caso, Ken queria que os reguladores se lembrassem de como sua decisão de comprar o Merrill havia sido crucial no auge da crise e insistissem em que Thain honrasse o contrato.

"Ken", perguntei, John ou alguém no Merrill insinuou que poderiam desistir do negócio?"

"Não, só estou preocupado."

Deixei que ele desabafasse e depois lhe disse acreditar que John cumpriria o compromisso de fechar o negócio, mas que eu transmitiria os receios dele a Tim Geithner, o que realmente fiz. Mas nunca os mencionei a Thain.

Ao tomar decisões críticas, chegar à combinação certa de fatores normativos, de necessidades de mercado e de realidades políticas sempre era difícil. Minha tendência era deixar a política em último lugar – não raro para nosso prejuízo. Em minha opinião, o programa de investimentos de capital nos bancos alcançara o equilíbrio perfeito. Destinava-se a atender a uma necessidade de mercado, tratava do problema da subcapitalização dos bancos e, ao mesmo tempo, garantia os interesses dos contribuintes. Ainda por cima, assim eu supunha, havia sido executado com brilhantismo.

Eu sabia que o programa seria politicamente impopular, mas a intensidade da reação me espantou. Embora a resposta dos republicanos tenha sido discreta, alguns conservadores, que haviam resistido desde o início ao TARP, se sentiram traídos e vociferaram sua insatisfação com intensidade preocupante. Eu tinha a certeza de que, se o programa se convertesse em desavença política e se tornasse tema da campanha presidencial, os bancos se assustariam e renunciariam ao aporte de capital. Nossos esforços para revigorar o sistema debilitado iriam por água abaixo.

Felizmente, os candidatos não politizaram o assunto. Em 13 de outubro, a noite em que os bancos concordaram em aceitar o dinheiro, tive longa conversa por telefone com um John McCain irado, que se queixou de que não estávamos fazendo o suficiente em relação às hipotecas. Ele também estava preocupado com os investimentos em capital próprio; no entanto, depois de debatermos a questão, fiquei confiante em que ele não atacaria em público nossos planos – e, para seu grande mérito, ele não o fez, embora estivesse atrás nas pesquisas e talvez se sentisse tentado a energizar sua campanha, levantando uma questão polêmica.

Os democratas gostaram do programa – alguns até tentaram reivindicar créditos por sua aprovação – porém, sob a pressão do coro populista cada vez mais altissonante, começaram a se queixar de que os bancos estavam entesourando o novo capital, em vez de usá-lo para aumentar o crédito. Em breve, parecia que quase todos os congressistas e empresários estavam convergindo sua raiva contra os bancos e os reguladores. E isso foi antes que um único dólar do governo aterrissasse nos balanços patrimoniais dos bancos.

John Thain não ajudou a aplacar os ânimos. Na quinta-feira, 16 de outubro, o Merrill divulgou prejuízo de US$5,1 bilhões no terceiro trimestre. Referindo-se à injeção de US$10 bilhões do governo no Merrill, ele declarou a analistas, numa teleconferência, que aquela quantia, "ao menos no trimestre seguinte, seria um colchão de liquidez."

No dia seguinte, Nancy Pelosi e Barney Frank se queixaram comigo da insensibilidade de Thain. Telefonei para John e lhe disse que, embora ele estivesse certo na consideração de que o Merrill não receberia o capital antes do fechamento de sua fusão com o BofA, no fim do ano, ele precisava ter mais consciência política. Pedi-lhe que esclarecesse sua declaração em público. Ele respondeu que procuraria uma oportunidade para fazê-lo, mas que apenas comentaria a respeito se lhe fizessem alguma pergunta pertinente. Eu teria preferido comportamento mais proativo por parte de Thain. Depois soube que Chris Dodd pretendia convocar os nove CEOs dos grandes bancos perante a Comissão de Bancos do Senado, para questioná-los sobre o aumento dos níveis numa próxima audiência. Consegui dissuadi-lo da ideia, argumentando que, se agisse conforme planejara, ele estigmatizaria e prejudicaria de tal maneira o programa de capital que aqueles nove bancos acabariam renunciando à iniciativa.

Eu compreendia a necessidade de intensificar o fluxo de crédito. Na Cash Room, eu já afirmara que "as necessidades de nossa economia impõem que nossas instituições financeiras não entesourem essas novas injeções de capital, mas, sim, que as mobilizem." Ao exigir o consentimento prévio do governo para recompra de ações e para o aumento de dividendos nosso programa continha incentivos implícitos para que os bancos retivessem o capital, reforçassem seus balanços patrimoniais e retomassem os empréstimos. Mas isso não aconteceria da noite para o dia – afinal, muitas empresas relutavam em se endividar numa economia em queda. Eu não achava que pudesse dizer aos bancos o quanto ou a quem emprestar.

Mas os políticos e o público em geral demonstravam impaciência crescente em meio à acirrada campanha presidencial, esperando que nossas iniciativas – destinadas a prevenir falências de bancos – também evitassem a recessão e reduzissem as retomadas de imóveis já em execução. Tanto Obama quanto McCain denunciaram a ganância de Wall Street, em suas viagens pelo país. E nenhum tema isolado inflamava mais as pessoas que a alta remuneração dos executivos e seus generosos pacotes de benefícios. Andrew Cuomo, procurador-geral do Estado de Nova York, promoveu com muito alarde auditoria das despesas administrativas da AIG, depois da operação de socorro, que revelou evento para agentes de seguros num spa da Califórnia, com cobertura feroz da imprensa. O público se indignou com o fato de bancos que haviam recebido ajuda do governo ainda estarem mantendo pródigos programas de remuneração.

Solidarizei-me com esse sentimento de ira. Os valores das casas e das contas de previdência privada haviam despencado. Enfrentávamos recessão profunda e muita gente tinha perdido o emprego. Francamente, eu percebia que o verdadeiro problema era muito mais grave que os salários dos CEOs – consistindo, basicamente, na distorção dos sistemas de remuneração das instituições financeiras, ao se concentrarem no lucro de curto prazo para o cálculo dos bônus, o que contribuía decisivamente para o excesso de assunção de riscos que empurrou a economia para a beira do abismo. Eu estava convencido que, por motivos políticos e para atenuar o clamor público, os reguladores precisavam desenvolver solução abrangente para esse viés. Sugeri que Ben, Tim, Sheila e John Dugan elaborassem novas normas referentes a remuneração de executivos, concessão de empréstimos, execuções de hipotecas e pagamento de dividendos, aplicáveis a todos os bancos, não apenas aos participantes do programa de investimentos de capital.

Jeff Immelt viera a meu escritório no dia 16 para reivindicar que a FDIC também garantisse as emissões de dívida da GE Capital. Na opinião dele, nossos novos programas deixavam a GE em grave desvantagem, dificultando o financiamento da empresa. Entidades não bancárias como a GE podiam recorrer à Linha de Crédito de Financiamento de Notas Promissórias Comerciais (Commercial Paper Funding Facility), do Fed, mas não tinham acesso aos fundos do TARP nem às novas garantias de dívidas da FDIC, conhecida como Programa Temporário de Garantia de Liquidez (Temporary Liquidity Guarantee Program – TLGP). Por que os investidores aplicariam em dívidas da GE, quando poderiam optar pelos títulos de outras instituições financeiras com garantia da FDIC?

"Nós é que estamos concedendo os empréstimos que os bancos se recusam a dar, e precisamos de ajuda", queixou-se Immelt. Eu sabia que ele estava certo e lhe disse que analisaríamos o assunto com a equipe financeira dele e com a FDIC.

Em seguida ao sucesso do G-7 e das ações coordenadas que haviam acalmado o mercado, a Casa Branca ressuscitou os planos para uma conferência de cúpula em que o presidente Bush pudesse debater a crise financeira com amplo conjunto de líderes. Transformei em prioridade a convocação do mundo em desenvolvimento e estava convencido, assim como o secretário adjunto Bob Kimmitt, de que, se o presidente promovesse uma conferência de cúpula, ela deveria incluir os membros do G-20. O presidente concordou. Pedi a Dave McCormick que trabalhasse com os ministros das Finanças na definição da agenda do encontro, enquanto o presidente incumbia Dan Price de cuidar dos preparativos, inclusive da negociação dos termos do comunicado com representantes dos demais líderes.

O presidente da França, Nicolas Sarkozy, deu um telefonema inesperado ao presidente Bush, pedindo uma reunião, da qual também participariam o presidente da Comissão Europeia, José Manuel Barroso, depois da Conferência de Cúpula União Europeia – Canadá, na cidade de Quebec. Sarkozy e o primeiro-ministro do Reino Unido, Gordon Brown, vinham competindo entre si pela liderança das iniciativas de reforma na Europa. Brown imaginava nova reunião no estilo Bretton Woods, para reformular a ordem econômica mundial constituída durante a Segunda Guerra Mundial. Sarkozy, que exercia a presidência da União Europeia, reivindicava a substituição do fracassado modelo "anglo-saxônico" de livre mercado e propunha a realização de grande conferência de cúpula em Nova York, que ele considerava o epicentro do problema.

A Casa Branca suspeitava que Sarkozy estivesse armando um golpe de publicidade em torno de nossas questões internas. O presidente Bush o convidou para uma conversa em Camp David, onde o encontro estaria mais resguardado dos holofotes da imprensa. Os dois concordaram em se reunir no sábado, 18 de outubro. Christine Lagarde, ministra das Finanças da França, e eu também estaríamos presentes, assim como a secretária de Estado, Condi Rice, que cancelou uma viagem ao Oriente Médio para participar do evento.

Na tarde de sexta-feira, Wendy e eu decolamos de helicóptero do South Lawn da Casa Branca, com o presidente e Laura Bush, Condi, e Steve Hadley e esposa, Anne. O *Marine One* sobrevoou o Monumento de Washington e nos levou até Camp David em meia hora. Às 16 horas de sábado, Sarkozy, Barroso e Lagarde chegaram. Trinta minutos depois estávamos sentados na Casa de Louro, na mesma sala de conferências revestida de lambris de madeira, onde eu fizera minha primeira apresentação oficial ao presidente, em 2006. Enquanto conversávamos, Wendy aproveitou a oportunidade para observar aves canoras.

Lá dentro, Sarkozy também entoava seu doce gorjeio. Vivaz e retórico, o líder francês explorou todos os recursos de charme de que dispunha na tentativa de persuadir o presidente Bush em concordar que a conferência de cúpula em Nova York se limitasse ao G-8, argumentando que os valores compartilhados por aquele grupo menor facilitariam a concordância quanto a um plano comum.

Recorrendo a todos os argumentos de venda, Sarkozy disse que, como anfitrião da conferência de cúpula, o presidente Bush demonstraria sua capacidade de liderança. Este concordou quanto à necessidade da reunião, mas que ela envolvesse grupo mais amplo, como o G-20, que incluía China e Índia. Ele queria concentrar-se em princípios abrangentes e na elaboração de um projeto para a reforma regulatória e institucional. Em contraste, Sarkozy pretendia estampar seu selo em numerosos tópicos específicos, como contabilidade por marcação a mercado e função das agências de classificação de risco de crédito.

"Isso não é para nós", insistiu o presidente Bush. "Temos nossos especialistas para tratar desses assuntos."

O líder francês contra-atacou de pronto. "Esses especialistas, para começar, são os responsáveis por nossas dificuldades", retrucou Sarkozy, olhando diretamente para mim. Depois ele sugeriria que os ministros das Finanças nem mesmo participassem da conferência de cúpula.

Sarkozy dominou a reunião de uma hora na Casa do Louro, mas deve ter saído frustrado. Conseguiu que concordássemos com a conferência de cúpula – o que já havíamos decidido – e muito pouco além disso. No final, Bush, Sarkozy e Barroso divulgaram um comunicado conjunto segundo o qual os Estados Unidos, a França e a União Europeia convidariam outros líderes mundiais para uma conferência de cúpula econômica, a ser realizada pouco depois das eleições americanas.

À medida que avançavam os preparativos para a reunião, os europeus, à exceção de Gordon Brown, resistiam à participação de todo o G-20. Como concessão, o presidente Bush concordou que a Espanha e os Países Baixos – que não eram membros do G-8 nem do G-20 – poderiam participar do encontro como convidados da presidência da União Europeia. Hu Jintao, presidente da China, foi o primeiro líder mundial a aderir. Os sauditas manifestaram relutância, receosos de que fossem responsabilizados pelos altos preços do petróleo e pressionados a fazer grandes contribuições para um fundo em benefício dos países mais pobres, mas eu telefonei para Ibrahim al-Assaf e o tranquilizei. Na quarta-feira, 22 de outubro, a Casa Branca anunciou que o presidente Bush tinha convidado os líderes do G-20, representando cerca de 85% do PIB mundial, para uma conferência de cúpula a ser realizada em 25 de novembro, em Washington.

Aquele dia trouxe outra notícia muito menos alvissareira, quando Tim Geithner me disse que a AIG precisaria de grande investimento em capital próprio. Fiquei chocado e desanimado. Em 16 de setembro, o Fed de Nova York emprestara US$85 bilhões à empresa; em seguida, no começo de outubro, concedera-lhe mais US$37,8 bilhões. Agora, disse Tim, a empresa em breve divulgaria pavoroso prejuízo trimestral, que provocaria rebaixamentos em sua classificação de crédito; os pedidos de reforço de garantias daí resultante seriam desastrosos. De início, a AIG havia enfrentado crise de liquidez; agora estava às voltas com graves problemas de capital. Tim achava que a única solução seria a infusão de fundos do TARP.

Como a AIG tinha importância sistêmica, não poderíamos permitir que falisse, mas eu me sentia relutante em usar dinheiro do TARP para socorrer a instituição. Além da drenagem de nossos recursos limitados, reduzindo nossa capacidade de cumprir os objetivos do programa, a saúde da empresa era tão precária – e sua reputação política, tão ruim – que qualquer iniciativa em favor da seguradora exacerbaria ainda mais o ressentimento do público contra as operações de socorro e dificultaria a liberação pelo Congresso da parcela final de US$350 bilhões do TARP, quando precisássemos dela. Além disso, os contribuintes talvez nunca recebessem de volta qualquer injeção de capital na AIG.

A apenas duas semanas das eleições de novembro, a atenuação das retomadas de imóveis era outro assunto quente. Representantes do setor habitacional se queixavam de que o governo não vinha fazendo o suficiente, mas boa parte do público se opunha ferrenhamente ao socorro de mutuários que enfrentavam problemas com o pagamento de suas hipotecas. Alguns dos Estados mais atingidos pelas execuções de hipotecas eram os principais campos de batalha nas eleições presidenciais: Flórida, Nevada, Ohio e Arizona.

Logo me vi em conflito com Sheila Bair, embora admirasse a energia e o empenho dela em resolver os problemas referentes a hipotecas. Depois da falência da IndyMac, em julho, o FDIC, com base nos princípios da abordagem sistêmica acelerada, que norteou o programa HOPE Now, do Tesouro, desenvolveu plano inovador que modificou as normas sobre financiamentos das associações de poupança e empréstimo, impondo novo limite ao valor das prestações mensais. De início, o teto era de 38% da renda tributável, que depois foi reduzido para 31%. Para atender a essa exigência, os mutuantes podiam reduzir a taxa de juros ou alongar o prazo de pagamento. A FDIC aplicava o denominado Protocolo IndyMac a todos os bancos ou associações de poupança e empréstimo falidos, sob seu controle.

Mas Sheila queria ampliar drasticamente o escopo das medidas de mitigação. Ela me telefonara em Camp David, antes da visita de Sarkozy, para argumentar que a redação da lei do TARP conferia ao Tesouro autoridade para garantir hipotecas não pertencentes ao governo no intuito de evitar retomadas de imóveis – e que os custos de tais iniciativas não precisavam correr por conta dos recursos do TARP. Além disso, os fundos usados pelo governo para essa finalidade não estavam sujeitos a limites.

Aquela foi a primeira vez em que ouvi esse argumento, do qual discordava totalmente, questionando inclusive sua validade legal. Mal conseguia imaginar a indignação do público se declarássemos que o Tesouro tinha poderes para garantir alterações nas condições das hipotecas, até o limite que considerássemos adequado! Mas disse a Sheila que eu estudaria o plano dela.

Sheila era muito eficaz quando aceitava uma ideia, simplificando-a para torná-la mais compreensível e atraente, e depois se empenhando ao máximo para superar quaisquer obstáculos que encontrasse no caminho. O plano daria um incentivo aos mutuantes para que modificassem os empréstimos, oferecendo-lhes proteção quando concordassem em aplicar o Protocolo IndyMac. Se um empréstimo modificado sob o programa dela se tornasse inadimplente e fosse executado, o governo cobriria metade da perda sofrida pelo mutuante. Por fim, ela propunha que se usasse parte dos US$700 bilhões do TARP para financiar essa garantia.

O plano de Sheila em breve nos deixaria em dificuldade. Em 23 de outubro, a Comissão de Bancos do Senado convocou uma audiência pública para examinar a resposta regulatória do governo à crise financeira. Pouco antes da sessão, Chris Dodd telefonou-me para defender a proposta de Sheila referente à mitigação das execução de hipotecas e de retomada de imóveis. Presumi que ela tivesse conversado com ele. Disse-lhe que considerava a proposta promissora, mas que suscitava sérias questões, algumas delas envolvendo aspectos legais.

Nós, no Tesouro, depois passaríamos a denominá-la "audiência da emboscada". Sheila disse à comissão que a FDIC e o Tesouro estavam trabalhando juntos para conter as execuções de hipotecas e as retomadas de imóveis e descreveu o programa dela para fornecer seguro a bancos que enfrentassem problemas com hipotecas. Dodd observou durante a audiência que havia conversado comigo e que acreditava na minha adesão. Ao ser pressionado sobre esse ponto, Neel Kashkari, que eu havia mandado ao Congresso para depor, se limitou a afirmar que o Tesouro estava analisando a ideia.

Na verdade, estávamos sensíveis aos problemas dos mutuários e éramos a favor de medidas mitigadoras. No entanto, ao nos aprofundarmos em nossas análises, passamos a questionar os fundamentos e a eficácia do plano de Sheila. Primeiro, mais da metade dos empréstimos modificados no primeiro trimestre de 2008 já estava inadimplente seis meses depois. A causa do problema não se limitava aos juros das hipotecas: Em geral, os mutuários que se atrasavam nas prestações da hipoteca também tinham dívidas no cartão de crédito e no financiamento do automóvel, que não conseguiam condições de pagar. O Protocolo IndyMac considerava apenas a primeira hipoteca, mas ignorava outras hipotecas posteriores, baseadas no aumento do valor líquido do imóvel (valor de mercado do imóvel menos saldo devedor da hipoteca) e outras dívidas. Uma coisa era aplicar o protocolo a hipotecas já detidas pelo governo, outra muito diferente era estendê-lo a hipotecas ainda no portfólio de bancos, que seriam pagas apenas se ocorresse nova inadimplência. Considerando a alta incidência dessas novas inadimplências, achávamos que a proposta de Sheila ofereceria incentivos errados e deixaria o governo sujeito a perder muito dinheiro.

Ignorando essas preocupações, Sheila promovia por todos os meios o uso de fundos do TARP em seu plano de distribuição dos prejuízos e jogava todos contra nós, da imprensa ao Congresso. Nossos críticos afirmavam que o Tesouro estava canalizando dinheiro dos contribuintes para os grandes bancos de Wall Street, enquanto Sheila queria bombeá-lo para as mãos de mutuários em dificuldade.

A verdade era que o argumento em si contestava os próprios críticos. De início, nos opusemos à ideia de Sheila porque considerávamos que sua proposta de seguro de distribuição de prejuízos acarretaria como consequência exatamente aquilo de que nos acusava – uma operação de socorro disfarçada de grandes instituições financeiras. Se um empréstimo modificado azedasse, o governo teria de emitir um cheque polpudo para a instituição financeira mutuante, não para o mutuário inadimplente. E, ainda por cima, era provável que ocorresse grande onda de execuções de hipotecas e de retomadas de imóveis depois de nova inadimplência.

No entanto, Sheila continuou pressionando o Tesouro e nós prosseguimos analisando a ideia dela. Nosso economista-chefe, Phill Swagel, apresentou sugestões de melhoria, inclusive a de que se considerasse no pagamento do seguro a queda no valor de mercado dos imóveis, ideia semelhante à que depois acabou sendo adotada pelo governo Obama. Em comparação com o plano de Sheila, a proposta de Phill subsidiava mais os mutuários que os mutuantes. Finalmente, deixei claro que não participaríamos de nenhum programa de gastos com execuções de hipotecas e retomadas de imóveis fora do TARP e que não poderíamos dar essa destinação a recursos do TARP até o saque da última tranche.

Enquanto isso, eu sabia que precisávamos aplicar com mais rapidez os recursos disponíveis no programa de investimentos de capital, antes que os bancos, em reação às pressões políticas crescentes sobre políticas de empréstimo, práticas de remuneração e mitigação das execuções de hipotecas e retomadas de imóveis, se recusassem a receber dinheiro do TARP. O procedimento que vínhamos adotando consistia em submeter os pedidos

dos bancos à triagem prévia do respectivo regulador, que os recomendava ao Tesouro se o banco fosse saudável. No Tesouro, uma equipe de auditores de bancos cedidos pelos reguladores analisava todos os pedidos e encaminhava os aprovados à comissão de investimentos do TARP.

Pressionei minha equipe do TARP a acelerar o processo de liberação de fundos, depois da aprovação do pedido, a fim de injetar dinheiro no sistema com o máximo de rapidez e eficiência possível. A certa altura, recomendei-lhes que telefonassem para os reguladores e bancos, pedindo-lhes que apressassem ainda mais o processo.

No entanto, mantivemo-nos atentos às fases de triagem e seleção. Não queríamos aplicar dinheiro dos contribuintes em bancos falidos. Se tivéssemos dúvidas sobre a viabilidade dos bancos, remetíamos o pedido a uma junta de revisão, composta de representantes seniores das quatro agências reguladoras – Fed, FDIC, OCC e OTS – para a decisão final sobre se a instituição deveria receber fundos do Tesouro.

Com a rápida aproximação das eleições presidenciais, nosso desafio mais premente era como usar com mais eficácia o restante dos US$350 bilhões do TARP, ao mesmo tempo em que nos víamos às voltas com a questão de como trabalhar com a equipe de transição do candidato vitorioso para acessar a última tranche do TARP e distribuir os fundos. Eu sentia que qualquer decisão sobre aquela última parcela – em especial para programas que seriam implementados depois que deixássemos o Tesouro – era tão crucial que precisávamos envolver a nova administração. Até que Michele Davis foi categórica: "Precisamos parar de tentar adivinhar o que eles farão e agir como se fôssemos continuar aqui no ano que vem. Devemos estar preparados para propor-lhes um plano no dia seguinte às eleições."

Ela estava absolutamente certa. Nas duas semanas seguintes, nos concentramos em equilibrar políticas públicas, política partidária e necessidades do mercado, enquanto se esvaía nosso mandato no Tesouro.

No fim de semana de 25 de outubro, nos dividimos para trabalhar em diferentes projetos. Neel Kashkari e Phill Swagel foram para Nova York, onde se reuniriam com executivos do Bank of New York Mellon, que o Tesouro contratara como agente fiduciário do programa de leilões reversos que pretendíamos adotar para a compra de ativos ilíquidos. Dan Jester e David Nason ficaram em Washington para trabalhar no fechamento no investimento de capital de US$125 bilhões, no primeiro dos nove bancos. Eu queria ter a certeza de que nenhum deles recuaria sob a influência da reação política.

Steve Shafran se concentraria em crédito ao consumidor, questão problemática desde que os mercados começaram a congelar em agosto de 2007. Era uma atribuição crucial. Cerca de 40% dos empréstimos a consumidores eram securitizados, ou seja, eram embalados, fatiados e distribuídos, como títulos mobiliários, mas o mercado estava quase fechado, tornando muito mais difícil para as famílias americanas comprar carros, pagar mensalidades escolares e até adquirir novo televisor pelo cartão de crédito.

Steve começou a trabalhar com o Fed num programa em que os fundos do TARP seriam usados para ajudar a desenvolver nova linha de crédito do Fed, destinada ao financiamento privilegiado irrecorrível, com seguro, de certificados de recebíveis mobiliários de curto prazo, lastreados em novos empréstimos para a compra de automóveis, em financiamentos por cartão de crédito, em crédito educativo e em dívidas garantidas pela Small Business Administration. Esperava-se que o governo assumisse riscos mínimos, uma vez que os prejuízos transferidos ao TARP apenas depois das perdas dos emitentes e dos investidores. O produto de tudo isso foi o que ficou conhecido como Term Asset-Backed Securities Loan Facility, ou TALF.

Outro grupo – incluindo Dave McCormick, Bob Hoyt, Kevin Fromer, Michele Davis, Jim Wilkinson, Brookly McLaughlin, Jeb Mason, Jennifer Zucarelli, Lindsay Valdeon e Christal West – me acompanhou até Little St. Simons Island. Havia algum tempo, eu pretendia levar algumas pessoas do Tesouro para uma visita ao meu refúgio. Embora não o tivéssemos planejado como um fim de semana de trabalho, ninguém se surpreendeu quando a realidade foi diferente das expectativas. Saímos de Washington na tarde de quinta-feira.

Ao ar livre – remando, pescando, observando pássaros ou pedalando – conseguíamos evitar as conversas sobre trabalho. Dentro de casa, era outra história. O TARP dominava nossas discussões e eu continuava cozinhando em fogo brando a necessidade de fazer grande investimento na malfadada AIG. Num telefonema de sexta-feira, Ben Bernanke solidarizou-se com minhas preocupações. O resgate da AIG tinha sido atribuição do Fed, e ele agradecia por nossa colaboração. "Eu o ajudarei a explicar a situação ao Congresso", disse ele.

O Fed receava que a AIG sofresse o prejuízo espantoso de US$23 bilhões, antes dos impostos, no terceiro trimestre, e eu sabia que precisaríamos pensar de maneira diferente sobre como usaríamos e recuperaríamos o dinheiro do TARP. Com os mercados tão incertos, era impossível prever quantas empresas se transformariam em surpresas como a AIG, exigindo intervenção do governo. Comecei a me preocupar com a hipótese de não ter dinheiro suficiente para enfrentar possíveis emergências.

Naquele fim de semana, analisamos em profundidade nossas prioridades e nossas disponibilidades em fundos do TARP, na tentativa de encontrar uma maneira de convencer o Congresso a liberar a última tranche. Decerto a matemática argumentava a nosso favor. Dos primeiros US$350 bilhões, já havíamos destinado US$250 bilhões ao programa de investimentos de capital; metade já comprometida com os nove grandes bancos. Estimávamos que a AIG pudesse demandar nada menos que a bolada impressionante de US$40 bilhões, perfazendo o total de US$290 bilhões. E podíamos elaborar com facilidade uma lista de possíveis aplicações para nossos recursos, como o mercado de imóveis comerciais e as seguradoras monoline, dois setores que enfrentavam dificuldades crescentes. Também precisávamos de fundos para ajudar a dar a partida no lado do consumidor do mercado de recebíveis mobiliários de curto prazo. Depois do que passáramos nas duas últimas semanas, eu poderia inventar a qualquer hora cenários de juízo final que exigiriam centenas de bilhões de dólares.

Na noite de sábado, depois do jantar, nós nos reunimos numa pequena sala, no chalé principal, que também era um museu de história natural – com patos e peixes decorativos, cascos de tartarugas e esqueletos de jacarés e golfinhos – para debater numerosos aspectos de políticas públicas e de política partidária. Meus assessores políticos – Jim, Kevin e Michele – explicaram como seria difícil para o Congresso liberar os restantes US$350 bilhões. Eu não aceitaria não como resposta: o perigo de não ter condições para atender às demandas era grande demais. A questão era: O que precisaríamos fazer para conseguir a liberação? E que concessões seriam necessárias para apresentar um plano confiável e aceitável de uso do dinheiro, de modo a engajarmos o Congresso?

Todos concordaram que teríamos de oferecer um plano para a mitigação das execuções de hipotecas e retomadas de imóveis. Associar-se ao Fed no TALF era alta prioridade, mas a ideia ainda não tinha sido revelada, era difícil de explicar e seria interpretada como mudança em nossa estratégia. Também analisamos com cuidado nosso plano de compra de ativos ilíquidos, cujo desenvolvimento e implementação se mostravam mais difíceis e demorados do que imagináramos de início. Kevin, Jim e Jeb argumentaram que enfrentaríamos críticas acirradas se desistíssemos do programa de compras de ativos. Mas Michele retrucou que, se anunciássemos um programa que não pudéssemos executar com eficácia, enfrentaríamos ataques ainda mais violentos.

Estávamos entrando num período no qual tudo o que eu dissesse seria interpretado sob o prisma da política partidária em ano eleitoral. Portanto, decidi que eu não deveria fazer comentários públicos até depois de 4 de novembro, embora isso significasse que eu não poderia preparar o terreno para qualquer mudança futura na estratégia.

Deixei a ilha propenso a desenvolver programas voltados para os alvos específicos de empréstimos a consumidores, execuções de hipotecas e retomadas de imóveis, seguradoras monoline problemáticas e ativos ilíquidos. Eu queria agir o mais rápido possível depois das eleições, pedindo ao Congresso a liberação da última tranche.

Eu sabia como isso seria difícil, mas eu estava convencido de que precisaríamos de todos os recursos do TARP, por mais que o povo americano e seus representantes eleitos detestassem operações de socorro. Eu passaria boa parte dos dois meses seguintes debatendo com meus colegas e comigo mesmo o momento exato de pedir mais dinheiro ao Congresso, e como fazê-lo.

Retornamos a Washington na tarde de domingo e fomos direto para o escritório. Às 20 horas, reuni-me em minha grande sala de conferências com o staff sênior e com Joel Kaplan, subchefe da Casa Civil. Queríamos comparar nossas notas durante o fim de semana e tomar uma decisão sobre como agir.

Steve Shafran falou sobre o programa de empréstimos aos consumidores, em que vinha trabalhando. Uma dificuldade era que ele e o Fed de Nova York haviam concordado com uma abordagem diferente da proposta pelo Fed de Washington, mas ele esperava que em breve se encontrasse uma solução. Dan Jester e David Nason disseram que tinham trabalhado durante todo o fim de semana para terminar os negócios de injeção de capital nos nove bancos de investimentos e esperavam concluí-los em breve. (A papelada estava pronta pouco depois de meia-noite.) Neel relatou que 20 outros bancos haviam entrado com pedidos no programa de investimentos de capital, inclusive nomes importantes, como Capital One e Northern Trust.

Neel e a equipe dele passaram o domingo no Bank of New York Mellon. Conforme nosso plano de leilão reverso, o Tesouro definiria quantia específica do dinheiro do TARP a ser gasto com ativos ilíquidos; depois, realizaria leilões em que as instituições financeiras ofertariam seus ativos ao Tesouro, por meio de sucessivos lances com preços decrescentes. O governo compraria os ativos ao menor preço, ajudando a melhorar a liquidez e a criar um mercado, o que os compradores do setor privado vinham relutando em fazer.

Fosse como fosse, era assim que deveria funcionar. Pouco depois da aprovação do TARP, o Tesouro pedira a possíveis custodiantes que apresentassem propostas, e eles indicaram que tinham condições de iniciar os leilões com rapidez. Porém, depois de discutir com o Bank of New York Mellon os requisitos específicos da legislação – permitir que milhares de empresas se registrassem para a venda de seus ativos e obrigar as candidatas a concordar expressamente com as restrições à remuneração dos executivos, por exemplo – Neel descobriu que a montagem do primeiro leilão poderia levar dois meses, não duas semanas. E como os leilões teriam de começar pequenos, para possibilitar os ajustes necessários, teríamos condições de comprar apenas US$5 bilhões em ativos, até o fim do ano.

"É simplesmente muito pouco em comparação com os volumes que teremos de movimentar", explicou Neel.

Havia outro problema. O banco que possuísse valor total baixo em determinado título, talvez decidisse vendê-lo a qualquer preço, por mais baixo que fosse, apenas para se ver livre do papel. Mas o preço de venda muito reduzido poderia desencadear uma onda de baixas contábeis em outros bancos que detivessem valores totais mais altos do mesmo título.

Como não tínhamos tempo para ampliar os leilões reversos, pedi a Neel que se concentrasse numa ideia diferente para movimentar os ativos: contratar gestores de dinheiro profissionais e atribuir a cada um determinada quantia para comprar ativos no mercado.

Embora estivesse ficando tarde e todos já se sentissem cansados, tivemos uma discussão acalorada e ninguém se acomodou. Debatemos se deveríamos avançar com a compra direta de ativos ilíquidos, o programa associado de maneira mais visível ao TARP. Neel, Jim Wilkinson e Jeb Mason argumentaram em favor de manter o curso, enquanto Jeb insistiu em que deveríamos concentrar-nos na compra de hipotecas inteiras, como permitia o TARP, em vez de na aquisição de hipotecas securitizadas mais complexas. David Nason e Dan Jester achavam que deveríamos convergir nossos esforços para a execução do programa de investimentos de capital de

US$250 bilhões e que os reguladores precisariam avaliar a saúde dos bancos antes de prosseguir com um novo programa. Dan e David acreditavam que teríamos de considerar a hipótese de expandir o CPP para empresas de seguro. E todos concordaram quanto a necessidade de destinar boa parte da última tranche de US$350 bilhões a futuros programas de investimentos de capital.

Shafran disse que teríamos de incluir um programa de execução de hipotecas e de retomada de imóveis no TARP; do contrário, estaríamos no lado errado da história – e da política.

"Se não o fizer, você viverá o suficiente para se arrepender da decisão", advertiu.

Respondi-lhe que tudo de que precisava era ver um programa bem-sucedido.

Quando o relógio se aproximava das 22 horas, ocorreu-me séria dúvida sobre se nosso programa de compra de ativos poderia funcionar. Esse receio era muito doloroso para mim, pois eu havia defendido essa alternativa no Congresso e em público como a melhor solução. No entanto, além dos problemas já apontados por Neel, parecia que a magnitude da crise estava superando nossa capacidade de enfrentá-la, mediante a compra direta de ativos problemáticos, mesmo com a liberação da segunda parcela de US$350 bilhões. Os preços das moradias continuavam em queda, enquanto os problemas com hipotecas já haviam transposto os limites do mercado subprime, ou de mutuários com mau conceito creditício, para contaminar também os empréstimos residenciais prime, ou de mutuários com bom conceito creditício, e, mais recentemente, até imóveis comerciais. Além disso, os problemas também se acumulavam no mercado de empréstimos a consumidores, na medida em que a recessão cada vez mais profunda comprometia a capacidade de pagamento das dívidas pelas pessoas físicas.

No entanto, adiei a decisão final, na esperança de que poderíamos conceber algum plano que produzisse resultados com mais rapidez que os leilões reversos. Concluí que qualquer novo programa de investimentos de capital deveria esperar até que o programa em curso fosse mais adiante. Aprovei que se analisasse a compra de empréstimos inteiros e que se prosseguisse no trabalho na atenuação de execuções de hipotecas e de retomada de imóveis. Eu também queria tratar da questão das seguradoras monoline problemáticas, quanto mais não fosse para separar o negócio viável de finanças municipais do negócio falido de finanças estruturadas, de modo que governos estaduais e locais tivessem condições de recorrer a emissões públicas para o levantamento dos fundos de que precisavam desesperadamente.

Porém, a grande questão era se teríamos dinheiro suficiente no TARP para lidar com emergências imprevistas – do tipo AIG.

Com efeito, nenhum beneficiário de ajuda governamental provocou maior clamor público que a AIG – e mais uma vez a seguradora estava à beira da falência. Eu precisava de alguém para gerenciar essa subcrise, mas todos pareciam evitar a missão. Tratava-se de tarefa inglória, que se impunha em momento inoportuno, ao fim de um governo, quando as pessoas já estavam em busca de novo emprego. Houve quem me respondesse sem rodeios que não aceitava o trabalho.

Ocorre, contudo, que eu tinha a pessoa certa no staff, Jim Lambright, que chegara dias antes – em 22 de outubro – para gerenciar os investimentos do TARP. Na época ainda na casa dos 30 anos, Jim fora nomeado pelo presidente Bush para presidir o Export-Import Bank, em 2005. Eu o conheci quando ele trabalhava no Strategic Economic Dialogue com a China. Agora, eu pediria a Jim para trabalhar com o Fed na estruturação do que viria a ser o investimento do TARP na AIG. Eu era capaz de garantir que o ex-Luvas de Ouro do boxe tinha força e destreza suficientes para enfrentar o problema.

Em fins de outubro, a AIG estava em péssima forma, em parte por força da deterioração das condições no negócio de seguros e em parte por causa da alta alavancagem de sua estrutura de capital. A mixórdia financeira herdada pelo novo CEO, ED Liddy, se revelou ainda pior que as mais sombrias expectativas do Fed. E o empréstimo de US$85 bilhões do Fed, com sua alta taxa de juros de LIBOR mais 8,5%, vinha impondo pesado ônus financeiro sobre uma empresa já gravemente ferida. Mas essas condições, embora destinadas a proteger os contribuintes, estavam solapando o investimento do governo. Na época do primeiro salvamento, em setembro, não tínhamos autoridade para injetar capital na empresa. Agora, dispúnhamos de poderes para tanto. Com a empresa na iminência de divulgar prejuízo gigantesco, em 10 de novembro, ela decerto afundaria sem investimento de capital e sem novo plano financeiro.

O Tesouro precisava desenvolver novas diretrizes para o TARP, que possibilitassem investimentos de capital numa empresa em vias de falência, inclusive impondo restrições mais rigorosas à remuneração dos executivos que as aplicáveis a instituições financeiras saudáveis. O Fed e seus consultores, Morgan Stanley, também trabalharam com a AIG e suas agências de classificação de risco de crédito para evitar um rebaixamento que resultaria em chamadas de garantia capazes de estropiar ainda mais a empresa.

Enquanto isso, as montadoras de automóveis continuavam em dificuldade. As esperanças da Casa Branca de redirecionar os US$25 bilhões em empréstimos com baixas taxas de juros destinados ao aumento da eficiência energética dos veículos bateram no muro. Sob a legislação vigente, não havia como fazê-lo, a não ser que o Congresso mudasse a redação da lei, mas Nancy Pelosi se recusou a tomar qualquer providência a esse respeito. Ela relutava em desviar o foco ambiental da lei. Em vez disso, insistia em que eu tinha autoridade para usar recursos do TARP com o objetivo de salvar empresas automobilísticas, que vinham defendendo seus interesses em Washington com algum sucesso.

Em 27 de outubro, a Moody's rebaixou a classificação de risco de crédito das dívidas da GM e da Chrysler, empurrando o Dow 203 pontos para baixo, que fechou em 8.176. O VIX, índice de volatilidade da Chicago Board Options Exchange, registrou recordes em dois dias consecutivos.

Um dia depois, contudo, o Dow disparou para 9.065, alta de 889 pontos, com quase metade dos ganhos se concentrando na última hora do pregão. Alguns analistas atribuíram a virada à busca de pechinchas, enquanto outros a explicaram como consequência do aumento da confiança resultante das iniciativas do Tesouro e do Fed. Embora vibrando com o salto nos preços das ações, pedi a todos para não reagirem em excesso a um ou dois dias de boas notícias no mercado.

A iminência das eleições contribuiu para a volatilidade nos mercados. Obama avançara bem à frente de McCain e embora o candidato democrata e eu estivéssemos mantendo relações francas e respeitosas, ele começara a fazer declarações que me desanimaram, batendo duro na questão dos empréstimos bancários. Eu receava que McCain atiçasse o fogo, dificultando ainda mais nossas iniciativas para injetar capital nos bancos. Na noite de terça-feira, 28 de outubro, telefonei para Rahm Emanuel, a fim de conversar sobre o problema. Eu sabia que Rahm mantinha estreito relacionamento com Obama e, como ex-banqueiro de investimentos, compreendia melhor que ninguém a interseção de política partidária com mercados financeiros. Eu também achava que ele ocuparia posição de destaque no próximo governo.

"Você deve ligar para Barack e falar com ele diretamente", disse Rahm. "Ele gosta de você."

Naquela noite, Obama e eu tivemos longa conversa.

"Todo mundo está falando em fazer os bancos emprestarem mais; porém, 'mais' do que o quê?", perguntei. "Espero que emprestem mais do que emprestariam sem o programa, mas o governo não deve tomar decisões sobre empréstimos."

"Reconheço que essa não é uma questão simples, mas os bancos precisam compreender suas responsabilidades", replicou Obama, acrescentando que a questão da remuneração era ainda mais explosiva politicamente. Ele concordou em baixar o tom de sua retórica, mas me advertiu que eu também deveria conversar com McCain: se o candidato republicano atacasse um dos dois temas – dos empréstimos ou das remunerações – Obama teria de fazer o mesmo.

Em 30 de outubro, tive a oportunidade de dizer algumas palavras de exortação a meu pessoal, pouco antes de começarmos longa reunião estratégica, em que eu definiria as atribuições de cada um nos próximos dias. "Estou muito orgulhoso de nossa equipe e de tudo o que vocês fizeram em tão pouco tempo", disse. "Eu sei que vocês estão cansados."

Mas o programa de investimentos de capital tinha de ser executado sem falhas, e, então, prossegui: "Se vocês tiverem obrigações familiares, esqueçam-nas. Eu os ajudarei a conseguir novos empregos, eu irei ao inferno por vocês, mas temos de dar o máximo de nós mesmos, mais uma vez, antes do Dia de Ação de Graças."

Todos irromperam em gargalhadas – todos estavam imbuídos de extraordinário senso de dedicação e de camaradagem. E, evidentemente, todos já esperavam passar o fim de semana trabalhando. Foi o que fizemos. Tive de viajar a Chicago para tomar conta de nossa neta – mas eu também sabia que passaria boa parte do fim de semana trabalhando.

De fato, no sábado, conversei pelo celular com Ben sobre atenuação das execuções de hipotecas e retomadas de imóveis. Ele sabia que a Casa Branca nunca aprovara qualquer plano com esse intuito, mas, como eu, ele acreditava que a elaboração de algo nesse sentido seria fundamental para conseguir a liberação pelo Congresso da última tranche do TARP.

"O Fed o apoiará, se vocês conceberem alguma coisa que faça sentido", disse Ben.

Voltei na noite de domingo e fui diretamente para uma reunião no Tesouro, onde, mais uma vez, discutimos o levantamento dos restantes US$350 bilhões do TARP. Para tanto, precisaríamos explicar como os fundos seriam usados. Depois de mais um debate sobre possíveis estratégias, concluí com relutância que um programa de compra direta de ativos ilíquidos não seria a melhor aplicação para nossos recursos limitados. Os mercados estavam piorando, e todos os programas em vista envolviam implementação muito demorada ou não eram bastante grandes para fazer diferença. Os investimentos de capital exerceriam impacto mais abrangente e profundo, razão por que decidimos reservar US$150 bilhões para futuros programas de compra de participação societária nos bancos e ainda segregar recursos para também investir em empresas seguradoras. Para tornar a estratégia palatável para os políticos, precisaríamos lidar com a questão das execuções de hipotecas e retomadas de imóveis.

Na tarde seguinte, numa reunião no Salão Roosevelt com grande grupo do staff sênior e de assessores econômicos da Casa Branca, decidi tratar diretamente da questão controversa da mitigação dos efeitos da inadimplência nos financiamentos da casa própria. Afirmei que, em minha opinião, não tínhamos tempo para debater os prós e contras da questão.

"Sei que muitos de vocês se opõem ferrenhamente a gastos do governo com essa finalidade e não consigo desenvolver um programa que não contenha falhas", disse-lhes. "Apenas pretendo afirmar que precisamos da segunda metade do TARP, e isso será impossível sem a atenuação das execuções de hipotecas e da retomada de imóveis."

Se concordamos quanto a essas premissas, prossegui, procurarei o presidente e lhe direi que a mitigação dos efeitos da inadimplência dos mutuários é uma realidade política. Também lancei uma bomba ao afirmar-lhes que eu decidira não comprar ativos ilíquidos.

O staff da Casa Branca não me contestou, mas eu percebia que estavam perplexos. Embora compreendessem meu raciocínio, eles sabiam que a desistência da compra de ativos criaria problemas políticos e de comunicação. Tampouco discordaram da necessidade da última tranche, mas observaram a dificuldade política de pedir o dinheiro ao Congresso sem antes definir o plano de compra de ativos.

Expliquei que tínhamos um plano de compra em mente, mas não para hipotecas tóxicas. E resumi o trabalho que Steve Shafran vinha desenvolvendo com o Fed para usar o dinheiro do TARP com o propósito de destravar os mercados de crédito ao consumidor e esclareci como a nova linha de crédito do Fed garantia basicamente um preço mínimo pra os certificados de recebíveis mobiliários.

Assim que começou a saraivada de perguntas sobre securitização, percebi os obstáculos que tínhamos pela frente. Ed Gillespie, que, como conselheiro do presidente, supervisionava as comunicações, era um cara inteligente e fez perguntas muito básicas para compreender em mais profundidade e vender melhor o programa como boa aplicação para o TARP, no que formou dueto com Dan Meyer, assistente do presidente para assuntos legislativos.

"Hank, me explica de novo esse plano de securitização TALF e por que a intervenção do governo é necessária", pediu Ed.

Esse não era bem um sinal encorajador. Se insiders da Casa Branca, inteligentes e esclarecidos, tinham dificuldade em compreender o programa proposto, que dirá os legisladores e o público em geral! Ainda mais importante, como reagiriam a mudança inesperada em relação à compra de ativos ilíquidos?

Eu esperava conseguir a última tranche para emergências e para já deixá-la à disposição do novo governo, mas Joel Kaplan, Dan Meyer e Ed Gillespie acreditavam que teríamos de demonstrar com clareza a necessidade do dinheiro para convencer o Congresso a liberá-lo. O abandono do plano de compra de ativos solaparia nossa credibilidade. Eu estava começando a compreender que, se não surgisse uma emergência, talvez nunca fôssemos capazes de conseguir o resto do dinheiro do TARP sem o apoio integral do presidente eleito. Concluí que precisávamos repensar nossa abordagem. Ao mesmo tempo, resolvi deixar que Neel, por enquanto, continuasse trabalhando no desenvolvimento de alternativas para a compra de ativos, pois eu sabia que desistir da ideia chocaria o mercado e nos sujeitaria a muitas críticas.

Continuei ruminando esses assuntos, durante um jantar na residência do embaixador brasileiro e durante toda a noite. Não via como contornar os obstáculos políticos, mas receava ser pilhado sem dinheiro, se eclodisse outra crise. Durante toda a noite, virei de um lado para o outro na cama, lembrando-me da fisionomia perplexa de Ed Gillespie, quando eu lhe disse que abandonaríamos o plano de compra de ativos.

Apesar da chuva que encobria a cidade, Washington pulsava de empolgação no dia da eleição. Toda eleição arrebatava a capital do país, evidentemente, mas essa vibrava com especial ressonância para a maioria afro-

-americana da cidade. Eu já justificara minha ausência de meu domicílio eleitoral e fui direto para o escritório. Às 8 horas, telefonei para Joel Kaplan, na Casa Branca.

"Estive pensando muito sobre isso", disse, "e acho que não devemos tentar levantar a segunda metade do TARP."

Joel, assim como minha equipe, não poderia ter demonstrado mais alívio com a notícia, pois todos temiam que eu os estivesse levando para uma batalha perdida. O presidente e o vice-presidente também pareceram desopilados, quando me encontrei com ambos, mais tarde, naquele dia, no Salão Oval. Eu estava convencido de que tinha tomado a decisão certa, mas também sabia que dispúnhamos de um colchão muito fino para amortecer possíveis choques durante o longo período de transição, que se estenderia até 20 de janeiro.

Na terça-feira, o Dow deu o maior salto da história em dia de eleição, avançando 305 pontos, ou 3,3%, para 9.625. A taxa interbancária de Londres caiu para seu nível mais baixo desde novembro de 2004. Os observadores do mercado creditaram o otimismo à especulação de que o governo poderia estender o programa de investimentos de capital a empresas financeiras não bancárias, como a GE.

Wendy ficou acordada até tarde para acompanhar a apuração dos votos, mas fui para a cama cedo. Obama estava à frente e eu achava que o resultado era fato consumado. Depois que o candidato democrata foi declarado vencedor, às 23 horas, Wendy acordou-me para dar a notícia histórica. Virei de lado para dormir, confortado pela certeza de que nosso presidente eleito compreendia em plenitude a ameaça com que ainda se defrontava a economia americana. Também me senti tranquilizado com o término das eleições e com a lembrança de que não mais precisaria recear que nossas iniciativas se transformassem em tema de campanha política. Agora, eu precisaria conversar com a equipe de transição para saber como queriam trabalhar conosco.

No meio-tempo, o Tesouro ainda tinha muito de que cuidar. Em 5 de novembro, o dia seguinte às eleições, Jim Lambright e eu nos sentamos no Salão Oval com o presidente Bush, o vice-presidente Cheney e Keith Hennessey. Daí a cinco dias a AIG divulgaria seus resultados do quarto trimestre.

Jim cuidadosamente explicou a situação. Os problemas da AIG haviam sido exacerbados pelo esboroamento dos mercados financeiros; desde a conclusão do acordo, o setor de seguros em todo o mundo entrara em recessão. Agora, os swaps de crédito da seguradora se aproximavam de 2.400 pontos-base. Ou seja, o seguro de US$100 em créditos da AIG custava quase US$24.

O mercado podia ver que a estrutura de capital da AIG era insustentável. O empréstimo do Federal Reserve, a princípio, salvara a empresa, mas ainda restavam muitas dívidas. O alto custo do empréstimo distendera a cobertura de juros e seu prazo de apenas dois anos gerara pressões para a venda precipitada de ativos num mercado desfavorável. Ao mesmo tempo, a empresa ainda vergava sob o peso de riscos substanciais de mercado e de crédito, relacionados com os certificados de recebíveis imobiliários residenciais (residential mortgage-backed securities – MBS) e aos swaps de crédito associados a esses títulos. A empresa até havia recorrido ao seu programa de empréstimos de títulos para comprar CRIs habitacionais.

O prejuízo da AIG no terceiro trimestre acabou sendo de US$24,5 bilhões antes dos impostos – pior ainda do que havíamos esperado. Precisávamos agir com rapidez para injetar US$40 bilhões de capital do TARP na AIG, a fim de evitar que o rebaixamento de sua classificação de crédito deflagrasse chamadas de garantias no valor de US$42 bilhões, o que representaria o tiro de misericórdia na empresa.

O plano de reestruturação do Fed transferiria os piores ativos hipotecários e swaps de crédito para novos veículos, denominados Maiden Lane II e Maiden Lane III, que, juntos, deteriam US$52,5 bilhões. Dessa maneira, quaisquer chamadas de garantia desencadeadas por eventual rebaixamento seriam menos prejudiciais para a empresa. Mais de 20 subsidiárias seriam vendidas; A AIG ficaria muito menor, convertendo-se em seguradora concentrada em imóveis e em acidentes pessoais.

Sob o novo plano do Fed de Nova York, os US$40 bilhões do Tesouro comprariam ações preferenciais privilegiadas da AIG; em troca, receberíamos dividendos de 10% e bônus de subscrição que corresponderiam a opções de compra de 2% das ações da empresa. O Fed substituiria o empréstimo de US$85 bilhões, com prazo de dois anos, por outro de US$60 bilhões e reduziria a taxa de juros de 8,5 para 3 pontos percentuais acima do Libor. Conforme essa reestruturação criativa do Fed de Nova York, o negócio de US$150 bilhões não aumentaria a participação de 79,9% do governo.

O presidente Bush, irritado com a incompetência da administração anterior da empresa e com a incúria das agências de classificação de risco de crédito, que não detectaram a tempo os problemas da empresa, mais uma vez se viu na posição incômoda de apoiar uma operação de socorro impalatável, por motivo de necessidade inadiável. Depois de Jim ter exposto a última versão do plano de socorro, o presidente lhe perguntou: "Você está indagando ou afirmando que será assim?"

Novo no cargo, Jim fitou-me, em busca de resposta.

"Eu estou dizendo que será assim, senhor presidente", respondi.

"Algum dia recuperaremos esse dinheiro?"

Desta vez, Jim respondeu: "Não sei, senhor."

"Precisamos ser muito claros no sentido de que estamos agindo assim por ser uma empresa de importância sistêmica cuja falência é inadmissível", insistiu o presidente.

A raiva do presidente Bush ecoou em todo o país, quando os contribuintes souberam que o governo estava reformulando seu plano de socorro de setembro e concedendo à AIG condições de empréstimo mais favoráveis, além dos investimentos de capital de que a empresa tanto precisava. Para o público, a AIG simbolizava tudo o que dera errado com o sistema – incompetência recompensada com bônus obesos e gastos perdulários. Embora eu também sentisse a mesma indignação, eu disse ao presidente que o novo CEO da AIG, Ed Liddy, estava ralando até a exaustão com o salário de um dólar por ano. Porém, como o presidente, eu compreendia que tínhamos de engolir sapo e salvar a empresa, a fim de proteger o esgarçado sistema financeiro.

Os mercados assustadiços não se mantiveram animados com a eleição de Obama durante muito tempo. Quarta-feira foi dia de outro pregão histérico, com o Dow caindo 486 pontos, ou 5%, para 9.139 – a pior queda num único dia depois de uma eleição presidencial. As ações de bancos foram as mais atingidas e, embora nenhuma instituição parecesse em perigo iminente, os papéis do Citibank mergulharam 14%, para US$12,63.

Enquanto trabalhávamos para sustentar os bancos, os imóveis comerciais se transformavam em nova fonte de preocupação cada vez mais profusa. Tive um vislumbre de como a situação era grave quando Wendy e eu jantamos em 8 de novembro com nossos amigos Thomas Friedman, colunista do *New York Times*, e Ann, sua esposa. O pai dela, Matthew Bucksbaum, cofundara a General Growth Properties, em Des Moines, com o irmão, Martin, em 1954. A empresa era a segunda maior operadora de shopping-centers nos Estados Unidos, mas suas ações vinham afundando e eu sabia que a empresa estava lutando para evitar a falência.

Ann era estoica e não falamos muito sobre a situação naquela noite. Mas parecia que, onde quer que eu fosse, sempre deparava com um lembrete sombrio da dor que a crise estava infligindo ao país e de como precisávamos reparar nossos mercados – não pelos bancos, mas pelos americanos que dependiam de empresas como a General Growth para prover a própria vida.

No dia seguinte a nosso jantar com os Friedmans, Ben Bernanke, que retornara durante a noite de uma conferência do G-20, em São Paulo, encontrou-se comigo em meu gabinete para uma reunião do Conselho, destinada a aprovar os investimentos na AIG. Também demos alguns telefonemas para líderes do Congresso, no intuito de prepará-los para a divulgação das medidas referentes à seguradora. Nenhum dos congressistas que contatamos naquela tarde e noite de domingo apresentaram objeções, a não ser Richard Shelby. Como disse John Boehner, "você não tem escolha."

Na segunda-feira, enquanto a AIG divulgava seu prejuízo trimestral embasbacante, o Tesouro anunciou o primeiro investimento isolado do TARP, ao revelar o pacote para a empresa. Embora o Dow tenha escorregado quase 1%, as ações da AIG subiram pouco menos de 8,1%, para US$2,28.

O pacote de socorro teve o cuidado de impor as restrições mais rigorosas do TARP às indenizações rescisórias e de congelar o tamanho do pool de bônus para os 70 executivos mais graduados da empresa. Mas isso não aplacava um público cada vez mais enfurecido.

No mesmo dia em que anunciamos o acordo com a AIG, Dan Tarullo, chefe da equipe de transição econômica de Obama, chegou ao Tesouro com Lee Sachs, ex-funcionário do Tesouro de Clinton, que vinha sendo cogitado para dirigir o TARP no novo governo. Tarullo afirmou que a equipe dele queria monitorar o que estávamos fazendo com o TARP, mas que não pretendia participar das decisões sobre políticas públicas. Afinal, só podia haver um presidente de cada vez. Disse-lhe que eu faria importante discurso em 12 de novembro, o qual seria recebido de bom grado pela equipe de transição, pois eu não anunciaria novos programas e não pediríamos o restante do dinheiro do TARP. Ambos ficaram nitidamente aliviados. Eu já havia reconhecido que não seria realista nomear e aprovar Sachs definitivamente como titular do cargo, mas eu esperava que ele se radicasse no Tesouro e trabalhasse lado a lado com Neel. Como viemos a constatar, não veríamos nem Sachs nem Tarullo com muita frequência em nosso ambiente de trabalho.

Em meio ao colapso de seguradoras gigantescas, à agonia de shopping centers e à operações de socorro de bancos, o povo americano assistira ao cambaleio de sucessivas instituições. Eu restringira ao mínimo meus comentários públicos nas semanas anteriores à eleição. Mas eu sabia que os mercados e a imprensa estavam ficando impacientes e comecei a trabalhar duro no discurso que planejava pronunciar em 12 de novembro, no Tesouro, no qual deixaria clara minha decisão de não mais comprar ativos ilíquidos.

Essa decisão fora muito difícil e até poucos dias antes do discurso eu passava todos os dias pela sala de Neel Kashkari para conversar sobre possíveis programas de compra de ativos. Ele havia alinhado grandes gestores de dinheiro, como a Western Asset e a BlackRock, para trabalhar em nome do governo, mas concluímos que não conseguiríamos desenvolver um programa bastante grande nem executá-lo com rapidez suficiente para fazer alguma diferença, em qualquer período razoável.

Em 11 de novembro, a Agência Federal de Financiamento Imobiliário (Federal Housing Finance Agency), agência reguladora da Fannie Mae e da Freddie Mac, anunciou que as GSEs adotariam em parte o Protocolo IndyMac de Sheila Bair, para simplificar as modificações em hipotecas.

O programa da FHFA almejava pessoas que haviam atrasado o pagamento de pelo menos três prestações do financiamento e que usavam o imóvel como residência principal. Como o Protocolo IndyMac, ele também limitava as prestações a 38% ou menos da renda bruta mensal da família. O programa desfrutava de flexibilidade implícita e as reduções nas prestações mensais poderiam resultar de cortes nas taxas de juros, de ampliação do prazo de pagamento ou do diferimento do pagamento do principal. Como a Fannie e a Freddie eram titulares ou garantidores de 31 milhões de hipotecas, o programa estenderia a mitigação de execuções de hipotecas e de retomadas de imóveis a muito mais mutuários – e, assim eu esperava, também acalmaria os queixosos de que o governo não havia feito o suficiente.

Mas Sheila Bair não demonstrava muito entusiasmo pelo programa da FHFA e continuava a insistir com o Tesouro para apoiar seu plano de distribuição dos prejuízos. Telefonei para Sheila e disse que havia decidido não tentar liberar a última tranche do TARP e, em consequência, não anunciaria nenhuma iniciativa referente às execuções de hipotecas e retomadas de imóveis, como o programa de seguro dela, além da nova iniciativa da FHFA. A notícia não lhe agradou, mas ela disse que compreendia.

Minha rodada de telefonemas para líderes do Congresso incluía uma conversa com Barney Frank. Mencionei o programa da FHFA e expliquei-lhe que não poderíamos fazer mais em relação às execuções de hipotecas e retomadas de imóveis sem a tranche final do dinheiro do TARP, cuja liberação não solicitaríamos. Também observei que não havíamos dito ao Congresso nem ao público que os fundos do TARP seriam usados em programas de despesas. Embora não tivesse gostado de minha mensagem, ele não resistiu nem pressionou com a intensidade que eu receava. Mas ele voltou à carga no dia seguinte, de manhã cedo.

"Você precisa de um programa habitacional", disse ele. "Vendemos o TARP ao nosso cáucus porque a propriedade das hipotecas o ajudaria a lidar com as execuções e retomadas. Essa nova situação provocará muitos problemas com eles." E acrescentou que, se apresentássemos um plano de mitigação, talvez conseguíssemos a última tranche do TARP.

Ele achava que o presidente eleito Obama apoiaria a iniciativa e que conseguiríamos o voto dos democratas. Se não gostávamos do plano de seguro de Sheila, deveríamos apresentar algo diferente, afirmou. Apreciei a atitude de Barney, mas lhe disse que ele parecia mais otimista que qualquer outra pessoa em relação ao assunto. Também observei que não havia percebido nenhum indício de que o novo governo pretendia trabalhar conosco.

A redação de meu discurso exigia muito cuidado. Eu não informava o público sobre nosso progresso desde fins de outubro e receava perturbar os mercados e desacreditar nossos esforços. Todos esperavam que eu anunciasse a intenção de pedir o restante dos fundos do TARP. Afirmar definitivamente que não o faríamos não seria bem recebido, razão por que concluí que seria melhor não mencionar a questão. Eu sabia, contudo, que os participantes do mercado fariam as contas e ficariam pensando se eu tinha dinheiro suficiente para enfrentar emergências. Eu teria de dizer que estava satisfeito com os recursos ainda disponíveis e com os procedimentos para o levantamento do restante, na expectativa do melhor.

Do mesmo modo, o mercado esperava que eu revelasse os detalhes de um programa de compra de ativos. Ainda por cima, os vendedores e compradores de ativos ilíquidos estavam paralisados na espera de nosso programa, razão por que o silêncio não era opção. Eu precisava explicar nossos motivos que nos levavam a não comprar os títulos tóxicos e ainda descrever as outras prioridades para os dólares do TARP. Concentrei-me nas iniciativas em curso do Tesouro em relação a nossos programas de investimentos de capital e a nossos planos para descongestionar o mercado de financiamento dos consumidores.

Michele Davis e eu estávamos revendo os detalhes de último minuto de meu discurso quando Jeb Mason irrompeu em minha sala para fazer um último apelo em favor de um programa de ativos de pequena escala, pelo qual o Tesouro compraria hipotecas inteiras e proporcionaria algum alívio aos mutuários.

"Hank, quero dizer pela última vez que você não deve sair por aí de peito aberto, proclamando que não vai comprar diretamente ativos ilíquidos", disse Jeb. "Devemos ter algum programa, mesmo que seja algo pequeno."

Sempre estimulei a livre troca de ideias, mas, naquela manhã, quando eu estava na iminência de fazer um pronunciamento controverso, numa sala cheia de jornalistas, eu não estava propenso ao diálogo. A administração do programa que ele estava sugerindo seria um pesadelo. "Já ouvi você várias vezes a esse respeito e já tomei minha decisão", retruquei com veemência.

Jeb estava certo quanto aos riscos do discurso, mas eu preferia sofrer linchamento político a desenvolver, conscientemente, um programa de governo apenas para efeitos externos. Se eu afirmasse alguma coisa que não correspondesse à realidade, eu não mais poderia olhar-me ao espelho.

Pouco depois, caminhei rumo aos refletores e ao vozerio da Sala de Imprensa do Tesouro e fiz o que considerei um ótimo discurso, embora complexo. Em meu pronunciamento de seis páginas, tratei de tudo o que o governo havia feito para debelar a crise, desde o HOPE Now, programa então em curso de modificação das hipotecas, que ajudava 200.000 mutuários por mês a evitar a execução da hipoteca e a retomada de imóveis, até o salvamento das GSEs.

Também expliquei nossas iniciativas por meio do TARP. Disse que, depois de muitas considerações, decidíramos que o programa de compra de ativos não era maneira eficaz de usar o dinheiro do TARP, embora continuássemos estudando possíveis compras pontuais. Estávamos trabalhando para, muito em breve, injetar capital nos bancos participantes, acrescentei. Enfatizei, igualmente, que essas instituições tinham responsabilidades quando se tratava de concessão de empréstimos, remuneração de executivos, políticas de dividendos e mitigação das execuções de hipotecas e retomadas de imóveis. Observei que o Tesouro e o Fed estavam empenhados num programa destinado a aumentar a disponibilidade de crédito para o consumo, por meio da melhoria da liquidez no mercado de certificados de recebíveis mobiliários e informei que a linha de crédito talvez fosse estendida a novos financiamentos hipotecários de imóveis comerciais e residenciais.

Ainda abordei o ponto controverso da execução de hipotecas e retomada de imóveis, aplaudindo o Protocolo IndyMac, de Sheila Bair, e mencionando o novo programa de modificação da Fannie e da Freddie. Reconheci que a ideia do seguro de Sheila era importante e afirmei que a avaliaríamos com mais profundidade; porém, ressalvei que teríamos de descobrir uma maneira de financiá-la.

Os repórteres foram educados e fizeram muitas perguntas sobre o programa de securitização. No entanto, como eu receava, os mercados se concentraram nos fatos de que não haveria programa para a compra de ativos hipotecários e que não avançaríamos de imediato com novas iniciativas que nos obrigassem a solicitar a liberação dos restantes US$350 bilhões. A reação foi imediata e brutal: o Dow caiu 411 pontos, para 8.283, e o S&P 500 e o NASDAQ afundaram 5,2%, ao que se seguiram muito clamor público e acirrada cobertura negativa da imprensa.

Doze de novembro foi um dia de importantes pronunciamentos. O Tesouro, o Fed e a FDIC divulgaram declaração conjunta abrangente, tratando de tópicos de grande interesse, como empréstimos, remuneração de executivos, dividendos e mitigação de execuções de hipotecas e retomadas de imóveis. Desde quando as controvérsias referentes a remuneração e a empréstimos explodiram em meados de outubro, instiguei Ben, Tim, John Dugan e Sheila a abordar essas questões em termos claros e incisivos. As diretrizes regulatórias daí resultantes me agradaram: elas estipulavam em linguagem objetiva e inequívoca que os bancos devem exercer sua atribuição fundamental de emprestar a tomadores confiáveis e que precisam empenhar-se em evitar execuções de hipotecas e retomadas de imóveis que não sejam absolutamente imprescindíveis. Também advertiu quanto a planos de remuneração capazes de "criar incentivos perversos que comprometessem a saúde da organização bancária." Por fim, instou que se adotassem abordagens "compatíveis com os interesses prudenciais de longo prazo da instituição."

Naquele mesmo dia, a FDIC concordou em garantir até US$139 bilhões em dívidas emitidas pela subsidiária financeira da General Electric, a GE Capital, sob o programa temporário que a agência reguladora havia lançado em outubro. Embora não fosse banco, a GE Capital tinha importância sistêmica, o que levou David Nason e eu a nos empenharmos para que Sheila se sentisse mais confortável ao tomar a decisão. A FDIC informou que estenderia o Programa Temporário de Garantia de Liquidez (Temporary Liquidity Guarantee Program – TLGP) a não bancos e que, para tanto, examinaria cada situação específica, sob os critérios de tamanho, classificação de risco de crédito e impacto sobre a economia. A GE Capital, juntamente com o Citigroup, se tornaria uma das duas maiores instituições usuárias da TLGP, emitindo algo em torno de US$70 bilhões em dívidas garantidas pelo governo. (A matriz da GE concordou em indenizar o FDIC de quaisquer perdas sofridas pela GE Capital.)

Contudo, nenhuma dessas notícias pareceu relevante para os mercados, cuja volatilidade anterior se transformou em avalanche de grandes proporções. O Dow já registrava queda de quase 40% desde o começo do ano e empresas como General Motors e Genworth Financial enfrentavam pressões massacrantes.

O dia 20 de janeiro parecia muito distante e eu me sentia muito exposto. Entre a AIG e os bancos já havíamos distribuído quase US$60 bilhões de nossos US$350 bilhões. Ainda por cima, eu exaurira minha influência e minha credibilidade política na tentativa de evitar o colapso do sistema. Agora, eu precisava recorrer à ajuda da vindoura administração Obama.

Capítulo 16

Quarta-feira, 19 de novembro de 2008

Apenas uma semana depois de eu ter feito um discurso destinado a tranquilizar os mercados, fui ao Salão Oval para relatar ao presidente que mais uma grande instituição financeira americana, o Citigroup, estava à beira da falência.

"Eu pensei que os programas que implementamos haviam estabilizado os bancos", disse ele, visivelmente estupefato.

"Eu também, senhor presidente, mas ainda não estamos seguros", respondi. "O balanço patrimonial do Citi está muito debilitado e os vendedores a descoberto estão atacando."

Já passara um pouco das 13 horas e os mercados mundiais de novo estavam em tumulto, pressionados pelas preocupações dos investidores com os bancos, com os fabricantes de automóveis e com a economia americana, em geral. O índice FTSE 100, do Reino Unido, e o Índice DAX 30, da Bolsa de Valores de Frankfurt, fecharam o pregão em queda de quase 5%, enquanto o Dow descambava em quase 5%, para 7.997, seu primeiro fechamento abaixo de 8.000, desde março de 2003.

Todas as empresas financeiras estavam sob tensão, mas o Citi era a que sofria as piores marteladas. Suas ações já haviam afundado 13%, rumo a uma queda de 23%, para US$6,40, perfazendo perda de 88%, desde maio de 2007. Seus spreads de crédito também começavam a disparar – atingiriam 361 pontos-base naquele dia, em comparação com 240 pontos-base no dia anterior.

Em princípio, o banco mais famoso do mundo, o Citi operava em mais de 100 países e dispunha de algo acima de US$2 trilhões em ativos em seu balanço patrimonial. Mas aquele gigante disperso, sediado em Nova York, que se expandiu por meio de múltiplas aquisições, lutava com uma estrutura organizacional incapacitante e carecia tanto de cultura unificadora quanto de estratégia de negócios clara. Havia muito que, em minha opinião, o Citi se tornara complexo demais para ser bem gerenciado.

Nos anos de prosperidade, o Citi se tornara muito exposto a hipotecas comerciais, a dívidas em cartões de crédito e a obrigações de dívidas colateralizadas vinculadas a hipotecas subprime. Além disso, detinha mais de US$1,2 trilhão em ativos fora do balanço patrimonial, ou extracontábeis, a metade relacionada com hipotecas.

Eu sabia que o Citi era o mais fraco dos grandes bancos americanos. Para seu tamanho, a base de depósitos de varejo do Citi era pequena, mormente no mercado americano, situação que o tornava mais dependente de captação por atacado e de depósitos estrangeiros, o que o deixava mais vulnerável ao pânico.

Os temores do mercado se intensificaram desde cedo, naquela manhã, quando o Citi anunciou que promoveria a desativação gradual do último de seus veículos de investimentos estruturados (structured investment vehicle – SIV), trazendo para seus livros contábeis US$17,4 bilhões em ativos arriscados. Essa notícia se seguiu à divulgação, dois dias antes, de que o banco estava demitindo 53.000 empregados e de que havia abandonado planos para vender US$80 bilhões em ativos desvalorizados. Os investidores receavam que o Citi não conseguisse encontrar compradores para seus ativos tóxicos ou que talvez não resistisse às baixas contábeis resultantes da venda.

Não obstante a fragilidade do Citi, eu me animara indevidamente com o fato de o mercado ter sustentado o banco durante tanto tempo. A queda no preço de suas ações vinha acompanhando o declínio dos papéis de outras empresas financeiras, enquanto os reguladores do Citi afirmavam que estavam acompanhando de perto a situação.

Porém, agora, o mercado se virara contra o Citi e teríamos de agir com rapidez. Como o outro colosso financeiro em dificuldade, a AIG, o banco de

Nova York estava profundamente enleado em complexa teia de instituições financeiras e entidades governamentais espalhadas por todo o mundo.

"O colapso do Citi seria pavoroso", insisti com o presidente. "Afirmamos que não permitiríamos a queda de nenhuma instituição financeira que tivesse importância sistêmica. Não podemos deixar que isso aconteça desta vez."

"Você pode fazer alguma coisa para salvá-lo?", perguntou o presidente.

Expliquei-lhe que tínhamos os recursos do TARP, mas a desintegração do Citi poderia desencadear reação em cadeia, envolvendo centenas de instituições financeiras que eram clientes ou contrapartes do gigante. Nesse caso, não contávamos com recursos para enfrentar outra corrida contra o sistema bancário. A crise do Citi demonstrou que precisamos conseguir do Congresso a liberação do resto do dinheiro do TARP, concluí.

"É politicamente difícil, mas teremos de descobrir uma solução", disse-lhe.

"Não deixe o Citi falir", insistiu o presidente.

Com a recomendação do presidente ecoando em minha cabeça, voei para Los Angeles mais tarde, naquele dia. Eu hesitava em sair de Washington, mas Nancy Reagan havia muito tempo me convidara para falar na Ronald Reagan Presidential Library (Biblioteca Presidencial Ronald Reagan). Eu sabia que os mercados estavam observando todos os meus movimentos. O cancelamento da viagem poderia detonar rumores que talvez agravassem as dificuldades do Citi. Cheguei à Westlake Village Inn, em Simi Valley, por volta das 21h30 e fui direto para a cama, a fim de descansar para as tarefas do dia seguinte.

De todas as noites insones que enfrentei ao longo da crise, essa foi de longe a pior. Cercado de fotografias de Ronald Reagan na Casa Branca e no rancho dele, em Santa Barbara, fiquei de olhos abertos, atormentado por dúvidas e questionamentos.

Novembro estava sendo um mês difícil. Os democratas nos estavam esfolando para reforçarmos a mitigação das execuções de hipotecas e das retomadas de imóveis, ao mesmo tempo em que nos linchavam por nossa decisão de não comprarmos ativos tóxicos, enquanto os críticos conservadores continuavam a desancar-nos pelas operações de socorro, que eles tachavam de estatização ou, pior ainda, de socialismo. Os mercados prosseguiam em queda livre. Somente nas duas semanas seguintes à eleição do senador Obama, o Dow perdera 17%.

Mas poderíamos salientar numerosos sucessos, como a aprovação do TARP pelo Congresso, a garantia dos fundos money market, as iniciativas de coordenação internacional e o programa de capital dos bancos. Porém, naquela noite, revirando-me na cama, eu me perguntava se minhas decisões recentes tinham servido apenas para aumentar a confusão, a insegurança e o medo de tantos cidadãos. Apesar de tudo o que tínhamos feito, o país se afundava cada vez mais em pavorosa recessão, e agora um de seus maiores bancos estava na iminência de um colapso.

O único ponto luminoso dos últimos dias tinha sido a reunião dos líderes do G-20, em 15 de novembro. O presidente Bush realizara uma proeza ao reunir países tão diversos como Alemanha, Arábia Saudita e México, para tratar da crise financeira global e redigir um comunicado que reiterava os princípios do livre mercado, mas reconhecia a necessidade de reforma do sistema financeiro global. Enquanto alguns líderes dos países desenvolvidos se desculpavam pelas falhas do sistema de livre mercado, seus colegas dos países emergentes advertiam para os perigos do excesso de regulamentação. Porém, no cômputo geral, a reunião fora marcada pela cooperação franca, com todos os líderes rejeitando o protecionismo e concordando que as iniciativas de reforma seriam bem-sucedidas apenas se mantivéssemos o compromisso com os princípios do livre mercado.

No entanto, em seguida, voltei à desagradável realidade política e, em 17 de novembro, Ben e eu estávamos sentados mais uma vez diante da longa mesa de reuniões de Nancy Pelosi, cercados por deputados e senadores democratas. Olhando ao redor da sala, não vi fisionomias amistosas.

"Você não gostaria de mostrar aos presentes que votaram a favor do TARP que parte do dinheiro será destinada à atenuação das execuções de hipotecas e retomadas de imóveis?", perguntou Nancy, de maneira incisiva.

Embora eu tivesse garantido aos legisladores que eu continuaria trabalhando para descobrir maneiras de reduzir as execuções e retomadas, além de nossos planos de modificações dos empréstimos, eles não estavam convencidos. Aquilo não era teatro político. Não importa que o TARP tivesse sido criado como programa de investimentos para evitar o colapso do sistema financeiro ou que precisássemos preservar nossos recursos limitados naquele mercado volátil. Todos queriam um programa de gastos e minha própria pele.

No dia seguinte, 18 de novembro, Ben, Sheila Bair e eu depusemos perante a Comissão de Serviços Financeiros, de Barney Frank. Eu já participara de algumas audiências difíceis no Capitólio, mas aquela foi a mais árdua dentre as presididas por Barney. Ele exibiu quatro páginas de trechos da lei do TARP que, segundo ele, autorizava ação agressiva para a mitigação dos efeitos da inadimplência nas hipotecas. O democrata por Nova York, Gary Ackerman, afirmou: "Você parece estar pilotando um avião de US$700 bilhões na base do instinto."

Maxine Waters acrescentou: "O senhor, Mr. Paulson, resolveu ignorar completamente os poderes e as diretrizes que este Congresso lhe outorgou", entoou.

Então, poucas horas depois, Bob Rubin, agora membro do Conselho de Administração e assessor sênior do Citi, telefonou para me dizer que os vendedores a descoberto estavam atacando o banco. No fechamento do pregão anterior, o preço de suas ações era de US$8,36 e agora afundavam mais ainda, na casa de um dígito. Eu conhecia Bob havia anos, primeiro como meu chefe e ex-CEO do Goldman Sachs, depois, como secretário do Tesouro do presidente Bill Clinton. Sempre calmo e comedido, Bob punha o interesse público à frente de tudo. Ele raramente me telefonava e o tom de urgência em sua voz naquela tarde dirimiu qualquer dúvida que eu ainda tivesse de que o Citi estava em situação periclitante.

Quinta-feira, 20 de novembro de 2008

Exausto e arrasado, desisti de dormir e liguei a televisão do quarto do hotel na CNBC. Normalmente, eu não prestava muita atenção aos noticiários; porém, naquela manhã, ouvi contrafeito participantes e operadores de mercado me culparem pela crise financeira, em consequência de minha decisão de abandonar o plano de compra de ativos.

Sentindo-me abatido, fiz minha primeira ligação do dia, lá pelas 5h30, hora do Pacífico, para Tim Geithner, em Nova York.

"Sinto-me responsável por essa mixórdia", disse-lhe.

"Hank, você está fazendo o melhor possível. Não olhe para trás", consolou-me.

O tom firme e objetivo de Tim rapidamente me soergueu, concentrando-me na crise que nos atormentava. Os especuladores estavam ampliando os spreads de crédito do Citi, enquanto os vendedores a descoberto continuavam a derrubar suas ações. Precisávamos reunir nossas equipes. Noventa minutos depois, Tim e eu participávamos de uma teleconferência com Ben, Sheila e John Dugan.

"Dissemos ao mundo que não permitiríamos o colapso de nenhuma de nossas grandes instituições", afirmou Tim. "Teremos de deixar realmente claro que estamos por trás do Citigroup."

Saí do hotel para a Biblioteca Reagan. Era uma daquelas manhãs radiosas, típicas do sul da Califórnia, mas eu estava tenso demais para desfrutá-la. Antes de meu discurso, marcado para as 11 horas, percorri a biblioteca, onde os escritos do presidente estavam emoldurados nas paredes. Parei para ler suas palavras, cuidadosamente manuscritas, e refleti sobre que extraordinário comunicador ele havia sido. Reagan compreendia o imenso poder de uma mensagem clara, e as emitia com simplicidade e objetividade. E suas palavras eram de fato nítidas e singelas. Mais que qualquer outro presidente, Ronald Reagan representou os princípios do livre mercado, em que, havia tanto tempo, acreditava com convicção.

Na iminência de dirigir-me a um público de adeptos conservadores da doutrina reaganista, ocorreu-me a ironia de minha situação. Para proteger o capitalismo de livre empresa, tornara-me o secretário do Tesouro que para sempre seria associado a intervenções governamentais e a salvamentos de bancos. A velocidade com que a crise irrompeu e se difundiu não me deixava alternativas. Abandonando o rigorismo ideológico para levar a cabo a missão mais elevada de salvar o sistema que, mesmo com todas as suas falhas, era superior a qualquer outro existente, eu fora forçado a recorrer a ferramentas em que realmente não confiava para preservar princípios e instituições em que efetivamente acreditava. Agora, lá estava eu, pronto para dirigir a palavra a uma audiência de conservadores resolutos, num santuário do capitalismo de livre mercado. E, se tanta ironia ainda não fosse suficiente, eu sabia que, se nossa operação de socorro do Citi não desse certo, todos os nossos esforços anteriores teriam sido em vão.

Pouco depois, falei ao grupo, expondo-lhes cada passo da crise e salientando a necessidade de reforma regulatória global. Mas, logo me dei conta de que minha palestra estava sendo muito defensiva e complexa, além de longa demais. O público se mostrou amistoso e solidário, mas, no fundo, eram republicanos ferrenhos, que simplesmente odiavam operações de socorro. Só escutei aplausos quando afirmei que não deveríamos usar o dinheiro do TARP para salvar as empresas automobilísticas.

Depois, troquei algumas ideias com Bob Rubin. "As coisas não vão bem", disse ele, com a moderação e a contenção que lhe são típicas. Com a queda de suas ações e com rumores na imprensa sobre possível operação de socorro do governo, os clientes do Citi pareciam cada vez mais nervosos

Durante o almoço, ouvi as lamúrias de alguns dos participantes, que relataram as perdas que eles e seus amigos vinham sofrendo com suas casas e aplicações financeiras. Não interpretei aqueles comentários como recriminações – ao contrário, davam a impressão de agradecer-me por meu empenho. No entanto, minhas dúvidas da noite anterior recrudesceram. Sentia-me responsável por todo aquele sofrimento e por tudo o que dera errado.

Inquieto, falei com Ken Lewis e Jamie Dimon do aeroporto, antes de embarcar em meu voo das 16 horas. Ambos afirmaram que os mercados estavam encrespados e que ninguém descolava os olhos do Citi, cujas ações terminaram o dia com baixa de mais 26%, a US$4,71. Como um todo, o mercado de ações registrou a pior queda em anos. O Dow caiu 5,6%, chegando a 7.552 pontos, e o S&P 500 atingiu o nível de fechamento mais baixo desde 1997.

Afivelei o cinto de segurança antes da decolagem e comecei a esboçar um plano de ataque para o dia seguinte. Tínhamos muito interesse no salvamento do Citi e precisávamos desestimular os vendedores a descoberto de tentar derrubar outro banco. Minha cabeça estava em efervescência. No entanto, a tensão do dia impôs seu preço e adormeci antes da decolagem. Só acordei quase à meia-noite, quando nos preparávamos para a aterrissagem. No momento em que tocamos a pista, lembrei-me das últimas palavras do presidente sobre o Citigroup, quando eu saía do Salão Oval na véspera: "Não deixe o Citi falir."

Sexta-feira, 21 de novembro; sábado, 22 de novembro de 2008

Durante toda a sexta-feira, os reguladores do Citi trabalharam sem parar, debatendo ideias para evitar o desastre, desde a venda de partes do banco até o fortalecimento de sua base de depósitos, por meio de fusão com outro banco. Também havia quem quisesse substituir o Conselho de Administração e a diretoria do Citi. Eu sempre defendera a infusão de nova liderança nas instituições falidas e até escolhera os novos CEOs da Fannie, da Freddie e da AIG. Contudo, eu não estava procurando escalpos. Meu propósito era encontrar soluções. E, no Citi, Vikram Pandit era CEO apenas desde dezembro de 2007. Se não tivéssemos alguém em mente, sem dúvida mais qualificado e disposto a assumir o cargo, eu não via sentido em discutir a questão.

"Podemos falar sobre o Citi o dia inteiro", eu disse à equipe. "Mas, sabem de uma coisa? Se eles afundarem, a culpa será nossa. Temos de enfrentar a situação e, se deixarmos a bola cair, o povo americano pagará o preço."

Durante a última hora do pregão, recebemos algumas notícias animadoras, quando a NBC anunciou que Obama havia escolhido Tim Geithner para seu secretário do Tesouro. Os mercados dispararam, com o Dow saltando 7,1%, para fechar em 8.046, alta de 6,5% no dia. As ações do Citi subiram 19%, embora ainda tivessem fechado em baixa no dia, em US$3,77. Seus swaps de crédito se aproximavam de 500 pontos-base, enquanto os do JPMorgan, Wells e BofA situavam-se todos em nível confortável, abaixo dos 200 pontos-base.

Senti-me gratificado com a decisão de Obama. Além de tranquilizar os investidores, ela significava que muitas de nossas políticas seriam mantidas, mesmo que fossem modificadas e rebatizadas. Na verdade, interpretei a recuperação do mercado como um voto de confiança no que vínhamos fazendo: os mercados viram a nomeação de Tim como sinal de continuidade.

Quando procurei Tim para cumprimentá-lo, ele disse que a equipe de transição de Obama queria que ele se desligasse das atividades rotineiras do Fed de Nova York o mais rapidamente possível. A nova equipe econômica se reuniria em Chicago, naquele fim de semana, e o presidente eleito contava com a presença dele. Pressionei-o para que não fosse. Precisávamos elaborar um plano de socorro antes da segunda-feira, e a participação dele era crucial como principal regulador do banco.

"Farei o possível para ajudá-lo", disse. "Mas precisamos de você neste fim de semana."

Para meu alívio, Tim concordou em não sair de Nova York. Porém, considerando sua futura posição, ele não falaria com o Citi nem com qualquer outro banco.

Quando Tim, Ben, Sheila, John Dugan e eu realizamos nossa primeira teleconferência, no sábado, às 10h30, o Citi já havia submetido uma proposta de duas páginas à OCC. A empresa queria que o governo segurasse mais de US$300 bilhões em ativos tóxicos, inclusive títulos hipotecários residenciais e comerciais, além de empréstimos empresariais problemáticos.

Nós sabíamos que não poderíamos presumir que o pedido do Citi fosse suficiente para estabilizar os mercados. Precisávamos desenvolver um plano que agradasse os investidores e protegesse os contribuintes. E, em minha opinião, teríamos de injetar mais capital na empresa. Capital é o remédio mais forte para um balanço patrimonial fraco, e os mercados ansiavam pela constatação de que o governo estava apoiando o Citi.

A OCC, a FDIC e o Fed de Nova York haviam estabelecido escritórios na sede do Citi e estavam vasculhando os US$300 bilhões em ativos para determinar o verdadeiro valor deles. Jeremiah Norton, que por acaso estava em Nova York naquele sábado, juntou-se aos auditores que atuavam in loco. Ao chegar, os reguladores lhe entregaram um memo que haviam preparado depois de uma reunião que se prolongou por toda a noite com os executivos do banco, segundo os quais, pelas estimativas deles, o Citi ficaria insolvente em meados da semana seguinte. Os reguladores não ocultavam sua irritação, queixando-se de que os executivos do Citi eram desorganizados e não conseguiam fornecer-lhes as informações necessárias sobre os ativos que queriam segurar.

Ninguém parecia mais exasperado que Sheila, que, de início, sugerira seguir os procedimentos normais da FDIC para tratar da situação do Citi. Também propôs outras estratégias menos dispendiosas, como fechar o Citi e deixar o que sobrasse nas mãos de um banco saudável. Sem dúvida, ela não queria que a FDIC pagasse pelas perdas do Citi, que tinha operações importantes, não seguradas por sua agência.

Eu respeitava Sheila, que melhorou a maioria dos programas em que trabalhamos juntos. Porém, às vezes, ela dizia coisas que me deixavam de queixo caído. Naquela manhã, ela afirmara não estar convencida de que a falência do Citi constituiria risco sistêmico. Ela achava que o Citi tinha dívidas quirografárias e ações preferenciais suficientes para absorver os prejuízos. Ela falava como se o Citi fosse apenas outro banco à beira da falência, não um líder mundial – com US$3 trilhões em ativos, dentro e fora do balanço patrimonial – implodindo em meio às piores condições econômicas desde a Grande Depressão.

"Então", disse ela, "por que simplesmente não submetê-lo ao processo de intervenção?"

Embora eu achasse que ela apenas estava bancando a engraçada, respondi: "Se o Citi não for sistêmico, não sei o que é isso. E se ficarmos aquém de uma reação contundente e convincente, o impacto desencadeará ondas de choque que varrerão todo o mercado, e realmente é bem possível que venhamos a ser testados. Já não tenho quase nada no TARP."

Também precisávamos considerar os US$500 bilhões de depósitos estrangeiros no Citi. Como os titulares desses recursos não eram protegidos pelo seguro da FDIC, maior era a probabilidade de fuga desse dinheiro para evitar o risco de falência bancária, importante razão para que a liquidez do Citi tendesse a evaporar em poucos dias.

Perguntei, hipoteticamente, se a FDIC poderia segurar depósitos estrangeiros numa emergência. Tim achava que sim, mas Sheila não tinha a mesma opinião. Eu não tinha dúvidas de que não poderíamos esperar para chegar a uma conclusão. Precisávamos fazer outra infusão de capital na empresa. Eu acreditava que, se agíssemos com energia agora, teríamos capacidade suficiente, por meio do TARP, para evitar a falência do Citi. Mas, se a confiança dos mercados se esvaísse e se o banco precisasse desfazer-se às pressas da totalidade de seus US$3 trilhões em ativos, as perdas se infiltrariam por todo o sistema bancário e solapariam até seus atores mais coadjuvantes.

Sheila e eu conversamos a sós depois do encerramento da reunião matutina. "Hank, isso é difícil para mim", insistiu. Ela estava lidando com um Conselho que se mostrava cético quanto à operação de socorro do Citi e à exposição dos US$35 bilhões da FDIC aos prejuízos potenciais de uma empresa. E, para executar com eficácia sua missão, Sheila tinha a obrigação de obter respostas para todas aquelas perguntas.

Durante à tarde, as equipes de Nova York continuaram avançando na avaliação dos ativos problemáticos do Citi e começaram a trabalhar num plano para garantir os prejuízos potenciais, mas a tarefa não era fácil, considerando a grande variedade de ativos complexos. Além disso, a FDIC questionava algumas das avaliações, pois usavam processos diferentes dos de outras agências reguladoras. Mas Sheila prometeu continuar trabalhando para chegarmos a um acordo. Eu não tinha dúvidas de que, no fim das contas, contaríamos com o apoio dela.

Naquela noite, o embaixador inglês, Nigel Sheinwald havia convidado Wendy e eu para um jantar na residência dele, adjacente à Embaixada Britânica e a pequena distância de nossa casa. Enquanto circulávamos durante o coquetel, amigos e estranhos se aproximavam, dizendo coisas do tipo: "espero que você esteja conseguindo dormir." Aquilo me deixou pouco à vontade; não queria ser visto como o pobre Hank, a vítima. Perguntei a Wendy: "Será que minha aparência está assim tão ruim?" Ao que ela respondeu: "Você deveria ser grato às pessoas por estarem sendo tão solidárias."

Quando os cerca de 100 convidados começaram a sentar-se à mesa de jantar, esquivei-me para uma pequena sala, de onde liguei para Ben Bernanke. Conversamos durante meia hora. Concordamos que o Citi precisava de um investimento de capital do TARP, mas objetei quando Ben levantou a possibilidade de comprar ações ordinárias; a ideia era boa em termos de finanças empresariais, mas ruim como política pública. O valor de mercado do Citi era de apenas US$21 bilhões, e observei que, se investíssemos qualquer quantia significativa em ações ordinárias, não só diluiríamos o patrimônio líquido dos acionistas e recompensaríamos os vendedores a descoberto, mas também deixaríamos o governo na condição de proprietário de boa parte do banco. Eu imaginava sem esforço as manchetes sobre a nacionalização do Citi. Disse a Ben que estava mais inclinado a comprar ações preferenciais.

Domingo, 23 de novembro de 2008

No domingo, de manhã cedo, retornei ao Tesouro e não me surpreendi ao constatar que ainda tínhamos muito trabalho pela frente. Mais uma vez, cercados pelas latas de refrigerante vazias e pelos restos de sanduíche comidos pela metade, indícios de mais um fim de semana frenético, corremos contra o tempo para anunciar um acordo antes da abertura dos mercados asiáticos.

No entanto, os avanços eram dolorosamente lentos. Alguns dos reguladores se queixavam de que o Citi carecia do senso de urgência. Bob Rubin telefonou para dizer que o Citi não estava recebendo diretrizes claras. A confusão decorreu em parte porque Tim não falava diretamente com o banco – não mais contávamos com um negociador-chave. Pedi a Dan Jester e a David Nason que, a partir de então, assumissem a responsabilidade por todas as conversas telefônicas com o Citi.

À noite, graças em grande parte a Dan e a David, tínhamos feito grandes progressos. Todos concordamos com a divisão das perdas com os US$306 bilhões em ativos identificados. O Citi absorveria os primeiros US$29 bilhões de prejuízo, além de suas reservas existentes de US$8 bilhões, e o governo assumiria 90% da paulada acima disso. Os primeiros US$5 bilhões da exposição do governo sairiam do TARP, e a FDIC assumiria os US$10 bilhões seguintes. O Fed financiaria o restante, com um empréstimo irrecorrível. Para reforçar o capital do Citi, o governo americano investiria US$20 bilhões, em troca de ações preferenciais perpétuas, com rendimento de 8%. Também ficaria com mais US$7 bilhões em ações preferenciais, como remuneração pela garantia, além de bônus de subscrição equivalentes a 4,5% de sua participação na empresa.

O Citi, por sua vez, sofreria restrições rigorosas, inclusive limites à remuneração dos executivos, mais severos que os impostos em nosso programa de capital. O banco ficaria proibido de pagar mais que um cent por trimestre em dividendos às ações ordinárias, durante três anos, sem aprovação do governo americano. O Citi também implementaria o Protocolo IndyMac da FDIC, sobre modificações de hipotecas.

Eu me senti muito satisfeito com nossa solução, pois achava que ela validava minha decisão de não usar o dinheiro do TARP diretamente para comprar ativos ilíquidos. Com outro banco à beira do abismo, precisáramos de uma solução rápida que usasse o mínimo possível de nossos recursos escassos. Se tivéssemos comprado diretamente os US$306 bilhões em ativos podres do Citi, teríamos de emitir um cheque contra os depósitos do TARP. Em vez disso, juntamos forças, criativamente, com outros órgãos e dividimos o risco de perdas com a FDIC e com o Fed.

Kevin Fromer e eu demos sucessivos telefonemas para informar os líderes do Congresso, que se mostraram aliviados por termos evitado o desastre. Mas os democratas deixaram claro que eu agora teria de fazer alguma coisa para ajudar os fabricantes de automóveis. A mensagem deles era inequívoca: "Você não pode cuidar apenas dos gatos gordos de Wall Street e ignorar as agruras dos americanos trabalhadores."

De manhã cedo, liguei para o presidente e expliquei que tínhamos elaborado um plano, que talvez o mercado aceitasse, criando condições para que evitássemos uma reação em cadeia de falências.

"Será que vai funcionar?", perguntou ele.

"Acho que sim, mas só saberemos amanhã."

Segunda-feira, 24 de novembro de 2008

Às 7h35 de segunda-feira, conversei novamente com o presidente. Eu tinha boas notícias para transmitir-lhe. Os mercados de ações asiáticos se mantiveram estáveis durante a noite, mas os europeus estavam disparando, rumo a ganhos de 10%. Então, o presidente Bush soltou uma de suas tiradas de que mais gostei.

"Você ainda precisará de quantas bananas de dinamite para explodir essa crise?"

"Não sei, senhor", respondi. "Mas da maneira como as coisas estão indo, talvez eu tenha de pôr uma na boca e acender o pavio."

Depois que o presidente parou de rir, eu lhe disse que, às vezes, me sentia como Jó. Se alguma coisa podia dar errado, dava. Mas ele me disse: "Você deveria enfrentar de bom grado esse desafio, Hank. Graças a Deus, essa crise aconteceu agora. Imagine se ela tivesse estourado no começo do novo governo, quando ainda estivessem aprendendo a trabalhar juntos."

Foi o começo de uma ótima manhã. As ações do Citi subiram mais de 60% na abertura do pregão. Fiquei feliz com a constatação de que nosso plano de socorro havia punido os vendedores a descoberto, evitando, assim, ataques semelhantes a outros bancos.

Sentindo-me mais animado, dei-me ao luxo de uma breve pausa em Washington, para estar ao lado de Wendy. Naquela noite, a Randall's Island Sports Foundation, na cidade de Nova York, a homenagearia pelo trabalho dela em educação ambiental. À tarde, peguei um avião para participar do jantar beneficente no Plaza Hotel.

Wendy sempre fora para mim fonte profusa de fortaleza e perseverança, apoiando-me ao longo de sucessivas crises; mas as jornadas de trabalho prolongadas e o estresse incessante nos privaram das horas agradáveis e revigorantes que passávamos juntos. Eu saía para o escritório bem cedo todas as manhãs e só voltava para casa tarde da noite, e, quando não me pendurava ao telefone, ia direto para a cama, exausto. Agora, Wendy e eu raramente jantávamos juntos, pior ainda, nas raras ocasiões em que o fazíamos, eu estava dispersivo. O pior de tudo eram as horas em que eu estava fisicamente presente, mas mentalmente ausente. Wendy dizia que ela tinha a sensação de haver perdido o marido e o melhor amigo.

Aquela noite também foi uma oportunidade para rever velhos amigos; mas, durante o coquetel que precedeu o jantar, tive de me retirar várias vezes da sala para atender a telefonemas, inclusive dois de Nancy Pelosi, que me afirmou sem meias palavras que era politicamente impossível salvar o Citi e não ajudar os fabricantes de automóveis. Até recentemente, ela se opunha a operações de salvamento de empresas automobilísticas, que ela considerava mal gerenciadas e que tinham denegrido mais ainda a própria imagem, quando seus CEOs foram a Washington em seus jatos particulares, esmolar dinheiro do governo. Reiterei minha posição de que o Congresso deveria ajudá-las, modificando lei anterior que lhes proporcionara empréstimo de US$25 bilhões para desenvolverem veículos com maior eficiência energética. Receava que já não tivéssemos recursos suficientes para cuidar do sistema financeiro, muito menos também da indústria automobilística, que não parecia capaz de desenvolver uma estratégia capaz de assegurar sua viabilidade a longo prazo. Passei, então, para a questão que mais ocupava minha mente – conseguir que o Congresso liberasse a tranche restante do TARP.

"Precisaremos de mais dinheiro do TARP", disse-lhe. "Você tem ideia do que escapamos com o Citi?"

"Será muito difícil", foi a resposta. "O povo americano já não aguenta mais, e eu não tenho votos suficientes."

Esperava que Nancy mordesse minha proposta implícita – concordar em ajudar-me a liberar a tranche remanescente, para que destinássemos parte do dinheiro aos fabricantes de automóveis. Mas era evidente que a presidente da Câmara dos Representantes, com toda a sua astúcia política, não se deixaria fisgar por aquele anzol. Ela sabia que a operação de socorro da indústria automobilística dependeria dos democratas – os republicanos estavam alinhados contra a proposta – e ela queria que eu me suicidasse politicamente, usando o dinheiro do TARP em algo muito impopular.

No jantar, Wendy e eu nos sentamos ao lado de Mike Bloomberg, que também estava recebendo um prêmio. Ao discursar, o prefeito de Nova York gentilmente mencionou meu nome, afirmando que "nenhuma varinha de condão" resolveria aquela crise financeira e que eu contava com o apoio de todos na sala. Wendy falou com tanta eloquência sobre o que era ensinar as crianças a amar a natureza, que me ocorreu receber dela algumas aulas de oratória para comunicar-me melhor com o público.

Cedo, na manhã seguinte, pegamos um avião para Washington. De volta ao Tesouro, parei na Sala dos Mercados e vi que as bolsas estavam reagindo favoravelmente ao anúncio dos novos programas do Fed. Um era o Term Asset-Backed Securities Loan Facility, ou TALF. Esse programa era a coroação dos esforços do Fed, trabalhando com Steve Shafran, no Tesouro, para desobstruir o mercado de securitização de financiamentos ao consumo, abrangendo compras de carros, cartões de crédito, despesas com educação e apoio a pequenas empresas. Destinava-se a bombear US$200 bilhões para os mercados de crédito, por meio de uma linha de crédito de um ano, constituída pelo Fed, e escorada também em US$20 bilhões do TARP.

O Fed também anunciou que compraria até US$100 bilhões em dívidas emitidas pela Fannie Mae, Freddie Mac e Federal Home Loan Banks, além de US$500 bilhões em certificados de recebíveis mobiliários garantidos pela Fannie, Freddie e Government National Mortgage Association, mais conhecida como Ginnie Mae. O Tesouro vinha comprando dívidas garantidas pelas GSEs em níveis muito mais modestos. O anúncio do Fed produziu efeito quase instantâneo. As taxas de hipotecas de 30 anos caíram nada menos que metade de um ponto percentual, enquanto os papéis da Fannie e da Freddie se valorizaram, animando os mercados de capitais. O Dow parecia propenso a outro pregão de alta. Nos últimos três dias, ele subira 927 pontos, ou mais de 12%.

Terça-feira, 25 de novembro de 2008

Joel Kaplan mantinha um calendário preso à parede de sua sala modesta, na Casa Branca, que mostrava os dias restantes antes da posse da nova administração, em 20 de janeiro. Kevin Fromer, Dave McCormick e eu viéramos à Casa Branca no fim da tarde de 25 de novembro para conversar sobre a liberação pelo Congresso da segunda metade do TARP. Joel, Josh Bolten e Keith Hennessey usaram o calendário para demonstrar como faltava pouco tempo para fazer alguma coisa entre os projetos de lei referentes aos gastos anuais do governo e a busca de uma solução para o problema das empresas automobilísticas.

Joel achava que o melhor curso seria simplesmente não fazer nada e deixar que Obama assumisse o restante do TARP. Mas, como eu havia advertido enfaticamente tanto Joel quanto o presidente Bush de que essa hipótese não seria prudente, ele sugeriu que tentássemos unir esforços com a equipe de Obama para fazer alguma coisa em relação ao TARP e às empresas automobilísticas em dezembro. Joel, que também atuava como cabeça de ponte na indústria automobilística, disse que precisávamos ajudar os fabricantes de automóveis, seja por meio de um empréstimo do TARP, seja mediante lei específica. Todos sabíamos que a GM pediria falência até o fim do ano, se não conseguisse apoio financeiro.

Para mim, um período de transição de 76 dias entre dois governos era um intervalo longo demais para se ficar sem recursos e não se fazer nada. Naquela tarde, eu já havia procurado Rahm Emanuel para lhe dizer que precisávamos dos restantes US$350 bilhões. "Essa é uma boa notícia", disse, e recomendou que eu procurasse Larry Summers.

Cheguei em casa pouco depois das 19h30 e fiquei animado ao me deparar com minha filha, Amanda, o marido dela, Josh, e a pequena Willa, minha neta. No dia seguinte, todos iríamos para Little St. Simons Island, onde passaríamos o Dia de Ação de Graças. Naquele momento, tudo de que eu precisava para esquecer a crise do crédito era brincar com minha neta e depois acalentá-la no colo.

Mas daí a pouco eu teria de ligar para Larry Summers e explicar-lhe que o saldo da primeira tranche do TARP à disposição do Tesouro já não era suficiente para proteger o sistema.

"O que você acha que precisará para conseguir o resto?", ele perguntou.

"Acho que teremos de dar alguma ideia ao Congresso do que pretendemos fazer com o dinheiro", respondi. "Teremos de nos comprometer com um programa de mitigação das execuções de hipotecas e propor alguma solução para os problemas da indústria automobilística."

"Você acha que seria suficiente acenar com um programa de até US$50 bilhões de mitigação das execuções de hipotecas e afirmar que Obama determinará o conteúdo do programa?"

"Acho que isso seria muito melhor do que nós próprios definirmos o programa", respondi, sabendo muito bem que o presidente eleito faria questão de definir seu próprio programa.

De um modo geral, Larry não assumiu compromissos, mas perguntou com quem de meu staff a equipe de transição poderia trabalhar. Eu tinha esperanças de que as equipes de Bush e de Obama pudessem cooperar na elaboração de um plano de sucesso.

Mais ou menos na metade da manhã de quarta-feira, Wendy e eu estávamos remando num caiaque rumo a St. Simons Island, enquanto Amanda, Josh e Willa faziam a travessia na barca. Soprava uma brisa suave e a temperatura estava amena. O exercício físico e a atmosfera salgada liberaram boa parte de minha tensão. Naquela tarde, fizemos piquenique na praia. Depois, dei mais alguns telefonemas e, em seguida, desliguei o telefone pela primeira fez desde agosto.

No Dia de Ação de Graças, desfrutei de uma das melhores pescarias de minha vida, à qual se seguiu um jantar na praia, cujo prato principal era peru. Curtindo a tranquilidade de um de meus lugares preferidos na Terra – com o mar à minha frente, ouvindo o grasnido das gaivotas e observando o deslumbramento de Willa com uma águia, tive a impressão, por um momento, de que meus problemas não eram assim tão sérios.

Na sexta-feira de manhã, contudo, voltei a ligar o celular e passei boa parte do dia em conversas telefônicas. Josh Bolten convidara a equipe de Obama para uma reunião no domingo, quando discutiríamos a liberação da segunda parcela dos fundos do TARP e buscaríamos uma solução para as dificuldades da indústria automobilística.

No fim de semana, Joel apresentou uma proposta: as empresas automobilísticas que quisessem empréstimos do governo elaborariam planos detalhados para o futuro, que seriam apreciados por um assessor de viabilidade financeira, ou "czar da indústria automobilística", nomeado de comum acordo por Bush e por Obama. Enquanto o czar avaliava os planos, o Tesouro concederia empréstimo ponte de curto prazo às empresas – por exemplo, até 31 de março. Se determinado fabricante de automóvel não apresentasse nada aceitável, o assessor elaboraria seu próprio plano, em que uma das alternativas seria a recuperação judicial. A proposta de Joel exigia que Obama apoiasse em público a política da administração Bush, reconhecendo que as empresas automobilísticas precisariam desenvolver uma estratégia de viabilidade, antes de obterem dinheiro do TARP.

Domingo, 30 de novembro de 2008

Reunir-se com a equipe de Obama revelou-se um desafio. Rahm Emanuel recusou-se a participar da reunião e os demais membros da equipe do presidente eleito queriam que o encontro não se realizasse no Tesouro, não na Casa Branca, talvez para não darem a impressão de estarem trabalhando muito de perto com a equipe de Bush.

A reunião foi marcada para as 16 horas, no domingo seguinte ao Dia de Ação de Graças, em meu gabinete. Larry Summers chegou cedo, acompanhado de Dan Tarullo, assessor econômico de Obama. Ao caminhar na ante-sala de seu antigo gabinete, o ex-secretário do Tesouro parou diante de uma grande fotografia de ex-secretários do Tesouro, tirada durante um jantar em que George Shultz me homenageara em 2006. Larry gostou tanto da fotografia que depois lhe enviamos uma cópia.

O contingente de Bush compunha-se de Josh, Joel, Keith Hennessey, Carlos Gutierrez, secretário do Comércio, Dan Meyer e eu. A equipe de Obama incluía Mona Sutphen, futura subchefe de gabinete para políticas públicas, e Phil Schiliro, especialista em assuntos legislativos. Depois de algumas amabilidades – e do pedido de Larry de que o conteúdo de nossas conversas fosse considerado confidencial – Josh abriu a reunião, salientando que precisávamos da segunda parcela do TARP e afirmando que isso só seria possível se Obama liderasse as negociações com o Congresso. Expus minha proposta de destinação dos US$350 bilhões restantes, que abrangia a mitigação das execuções de hipotecas e retomadas de imóveis, o TALF, fundos para contingências e outros programas de Obama. Joel esboçou o plano para as empresas automobilísticas.

À exceção de Larry, o pessoal de Obama parecia reservado e na defensiva. Fizeram muitas perguntas, mas ofereceram poucas sugestões sobre nosso trabalho conjunto. Embora a reunião tenha sido amistosa, logo me dei conta de que não chegaríamos a lugar algum. Larry, sem dúvida, não gostava de nossa ideia para as empresas automobilísticas, preferindo não se obrigar com base no teste de viabilidade da administração Bush e de um czar independente. Quando a reunião terminou, também se exauriram minhas esperanças de conseguir o apoio do pessoal de Obama na tentativa de levantar a tranche final.

Segunda-feira, 1º de dezembro – Domingo, 7 de dezembro de 2008

No dia seguinte, os mercados de novo fecharam a cara, quando o National Bureau of Economic Research anunciou que os Estados Unidos, oficialmente, estavam em recessão. O Dow mergulhou 680 pontos, ou 7,7%; investidores assustados se aglomeraram em torno dos títulos do Tesouro de 10 anos, derrubando o rendimento para 2,73%, o mais baixo desde a década de 1950.

Na terça-feira, a GM e a Chrysler enviaram cartas ao Congresso, pedindo empréstimos de emergência de US$4 bilhões e US$7 bilhões, respectivamente. (Dois dias depois, os próprios executivos da indústria automobilística chegariam, desta vez em veículos híbridos, com baixo consumo de combustível.) Porém, os deputados e senadores republicanos mantiveram-se inflexíveis, opondo-se a qualquer operação de socorro aos fabricantes de automóveis. Esse não era um bom presságio para conseguir a tranche final do TARP. Os democratas não a liberariam sem provisões referentes às empresas automobilísticas e os republicanos tampouco a aprovariam se ela previsse algo semelhante a uma operação de socorro a empresas industriais.

As ruas de Washington estava frias e sombrias na tarde de 2 de dezembro, quando parti para Beijing, onde participaria de minha última reunião do Diálogo Econômico Estratégico (Strategic Economic Dialogue – SED), como secretário do Tesouro. Tivemos dois dias de sessões produtivas, que culminaram com o anúncio de numerosos programas de cooperação entre Estados Unidos e China em energia e meio ambiente. Havíamos escolhido essas áreas por sabermos que elas exerceriam apelo suprapartidário nos Estados Unidos e nos ajudariam a garantir a continuidade do SED na próxima administração.

Em minha reunião final com o presidente Hu Jintao, no Grande Salão do Povo, ele enfatizou a importante contribuição do SED para o fortalecimento das relações Estados Unidos–China, e insistiu para que eu voltasse em breve, depois que eu saísse do Tesouro. Como de praxe, Hu e eu, em seguida, tivemos uma reunião pessoal, em que lhe assegurei que as relações entre os nossos países tendiam a melhorar cada vez mais e o aconselhei a evitar medidas protecionistas de natureza comercial e cambial.

"A China tem mais chances que qualquer outro país do mundo de ganhar com a liberalização do comércio e de perder com qualquer retrocesso protecionista", afirmei.

"Não nos movimentamos em numerosas áreas com a rapidez almejada por vocês", disse Hu. "Mas não vacilamos, e prosseguiremos com a reforma e com a abertura."

Deixei Beijing animado com o sucesso do SED, mas, por outro lado, desanimava-me a realidade de estar voltando para uma economia cada vez mais problemática. Em 5 de dezembro, o governo divulgou a perda de 533.000 empregos em novembro, de um total de quase US$2 milhões de postos de trabalho extintos nos 12 meses anteriores. A taxa de desemprego já era de 6,7%, em comparação com 4,7% um ano antes. E as últimas notícias sobre a indústria automobilística eram funestas. Naquela manhã, o presidente do United Auto Workers, Ron Gettelfinger, declarou no Congresso que a "GM poderia ficar sem dinheiro até o fim do ano e a Chrysler, pouco depois."

Wendy e eu passamos juntos um dia relaxante, no sábado e, na noite seguinte, assistimos ao Kennedy Center Honors. Uma recepção na East Room da Casa Branca precedeu o evento, e lá me encontrei com Nancy Pelosi. Disse-lhe que as circunstâncias poderiam forçar-nos a notificar o Congresso de que precisaríamos sacar a última tranche do TARP, talvez durante os feriados. Ela segurou minha mão, o que ela sempre fazia quando queria encantar.

"Por favor, não o faça", disse ela. "Não temos votos suficientes."

Enquanto Nancy e eu conversávamos, surpreendi-me ao ver Clint Eastwood caminhar em nossa direção. O ator, amigo de Nancy, que discursaria em nome do homenageado e colega Morgan Freeman, ao se aproximar, sentenciou: "Não sei o que ela lhe está dizendo, senhor secretário, mas ela é mais forte. Sugiro-lhe fazer o que ela quiser."

Ri, endossando suas palavras. Àquela altura, ninguém compreendia melhor o poder de Nancy Pelosi que eu.

Quinta-feira, 11 de dezembro – Quarta-feira, 17 de dezembro de 2008

Eu queria a oportunidade de conversar sobre a situação da indústria automobilística em ambiente mais restrito; e, assim, Joel Kaplan e eu almoçamos sozinhos com o presidente, em 11 de dezembro. Na véspera, a Câmara aprovara um plano de emergência para destinar US$14 bilhões às empresas automobilísticas, sem haurir os fundos do TARP, mas a medida, apoiada pelo governo, enfrentava séria oposição entre os senadores republicanos. O vice-presidente Cheney se juntara a um grupo do staff da Casa Branca, liderado por Josh Bolten, que tentava convencê-los a ajudar os fabricantes de automóveis. Ele insistiu em que o velho partidão corria o risco de ser rotulado "partido de Herbert Hoover" se permitisse a falência das empresas. Mas os senadores não cederam.

Aquele seria um de nossos últimos almoços juntos. Como de costume, comemos na sala de jantar privativa do presidente, ao lado do Salão Oval. Durante meus dois anos e meio como secretário do Tesouro, percebi como esses almoços variavam pouco. Eu, normalmente, pedia sopa e um sanduíche de frango ou de atum, com salada. O presidente sempre não variava o cardápio: algumas cenouras, uma maçã fatiada e um cachorro-quente. Wendy a toda hora me acusava de devorar a comida, afirmando que nunca vira ninguém comer mais rápido do que eu. Isso porque ela nunca fizera uma refeição privativa com o presidente – o prato dele era retirado da mesa vazio, em menos de cinco minutos. Às vezes, a sobremesa era iogurte light; outras vezes, o presidente dispensava a sobremesa e fumava um charuto.

Para o presidente Bush, o salvamento da indústria automobilística era pílula amarga, mormente como última decisão econômica de seu governo. Ele detestava operações de socorro e desdenhava Detroit por não fazer os carros que as pessoas queriam comprar. Mas estávamos em meio a uma crise financeira, e em plena recessão, cada vez mais profunda. Ele reconhecia que, se aquelas empresas gigantescas declarassem falência, elas o fariam sem planejamento prévio e sem financiamento adequado que assegurassem recuperação ordeira. As consequências para a economia seriam devastadoras. Além de deflagrarem o pânico financeiro, também arrastariam para o fundo os fornecedores de autopeças e outros fabricantes de automóveis – não só a Chrysler e a Ford, mas também as operações da Honda e da Toyota, nos Estados Unidos. Embora o presidente não tivesse afirmado explicitamente que tomaria a iniciativa de salvar os fabricantes de automóveis, eu sabia que ele estava consciente – mais uma vez – da necessidade de ação rápida e decisiva.

O senador Bob Corker tentara tornar o projeto de lei mais palatável para os senadores republicanos; porém, os esforços dele se esboroaram naquela noite, em boa parte porque os sindicatos não aceitaram as reduções de salários que ele propôs. Depois de não chegarem a um acordo, os democratas e os republicanos debandaram de Washington para os feriados de Natal, sem terem feito nada para ajudar as empresas automobilísticas. Harry Reid teria dito no plenário do Senado: "Nem quero pensar em ver Wall Street amanhã. Não será uma visão agradável."

Ele não precisou esperar a abertura de Wall Street. Os mercados asiáticos abriram primeiro, em forte queda. O índice Nikkei, do Japão, já afundara mais de 7%, na metade do pregão, assim como o Hang Seng, de Honk Kong.

Eu acabara de chegar ao meu gabinete, às 7 horas da manhã seguinte, quando recebi um telefonema de Joel. O presidente Bush decidira anunciar que admitiria usar os recursos do TARP para apoiar os fabricantes de automóveis. Ele estava a bordo do *Air Force One* e queria que preparássemos a declaração dele, imediatamente, antes da abertura dos mercados americanos. A versão preliminar já estava pronta e Joel queria saber se eu concordava com ela. Em poucos minutos, eu a li e disse que estava tudo bem.

O pronunciamento efetivamente acalmou os mercados, dando à Casa Branca algum tempo para discutir os passos seguintes. Josh me disse que a presidência controlaria o processo, mas que o Tesouro deveria conduzir as negociações com as empresas automobilísticas. Incumbi Dan Jester, Steve Shafran e Jim Lambright de desenvolver as condições dos empréstimos à GM e à Chrysler. Insisti com a Casa Branca para que tomasse uma decisão rápida. Como o Congresso se omitira, o TARP era a única ferramenta que tínhamos em mãos para evitar que as empresas ficassem à míngua de recursos, e nada se ganharia prolongando ainda mais a agonia.

Outro grande problema irrompeu no começo da tarde de 17 de dezembro, quando Ken Lewis me telefonou para dizer que o Conselho de Administração do Bank of America estava em dúvida sobre se prosseguiria com o negócio de comprar o Merrill Lynch por US$50 bilhões. E acrescentou que tomara conhecimento, recentemente, de que o prejuízo do Merrill Lynch no quarto trimestre deveria ser da ordem de US$18 bilhões, antes dos impostos – muito acima de quaisquer expectativas. Em consequência, os conselheiros estavam pensando em recorrer à cláusula de "mudança substancial adversa" (material adverse change – MAC) para rescindir o contrato com o Merrill Lynch. Muito comum em negociações de fusões e incorporações, a cláusula MAC permite que o comprador rompa o acordo em circunstâncias extraordinárias. Mas eu sabia que os acionistas de ambas as empresas já haviam aprovado a transação e eu não conhecia precedentes de comprador que invocasse com êxito a cláusula MAC depois do voto dos acionistas. Além disso, a cláusula MAC era inusitadamente favorável ao Merrill Lynch, ao prever que ela não se aplicava à deterioração geral das condições do mercado.

Embora eu reconhecesse que dezembro estava sendo um mês horrível para os bancos, aqueles US$18 bilhões me chocaram. "Essa é uma questão muito séria", disse-lhe. "Você precisa vir a Washington e se reunir imediatamente com o Fed."

"Eu sem dúvida espero que você também esteja lá", respondeu.

Marcamos uma reunião para as 18 horas daquele dia no Fed. Bob Hoyt, Jim Lambright, Jeremiah Norton e eu chegamos mais cedo e conversamos com Ben Bernanke, com Don Kohn, e com o advogado geral, Scott Alvarez, na sala de reuniões de Ben. Cercado pelos retratos dos ex-chairmen do

Fed, pendurados nas paredes, constatei que o Fed não sabia nada sobre o tamanho provável do prejuízo do Merrill Lynch, mas tinha conhecimento de que o BofA esperava perder dinheiro no quarto trimestre e apresentava índice de capital ruim. Ben e eu concordamos que deveríamos ser rigorosos em relação à cláusula MAC, pedindo ao BofA para expor suas justificativas legais. Expus meus receios quanto à reação do mercado ao prejuízo de US$18 bilhões do Merrill Lynch, antes dos impostos, apenas num trimestre. Se as perdas do Merrill fossem realmente dessa magnitude, estávamos diante de um problema muito sério.

Ken Lewis chegou pontualmente às 18 horas, com seu diretor-financeiro, Joe Price, e com o novo advogado geral, Brian Moynihan. Ken explicou que o BofA soubera, pouco tempo atrás, que o Merrill deveria apresentar prejuízo de US$18 bilhões no quarto trimestre e aventou a hipótese de invocar a cláusula MAC. Ben reagiu com veemência à notícia, afirmando que, caso se concretizasse, a rescisão do contrato provavelmente desencadearia uma corrida bancária. Ken perguntou se ele se referia ao Merrill Lynch, e Ben retrucou: "Não, aos dois, Merrill e Bank of America, por falta de confiança em gestores que tinham caído naquela esparrela."

Alguém levantou a possibilidade de o governo oferecer ao BofA pacote de sustentação semelhante ao do Citi. Ben retrucou que o Citi havia recebido ajuda federal por causa do risco sistêmico, não para facilitar o fechamento da fusão. Se constatarmos risco sistêmico depois da operação do BofA com o Merrill, avaliaremos a situação no momento oportuno, disse Ben.

Ben e eu afirmamos que o Tesouro e o Fed estavam empenhados em evitar a falência de qualquer instituição de importância sistêmica. No fim da reunião, o BofA concordou em trabalhar em estreita colaboração com o Fed no intuito de fornecer as informações necessárias para que pudéssemos compreender melhor a situação; nós, por nossa vez, lhes forneceríamos mais detalhes sobre a estrutura da operação de socorro do Citi. Saímos da reunião conscientes de que tínhamos muito trabalho pela frente, para compilarmos todos os fatos a respeito da natureza e das causas dos prejuízos.

Com os Estados Unidos se afundando cada vez mais na recessão, eu estava muito preocupado em me ver diante de uma situação de emergência, sem recursos disponíveis. O prejuízo espantoso do Merrill Lynch no quarto trimestre agora ameaçava a viabilidade de duas enormes instituições, com ativos combinados de US$2,7 trilhões, e suscitava o espectro de uma operação de socorro custosa do Bank of America. Quando se adicionava a tudo isso também a operação de socorro iminente da indústria automobilística, o TARP seria drenado ainda mais. Faltavam apenas 33 dias para 20 de janeiro. Mas isso pareceria uma eternidade se eu não tivesse fundos suficientes para qualquer nova erupção.

Cheguei ao Tesouro na sexta-feira, 19 de dezembro, às 7h15, com nova disposição para conseguir que Tim Geithner ou Larry Summers convencessem Obama a trabalhar conosco no saque da última tranche do TARP logo depois dos feriados. Na tarde anterior, o presidente me passara suas instruções finais sobre a indústria automobilística e eu pedi à minha equipe no Tesouro que negociasse durante a noite, para que pudéssemos anunciar um acordo antes da abertura dos mercados.

Esperávamos que o presidente Bush divulgasse o acordo com as empresas automobilísticas às 10 horas, mas depois soubemos que ele anteciparia o anúncio em uma hora. Tivemos de correr para concluir a planilha a tempo, o que conseguimos nada mais que dois minutos antes de o presidente entrar ao vivo em rede nacional de televisão, transmitida diretamente da Casa Branca. O governo emprestaria US$4 bilhões à Chrysler e US$13,4 bilhões à GM, oriundos de recursos do TARP – do total da GM, US$4 bilhões dependiam da liberação pelo Congresso da segunda parcela do TARP.

Embora quiséssemos que as empresas automobilísticas se reestruturassem para aumentar sua viabilidade a longo prazo, não estaríamos presentes para supervisionar essas mudanças. Então, elaboramos condições que imporiam às empresas automobilísticas a trajetória de reorganização, por meio de procedimentos de falência, que dificultariam para o presidente Obama a mudança de rumo. Para tanto, exigimos que as empresas apresentassem em meados de fevereiro planos de reestruturação que demonstrassem como retomariam a viabilidade financeira e pagariam os empréstimos. Com esse objetivo, teriam de desenvolver linhas de produtos e estruturas de custos competitivas. Nossos termos também demandavam concessões significativas pelos empregados e pelos credores. Se as condições não fossem cumpridas até 31 de março, o governo denunciaria os empréstimos, forçando a reestruturação em regime de recuperação judicial. Sabíamos que seria quase impossível conseguir concessões significativas de todas as partes, sem essas pressões.

Depois de todas as atividades dos últimos meses, aquela foi a primeira vez em que o Tesouro trabalhara de maneira tão entrosada com a Casa Branca. Eu estava muito orgulhoso de minha equipe por executar tão bem negócio tão crucial em tão pouco tempo.

Naquele mesmo dia, 19 de dezembro, Ben me informou que o Bank of America havia retornado ao Fed para dizer que a situação com o Merrill Lynch estava piorando. A estimativa de perdas agora era de US$22 bilhões antes dos impostos. No meio da tarde, telefonei a Ken Lewis para saber como o prejuízo havia aumentado em US$4 bilhões em dois dias. Ele respondeu que ele próprio estava tentando compreender a situação. Insisti em que ele precisava fechar o negócio com o Merrill.

Uma hora depois, Ben e eu entramos em teleconferência com Ken e a equipe dele, do BofA, e com o que pareciam ser dezenas de funcionários dos bancos da reserva federal de Washington, de Richmond e de Nova York. O Fed de Nova York estava representado por Art Angulo, vice-presidente sênior, e por Tom Baxter, advogado geral.

Ken informou que o Conselho de Administração dele ainda estava considerando a hipótese de invocar a cláusula MAC, mas os representantes do Fed de Nova York reagiram com energia, questionando seus fundamentos jurídicos. Eu também argumentei que, ainda por cima, qualquer tentativa nesse sentido envolveria graves riscos para o BofA e para todo o sistema. Ken levantou a ideia de usar a cláusula para renegociar os termos do acordo com o Merrill. Respondi que essa alternativa suscitaria as mesmas preocupações que resultariam da tentativa de denúncia do contrato. Prolongaria o período de incerteza, num mercado já dominado pelo medo. Concordamos que precisávamos de mais informações e que voltaríamos a conversar no começo da próxima semana.

Na tarde seguinte, voei para Colorado, onde passaria alguns dias esquiando com a família durante os feriados de Natal e Ano-Novo. No domingo de manhã, Ken Lewis me telefonou. O CEO geralmente calmo parecia transtornado. Ele reiterou que seu Conselho de Administração ainda estava preocupado com as perdas do Merrill e continuava considerando a hipótese de recorrer à cláusula MAC. Eles precisavam decidir antes do fechamento do negócio, em 1º de janeiro, disse. Lembrei-lhe de que o Tesouro e o Fed tinham o compromisso de salvar qualquer instituição de importância sistêmica e insisti em que trabalharíamos num pacote de apoio, se necessário. "Você sabe como estamos interessados nesse negócio", reiterei.

Como tínhamos sido muito claros sobre o compromisso do governo com um programa de apoio, eu não achava que Ken estivesse apenas nos testando. Na verdade, concluí com base em nossas conversas anteriores que o próprio Ken estava inseguro sobre o tipo de ajuda governamental mais adequada ou necessária. Ele parecia estar enfrentando dificuldades com o Conselho de Administração.

Voltei a falar com Ken mais tarde e de novo enfatizei que o governo não permitiria a falência de nenhuma instituição de importância sistêmica; que o recurso à cláusula MAC revelaria enorme falta de discernimento pelo BofA; que essa atitude seria prejudicial para o banco dele, para o Merrill Lynch e para todo o sistema financeiro; e que nessas circunstâncias, o Fed, como regulador do BofA, podia adotar medidas extremas, inclusive o afastamento da diretoria e do Conselho de Administração.

"Compreendo", disse Ken. "Vamos esfriar os ânimos."

No dia seguinte, Ben me telefonou para dizer que havia confirmado que Ken e o Conselho de Administração do Bofa prosseguiriam no negócio com o Merrill, mas que o Conselho de Administração queria uma carta do governo comprometendo-se com um pacote de ajuda.

"Ben", observei, "isso não faz qualquer sentido."

"Eu sei", concordou ele.

"Vou telefonar para Lewis e tratar dessa questão', disse-lhe.

"Telefonei para o CEO do BofA e disse-lhe sem rodeios: "Ken, não podemos dar-lhe uma carta."

Ainda não havíamos concordado com um plano para ajudar o BofA, muito menos elaborado todos os detalhes, expliquei. Ben e eu já tínhamos declarado em público que não admitiríamos a falência de nenhuma instituição que se revestisse de importância sistêmica. Uma carta serviria apenas para reiterar essa afirmação. Porém, o Tesouro teria de divulgar essa carta, o que bastaria para agravar ainda mais a tensão no mercado. Ken disse que compreendia meus argumentos e que exporia meu esclarecimento ao Conselho de Administração.

Na véspera do Ano-Novo, recebi outro telefonema de Ken. Ele disse que fecharia o negócio com o Merrill Lynch no dia seguinte e reiterou que confiava em minha palavra de que o governo interviria com um programa para o BofA.

O negócio foi fechado em 1º de janeiro.

Últimos dias

Embora tivéssemos resolvido a questão dos empréstimos do TARP às empresas automobilísticas, seus braços financeiros, sob fortes pressões, constituíam outro problema. A GMAC Financial Services carecia de capital suficiente e a Chrysler Financial enfrentava dificuldades de liquidez – em consequência, nenhuma das duas tinha condições de oferecer o crédito de que os revendedores e clientes precisavam para reativar as vendas. Em 29 de dezembro, o Tesouro anunciou uma infusão de capital de US$5 bilhões do TARP na GMC, que se tornara empresa controladora de banco, além de mais US$1 bilhão para a GM investir na GMAC. Em 16 de janeiro, o Tesouro destinou US$1,5 bilhão de fundos do TARP à Chrysler Financial, para financiamento das compras de automóveis pelos consumidores.

Trabalhamos com afinco para assegurar algum espaço de manobra à equipe de Obama, quando se estabelecessem na Casa Branca, e ninguém se preocupou mais com esse aspecto que o presidente Bush. Ele não poupou esforços para facilitar a transição para a nova administração.

O presidente eleito Obama compreendeu que precisaria da segunda metade do TARP, mas a oposição cerrou fileiras e ele esperou até o último momento para pedir ao presidente Bush que notificasse o Congresso. Na verdade, ele esperou tanto tempo que meus colegas na Casa Branca chegaram a nutrir alguma esperança de que o presidente Bush não precisasse pedir dinheiro ao Congresso.

Quando Obama finalmente telefonou, em 8 de janeiro, ele perguntou se o presidente Bush estaria disposto, se necessário, a vetar a decisão do Congresso, pois Obama não queria que seu primeiro ato como presidente fosse o veto à negativa do Congresso de liberar o TARP. A resposta do presidente foi: "Não quero que minha última ação seja um veto. Vamos fazer força para que o veto seja desnecessário."

Em 12 de janeiro, o presidente Bush formalmente requereu ao Congresso os restantes US$350 bilhões. Em 15 de janeiro, o Senado votou pela liberação desses fundos para o presidente eleito.

Mais tarde, naquela noite, o negócio com o Bank of America foi concluído e o presidente pronunciou seu discurso de despedida à nação. Senti certo desalento – e tenho certeza de que também o presidente – com o fato de a última operação de socorro da administração Bush ter sido divulgada como parte do mesmo ciclo de notícias do discurso de despedida. O staff do presidente ficou insatisfeito com a coincidência, mas não podíamos retardar o anúncio do negócio entre o BofA e o Merrill Lynch.

O negócio do Bank of America foi muito parecido com o do Citigroup. O governo investiria US$20 bilhões oriundos do TARP em ações preferenciais com dividendos de 8%. O BofA absorveria os primeiros US$10 bilhões em prejuízos provenientes de um pool de empréstimos e de certificados de recebíveis mobiliários no valor de US$118 bilhões. As perdas acima desse limite inicial seriam divididas na proporção 90/10 entre o governo e o BofA. Como o Citi, o BofA se comprometeria com modificações nas hipotecas e com restrições mais severas quanto à remuneração dos executivos.

O negócio foi anunciado nas primeiras horas de 16 de janeiro. Então, às 7 horas, o BofA divulgou seus resultados do quarto trimestre: prejuízo de 1,79 bilhões dele próprio e prejuízo antes dos impostos de US$22 bilhões do Merrill. As ações do BofA cairiam 14% no dia, para US$7,18. Apesar da magnitude dos números adversos, a situação ainda era melhor do que antes. O BofA se estabilizara e o Merrill não falira.

Aquele novo dia foi menos notável – ou estafante – que os anteriores. Além da divulgação dos resultados do BofA, também anunciamos nosso investimento na Chrysler Financial. Ambos os negócios foram concluídos logo no começo da manhã, coroando a última noite em claro de minha equipe no Tesouro. O Citigroup também divulgou prejuízo espantosamente alto de US$8,3 bilhões no quarto trimestre, além de um plano para cindir-se em duas entidades: o Citicorp, que atuaria como banco global, e a Citi Holdings que ficaria com mais ou menos US$301 bilhões em ativos problemáticos.

Embora os resultados dos bancos no quarto trimestre tenham confirmado minhas expectativas pessimistas, senti-me animado pelo que parecia ser uma luz no fim do túnel. Executivos de bancos de todo o país me diziam que as perspectivas de lucro em janeiro haviam melhorado muito. Não me surpreendeu que os bancos estivessem conseguindo bons resultados com os programas de apoio e com as baixas taxa de juros. O que me assustou foi a demora da reação.

Sexta-feira, 16 de janeiro, foi meu último dia de trabalho no Tesouro. Não sou muito sentimentalista, e embora tivéssemos cultivado um clima de extremo companheirismo no Tesouro, eu não planejara discurso de despedida nem qualquer cerimônia especial. Jim Wilkinson e Neel Kashkari apareceram em minha sala no fim da tarde; queriam estar a meu lado naqueles últimos momentos. Pareciam esperar alguma despedida memorável, mas simplesmente lhes disse que nunca me emocionava ao deixar um cargo.

Hoje, em retrospectiva, não posso evitar forte sentimento de admiração pelo trabalho árduo e pela incrível abnegação da equipe do Tesouro, do pessoal do Federal Reserve e de muitos órgãos governamentais, que se dedicaram com desprendimento pessoal em alguns dos momentos mais sombrios já vividos por eles como profissionais e pelo país como um todo.

Ao preparar-me para deixar o cargo, imbuí-me da consciência inequívoca de termos conseguido evitar o colapso do sistema. Por mais controversos que tenham sido o TARP e outras programas, nossas iniciativas preveniram desastre muito mais grave, que teriam infligido dor muito mais intensa ao povo americano.

Eu sabia que muitos de meus concidadãos encaravam as operações de socorro — se não todo o setor financeiro — com revolta e raiva. Embora eu compartilhasse alguns desses sentimentos, a crise não abalou minha fé no sistema de livre mercado. Sim, nossa maneira de fazer as coisas por vezes necessita de consertos e reformas — o que é inegável agora, mais que em qualquer outra época —, mas ainda não me apresentaram alternativa para nosso sistema capaz de proporcionar a tantas pessoas não só a satisfação de suas necessidades, mas também a expectativa realista de vidas muito melhores.

Quantos fins de semana e feriados minha equipe no Tesouro dedicou ao trabalho durante a crise? O que teria acontecido se eu não pudesse confiar na devoção, no talento e na criatividade de tantas pessoas brilhantes?

Essas mesmas palavras de reconhecimento também se aplicam a meus colegas no governo. Ben Bernanke, Tim Geithner, Sheila Bair, Chris Cox, John Dugan, Jim Lockhart — por vezes divergimos em filosofias e estratégias, mas nunca duvidei do devotamento dessas pessoas ao país ou de sua determinação de empreender as medidas necessárias para salvar o sistema. Deixei o Tesouro confiante em que, com Tim como meu sucessor e com Ben como chairman do Federal Reserve, muitos de nossos planos e programas prosseguiriam na administração seguinte.

Não raro senti-me frustrado com a realidade política de Washington, mas também conheci políticos dispostos a tomar decisões impopulares para servir melhor ao bem comum. Ninguém mostrou mais coragem que o presidente Bush, que não só sempre me prodigalizou com apoio irrestrito, mas também estabeleceu uma ideologia, e, muitas vezes, influenciou as preferências do próprio staff, no sentido de fazer o necessário, independentemente de outras injunções. Certas decisões talvez tenham sido pessoalmente difíceis para ele, mas o presidente Bush nunca deixou transparecer qualquer resquício de dúvida ou hesitação.

Saí do Tesouro pela última vez e passei diante da Casa Branca, que fervilhava com os preparativos para a recepção do novo presidente, e me dei ao luxo de me sentir bem durante alguns instantes com o que havia realizado.

Estivemos à beira do abismo, mas nunca despencamos no precipício.

Epílogo

Nunca acordei lamentando não ser mais o secretário do Tesouro dos Estados Unidos. Para começar, voltei a dormir bem à noite. Espero que, com a estabilização dos mercados e com a recuperação da economia, o mesmo sentimento de alívio anime milhões de pessoas nos Estados Unidos – e em todo o mundo – despertando-as desse longo pesadelo de execuções de hipotecas, retomadas de imóveis, perdas de emprego e aperto de crédito, que as aflige desde o início da crise financeira, em 2007.

Decerto não mais convivo com minha equipe no Departamento do Tesouro nem com meus outros colegas no governo. Mesmo nos piores dias, sentia-me reconfortado com a certeza de que estava trabalhando com algumas das mentes mais sagazes e mais criativas do país – homens e mulheres que haviam optado pelo serviço público, em prejuízo do enriquecimento pessoal. E, de fato, lamento não poder ajudar na elaboração da "estratégia de saída" dos programas de emergência que implementamos para salvar o sistema financeiro nem no desenvolvimento das reformas regulatórias tão necessárias.

Quando me tornei secretário do Tesouro, em julho de 2006, as crises financeiras não eram novidade para mim, como tampouco o eram as falências de grandes instituições. Eu já testemunhara sérios distúrbios nos mercados e os colapsos, ou quase colapsos, do Continental Illinois Bank, Drexel Burnham Lambert e Salomon Brothers, entre outros. À exceção da debacle das associações de poupança e empréstimo, essas rupturas geralmente se limitavam a uma única organização, como o fundo de hedge Long Term Capital Management, em 1998.

No entanto, a crise que estourou em 2007 foi muito mais grave, envolvendo riscos bem mais sérios para a economia e para o povo americano. Entre março e setembro de 2008, oito grandes instituições financeiras americanas faliram – Bear Stearns, IndyMac, Fannie Mae, Freddie Mac, Lehman Brothers, AIG, Washington Mutual e Wachovia – seis delas só em setembro. E os danos não se limitaram aos Estados Unidos. Mais de 20 bancos europeus, em 10 países, foram socorridos entre julho de 2007 e fevereiro de 2009. A mais lancinante crise financeira desde a Grande Depressão provocou terrível recessão nos Estados Unidos e graves danos em todo o mundo. Entretanto, poderia ter sido muito pior. Se não fossem as intervenções sem precedentes dos governos dos Estados Unidos e de outros países, muito mais instituições financeiras teriam ido à falência – e os danos econômicos teriam sido muito mais intensos e duradouros.

No começo de 2009, não havia dúvida de que nossas iniciativas haviam evitado o derretimento do sistema financeiro. Associados a iniciativas do Federal Reserve e da Federal Deposit Insurance Corporation, os programas que desenvolvemos e implementamos no Departamento do Tesouro – com os adotados pela administração Obama, que, em boa parte, foram prosseguimentos ou extensões lógicas dos nossos – estabilizaram o sistema financeiro, reiniciaram os mercados de crédito e contribuíram para atenuar as consequências do colapso do mercado habitacional. Mesmo antes de minha saída do cargo, em janeiro de 2009, os grandes bancos estavam ganhando força e, muitos deles, em breve, de novo teriam acesso a novas emissões de capital e de dívidas.

Entre essas iniciativas, um programa de garantias inovadoras evitou o desabamento dos fundos money market. O Term Asset-Backed Securities Loan Facility, que o Tesouro concebeu e projetou em conjunto com o Fed, foi bem-sucedido em restabelecer o mercado de securitização do financiamento do consumo, em áreas como recebíveis de cartões de crédito e de financiamentos automobilísticos. E nossa decisão de promover a recuperação judicial da Fannie e da Freddie garantiu a disponibilidade de empréstimos acessíveis para novos compradores de moradias e para quem pretendia refinanciar suas hipotecas. Essa foi, de longe, a medida isolada mais importante para conter o declínio dos preços no mercado habitacional, setor crítico para a nossa recuperação.

Também conseguimos resultados expressivos na atenuação dos efeitos das execuções de hipotecas e das retomadas de imóveis, mediante a mobilização e coordenação do setor privado, no esforço para modificar as condições dos financiamentos hipotecários. Estimulamos competidores atrozes a cooperar entre si e a trabalhar em estreito entrosamento com orientadores financeiros, no intuito de convencer mutuários problemáticos a pegar o telefone e procurar os mutuantes ou intermediários hipotecários. No todo, aceleramos as mudanças nos termos das hipotecas e poupamos centenas de milhares de famílias do grave dissabor de perder suas casas. (O grupo de orientação que apoiamos, conhecido pela linha gratuita 888-995 HOPE, foi integrado pela administração Obama em seu próprio programa.)

E, evidentemente, nossa decisão de assumir participação societária em instituições financeiras, contra o recebimento de ações preferenciais, por meio do programa de investimentos de capital – associado às garantias de dívida da FDIC – estabilizou o setor bancário em decomposição. No todo, cerca de 700 bancos saudáveis, grandes e pequenos, se beneficiaram com o programa, que investiu US$205 bilhões nessas instituições. Acredito que os contribuintes acabarão ganhando dinheiro com esses investimentos. Estimáramos de início que até 3.000 bancos poderiam participar do programa, reforçando sua capacidade de concessão de crédito. Infelizmente, a reação que se avultou contra as instituições que tomavam dinheiro do TARP levou muitos bancos a retirar seus pedidos de recursos e desestimulou muitos outros a pedir ajuda ao governo.

Cheguei a Washington na condição de defensor do livre mercado, como sempre fui e continuarei a ser. As intervenções que perpetramos eu próprio consideraria horríveis em qualquer outra época. Não me desculpo por tê-las promovido. Como principais responsáveis por debelar uma crise sem precedentes, que ameaçava a destruição do sistema financeiro moderno, tínhamos poucas escolhas. Fomos obrigados a usar as ferramentas em geral inadequadas que tínhamos em mãos – ou, como salientei numerosas vezes para minha equipe no Tesouro, os adesivos e barbantes de um regime regulatório ultrapassado, que nos concedia poderes e prerrogativas limitadas para lidar com sistemas e instituições de complexidade crescente.

Nossas iniciativas foram concebidas como soluções temporárias. Se o governo não sair de cena o mais rápido possível, infligiremos graves danos à economia americana. Sim, nossa prioridade mais urgente deve ser a recuperação. Mas também é do mesmo modo importante desativar os programas de emergência. Isso é fundamental para a continuidade de nosso sucesso econômico.

A história do capitalismo nos Estados Unidos tem sido pautada pelo equilíbrio certo entre forças de mercado induzidas pelo lucro e um conjunto de leis e regulamentos indispensáveis ao direcionamento desses vetores para o bem comum. Nos anos recentes, a regulação não acompanhou o ritmo das rápidas inovações nos mercados – desde a proliferação de produtos cada vez mais complexos e opacos até a aceleração da globalização financeira – com efeitos desastrosos.

Durante minha passagem por Washington, aprendi que, infelizmente, não raro se precisa de uma crise para fazer coisas importantes. Muita gente advertia, havia anos, quanto aos riscos de uma calamidade iminente na Fannie Mae e na Freddie Mac, mas apenas quando essas instituições depararam com a ameaça de colapso total os legisladores promulgaram as reformas. Só depois da falência do Lehman Brothers recebemos poderes do Congresso para injetar capital nas instituições financeiras. Mesmo assim, não obstante as condições horríveis dos mercados, o TARP foi rejeitado na primeira votação pela Câmara dos Deputados. E, por mais espantoso que seja, no momento em que escrevo esta página, mais de um ano depois da queda do Lehman, os reguladores do governo ainda carecem de autoridade para promover a desativação gradual ordeira de uma instituição financeira, fora do regime de falência.

Não estou certo de qual seja a solução para essa disfunção política cada vez mais problemática, porém, sem dúvida, precisamos encontrar uma maneira de melhorar o processo decisório coletivo em Washington. Os cacifes são simplesmente altos demais para que não se faça nada. Com efeito, tivemos a sorte de, em 2008, o Congresso ter realmente agido antes do colapso do sistema financeiro, o que exigiu forte liderança política na Câmara e no Senado, pois todos os que votaram a favor do TARP ou nos deram poderes de emergência para lidar com a Fannie e a Freddie sabiam que estavam apoiando medidas impopulares.

Desde que deixei o Tesouro, não raro sou procurado por pessoas que querem conhecer minhas experiências. Quase sempre, elas me fazem duas perguntas básicas: Qual foi a sensação de enfrentar uma crise? Que lições eu extraí da experiência, que possam nos ajudar a evitar calamidade semelhante no futuro?

Espero que este livro tenha respondido à primeira pergunta. A resposta à segunda pergunta obviamente é complexa, mas, como tenho refletido muito a esse respeito, eu resumiria as muitas lições em quatro ensinamentos cruciais.

1. *Os desequilíbrios econômicos estruturais entre as maiores economias do mundo que resultaram em maciços fluxos de capital transfronteiriços são importante fonte dos excessos de nosso sistema financeiro, que têm sido objeto de críticas justas.* Esses desequilíbrios se situam na raiz da crise. Em termos simples, nos Estados Unidos, poupamos muito menos do que consumimos, o que nos obriga a contrair grandes empréstimos de países exportadores de petróleo ou de países asiáticos, como a China e o Japão, com altas taxas de poupança e baixa proporção de consumo interno. A crise retrocedeu, mas os desequilíbrios persistem e não podem ser ignorados.

2. *Nosso sistema regulatório ainda é uma colcha de retalhos inexoravelmente ultrapassada, construída em outra época, quando prevaleciam outras condições.* Ele está cheio de redundâncias, lacunas e sobreposições de competências contraproducentes. A evolução do sistema não acompanhou as inovações financeiras. Daí a necessidade de reformas que outorguem às autoridades reguladoras capacidade e poderes para reagir constantemente às transformações dos mercados de capitais globais.

3. *O sistema financeiro estava demasiado alavancado, como se constatou pela inadequação das camadas protetoras de capital e de liquidez. Boa parte dessa alavancagem estava embutida em instrumentos financeiros extremamente opacos e altamente complexos.* Hoje, de um modo geral, se sabe que os bancos comerciais e de investimentos nos Estados Unidos e na Europa, assim como no resto do mundo, não dispunham de capital suficiente. Mas ainda não se compreende tão bem o papel vital a ser atribuído à liquidez, no reforço da estabilidade e da segurança dos bancos. A crise de crédito expôs o excesso de confiança indevida em práticas de liquidez impróprias, mormente a dependência em relação a financiamentos de curto prazo de alta instabilidade. As instituições financeiras que recorrem em demasia a empréstimos de curto prazo precisam de muita liquidez imediata para os maus tempos. E muitas não tinham essa prudência. Em minha opinião, colchões de liquidez inadequados eram problema mais grave que níveis de capital insuficientes.

4. *As maiores instituições financeiras são tão grandes e complexas que impõem enormes riscos sistêmicos.* Hoje, as 10 maiores instituições financeiras dos

Estados Unidos detêm quase 60% dos ativos financeiros, em comparação com 10% em 1990. Essa grande concentração, associada a interligações e interações muito mais estreitas, significa que o fracasso de qualquer uma das poucas instituições gigantescas pode derrubar grande parte do sistema e, à maneira de peças de dominó, arrastar as demais. O conceito de "grande demais para quebrar" se estendeu da literatura acadêmica para a realidade dos mercados e deve ser encarado com seriedade.

Numerosas são as medidas a serem adotadas para enfrentar essas questões. Para começar, devemos ajustar as políticas públicas dos Estados Unidos para reduzir os desequilíbrios globais denunciados há anos por muitos economistas preeminentes. Se, em consequência dos problemas econômicos em curso, os cidadãos americanos começarem a economizar mais e a gastar menos, precisaremos receber de bom grado e estimular com eficácia essa transformação. Devemos ir além e eliminar os vieses de nosso Código Tributário contra a poupança – com efeito, evoluir para uma legislação tributária baseada no consumo e não na renda. O sistema hoje vigente tributa os rendimentos da poupança, oferecendo incentivos à gastança em vez de à poupança. O avanço para o imposto de consumo removeria o viés contra a poupança e ajudaria a impulsionar os investimentos e a criação de empregos, ao mesmo tempo em que reduziria a dependência dos Estados Unidos em relação ao capital estrangeiro.

O governo americano precisa superar o principal desafio econômico dos Estados Unidos – a redução do déficit fiscal. Nossa capacidade de superar essa dificuldade determinará em grande parte o sucesso de nosso futuro econômico. Estamos numa trajetória em que os déficits aumentarão a tal ponto que será impossível auferir as receitas necessárias, mesmo que se aumente substancialmente a carga tributária já incidente sobre a classe média. Lidar com essa questão exigirá que nos movimentemos rapidamente para reformar nossos grandes programas sociais: Medicare, Medicaid e seguridade social. Qualquer uma dessas reformas deve ser efetuada de maneira a reconhecer e a enfrentar o déficit de US$43 trilhões que o GAO está projetando para os próximos 75 anos, o qual, com o passar do tempo, se tornará cada vez mais intratável. Quanto mais esperarmos, maior será o ônus para a próxima geração.

Alcançar o ponto de equilíbrio certo entre regulação eficaz e disciplina de mercado é outro enorme desafio com que nos deparamos. A crise recente demonstrou que nossos mercados financeiros ultrapassaram a capacidade das atuais agências reguladoras. A reforma regulatória em si não teria evitado a crise financeira. Contudo, um arcabouço mais adequado, com menos duplicidade e mais limitação da capacidade das empresas financeiras de definir e escolher os próprios reguladores, em geral menos restritivos – prática conhecida como arbitragem regulatória – teria sido muito mais eficaz. E eu não tenho dúvida de que a falta de um regulador incumbido de identificar e gerenciar os riscos sistêmicos contribuiu muito para os problemas com que nos defrontamos.

Precisamos de um sistema regulatório capaz de autoajustar-se em processo de adaptação contínua, à medida que as instituições financeiras, os produtos financeiros e os mercados financeiros continuam em evolução constante. Antes de a crise ter nos forçado a deslocar a ênfase de recomendações a longo prazo para o combate a incêndios, o Departamento do Tesouro realizou uma análise abrangente e profunda dos objetivos adequados da regulação dos serviços financeiros, exercício que nos levou a desenvolver propostas amplas de reformas fundamentais. Essas recomendações eram controversas quando foram apresentadas, em março de 2008, mas, em retrospectiva, parecem muito proféticas.

Entre outras coisas, recomendamos um sistema que instituísse a responsabilidade do governo pela identificação e supervisão do risco sistêmico. Preconizamos o fortalecimento e a consolidação de regulação segura e vigorosa que eliminasse a redundância e a arbitragem contraproducente. Reconhecendo a proliferação de produtos financeiros – e os abusos que os acompanham – também propusemos a criação de uma agência reguladora específica, incumbida de regular e fiscalizar a conduta das empresas, para proteger consumidores e investidores.

Reconhece-se amplamente a necessidade de um acordo global que imponha aos bancos níveis mais altos de capital de melhor qualidade. A realização desse objetivo será mais difícil por causa dos bancos europeus mais alavancados. Porém, a consistência aqui é importante, e uma posição de capital mais forte permitirá que os bancos emprestem mais durante as recessões, exatamente quando aumenta a necessidade de crédito. Os regulXYZadores também devem exigir maiores colchões de liquidez, o que também deve ser coordenado em âmbito global. Um modelo simplista do tipo tamanho único não será eficaz para reforçar a liquidez. Os gestores e os reguladores dos bancos precisam compreender melhor as demandas de liquidez potenciais, que variarão de um banco para outro, em condições adversas.

No contexto de uma economia global de US$60 trilhões, em que a economia americana participa com US$14 trilhões, é inevitável que os Estados Unidos tenham algumas instituições financeiras muito grandes, cuja magnitude e complexidade crescentes sejam impulsionadas pelas demandas dos clientes no mercado global. Dentro dos Estados Unidos, que ainda têm 8.000 bancos relativamente pequenos, ao lado de instituições gigantescas, as pressões competitivas também forçarão o setor a prosseguir na trajetória da consolidação, por meio de fusões e incorporações. Da mesma maneira como muita gente faz compras no Wal-Mart, enquanto lamenta o desaparecimento dos varejistas locais, essas mesmas pessoas procurarão bancos comerciais maiores, que ofereçam variedade mais ampla de serviços e produtos com custos mais baixos que os dos bancos menores. As instituições que estão surgindo para atender a todas essas necessidades são complexas, difíceis de gerenciar e de regular, e impõem riscos reais que não podem ser ignorados.

Não há dúvida de que teremos de adotar sistemas regulatórios mais rigorosos e mais eficazes. Espero que as grandes instituições venham a ser reguladas de maneira que levem em conta os riscos resultantes não só de seu tamanho, mas também das aquisições de outras instituições e do desenvolvimento de novas linhas de negócios que as tornem mais arriscadas e que compliquem ainda mais a tarefa já difícil de gerenciá-las com eficácia.

Contudo, a regulação sozinha não eliminará a instabilidade. Inevitavelmente, nos defrontaremos com a falência de outras grandes instituições complexas. O desafio é, de um lado, fortalecer a disciplina do mercado, como ferramenta que induza as instituições a tratar dos problemas antes que se tornem insolúveis, e, de outro, desenvolver meios para que o sistema financeiro seja capaz de absorver grandes falências, sem sofrer abalos capazes de ameaçar sua própria integridade. Como já afirmei reiteradamente, precisamos de mais autoridade para lidar com instituições financeiras não bancárias em vias de falência, inclusive para promover sua desativação gradual ordeira, quando for o caso. Como demonstrou a falência do Lehman Brothers, os atuais procedimentos de falência são claramente inadequados para grandes e complexas organizações.

Estremeço ao pensar na possibilidade de alguma administração futura ter de enfrentar outra crise, manietada pelas restrições com que nos defrontamos. Por isso, sou favorável que se conceda autoridade ao poder executivo para lidar com a falência de instituições de importância sistêmica

– inclusive com a prerrogativa de injetar capital e conceder empréstimos de emergência. Alguns críticos argumentarão que essa outorga apenas agravará o risco moral, mas confio na adoção de salvaguardas que minorem essas preocupações e atenuem as distorções do mercado.

A autoridade para desativação gradual ordeira deve condicionar-se à imposição de custos reais aos credores, aos investidores e às próprias instituições financeiras, de modo que a disciplina de mercado continue a ser força construtiva na regulação de grandes empresas complexas. Contudo, não importa como seja concebida, essa delegação de autoridade para a desativação gradual ordeira afetará as práticas de mercado e as decisões sobre crédito. Para minimizar a incerteza no mercado, o governo deve divulgar diretrizes claras sobre como usará esses novos poderes. Também é importante definir padrões muito rigorosos antes de sua aplicação, semelhantes às restrições a serem observadas pela FDIC antes de liquidar – ou, em termos técnicos, "dissolver" – bancos comerciais.

A gestão bem-sucedida de grandes instituições financeiras diversificadas também exige o exercício das funções independentes de gestão de riscos e exercício de controles, investidas de poderes suficientes para a realização de seus objetivos, além de políticas de remuneração que não estimulem o excesso de assunção de riscos. As atuais áreas de gestão de riscos, observância (compliance), controle e auditoria, embora muito árduas, não estão devidamente preparadas para a consecução de seus propósitos. Para tanto, elas devem ser consideradas tão importantes quanto às de operações de mercado, geradoras de receitas para a organização. Os especialistas em gestão de riscos devem dar a palavra final em qualquer disputa, o que só será possível se a organização desenvolver uma cultura que respeite essas funções e demonstre essa valorização ao oferecer a esses profissionais perspectivas de carreira e estruturas e remuneração capazes de atrair e de reter talentos extraordinários.

Hoje se reconhece que os reguladores precisam trabalhar com o setor financeiro na definição dos padrões de remuneração, função que pode e deve ser exercida sem que as agências regulatórias determinem níveis de remuneração específicos. A remuneração deve ser alinhada com os interesses dos acionistas, determinando-se que, quanto maior for a remuneração total, maior será a proporção do pagamento em ações diferidas – a ser efetuado em data futura – vinculado à realização de certos objetivos e sujeito a cancelamento em certas circunstâncias.

Os executivos seniores não poderão vender a maioria, se não a totalidade, das ações que recebem como remuneração; ao se aposentarem ou ao deixarem as empresas, suas ações diferidas devem ser reembolsadas conforme cronograma predeterminado, de forma gradual. É fundamental que os atuais gestores de instituições financeiras reconheçam a indignação pública mais que compreensível em relação aos custos infligidos pela crise ao povo e aos contribuintes. Cabe a esses executivos demonstrar contenção inequívoca na própria remuneração, como exemplo de liderança que reforçará a cultura de suas organizações.

A determinação do futuro das políticas públicas habitacionais será uma das questões de política partidária mais árduas e exigirá decisão sobre o destino de Fannie Mae e Freddie Mac. Essas instituições, que desempenharam papel central nas políticas públicas dos Estados Unidos, estimulando em demasia o mercado habitacional no passado, não podem continuar indefinidamente no regime de recuperação (conservatorship). Elas ainda são a fonte básica de financiamento hipotecário de baixo custo nos Estados Unidos. Porém, com a recuperação gradual dos mercados habitacional e hipotecário, o apoio do Fed às GSEs terminará, com o retorno do capital privado. Então, não se deve permitir que Fannie e Freddie voltem à sua antiga forma, abafando a competição privada, onerando os contribuintes com os fracassos e beneficiando os acionistas com os resultados positivos.

No mínimo, as GSEs devem ser reestruturadas para a eliminação do risco sistêmico que elas impuseram aos mercados financeiros. Maneira fácil de fazê-lo é encolhê-las, reduzindo seus portfólios de investimento – e sua enorme carga de endividamento. Também acho que a missão delas deve ser limitada substancialmente, reduzindo-se os subsídios à casa própria que contribuíram para a crise financeira. É importante deixar espaço para o desenvolvimento de um setor privado robusto no mercado secundário de hipotecas que atenda igualmente bem às necessidades dos contribuintes e dos mutuários.

Realisticamente, essas grandes entidades não podem simplesmente desaparecer. Considerando a função das GSEs como garantidoras de crédito hipotecário, o Congresso deve substituir a Fannie Mae e a Freddie Mac por uma ou duas entidades do setor privado, que comprariam e securitizariam hipotecas, com garantia de crédito explícita, apoiadas pelo governo federal. Essas entidades seriam de propriedade privada, mas sua constituição se assemelharia à de concessionárias de serviços públicos, regidas por uma comissão que estabeleceria as taxas e definiria as metas de taxa de retorno. Essa abordagem consideraria os conflitos implícitos entre propriedade privada e objetivos públicos, que não são solucionados pela atual estrutura das GSEs.

O estresse, nesse caso, decorreria das tentativas dos emissores de hipotecas de misturarem empréstimos de alto risco no pool de securitização para protegê-los com garantias apoiadas pelo governo. Nesse modelo, a boa regulação seria fundamental, assim como a fiscalização regulatória, para garantir a alta qualidade dos empréstimos.

Questão óbvia é se essa abordagem de concessionária de serviço público deixa espaço para o setor privado no mercado secundário de hipotecas. O tamanho dos empréstimos sujeitos a garantia com o apoio do governo, assim como o preço cobrado pela garantia, determinaria a extensão do papel do setor privado. Esses pontos nortearão o debate e induzirão os formuladores de políticas a definir a função adequada do governo na concessão de estímulos e subsídios ao mercado habitacional.

Há muitos outros trabalhos pela frente. Precisamos não só atualizar nossa arquitetura regulatória dolorosamente inadequada para lidar melhor com instituições grandes e interligadas, mas também fortalecer a fiscalização de produtos financeiros complexos, reformar as agências de classificação de risco de crédito, promover a contabilidade pelo valor justo (fair-value accounting), mudar a maneira como se estruturam e se vendem fundos money market e revigorar o processo de securitização. Subjacente a todas essas iniciativas sobressai a necessidade de maior transparência. A complexidade é inimiga da transparência, em produtos financeiros, em estruturas organizacionais ou em modelos de negócios. Precisamos de regulação, em geral, e de normas sobre capital mínimo, em especial, que proporcionem maior simplicidade, padronização e consistência.

Ao contrário da crença popular, os swaps de crédito (credit default swaps) e outros derivativos exercem a função importante de aumentar a eficiência dos mercados de capitais e não foram, em si, a causa da crise. Mas esses instrumentos financeiros de fato introduzem alavancagem implícita e oculta nos balanços patrimoniais das instituições financeiras, complicando as verificações prévias (due diligence) para as contrapartes e dificultando a supervisão eficaz. A opacidade daí resultante, que deve ser inaceitável mesmo em mercados normais, apenas intensificou e ampliou a crise. O sistema precisa ser reformado para que esses instrumentos inovadores possam desempenhar sua função importante de mitigadores de risco, não de agentes de contágio.

Swaps de crédito padronizados, que compõem a grande maioria dos contratos de CDS, devem ser negociados em bolsas de valores, enquanto os não padronizados devem ser objeto de compensação centralizada, além de se sujeitarem a escrutínio regulatório mais rigoroso e a exigências de capital mais elevadas. Para tanto, é fundamental que os reguladores estimulem a padronização, exijam transparência e onerem a complexidade excessiva com a imposição de capital mínimo mais alto. Ainda haverá lugar para contratos de derivativos personalizados, desde que se submetam a fiscalização adequada e a restrições mais onerosas.

Um dos problemas mais notórios que emergiu da crise foi a má qualidade das classificações de risco dos títulos de dívida, oferecidas pelas três grandes agências especializadas: Moody's, Standard & Poor's e Fitch. Todas desfrutavam do status especial de Organizações de Classificação Estatística de Reconhecimento Nacional (Nationally Recognized Statistical Ratings Organizations – NRSROs) concedido pela SEC.

Quando vim para Washington, em julho de 2006, apenas nove empresas do setor privado no mundo ostentavam a classificação Triple-A. A Berkshire Hathaway e a AIG eram as únicas instituições financeiras com essa avaliação; a GE, grande empresa industrial, em cuja estrutura também opera grande instituição financeira, mereceu a classificação máxima. Hoje, restam apenas cinco empresas Triple-A. AIG, Berkshire Hathaway, GE e Toyota foram rebaixadas. No entanto, há tão pouco tempo quanto em janeiro de 2008, havia 64.000 instrumentos financeiros estruturados ainda classificados como Triple-A e numerosos outros eram considerados grau de investimento. Só em 2008, com a intensificação da crise de crédito, mais de 221.000 tranches de certificados de recebíveis mobiliários foram degradadas.

As agências estão aumentando a transparência, o rigor e a independência de suas classificações de produtos estruturados. Porém, no futuro, as instituições financeiras e os investidores precisam empenhar-se mais no dever de casa, enquanto os reguladores não podem mais confiar às cegas na alta classificação de risco de crédito como critério para reduzir as exigências de capital mínimo.

Para combater a lassidão dos investidores e reguladores, decorrentes do excesso de confiança em poucas pesquisadoras monopolistas, eu gostaria de ver um aprofundamento da análise sobre como intensificar a competição entre agências de classificação de risco de crédito. Além disso, a legislação sobre instituições financeiras e sobre títulos mobiliários deve ser alterada, dela se retirando qualquer referência às classificações de risco de crédito como critério a ser adotado pelos reguladores ou investidores na avaliação dos riscos e nas exigências de capital.

Algumas pessoas também culparam o uso da contabilidade pelo valor justo pela formação ou aceleração da crise. Ao contrário, estou convencido de que, se não fosse esse método contábil, também conhecido como contabilidade por marcação a mercado, os excessos do sistema financeiro teriam sido ainda mais graves e a crise teria sido muito mais severa. Gestores, investidores e reguladores compreenderiam ainda menos os riscos inerentes ao balanço patrimonial das instituições financeiras.

Precisamos manter a contabilidade pelo valor justo, simplificar as atuais normas de implementação e garantir a consistência de aplicação tanto no âmbito global quanto entre instituições semelhantes. As entidades de padronização contábil, americanas e internacionais, devem dispor de condições para executar sua importante missão sem sofrer pressões para efetuar mudanças casuísticas, de curto prazo, que mascaram a divulgação de informações honestas e transparentes pelas instituições financeiras.

É fundamental dispor de sistema contábil que acione o alarme a respeito de quaisquer títulos com restrições de valor, para os quais não haja mercado ativo. É necessário identificar os ativos de difícil avaliação e descrever com clareza e abertura os métodos adotados para a determinação de seu valor.

Nos Estados Unidos, existem mais de 1.100 fundos de investimento money market, com ativos superiores a US$3,8 trilhões e mais de 30 milhões de clientes pessoas físicas. Trata-se de setor concentrado, embora fragmentado, em que os 40 maiores fundos gerenciam cerca de 30% dos ativos totais. Esses fundos investem, principalmente, em notas promissórias comerciais, com alta classificação de risco de crédito e em títulos públicos ou quase públicos. Antes da crise, os investidores chegaram a acreditar que sempre teriam liquidez e conseguiriam resgatar no mínimo 100% do capital, porque os fundos sempre manteriam valor de ativo líquido de pelo menos US$1,00.

Na sequência imediata da falência do Lehman, os fundos de investimento money market enfrentaram forte pressão. Muitos deles estavam à beira de "perder o principal". Essa situação solapou drasticamente a confiança dos investidores e provocou forte aumento nos pedidos de resgate. Por sua vez, os fundos de investimento reduziram o financiamento de instituições financeiras de grande porte, que dependiam deles para atender a grande parte de suas necessidades de liquidez. Foi uma situação para a qual não estávamos bem preparados.

Entramos em cena para garantir os fundos money market e evitar o agravamento da crise. Muitos desses fundos cobram dos investidores taxas de administração muito baixas, não raro nada mais que 5 pontos-base – ou 0,05% – e pagam taxas de juros mais altas que as oferecidas por depósitos bancários garantidos ou por títulos do Tesouro. Se algo parece bom demais para ser verdade, quase sempre a realidade de fato é diferente. Nesse caso, o que não correspondia exatamente à verdade era a garantia implícita de liquidez imediata e de retorno integral do principal, acrescido de rendimento e deduzida a taxa de administração muito baixa. Numerosos fundos, se não a maioria, não tinham capacidade financeira para manter a liquidez ou para cumprir a promessa de preservação de 100% do capital, em meio à crise de crédito.

A expectativa de liquidez absoluta sem o risco de perda é um problema a ser resolvido. Os fundos money market são produtos de investimento, não contas garantidas. Durante anos, a SEC tentou, em vão, corrigir esse erro de percepção. A SEC deve analisar a necessidade de os gestores de fundos de investimentos substituírem o conceito de valor de ativo líquido (net asset value – NAV) fixo, que faz os fundos money market parecerem contas bancárias garantidas, pelo conceito de valor de ativo líquido flutuante. Esses fundos de investimentos ainda assim seriam ótimos produtos, capazes de oferecer retornos atraentes, além de pouca volatilidade e baixo risco de perda de principal. Porém, quando os clientes vissem pequenas variações no principal, teriam uma indicação concreta de que não estavam deixando o dinheiro em contas bancárias garantidas.

A crise do crédito também expôs a deterioração dos padrões de underwriting de hipotecas, principalmente na cadeia de securitização. Para fortalecer as práticas vigentes e alinhar melhor os interesses de todas as partes, os patrocinadores desses títulos deveriam ser obrigados a manter interesse econômico direto nas hipotecas, de modo a ter algo a perder com a exposição a futuras perdas de crédito.

Quando eu terminava este livro, o G-20 acabara de concluir outra conferência de cúpula, em Pittsburgh, deslocando a ênfase, com sucesso, da gestão da crise para a coordenação macroeconômica. Desenvolvendo os princípios e os planos de ação para a reforma, que definimos em Washington, na primeira conferência de cúpula do G-20, em novembro de 2008, além dos resultados da reunião de abril de 2009, em Londres, o G-20 agora atuará como importante fórum em que líderes de países desenvolvidos e emergentes tratarão de questões financeiras e econômicas globais.

Embora a preeminência do fórum dos líderes do G-20 proporcione aos países emergentes maior influência global, também é evidente que o vigor das relações entre Estados Unidos e China será fundamental para o funcionamento do G-20 e para a cooperação global. Evidentemente, os problemas globais não podem ser resolvidos pelos Estados Unidos e pela China sozinhos, mas o acordo com a China facilitará em muito a realização de progressos efetivos em qualquer questão importante.

O papel do G-20 na definição e análise do trabalho dos organismos financeiros internacionais será uma de suas contribuições duradouras. A criação do Financial Stability Board (FSB), com amplas funções, composto de presidentes de bancos centrais, ministros das Finanças e reguladores de títulos mobiliários foi consequência importante da atuação do G-20. O FSB exercerá importante papel na definição de normas referentes a capital mínimo, níveis de liquidez e produtos financeiros, a serem adotadas pelas legislaturas nacionais. Quanto a questões politicamente sensíveis, como remuneração de executivos, a FSB já demonstrou capacidade de desenvolver propostas matizadas e construtivas. Em conjunto com outros órgãos de padronização internacionais, como a International Organization of Securities Commissions (IOSCO), o Comitê da Basileia e a International Accounting Standards Board (IASB), a FSB desempenhará papel crucial na garantia de que a agenda de reforma do G-20 seja implementada de maneira coordenada e cooperativa, promovendo a convergência, em vez da fragmentação. Nada disso reduz o papel de destaque dos Estados Unidos na economia mundial, apenas reconhece o fato vital de nossa interdependência.

Embora já se tenha feito muito progresso, ainda se enfrentam grandes riscos, inclusive o do protecionismo comercial e financeiro. Em cada conferência de cúpula do G-20, os líderes condenam o protecionismo, mas o fazem contra o pano de fundo de pressões políticas crescentes, nos respectivos países, que resultaram em várias medidas incompatíveis com seus compromissos reiterados. O próprio compromisso dos Estados Unidos com a liberalização do comércio ainda é questão em aberto. No momento em que concluo este livro, ainda não se adotou nenhuma medida em relação aos acordos de livre-comércio pendentes; tampouco se fez algum progresso para o fechamento da rodada de Doha, de conferências comerciais multilaterais, da Organização Mundial do Comércio.

Num mundo em que se constata quase unanimidade quanto à regulação inadequada das instituições financeiras e dos mercados de capitais, praticamente não há perigo de que a regulação financeira se revele um lobo disfarçado em pele de cordeiro, provocando guerras tarifárias como medida protecionista preferida dos países que querem limitar ou eliminar a competição, não só em serviços financeiros, mas também em qualquer outro setor da economia. Embora não se trate de nova tendência, os riscos são maiores hoje, pois o modelo americano de capitalismo parece mais vulnerável que no passado, mesmo quando a crise econômica pressiona os países para adoção de medidas de curto prazo com o objetivo de proteger empregos. Uma das lições da Grande Depressão é que as ações protecionistas dos países industrializados, no intuito de imunizar seus países e proteger seus empregos e empresas, foram autodestrutivas e só serviram para agravar e prolongar ainda mais a queda na atividade econômica.

A União Europeia já promulgou normas segundo as quais certos títulos só podem ser incluídos no cômputo do capital mínimo obrigatório se suas classificações de risco de crédito forem emitidas por agências localizadas na própria UE. A proposta da UE sobre fundos de investimentos alternativos do mesmo modo exigiria que os gestores de fundos estejam sediados na UE ou operem sobre regulação "equivalente", condição para que tenham acesso aos mercados da UE. Além disso, a UE está exigindo que os swaps de crédito sejam liquidados por meio de câmaras de compensação localizadas em seus Estados membros. Em consequência, numerosos outros países já indicaram que estão considerando a adoção de restrições territoriais equivalentes.

Essa fragmentação potencial não se limita à Europa. Os Estados Unidos proibiram os bancos que recebem certos fundos federais de conceder vistos H-1B para a contratação de estrangeiros altamente qualificados, mesmo que essas pessoas sejam capazes de agregar valor à economia. A lei de estímulo da economia americana, de fevereiro de 2009, contém uma provisão "Buy American" (compre bens e serviços americanos) que resultou na adoção de linguagem protecionista semelhante na elaboração de outras leis. Autoridades estaduais e federais estão procurando adotar restrições protecionistas mesmo quando não são exigidas por lei.

A melhor maneira de combater o protecionismo, tarifário ou regulatório, é o exercício de liderança vigorosa pelos Estados Unidos. Devemos manter nossos mercados abertos para comércio e investimentos, promulgar pactos comerciais negociados, trabalhar pelo sucesso da rodada de Doha e forjar novos acordos comerciais e tratados sobre investimentos. Também devemos demonstrar nosso compromisso com a reconstrução de nossa economia, reformando nosso sistema regulatório e eliminando a intervenção do governo no setor privado, o mais rapidamente possível. O mundo precisa saber que os Estados Unidos falam sério sobre a redução do próprio déficit comercial e sobre a arrumação de outras desordens internas.

Estou muito confiante em que implementaremos as reformas necessárias do sistema financeiro. Constata-se, finalmente, amplo consenso entre os formuladores de políticas, nos Estados Unidos e no mundo, quanto às causas da crise financeira. Também estou otimista sobre o futuro econômico dos Estados Unidos e sobre a continuidade de seu papel de liderança na economia global. Não pretendo minimizar nossos problemas, mas todos os demais grandes países enfrentam dificuldades mais prementes. Na condição de país mais rico do planeta, com a economia mais poderosa, mais diversificada e mais resiliente, temos capacidade para enfrentar nossos desafios. Embora os acontecimentos dos últimos anos sejam um capítulo difícil da história econômica do país, trata-se apenas de um capítulo, muitos outros virão, pautados por ganhos econômicos e prosperidade crescente, se aprendermos com os erros e efetuarmos as correções necessárias.

Se não perdermos nosso senso de urgência e se as reformas necessárias forem implementadas em âmbito interno e no mundo inteiro, os mercados se adaptarão e preservarão a tendência positiva dos últimos 25 anos. Não nos esqueçamos de que esses mercados ajudaram a derrubar a Cortina de Ferro, arrancaram da pobreza centenas de milhões de pessoas e imprimiram grande prosperidade ao nosso país. Mercados de capitais eficientes e bem regulados continuarão a proporcionar progresso econômico em todo o mundo, o que, inevitavelmente, redundará em ampliação da liberdade política e em aumento da capacidade individual.

Acrônimos usados no texto

ABCP: Asset-Backed Commercial Paper (certificado de recebíveis mobiliários de curto prazo
AIG: American International Group
AMLF: Asset-Backed Commercial Paper Money Market Fund Liquidity Facility
ARM: Adjustable-Rate Mortgage (hipoteca com taxa ajustável)
ASF: American Securitization Forum
BofA: Bank of America
CDO: Collateralized Debt Obligation (obrigação de dívida colateralizada)
CDS: Credit Default Swap (swap de crédito)
CIC: China Investment Corporation
CPP: Capital Purchase Program (programa de investimentos de capital)
ECB: European Central Bank (Banco Central Europeu)
ESF: Exchange Stabilization Fund (Fundo de Estabilização Cambial)
FDIC: Federal Deposit Insurance Corporation (Corporação Federal de Seguro de Depósitos)
FGFA: Federal Housing Finance Agency (Agência Federal de Financiamento Habitacional)
FHA: Federal Housing Administration (Administração Federal de Habitação)
FSA: Financial Services Authority (Autoridade de Serviços Financeiros)
FSB: Financial Stability Board (Junta de Estabilidade Financeira)
GAO: Government Accountability Office (Escritório de Contabilidade Pública)
GDP: Gross Domestic Product (Produto Interno Bruto)
GSE: Government-Sponsored Enterprise (Fannie Mae, Freddie Mac) (Empresa patrocinada pelo governo)

HERA: Housing and Economic Recovery Act (Lei de Habitação e Recuperação Econômica)
HUD: U.S. Department of Housing and Urban Development (Departamento de Habitação e de Desenvolvimento Urbano)
IASB: International Accounting Standards Board
IMF: International Monetary Fund (Fundo Monetário Internacional – FMI)
KDB: Korea Development Bank (Banco de Desenvolvimento da Coreia – BDC)
LIBOR: London Interbank Offered Rate
LIBOR-OIS: London Interbank Offered Rate – overnight indexed swap
LTCM: Long-Term Capital Management
MAC: Material Adverse Change (Mudança Substancial Adversa)
MBS: Mortgage-backed securities (certificados de recebíveis imobiliários – CRI)
MLEC: Master Liquidity Enhancement Conduit
NAV: Net Asset Value (valor de ativo líquido)
NEC: National Economic Council (Conselho Econômico Nacional)
OCC: Office of the Comptroller of the Currency
OFHEO: Office of Federal Housing Enterprise Oversight
OTC: Over The Counter (mercado de balcão)
PDCF: Primary Dealer Credit Facility
PWG: President's Working Group on Financial Markets (Grupo de Trabalho do Presidente sobre Mercados Financeiros)
S&P 500: Standard & Poor's 500 Index
SARS: Severe Acute Respiratory Syndrome
SEC: Securities and Exchange Commission
SED: Strategic Economic Dialogue (Diálogo Econômico Estratégico)
SIV: Structured investment vehicle (veículo de investimento estruturado)
TAF: Term Auction Facility
TALF: Term Asset-Backed Securities Loan Facility
TARP: Troubled Assets Relief Program (Programa de Recuperação de Ativos Problemáticos)
TIAA-CREF: Teachers Insurance and Annuity Association of America and College Retirement Equities Fund
TLGP: Temporary Liquidity Guarantee Program (Programa de Garantia de Liquidez Temporária)
TSLF: Term Securities Lending Facility
WaMu: Washington Mutual

ÍNDICE

ABN AMRO, 162
Abordagem "gerar e reter" (originate to hold), 60
Ackerman, Gary, 364
Ackerman, Josef, xii, 96-97, 105, 114, 364
Adams, Fred, 43
Adenture Unlimited, 22
Adjustable-rate mortgage loans – ARN (hipoteca com taxa ajustável), 59, 62, 66-69, 241
Agências de classificação de risco de crédito, 61, 64, 70, 79, 81, 145, 205, 335, 347, 353, 401
Agius, Marcus, 175
AIG (American International Group)
    Classificação de risco, 167, 172, 401
    Declínio nos preços das ações, 161, 169, 200, 352, 354
    Excessos, 333-334
    Operação de socorro pelo Fed, 194-195, 205-206, 212, 214-216, 347, 352
    Operação de socorro pelo TARP, 336, 341-342, 346-347, 351-353
    Planos de reestruturação do Fed, 197-198, 200, 352-353, 354
    Problemas de liquidez, 172, 179, 183-185, 194, 209, 211-213, 220, 306, 336
    Reação contra, 333, 353
Al-Assaf, Ibrahim, 285, 336
Alavancagem, 45, 62-65, 70-71, 87-89, 116, 394-395, 396
Alexander, Richard, 10, 150
Allison, Herbert, Jr., xii, 4, 116, 153
Alvarez, Scott, 150, 381
Ambac Financial Group, 79

American Express, 110
American Home Mortgage Investment Corporation, 64-65
American International Group. *Ver* AIG
American Securitization Forum (ASF), 67-68
Anti-Deficiency Act - ADA (lei), 102
Arábia Saudita, 285, 336, 363
Aramark, 244
Archstone-Smith Trust, 72
Arnold & Porter, 10, 150
Ashley, Stephen, 8
Asset-backed commercial paper – ABCP (certificado de recebíveis mobiliários de curto prazo), 63-65, 69, 75, 155, 204, 210, 211, 217, 222, 227, 229, 236, 300
Asset-Backed Commercial Paper Money Market Fund Liquidity Facility (AMLF), 236
Associação de Organizações Comunitárias para a Reforma Agora (Association of Community Organizations for Reform Now –ACORN), 136-137
Associação Internacional de Swaps e Derivativos (International Swaps and Derivatives Association), 193
Assunção de riscos, 58, 225, 334, 398-399
Ataques terroristas de 11 de setembro (2001), 31, 57

Bachus, Spencer, xi
    Fannie/Freddie e, 11
    TARP e, 232-233, 261, 263, 264, 265, 267, 272, 328

Bair, Sheila, xiii
    Citigroup e, 367-369
    Execuções de hipotecas e, 68, 336-339, 355-358
    Fannie/Freddie e, 7, 150
    Garantias de dívida e, 234, 290, 303-305, 314-315, 315, 319-320, 325
    Limites do seguro de depósito, 290
    TARP e, 324-329, 330
    Wachovia e, 278, 283, 292, 308
    Washington Mutual e, 261-262
Baker, Jim, 35
Banco Central Europeu (ECB), 54-55, 75, 285, 303, 311
Banco da Inglaterra, 69-70, 303
Banco Mundial, 44, 299, 311
Banco Nacional Suíço, 75
Banco Santander, 284
Bancos comerciais, 84-86, 88
    Fusões de bancos de investimentos com, 241-242
    Ver também bancos específicos
Bancos de investimentos
    Crise financeira russa e, 30
    Falta de confiança nos, 87, 105-106
    Fusão com bancos comerciais, 241-242
    Glass-Steagall Banking Act, de 1933 (lei), 85
    LTCM, operação de socorro, e, 30, 85, 109, 160
    Padrões de underwriting, 62, 85
    TARP, reunião, na segunda-feira, 13 de outubro de 2008, 321, 324-329
    Ver também bancos e banqueiros específicos.
Bancos ingleses, 78, 300, 302-303, 306, 320, 323
Bank of America Corporation (BofA)
    Archstone-Smith Trust e, 72
    Countrywide e, 65
    Declínio nos preços das ações, 302, 306
    Fundos money market, 74
    Lehman e, 123-124, 139, 157-163, 164, 166-171, 172, 178-181, 183, 189-190
    Merrill Lynch e, 189-190, 196, 198, 214, 331-333, 380-387
    MLEC, financiamentos, 71
    TARP e, 321, 324-329, 344
    Ver também Lewis, Kenneth
Bank of New York Mellon
    Lehman e, 177
    Fundos money market e, 218
    Repo market (mercado de recompra) e, 88, 89
    TARP e, 321, 324-329, 340

Barclays Capital, 162
    Lehman e, 162, 164-166, 167-169, 171, 172, 175-176, 178, 180-182, 185-191
Barrington High School, 21
Barron's, 100, 144
Barroso, José Manuel, 48, 335
Baucus, Max, xi, 244, 272-274, 276, 280
Baxter, Tom, 197, 384
"Bazuca", 10, 14-15, 135, 152
Bear Stearns
    Citic Securites e, 72, 85
    Crise dos fundos de hedge com as hipotecas subprime, 63, 64, 82, 84, 110
    Críticas à operação de salvamento do, 105-106
    Falência do, 90-104, 106-108, 121, 156, 216.
    JPMorgan e, 92-97, 103-108, 169, 186-187
    Lehman em comparação com, 156, 163, 166, 186-187, 193-194, 202
Bennett, Bob, 260, 263
Berkshire Hathaway, 12, 111, 401
Berlusconi, Silvio, 329
Bernanke, Ben
    AIG e, 205, 211-213, 214, 215-216, 341
    Bear Stearns e, 87, 90-91, 108
    Casa Branca, reuniões na, 211-213, 227-230, 237, 290-291
    Citigroup e, 367-369, 370
    Eclosão da crise, 56, 59, 66
    Fannie/Freddie e, 2, 8, 9-10, 14, 131-132, 134, 146, 149-150
    G-20, reuniões, 73, 354
    Garantias de dívida e, 304-305, 307, 315, 319
    Goldman Sachs, Wachovia, e, 247
    Impressões sobre, 55-56
    Lehman e, 159-160, 162, 166, 168, 190, 195
    Merrill Lynch, BofA, e, 382, 383-385
    Poderes de emergência e, 227-230
    "Quebre o Vidro", plano, 118
    Reforma regulatória e, 113, 121-122
    Reuniões no Congresso, 59, 66, 135, 215-216, 221-222, 231-234, 246, 252, 256-257, 272, 364
    Reuniões regulares com, 45, 55
    SEC, acordo com, 121-122
    TARP e, 241, 252, 256-257, 281, 288, 289, 325-329, 330
    Vendas a descoberto, 225, 227
    Wachovia e, 270
    Washington Mutual e, 261

Biden, Joseph, Jr., xiv, 15
Bischoff, Win, 116
Blackman, Bob, 21
BlackRock, 99, 102, 145, 218, 355
Blackstone Group, 56, 62
Blankfein, Lloyd, xii
    Bear Stearns e, 95
    Eclosão da crise, 56
    Lehman e, 172-173, 178, 180, 181, 206-207
    Morgan Stanley e, 236
    Nomeação para o Tesouro e, 17-18, 36
    TARP e, 248, 321, 324-329
Blitzer, Wolf, 98
Bloomberg, Michael, 193, 373
Blueprint for a Modernized Financial Regulatory System, 106, 112-113, 141
Blunt, Roy, xi, 136, 272, 284, 286, 328
BNB Paribas, 54
Boehner, John, xi
    AIG e, 216, 354
    Estímulo econômico de 2008, 77
    Fannie/Freddie em 136
    TARP e, 254-257, 264-266, 276, 278-279, 286
Boisi, Geoff, 11
Bolha das pontocom, 31, 57
Bolha habitacional
    Eclosão da crise, 54-57, 64-70
    Execuções de hipotecas. *Ver* Execuções de hipotecas.
    Lições da, 394-395
    Origens e causas da, 57-66, 84, 87-88
    Prescrições de futuras políticas públicas, 398-400
    Reação inicial a, 66-69, 78-79
Bolha tecnológica, 31, 57
Bolhas, 31, 57-58, 62. *Ver também* bolha habitacional
Bolten, Joshua, xvi
    AIG e, 184
    Em Camp David, 39
    Empresas automobilísticas e, 375-376, 379-380, 380
    Estímulo econômico de 2008, 75-76
    Fannie/Freddie e, 2, 11, 145, 148
    Lehman e, 184, 187, 193
    Nomeação do secretário do Tesouro, 33-37
    TARP e, 251, 256, 258, 278, 286-288, 310, 374, 375-376
    Wachovia e, 281
Bônus/bonificações, 323, 334, 353

Bradford & Bingley, 284
Braunstein, Doug, 184
"Break the Glass" (Quebre o Vidro), Plano de Recapitalização Bancária, 118, 222, 239
    perda de principal, 210, 212, 213, 218, 402-403
Brody, Ken, 200-201
Brokaw, Tom, 144, 246
Brown, Gordon, 300, 334
Bryan, John, 27, 35
Buckbaum, Martin, 353
Bucksbaum, Matthew, 353
Buffett, Warren, xii, 12, 111, 254, 317-318
Bunning, Jim, xi, 136, 138, 246, 253
Bush, George W., iv
    AIG e, 205, 211-213, 217, 351-353
    Bear Stearns e, 86, 90-91, 94, 101-102
    Citigroup e, 360, 362, 366
    Conferência de Cúpula em Washington (15 de novembro de 2008), 334-336
    Coragem de, 389
    Desprezo por Wall Street, 229
    Eclosão da crise, 40-42, 66
    Economic Club, discurso no, 83, 91
    Em Camp David, 38, 40-42, 334-335
    Empresas automobilísticas e, 323, 372, 374, 379-380, 382-383
    Estilo operacional de, 40-41
    Estímulo econômico de 2008, 75-76, 77
    Execução de hipotecas e, 66, 68
    Fannie-Freddie e, 1-3, 3-5, 53, 136, 148-149
    G-20, reuniões, 300, 310, 317, 363
    G-7, reuniões, 300, 310, 315-315
    Gridiron Club, jantar, 80
    HERA e, 140
    Lehman e, 194, 199-200
    Morgan Stanley e, 243
    Nomeação do secretário do Tesouro, 17-19, 33-35, 36
    Relacionamento com, 47-48
    Resposta de emergência à crise, 225, 227-230
    Sarkozy e, 334-335
    TARP e, 237, 264-267, 275, 281, 290-291, 295, 300, 302, 310
    Transição presidencial para Obama, 249-250, 340, 351, 354-355, 367, 374, 375-377, 386
Bush, Laura, 39, 310

Callan, Erin, 123
Camp David, 38-42, 334-335

Campanha presidencial de 2008, 163, 202, 347
   AIG e, 203, 215
   Dia da Eleição, 350-351
   Fannie/Freddie e, 12-13
   Primeiro debate, 271
   Suspensão da, por McCain, 258-260, 262-263, 271
   TARP e, 249-251, 258-260, 262-267, 285, 332, 333, 340, 342
Cantor, Eric 255, 257, 265-266
Capital One, 343
Capital purchase program – CPP, 307-309, 315-329, 339-346, 389-350, 392
Capitalismo de livre mercado, 2, 73, 335, 365, 388, 392-393
Carney, Mark, 311
Carter, Jimmy, 23
Cayne, Jimmy, 62
Charles Schwab, 236
Cheney, Richard, xvi
   AIG e, 351
   Empresas automobilísticas e, 379-380
   Fannie/Freddie e, 129
   Nomeação do secretário do Tesouro e, 34
   TARP e, 256, 267, 286
Chicago Board Options Exchange, 347
Chicago Bulls, 48
Chicago Cubs, 37
China Investment Corporation (CIC), 72, 220, 240-241, 243, 245
China
   Desequilíbrios econômicos, 57, 74, 394, 395
   Diálogo Econômico Estratégico, 47, 74, 114, 346, 378
   Goldman Sachs, relacionamentos com, 29
   Reuniões sobre a crise e, 73-74
   Tesouro, relacionamento com o, 47
Cho, David, 168
Christian Science Monitor, 28
Chrysler ,175, 323, 347, 377-380, 383
Chrysler Financial, 386, 387
Ciência Cristã, 22
Citic Securities, 72, 85
Citigroup
   Fannie/Freddie e, 141
   Lehman e ,177, 181
   MLEC, financiamentos, 71
   Padrões de underwriting, 62, 64
   Perdas de capital, 114, 308, 360-362
   Possível falência do, 360-362, 364, 365-371
   TARP e, 321, 324-329, 369, 371
   Wachovia e, 283-284, 291-292, 297, 300, 310
   Ver também Pandit, Vikram
Clinton, Bill, 226, 364
Clinton, Hillary Rodham, xi, 18, 37, 42, 220, 259
CNBC, 154, 168, 231, 249-250, 254, 364
CNN, 98
Cohen, H. Rodgin, xii, 8, 10, 84, 123-124, 192
Collateralized debt obligations – CDOs (obrigações de dívidas colateralizadas), 61, 63, 212
Colson, Chuck, 25
Comissão de Bancos do senado, 10, 53, 66, 121, 135, 251-253, 333, 338
Comissão de Serviços Financeiros da Câmara (House Financial Services Committee), 10, 257-258
Comitê da Basileia, 404
Comitê dos 100, 59
Commercial Paper Funding Facility, 300, 307, 334
Commodity Futures Trading Commission, 45, 113
Community Development Block Grants, 117, 130-131, 137
Conferência de Cúpula União Europeia – Canadá (2008), 334
Conferência Republicana da Câmara (House Republican Conference), 136-137, 255-257
Conrad, Kent, 272, 274-275, 279
Conselho de Supervisão da Estabilidade Financeira (Financial Stability Board (FSB)), 274-275, 404
Conselho Econômico Nacional, 36
Consolidated Foods, 27
Contabilidade (contabilização) pelo valor justo, 115, 222, 288-289, 335, 401-402
Contabilidade de marcação a mercado (valor justo), 115, 222, 288-289, 335, 401-402
Contabilidade pelo valor justo (marcação a mercado), 115, 222, 288-289, 335, 401-402
Continental Illinois Bank, 390
Convenção Nacional Republicana (2008), 2
Corker, Bob, 246, 380
Corrigan, Gerry, 41
Corter, Jim, 26-28
Corzine, Jon, 30-31
Countrywide Financial Corporation, 65, 159, 160-161
Covenant-lite loans (empréstimos de baixos teores), 62
Cox, Christopher, xiii
   AIG e, 220-221

Bear Stearns e, 86, 90-91
Eclosão da crise, 56
Fundos money market e, 211, 212
Lehman e, 166, 172, 186, 192, 196-197
Proibição das vendas a descoberto e, 220, 225, 227, 236, 306
Reuniões do Congresso, 232-234, 272
Credit default swaps – CDS (swaps de crédito), 40, 41, 61, 82, 109, 179, 201, 400-401, 406
Credit Suisse, 177, 236
Crédito para o consumidor, 84, 340-341, 342-344, 349-350
Créditos tributários, 289
Crise das associações de poupança e empréstimo, 40, 64
Crise do crédito
    Eclosão da, 54-57, 60-70
    Em guarda contra, 38-42
    Lições da, 394-395
    Origens e causas da, 57-66, 84, 87-88
    Prescrições de futuras políticas públicas, 395-406
    Reação inicial a, 66-69, 78-79
Crise financeira russa, 47
Cuomo, Andrew, 333
Curl, Gregory, 123-124, 170, 179, 181

Darling, Alistair, xiv, 78, 105, 168-169, 186, 188-189, 311
Dartmouth College, 21, 22
Davies Mervyn, xii, 256, 307, 310
Davis, Michele, xv, 197, 230
    Fannie/Freddie e, 135
    Lehman e, 1867, 168, 190
    TARP e, 240, 245, 251, 258, 284-286, 294, 305, 340, 342-343, 357
DAX 30 INDEX (índice de ações), 360
Déficit orçamentário, 38-39, 394, 395
Departamento do Tesouro
    Eclosão da crise, 54-57
    Estilo gerencial no, 43-49
    Infraestrutura tecnológica, 43
    Nomeação de Geithner para, 367
    Nomeação para, 17-19, 33-37
    Poderes de emergência e reação, 219, 221
    Primeiro emprego no, 24-25
    Provimento de pessoal no, 42, 141-142
    Relações de trabalho com o Federal Reserve, 55-56
    Último dia no, 387-389
Derivativos, 41, 400-401. *Ver também* credit default swaps (swaps de crédito)

Derivativos de mercado de balcão (over the counter – CTC), 40, 45, 84
Desemprego, 69, 157, 232, 378-379
Desequilíbrios econômicos, 57, 74, 394, 395
Despesas deficitárias, 38-39, 394, 395
Deutsche Bank, 116, 143, 194
Dexia, 288
Dia da Eleição, 350-351
Diamond, Bob, 162, 164-166, 171, 175, 182, 186
Dimon, James, xii
    Bear stearns e, 90-91, 93-104, 107-108
    G-7, reunião, 116
    Lehman e, 172-173, 178-181
    Padrões de underwritings, 62
    Sobre mercados congelados, 218, 366
    TARP e, 321, 324-329
    Washington Mutual e, 99, 246-247
Dinallo, Eric, 80, 183
Disciplina do mercado vs regulação, 395-397
Dodd, Christopher, xi, 234
    AIG e, 215-216
    Atenuação/mitigação das execuções de hipotecas e, 117, 135, 139, 338
    Eclosão da crise, 66
    Fannie/Freddie e, 11, 14-15, 53, 118-121, 134, 139, 155
    Lehman e, 163
    TARP e, 239, 253, 259, 260, 264, 271-274, 276-277, 280, 328, 333
Dodd, Thomas J., 118
Dólar, 72-73, 74
Domestic Council, Casa Branca, 24
Dougan, Brady, 172, 177, 321
Dow Jones Industrial Average, 57, 72-73, 78, 93, 116, 155-156, 161, 166,, 169, 200, 203, 221, 251, 237, 302, 314, 331, 347, 353, 358, 360, 363, 356, 374, 377
Draghi, Mario 311
Drexel Burnham Lambert, 92, 390
Dugan, John, xiii, 43, 45, 358
    Citigroup e, 367-369
    TARP e, 318, 324-329, 330, 334
Duke, Elizabeth, 205
Durbin, Dick, 232, 264

Economic Club (Nova York), 83, 91
Educação, 21, 22
Ehrlichman, John, 24, 25
Einhorn, David, 122, 220
Emanuel, Rahm, xi, 347, 376
    TARP e, 273, 274, 278, 280, 288, 374

Emergency Economic Stabilization Act, de 2008 (lei), 293
Empresas automobilísticas (indústria automobilística), 377-380
  Democratas e, 371, 372-373
  Empréstimos de emergência para, 323-324, 377-378
  Operação de socorro pelo TARP, 347, 372-373, 374, 379-380, 382-383, 385-386
Empréstimos predatórios, 58, 220
Engman, Lew, 24
Enron, 32
Escoteiro, 21
Escritório de Gestão de Dívidas do Tesouro, 66
Escritório de Gestão e Orçamento, 2, 39
Especulação, 58
Estatização, 5, 288, 289, 302, 309, 363
Estímulo econômico de 2008, 75-78, 117, 222
Estímulos fiscais de 2008, 75-78, 117, 222
Estímulos tributários de 2008, 75-78, 117, 222
Estrutura regulatória do sistema financeiro dos Estados Unidos, 51, 86, 112-114, 393, 394
Exchange Stabilization Fund (ESF), 226, 235
Execuções de hipotecas (e retomadas de imóveis)
  Iniciativas de mitigação, propostas, 135, 136, 336-339, 342-343, 348-349, 355-358
  Modificações e mitigação de empréstimos, 66-69, 117, 120, 291, 348, 392
  Primeira onda da, 58-60
  Protocolo IndyMac, 337-338, 355-356, 357, 371
  Resposta inicial a, 66-69, 78-79
  TARP e, 337-339, 345, 348-349, 356, 364
Exigências de capital, 6, 63, 72
"exigent circumstances" (circunstâncias prementes), 102-103

Fannie Mae
  Apoio implícito do governo, 49-51, 78-79
  Avaliação financeira da, 140-141, 144-147, 149-150
  Considerações sobre intervenção, 145-147
  Críticas políticas à, 137
  Declínio nos preços das ações, 3, 125, 129, 144, 154-155
  Endividamento e regulação leniente da, 50-51, 120-121
  Escândalos contábeis, 51, 118
  FHFA, programa, 355-357
  Garantia de dívidas, 373-374
  Iniciativas de reforma, 10-11, 50-53, 77, 79, 114, 118-121, 125-126, 140

Insuficiência de capital, 3, 5, 6, 9, 15, 50, 101, 125
Palestra para os empregados, 164
Prescrições de futuras políticas públicas, 398-400
Recuperação federal, 1-16, 147-155, 392
Reivindicação de poderes em âmbito federal para lidar com, 140
FDIC Improvement Act, de 1991 (lei), 282
Fé religiosa, 22, 35-36, 192-193
Federal Deposit Insurance Corporation (FDIC)
  Citigroup e, 367-369, 371
  Garantias de dívida, 234, 289, 290, 303-305, 314-315, 315, 319-320, 325, 334, 392
  Protocolo IndyMac, 337-338, 355-356, 357, 371
  Poderes da, 86, 91, 282
  Programa Temporário de Garantia de Liquidez (Temporary Liquidity Guarantee Program), 325, 334, 358
  Wachovia e, 278, 281-284, 299, 304, 308
  Washington Mutual e, 261-262, 271
  Ver também Bair, Sheila.
Federal Home Loan Banks, 373
Federal Housing Administration (FHA), 66, 117, 118
Federal Housing Finance Agency (FHFA), 2, 5-10, 15, 51, 121, 134, 145-148, 152-153, 355-356
Federal Reserve
  Acordo com a SEC, 121-122
  Eclosão da crise, 54-56
  "Quebre o Vidro", plano, 118, 222, 239
  PDCF e, 104, 121-122, 195
  Poderes do, 43-44, 86
  Redesconto, 75, 104, 109-110, 131, 183
  Reduções nas taxas de juros, 66, 68-69, 75, 77
  Relações de trabalho com o Tesouro, 55-56
  TAF e, 75
  TSLF e, 82-83, 341, 349
  Ver também Federal Reserve de Nova York, Federal Reserve de Washington
Federal Reserve Act (lei), 216
Financial Services Authority (FSA), 171, 181, 186, 188-189, 191
Financial Stability Forum, 81
Fink, Larry, 103, 218
Fitch Ratings, 71-72, 79, 401
Flaherty, Jim, 311
Flowers, J., Christopher, xii, 96, 179, 194
Ford Motor Company, 380

Fortis, 284
Fortune, 155
Fox News, 98
Frank, Barney, xii
    AIG e, 215-216
    Mitigação das execuções de hipotecas e, 117, 135, 356-357, 364
    Impressões de, 52
    TARP e, 232-233, 257-258, 263, 264, 267, 272-273, 275-276, 277, 279, 280, 291, 328, 332
    Fannie/Freddie e, 11, 52, 53, 120-121, 125-126, 131, 139
Freddie Mac
    Apoio implícito do governo à, 49-51, 78-79
    Avaliação financeira da, 140-141, 144-147, 149-150
    Considerações sobre intervenção, 145-147
    Críticas políticas à, 135-137
    Declínio nos preços das ações, 125, 129, 144, 154-155
    Endividamento e regulação leniente da, 50-51, 120-121
    Garantia de dívidas, 373-374
    Iniciativas de reforma, 10-11, 50-53, 77, 79, 114, 118-121, 125-126, 128, 229
    Insuficiência de capital, 3, 5, 6, 9, 15, 50, 101, 125
    Palestra aos empregados, 156-157
    Prescrições de futuras políticas públicas, 398-400
    Programa FGFA, 355-357
    Recuperação federal, 1-16, 147-155, 392
    Reivindicação de poderes em âmbito federal para lidar com, 140
Friedman, Ann, 353
Fromer, Kevin, xv, 45
    Fannie/Freddie e, 7, 119, 133-135, 138, 231
    Lehman e, 190, 197
    Ilha Little St. Simons, férias na, 341
    TARP e, 237-238, 242, 251, 256, 272, 277, 280, 281, 309, 342-343, 371, 374
FTSE 100 Index (índice de ações), 200, 322, 331, 360
Fuld, Richard, xii
    Bank of America e, 139, 157-163, 166, 175, 190
    Barclays e, 171, 175, 190
    Eclosão da crise, 56
    Falência e, 197, 218, 237
    G-7, reunião, 116

Iniciativas de capitalização, 110-112, 212-213, 231-232
KDB e, 142, 155, 156
Reformulação drástica da administração, 123, 156
Vendedores a descoberto 3, 116, 157
Fundo Monetário Internacional (FMI), 34, 299, 316
Fundos de hedge, 46, 116, 206-207
Fundos money market, 74, 209-211, 402-403
    Garantias do tesouro, 226, 229-231, 234-235, 236, 403
    Perdendo o principal (breaking the buck), 210-213, 218, 402-403
Fundos soberanos (sovereign wealth funds), 85, 126-127, 219, 240
Futebol, 21

G-7, minuta de comunicado, 307, 312-314, 334
G-7, reuniões, 81, 116, 299, 300, 308, 310-314, 315-316
G-20, reuniões, 72, 299-300, 310, 317, 334, 336, 354, 363, 404-405
Gallauer, Kathryn Schmidt (avó), 18
Garment, Len, 25
Gates Bob, 48
GE Capital, 118, 155, 334, 358
Geithner, Timothy, iv
    AIG e, 195, 200, 204-206, 211-213, 336
    Alarmes avançados sobre derivativos, 41
    Bear Stearns e, 87, 90-92, 94-104, 107
    Citigroup e, 364, 370-371
    Eclosão da crise, 56
    Garantias de dívidas e, 290, 296-297, 304-305, 319
    Lehman e, 156, 157, 159-161, 163-164, 165, 166, 171-173, 176-177, 178-182, 186, 188-191, 195-198, 218
    Nomeação de, como secretário do Tesouro, 367
    Poderes de emergência e, 221, 227
    Reuniões regulares com 44, 45, 55
    TARP e, 241, 243, 246, 296-297, 316
    Vendas a descoberto, 225, 227
    Wachovia e, 241, 247, 270, 292
General Electric (GE), 111, 155, 204, 308, 318
General Growth Properties, 354
General Motors (GM), 323-324, 347, 374, 377-380, 383, 385-386
George, Bill, 24
Gettelfinger, Ron, 378
Gillespie, Edward, xvi, 349-350

Ginnie Mae (Government National Mortgage Association), 60, 373-374
Glass-Steagall Banking Act, de 1933 (lei), 85
GMAC Financial Services, 385-386
Golden Reserve Act, de 1934 (lei), 226, 239
Golden West Financial, 269
Goldman Sachs
    Buffett e, 254
    Cultura e ethos do, 31, 32-33
    Emprego no, 26-34
    Estrutura de capital, 29-30
    Gestão de riscos, 29-30
    Lehman e, 177, 180, 206-207
    Nomeação do secretário do Tesouro e, 17-18, 36-37
    Oferta pública do, 27
    Posição de capital, 29, 89, 189, 236
    Pressões financeiras sobre, 201, 231, 240
    Spreads de crédito, 249-251
    TARP e, 321, 324-329
    Transformação em empresa controladora de banco, 247-248
    Wachovia e, 243, 247, 248
Government Accountability Office (GAO), 275, 395
Government-sponsored enterprises (GSEs)
    Avaliação financeira das, 140-141, 144-147, 149-150
    Considerações sobre intervenção, 145-147
    Garantia de dívidas, 373-374
    Iniciativas de reforma, 49-53, 79, 114, 118-121, 125-126, 128
    Mitigação da execução de hipotecas, 355-357
    Poderes federais para lidar com, 139, 140
    Prescrições de futuras políticas públicas, 398-400
    Recuperação, 1-16, 147-155
    Ver também, Fannie Mae; Freddie Mac
Graham, Lindsey, xii, 250-251, 263, 287
"Grande demais para quebrar", conceito, 395
Grande Depressão, 104, 112, 229, 405
Grande Muralha da China, 143
Greenspan, Alan, 129
Gregg, Judd, xii, 215
    TARP e, 262-263, 272, 277, 278, 280
Gregory, Joseph, 123
Gridiron Club, 80
Gripe asiática, 114
Guerra do Vietnam, 22, 23, 24
Gutierrez, Carlos, 157, 323-324, 376-377

Hadley, Stephen, xvi, 47, 243, 245, 299, 335
Hang Seng Index (índice de ações), 380
Hansen, Warren, 317
Harvard Business School, 22, 23
H-1B, vistos, 405
HBOS, 303, 320, 323
Hennessey, Keith, xvi
    AIG e, 351
    Eclosão da crise, 56
    FAnnie/freddie e, 2
    Questões de programas sociais, 40
    TARP e, 256, 277, 299, 374
    Transição presidencial, 376-377
Henry Paulson & Company, 19
Henry, Emil, 49-50
Herlihy, Edward, xii,147, 179
Hewlett-Packard, 24
Hipotecas "submersas", 59, 66
Hipotecas subprime, 57-60, 66, 78, 84, 114
Hipotecas, 57-60, 61, 66-69, 78-79, 84, 241
    Prescrições de futuras políticas públicas, 398-400
    Padrões de underwriting, 62, 85, 403
    Ver também execuções de hipotecas
Honda, 380
Hoover Institution, 47
HOPE for Homeowners, 117, 131, 135
HOPE Now Alliance, 67-69, 76, 78, 337, 357, 392
Housing and Economic Recovery Act – HERA (lei), 130-140, 142, 146
Housing and Urban Development – HUD, 50-51, 67
Housing Finance Regulatory Reform Act, de 2008 (lei), 121
Hoyer, Steny, 76, 232, 264
Hoyt, Robert, xv
    Bank of America e, 220
    Bear Stearns e, 100, 102, 103, 107
    Eclosão da crise, 56-57
    Fannie/Freddie e, 6, 146-147
    Ilha Little St. Simons, férias na, 341
    Lehman e, 124
    Morgan Stanley e, 316
    TARP e, 242, 272, 281, 325, 328-329
HSBC Holdings, 58, 142, 323
Hu Jintao, xiv, 33, 241, 243, 245, 336, 378
Hubbard, Al, 36, 39, 52-53
Hurst, Bob, 28
Hypo Real estate, 284, 297

IKB, Deutsche Industriebank, 64

Ilha Little St. Simons, 295-297, 341, 343, 375
Immelt, Jeffrey, xii, 111, 155, 204, 211, 318, 328, 334
Imóveis comerciais, 144, 159, 162-164, 342, 345, 353-354
Imposto Mínimo Alternativo (Alternative Minimum Tax – AMT), 288
Imposto sobre valor agregado, 25-26, 395
Indenizações rescisórias (golden parachutes), 12, 273-274, 280, 309, 325, 354
Indonésia, 303
IndyMac Federal Bank, 129, 337
IndyMac, Protocolo, 337-338, 355-356, 357, 371
Internal Revenue Service (IRS), 44, 77
International Accounting Standards Board, (IASB), 404
International Organization of Securites Commissions (IOSCO), 404
Investment Company Institute, 236
Irã, 36, 43, 127
Iraque, guerra, 18
Irlanda, 224, 288, 294, 312
Irwin, Neil, 168
Islândia, 300, 309

Jackson, Alphonso, 52, 66
Jang Zemin, 29
Jester, Dan, xv
    AIG e, 194, 197-198, 205
    Citigroup e, 371
    Empresas automobilísticas, 380
    Fannie/Freddie e, 150
    Lehman e, 169, 170-171, 174, 178, 185
    Nomeação para o Tesouro, 141-142
    TARP e, 289, 294, 300, 302, 303, 308, 340, 343-344, 344
Jogos Olímpicos de Pequim (2008), 114, 143-144.
JPMorgan
    Bear Stearns e, 92-97, 103-108, 169, 186-187
    Lehman e, 166, 177, 180
    MLEC, financiamentos, e 71
    Repo, mercado e, 88
    TARP e, 321, 324-329
    Washington Mutual e, 99, 246-247, 261-262
    Ver também Dimon, James

Kanjorski, Paul, 257
Kantor, Mickey, 220

Kaplan, Joel, xvi
    Fannie/Freddie e, 2, 101
    FDIC, garantia aos bancos e, 290
    Reação de emergência à crise, 216, 227, 228
    Sistema bancário europeu, 298
    TARP e, 262, 264, 284, 288, 315, 343, 350-351, 374, 376,379, 380
Kashkari, Neel, xv
    Bear Stearns e, 94, 97-100, 102, 107
    Iniciativas de execução de hipotecas e, 67-69, 338
    "Quebre o vidro", plano, 118, 222, 239
    Resposta de emergência à crise, 219, 222-223
    TARP e, 242, 272, 279-281, 292-293, 294, 300, 340, 344-344, 350, 355
    Último dia no Tesouro, 388
Kaupthing Bank, 310
Keepweel agreement, 150-151
Kelly, Robert, xii, 172-173, 177, 218, 321
Kennedy Center Honors, 378
Kerry, John, 258
Kimmitt, Bob, 42, 334
King, Mervyn, xiv, 311, 312
Kissinger, Henry, 25
Kohn, Donald, xiii, 90-91, 150, 195, 205, 381
Korea Development Bank (KDB), 142, 155-157
Kovacevich, Richard, xii, 281, 321, 325, 327-328
Kudrin, Alexei, xiv, 126-127, 284-285
Kyl, Jon, 136

Lambright, James, xv, 346-347, 351-353, 380, 381
Landy, Heather, 168
Lagarde, Christine, xiv, 70 105, 209, 293-294, 311, 335
LaSalle Bank, 123
Lazear, Edward, xvi, 2, 39, 227
Legg Mason, 74
Lehman Brothers
    "Apagão", cenário de, 173, 177
    Archstone-Smith Trust, aquisição da, 72
    Bank of America e, 123-124, 139, 157-163, 164, 166-171, 172, 178-181, 183, 189-190
    Barclays e, 162, 164-166, 167, 168-169, 171, 172, 175-176, 178, 180-182, 185-191
    Bear Stearns, comparação com, 156, 163, 166, 186-187, 193, 202
    Declínio os preços das ações, 106-107, 122, 155-156, 157, 161, 166, 169, 217
    Discrepâncias contábeis, 122, 220

Falência do, 160, 192-204, 206-209, 311-312, 393
Goldman Sachs e, 177, 180, 206-207
Iniciativas de capitalização, 110-112, 122-124, 139, 142, 144, 155-161
JPMorgan e, 166, 177, 179-180
KDB e, 142, 155-157
Operações de socorro do setor privado, 172-173, 175-182, 184, 187-188, 190-192
Procura de compradores, 123-124, 139, 155-185
Reformulação drástica da administração, 123, 156
Risco, quatro áreas, 124-125
Ver também Fuld Richard
Leilões reversos, 239, 340, 344-346
Levey Stuart, 42
Lewis, Kenneth, xii
Em mercados congelados, 366
Lehman e, 123-124, 139, 157-163, 164, 166-171, 174-175, 175, 182-183
Merrill Lynch e, 331, 380-382, 383-385
TARP e, 321, 324-329
LIBOR (London Interbanc Offered rate), 55, 64, 288
LIBOR-OIS London Interbank Offered Rate – Overnight Indexed Swap), 75, 203, 261, 284, 287, 299, 303, 310, 314, 323, 331.
Lições da crise financeira, 394
Liddy, Edward, xiii, 346, 353
Lieberman, Joe, 258
Liesman, Steve, 154, 168
Lindsey, Larry, 289
Liquidez, 63-64, 70-71, 75, 87, 172, 207, 210, 226, 236, 394-395, 396
Lockhart, James, xiii, 2, 6-10, 14, 15, 101, 140, 146-148, 151-153
Lockheed Corporation, 24
Logue, Ronald, 321, 324-329
London Interbank Offered Rate. *Ver* LIBOR
Long-Term Capital Management (LTCM), 30, 85, 109, 160, 391
Lowery, Clay, xv, 54, 78
Lowitt, Ian, 123

Mack, John, xiii
CIC e, 220, 240-241, 243, 245
FAnnie/Freddie e, 132
G-7, reunião, 116
JPMorgan e, 246
Lehman e, 172-173, 176

Mitsubishi UFJ e, 243, 244, 248, 306
Vendedores a descoberto e, 198, 213-214, 219, 243, 306
Sitiado, 198, 213-214, 220, 243, 246, 306
TARP e, 321, 324-329
Maiden Lane LLC, 104, 352
Major League Baseball, 137-138
Mantega, Guido, 299, 317
Mason, Jeb, xv, 341, 343, 344, 357
Master LIquidity Enhancement Conduit (MLEC), 70-71
McCain, John, xiv
AIG e, 203, 209, 215
Fannie/Freddie e, 13
Insatisfação com as operações de socorro, 163, 209, 347
Primeiro debate presidencial, 271
Sarah Palin e, 2, 12, 13, 203
Sobre Ben Bernanke, 232
Suspensão da campanha, 258-260, 262-263, 271
TARP e, 250-251, 258, 260, 262-267, 270-271, 285, 332, 333
McCarthy, Callum, xiii, 186, 190-191
McCarthy, Peter, 153
McConnell, Mitch, xii
Estímulo econômico de 2008, 77
Fannie/Freddie e, 136
TARP e, 264, 265, 272
McCormick, David, xv
Bear Stearns e, 105
Chineses e, 213, 217, 220
Fannie/Freddie em 143
G-20, reunião, 334
G-7, reunião, 307, 308, 310, 311, 312
Ilha Little St. Simons, férias, 341
Lehman e, 116, 220, 311
Morgan Stanley e, 310, 316, 321-322
TARP e, 297, 374
McDade, Herbert (Bart), III, xiii, 123, 190, 192
McLaughlin, Brookly, 98, 341
Medicare, 49, 395
Medvedev, Dmitry, 126, 127
Meet the Press (Programa de televisão), 246
Membros da família, 17-21, 28, 143, 374-375
Ver também Paulson, Wendy Judge
Mercado de Recompra, ou repo, 65, 88-89, 91, 166, 207-208
Merkel, Angela, xiv, 297, 302
Merrill Lynch
Bank of America e, 189-190, 196, 198, 214, 331, 332-333, 380-387

Fannie/Freddie e, 141
Iniciativas de capitalização, 110, 114, 185
Insuficiência de capital, 71, 114
Lehman e, 159, 177, 182
MAC, cláusula, 381, 384-385
Morgan Stanley e, 182-183
TARP e, 321, 324-329
Temasek Holdings e, 72
Vendedores a descoberto, 309
Ver também Thain, John
Merritt, Wesley, 18
Meyer, Daniel, xvi, 227, 277, 349-350, 376
Microsoft, 35
Miers, Harriet, 52
Miller, Harvey, 194
Minnick, Walt, 24
Mitsubishi UFJ Financial Group, 243, 248, 251, 302, 306, 310-311, 314, 316, 321-322
Moffet, David, 4, 153, 156
Montgomery Brian, 140
Moody's, 347, 401
Morgan Stanley
 AIG e, 212
 CIC e, 72, 220, 240-241, 243, 244
 Declínio nos preços das ações, 213, 219, 231, 302, 306, 309
 Fannie/Freddie e, 141, 144-145
 JPMorgan e, 246-247
 Keepwell agreement, 150-151
 Lehman e, 177, 198, 206-207
 Merrill e, 182-183
 Mitsubishi UFJ e, 243, 248, 251, 302, 306, 310-311, 314, 316, 321-322
 Problemas de liquidez, 85, 106-116, 158, 201, 224-225, 241
 Sitiado, 198, 201, 202, 213-214, 217, 220, 231, 236, 243, 246, 247, 300, 306
 Spreads de crédito, 106-107, 201, 217, 219, 231, 249, 271, 300, 309
 TARP e, 321, 324-329
 Transformação em empresa controladora de banco, 247-248
 Vendedores a descoberto, 198, 213-214, 217, 219, 224-225, 231, 306, 309
 Wachovia e, 241-243, 247
 Ver também Mack, John
Mortgage Bankers Association, 67
Mortgage-backed securities – MBS (certificados de recebíveis imobiliários – CRI),60-62, 352
Moynihan, Brian, 382
"mudança substancial adversa" (material adverse change – MAC), cláusula, 381, 384-385

Mudd, Daniel, xiii, 1-2, 7-10, 101, 118-121, 132
Mudd, Roger, 118
Murray, Patty, 232
Murton, Art, 150

Nakagawa, Shoichi, 310-312
Nason, David, xv
 Citigroup e, 371
 Fannie/Freddie e, 49-52, 119, 133, 140
 Garantia dos fundos money market e, 227, 230, 234-235
 GE Capital e, 358
 PDCF e, 121-122
 Projeto de reforma regulatória (Blueprint for a Modernized Financial Regulatory System), 112, 119, 141
 TARP e, 289, 301, 303, 308, 316, 319, 325, 328, 340, 343-344
 Wachovia e, 282
National Bureau of Economic Research, 377
National Geographic Society, 95
National Press Club, 32, 81-82, 83-84
Nationally Recognized Statistical Ratings Organizations (NRSROs), 401
Nature Conservancy, 33, 35
Naval ROTC, 22, 23
Net asset value – NAV (valor de ativo líquido), 210, 402-403
Neubauer, Joe, 244
Neuberger Berman, 162
New Century Financial Corporation, 58
New York Federal Reserve (Fed de Nova York), 43, 45, 56, 62, 99, 121, 166, 171-172, 183, 296-297, 321, 343-344, 352, 368, 384. *Ver também* Geithner, Timothy
New York Times, 33, 168, 353
Nikkei (índice de ações), 331, 380
Nixon, Richard, 18, 24-26
No-income-no-job-no-assets – NINJA (sem renda, sem emprego, sem bens), empréstimos, 62
Northern Rock, 69-70, 78
Northern Trust, 210, 218, 343
Norton, Jeremiah, xv, 198, 204, 289, 302, 368, 381
Noyer, Christian, 311
Nussle, Jim, 2

O'Neal, Stan, 56, 71
Obama, Barack, xiv, 12-13
 AIG e, 203, 215
 Aversão a operações de socorro, 12, 163, 347

Empresas automobilísticas e, 382-383
Fannie/Freddie e, 13
Impressões de, 12
Lehman e, 202
Mitigação das execuções de hipotecas e, 356-357
Nomeação de Geithner como secretário do Tesouro, 367
Primárias democráticas, 37
Primeiro debate presidencial, 271
Resultados das eleições, 350-351
TARP e, 249-250, 253-254, 258, 264-267, 270, 275, 276-277, 285, 333
Transição presidencial, 249-250, 340, 351, 354-355, 367, 374, 375-377, 386
Office of Federal Housing Enterprise Oversight (OFHEO), 50-51, 101, 132
Office of the Comptroller of the Currency (OCC), 5, 7, 44, 45, 113, 113, 140, 149, 321
Office of Thrift Supervision (OTS), 44, 113, 129, 261
Operações de socorro federais
    Da AIG, 194-195, 205-206, 347, 352, 355-357
    Da Fannie-Freddie Mac, 1-16, 147-155, 392
    Do Bear stearns, 90-104, 106-108, 121, 156, 216
    "Quebre o Vidro", Plano de Recapitalização Bancária, 118, 222, 239
    Reação contra, 331-332, 363
    Ver também TARP
Organização Mundial do Comércio (OMC), 127, 405
Osborn, Bill, 210
Overlock, Mike, 28

Packard, David, 24
Padrões de underwriting, 62, 85, 403
Palin, Sarah, xiv
    AIG e, 203
    Aversão a operações de socorro, 163, 203
    Fannie/Freddie e, 12-13
    Impressões sobre, 13
    Na Convenção Nacional Republicana, 2
Pandit, Vikram, xiii
    Bear Stearns e, 104
    Lehman e, 172-173, 181
    Nomeação para o Citigroup, 71, 366
    TARP e, 321, 325-329
    Wachovia e, 297
Partido Republicano, 18

Pássaros, observação de, 19, 33, 39, 73, 95, 296, 341, 375
Paulson, Amanda (filha), 18, 28, 37, 374-375
Paulson, Dick (irmão) 19, 20
Paulson, Heather (nora), 28
Paulson, Henry (avô), 19
Paulson, Marianna Gallauer (mãe), 17-19, 20, 21, 37
Paulson, Merrit (filho), 18, 28, 37
Paulson, Rosina Merritt (avó), 19
Paulson, Wendy Judge (esposa)
    Ambientalismo de, 32-33, 42, 47-48, 80, 95, 371-372
    Como apoiadora de Hillary Clinton, 18, 23, 42
    Como fonte de fortaleza, 193, 372
    Em Capp David, 39, 335
    Ilha Little St. Simons, férias na, 294, 296, 375
    Mudança para Barrington, 26
    Na National Geographic Society, 95
    Namoro, 23
    No jantar com Friedman, 353
    No jantar da Embaixada Britânica, 369-370
    No jantar do Gridiron Club, 80
    No Kennedy Center Honors, 378
    Nomeação para secretário do Tesouro e, 17-19, 34, 37
    Nos jantares da Casa Branca, 48, 138, 329
    Nos Jogos Olímpicos de Pequim, 143
    Pedido e casamento, 23
    Randall's Island Sports Foundation, jantar, 372372 373
    Resultados das eleições presidenciais e, 351
Pauson, Henry Merritt (pai), 18-20
Pelosi, Nancy, xii
    AIG e, 214
    Citigroup e, 372
    Empresas automobilísticas e, 347, 374-375
    Estímulo econômico de 2008, 76-77
    Impressões sobre, 231-232
    Legislação sobre habitação, 130-131, 137
    Reação de emergência à crise, 228, 231-232, 233-234
    TARP e, 257, 263, 264, 267-268, 272, 278-281, 285-286, 293, 328, 332, 364, 372-373, 379
Pentágono, 18, 24
Peregrine Fund, 33
Poderes para desativação gradual, 125, 144, 187, 397
Política de casa própria, 57-58

Política partidária versus políticas públicas, 331, 366
Política tributária, 25-26, 289, 395
Porat, Ruth, 141
Portland Beavers, 28
Portland Timbers, 28
Portman, Rob, 39
Preces, 22, 35-36, 193
Preço do petróleo, 46, 72, 78, 115, 126, 336
Preferred Stock Purchase Agreement, 150-151
President's Working Group on Financial Markets – PWG (Grupo de Trabalho do Presidente sobre Mercados Financeiros), 45-46, 81, 211-213
    Declaração pública, 296, 297, 299, 305
Preston, Stee, 274
Price, Dan, 299, 334
Price, Joe, 179, 181, 382
PricewaterhouseCoopers, 206
Primary Dealer Credit Facility (PDCF), 104, 121-122, 195
Prince, Chuck, 62, 71
Principia College, 19
Produto interno bruto (PIB), 38, 73
Programa Temporário de Garantia de Liquidez (Temporary Liquidity Guarantee Program (TLGP)), 325, 334, 358
Programas de compra de ativos ilíquidos, 222, 231, 285, 289-291, 297, 302, 340, 342-344, 348-350, 357, 371
Programas sociais, reforma dos, 35, 39, 49, 395
Projeto de lei de estímulo ao mercado habitacional (H.R. 3221), 117, 120, 130-140
Protecionismo comercial, 49, 405-406
Purdue University, 22
Putin, Vladimir, xiv, 126-127
Putnam, Adam, 255

Quetico Provincial Park, 21

Ramanathan, Karthik, xv, 66, 70-71, 221
Randall's Island Sports Foundation, 372, 373
Rangel, Charlie, 135, 138, 273
Ready, Jim, 277
Reagan, Nancy, 362
Reagan, Ronald, 362, 365
Recessão, 31, 60, 78, 157, 192, 333-334, 346, 363, 377, 382, 391
Recompra de ações, 334
Reed, Jack, 272
Reforma regulatória, 86, 106, 113, 141, 394, 395-397, 404-405

Regulador da conduta das empresas, 113, 396.
Reid, Harry, xii
    AIG e, 214-216
    Empresas automobilísticas e, 380
    Estímulo econômico de 2008, 77
    TARP e, 232, 234, 259, 264, 276, 277, 279-281, 288, 291
Remuneração, 244, 309
    Bônus, 323, 334, 353
    Debates no Congresso sobre, 233, 251, 260, 273-274, 276-277, 280
    Diretrizes TARP sobre, 333-334, 347
    Prescrições de políticas públicas sobre, 398
    Ver também indenizações rescisórias (golden parachutes)
Reserve Primary Fund, 210, 212, 213, 218
Rice, Condoleezza, 47-48, 80
Risco moral (moral hazard), 98, 105-106, 202, 397
Roberts, John, 37
Robinson, Brocks, 138
Rogers, John, 33, 35, 36
Rollins, Josh (genro), 28, 375
Rollins, Willa (neta), 143, 375
Ronald Reagan Presidential Library, 362, 365
Rove, Karl, 52-53
Royal Bank of Scotland, 162, 303, 320, 323
Rubin, Robert, xiii, 26, 28, 364-364, 365, 370-371
Rutherford, Matt, 43, 204
Ryan, Anthony, xv, 46, 70-71, 80, 90-91

S&P 500 Index (índice de ações), 287, 302, 314, 358, 366
Sachs, Lee, 354
Salomon Brothers, 391
Sandberg, Ryne, 138
Sara Lee, 27
Sarbanes-Oxley Act, de 2002 (lei), 32
Sarkozy, Nicolas, xiv, 70, 294, 297, 334-335
Schiliro, Phil, 377
Schumer, Charles, xii
    Anúncio público do plano, 231
    Fannie/Freddie e, 11
    Lehman e, 169
    TARP e, 259, 272, 273, 275, 280
Schwartz, Alan, xiii, 92, 94-96, 107
Schwarzenegger, Arnold, 48
Schwarzman, Steve, 56-62
Scully, Robert, xiii, 141, 150, 224-225

Securities and Exchange Commission (SEC)
    Federal Reserve, acordo com, 121-122
    Lehman e, 113, 193, 196-197
    Poderes regulatórios, 45, 86, 110, 113
    Proibição a vendas a descoberto, 220-221, 222, 225, 236, 295
    Ver também Cox, Christopher
Securitização, 60-61, 65, 67, 400
Segunda Guerra Mundial, 19
Seguridade Social, 49, 395
Setor bancário
    Fusões de bancos de investimento e bancos comerciais, 241-242
    Glass-Steagall Banking Act, de 1933 (lei), 85
    Lições da crise para, 394-395
    Origens e causas da crise, 57-66, 87-88
    Padrões de underwriting, 62, 85
    Papel na bolha do mercado habitacional, 60-70
    Prescrições de política pública sobre, 395-406
    Reforma regulatória do, 86, 113, 141, 395-397, 404-405
    Resposta inicial a crises, 70-73, 82-83
    Reunião do TARP, segunda-feira, 13 de outubro de 2008, 321, 325-329
    Ver também bancos de investimentos
Setor financeiro
    Eclosão da crise, 54-57, 60-70
    Fusão de bancos de investimentos e comerciais, 241-242
    Glass-Steagall Banking Act, de 1933 (lei), 85
    Lições da crise, 394-395
    Manipulações em pesquisas de títulos (2002), 31-32
    Operação de socorro da LTCM, 30, 85, 109, 160
    Origens e causas da crise, 57-66, 87-88
    Padrões de underwriting, 62, 85
    Papel na bolha habitacional, 60-61
    Prescrições de políticas públicas sobre, 395-406
    Reação inicial à crise, 70-73, 82-83
    Reforma regulatória do, 86, 113, 141, 395-397, 404-405
    Remuneração. Ver remuneração de executivos
    Ver também bancos de investimentos
Shafran, STeven, xv
    AIG e, 198

Garantia aos fundos money market e, 226, 230, 235
    Lehman e, 124, 125, 185
    TARP e, 307, 340-341, 343-344, 344, 349, 373, 380
Sheinwald, Nigel, 369
Shelby, Richard, xii
    AIG e, 354
    Bear Stearns e, 105
    Fannie-Freddie e, 11, 118-121, 135, 137, 138
    TARP e, 232, 253, 264, 266, 272
Shirakawa, Masaaki, 311
Shultz, George, 25, 47
Sirri, Erik, 90-91
Small Business Administration, 341
Smith, Taiya, 73
Snow, John, 33
Socialismo, 253-256, 363
Spinco, 145, 163
Spitzer, Eliot, 80, 83
Sports Illustrated, 27, 87
Spratt, John, 24, 138
"spread", 50
Standard & Poor's, 3, 144, 173, 401
Standard Chartered Bank, 307, 323
Stanford Institute for Economic Policy Research, 79
Stanford University, 47
State Street Corporation, 321, 325-329
Steel, Robert, xv
    "Quebre o Vidro", plano, 118
    Bear Stearns e, 84, 85, 86-87, 90-91, 92, 107
    Eclosão da crise, 56-59, 65
    MLEC e, 71
    No Wachovia, 141, 162, 243-244, 270, 281
    Projeto de reforma regulatória (Blueprint for a Modernized Financial Regulatory System), 80, 112
    Recrutamento para o tesouro, 43
Steinbrück, Peer, 105, 209, 311, 314
Stephanopoulos, George, 98
Strategic Economic Dialogue (SED), 46-47, 73-75, 114, 346, 378
Strauss-Kahn, Dominique, 311
Structured investment Vehicles – SIVs (veículos de investimentos estruturados), 63-64, 65, 70-71, 75, 361
Subvenções em bloco (block grants), 117, 130-131, 135, 137
Sullivan & Cromwell, 8
Summers, Lawrence, iv, 79, 375

Sutphen, Mona, 377
Swagel, Philip, xvi, 117-118, 222, 339, 340
Syron, Richard, xiii, 1-2, 7, 11, 101, 118-121, 132

Taconic Capital Advisors, 200-201
TARP (Troubled Assets Relief Program)
  AIG e, 336, 341-342, 346-347, 351-353
  Assinatura da lei pelo presidente, 295
  Campanha presidencial e, 249-251, 258-260, 262-267, 285, 332, 333, 340, 343
  Citigroup e, 369, 371
  Custos, 237-238, 260, 275
  Debates no Congresso, 244, 246, 251-268, 270-281E execuções de hipotecas, 337-339, 345, 348-349, 356, 363
  Empresas automobilísticas, assistência a, 347, 372-373, 374, 376, 379-380, 382-383, 385-386
  Introdução do, 239-240
  Leilões reversos, 239, 340, 344-346
  Oposição republicana ao, 254-257, 260-261, 264-265, 265, 281-282, 285-286, 331-332
  Processo de triagem, 250-251
  Programa de investimentos de capital e garantias, 300-302, 303, 307-309, 315-329, 339-346, 348-350, 354-355, 392
  Programa de seguro, 255, 257, 265-266, 279, 280
  Programas de compra de ativos ilíquidos, 285, 289-291, 297, 302, 340, 342-344, 348-350, 357, 371
  Proposta sucinta e objetiva sobre, 238-239, 242
  "Quebre o Vidro", plano, como precursor do, 118
  Questões de fiscalização, 274-275
  Questões sobre remuneração dos executivos, 233, 244, 251, 260, 273-274, 276-277, 280, 309, 334, 347
  Questões sobre tributação do setor, 271, 271-272, 278-279
  Reação contra, 331-332, 363
  Reunião de banqueiros (segunda-feira, 13 de outubro de 2008), 321, 324-329, 330
  Reunião na Casa Branca com candidatos presidenciais e com líderes do Congresso, 264-267
  340Votações no Congresso, 285-287, 288-289, 291, 293

Tarullo, Dan, 354, 376
Taxas de juros, 43, 57, 303
  Redução das, pelo Fed, 66, 68-69, 75, 77
Temasek Holdings, 72
Term-Asset-Backed Securities Loan Facility (TALF), 341, 342-344, 350, 373, 377, 391-392
Term Auction Facility (TAF), 75
Term Securities Lending Facility (TSFL), 82-83, 341, 349
Terrorism Risk Insurance Program, 235
Thain, John, xii
  Bank of America e, 189-198, 214, 331
  G-7, reunião, 116
  Lehman e, 159, 165, 172-173, 178, 182-183
  No Goldman, 30-31
  No Merril Lynch, 71, 110, 159, 165, 185, 189-190, 214, 331, 332-333
  TARP e, 321, 324-329, 332-333
  Vendedores a descoberto e, 214
This Week (programa de televisão), 98
Thomas, Kay (irmã), 19, 20
TIAA-CREF, 4, 116
Títulos do tesouro, 66, 82, 130, 207-208, 218, 238, 245
Toyota, 380
TPG, 115, 261
Tremoni, Giulio 311
Trichet, Jean-Claude, xiv, 285, 311-312, 317
Troubled Assets Relief Program.
  Ver TARP
Tung Chee-hwa, 28
Turner, Stansfield, 23

U. S. Bancorp, 4, 153
U. S. Capital Markets Competitiveness Conference 112
U. S. Government Money Market Fund, 213
U. S. Mint, 44
United Auto Workers, 378

Valdeon, Lindsay, 36, 341
Vanguard Group, 236
Varley, John, 155-166, 171, 175, 186
Vendedores a descoberto (vendas a descoberto)
  Citigroup, 363-364
  Lehman Brothers, 157, 200
  Morgan Stanley, 213-214, 217, 219, 224-225, 309
  Proibição de, 220-221, 222, 224-225, 227, 236, 242, 295, 306

Wachovia Corporation
    Barclays e, 162
    Citigroup e, 283-284, 291-292, 297, 300, 310
    Falência do, 241, 269-271, 278, 281-283
    Goldman Sachs e, 243, 247, 248
    Insuficiência de capital, 114-115, 147, 204, 2969
    Intervenção do FDIC, 283-284, 290, 304, 308
    Morgan Stanley e, 241-243
    Wells Fargo e, 281, 283, 291-293, 297, 300, 310, 325-326
Wachtell, Lipton, Rosen & Katz, 146-147, 150
Waddell, Rick, 323
Wall Street Journal, 8, 91, 103, 163, 168
Wallace, Chris, 98
Wang Qishan, xiv, 16, 46, 114, 220, 243, 244-245
Warsh, Kevin, xiii, 150, 228, 246
    AIG e, 205
    Bear Stearns e, 90-91
    Lehman e, 195
    TARP e, 195
    Wachovia e, 244
Washington Federal Reserve, 166, 343-344
Washington Mutual (WaMu)
    Falência do, 241, 261-262
    Insuficiência de capital, 58, 114, 147, 165, 166, 241
    JPMorgan e, 99, 246-247, 261-262
Washington Post, 155, 168
Watergate, 18, 25, 26
Waters, Maxine, 284, 364
Waugh, Seth, 96

Weber, Axel, 311
Weil, Gotshal & Manges, 194
Weinberg, John, 28
Wellesley College, 18, 19, 23
Wells Fargo
    TARP e, 321, 324-329
    Wachovia e, 281-283, 291-293, 297, 300, 310, 325-326
West, Christal, 157, 169, 170, 341
Western Asset, 355
Wilkinson, Beth, 8, 10
Wilkinson, James, xvi
    AIG e, 218
    Fannie/Freddie e, 7, 10
    Ilha Little St. Simons, férias na, 341
    Lehman e, 169, 170, 174
    Nomeação para o tesouro, 43
    Reunião com os russos, 126
    TARP e, 251, 285, 286, 292, 316, 342-343, 344
    Último dia no Tesouro, 388
Willumstad, Robert, xiii, 179, 183, 194-195, 214
Wilson, Kendrick, xvi
    AIG e, 206, 214
    Fannie/Freddie e, 146-147, 149
    Fundos money market e, 213, 217
    Lehman e, 142, 155, 156-157, 164
    Nomeação para o Tesouro, 141-142
    Reação de emergência à crise, 219
    Wells Fargo e, 291-292
Wu Yi, xiv, 47, 73-75

Zhou Xiaochuan, xiv, 16, 34, 73, 217
Zoellick, Bob, 311
Zucarelli, Jennifer, 341

Cartão Resposta

05012 0048-7/2003-DR/RJ
Elsevier Editora Ltda

·····CORREIOS·····

ELSEVIER

SAC 0800 026 53 40
ELSEVIER | sac@elsevier.com.br

CARTÃO RESPOSTA

Não é necessário selar

O SELO SERÁ PAGO POR
Elsevier Editora Ltda

20299-999 - Rio de Janeiro - RJ

**Acreditamos que sua resposta nos ajuda a aperfeiçoar continuamente nosso trabalho para atendê-lo(la) melhor e aos outros leitores.
Por favor, preencha o formulário abaixo e envie pelos correios.
Agradecemos sua colaboração.**

Seu Nome: _____

Sexo: ☐ Feminino ☐ Masculino   CPF: _____

Endereço: _____

E-mail: _____

Curso ou Profissão: _____

Ano/Período em que estuda: _____

Livro adquirido e autor: _____

Como ficou conhecendo este livro?

☐ Mala direta   ☐ E-mail da Elsevier
☐ Recomendação de amigo   ☐ Anúncio (onde?) _____
☐ Recomendação de seu professor?
☐ Site (qual?) _____   ☐ Resenha jornal ou revista
☐ Evento (qual?) _____   ☐ Outro (qual?) _____

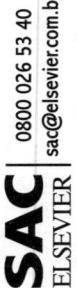

Onde costuma comprar livros?

☐ Internet (qual site?) _____
☐ Livrarias ☐ Feiras e eventos ☐ Mala direta

☐ Quero receber informações e ofertas especiais sobre livros da Elsevier e Parceiros

Qual(is) o(s) conteúdo(s) de seu interesse?

Jurídico - ☐ Livros Profissionais ☐ Livros Universitários ☐ OAB ☐ Teoria Geral e Filosofia do Direito

Educação & Referência - ☐ Comportamento ☐ Desenvolvimento Sustentável ☐ Dicionários e Enciclopédias ☐ Divulgação Científica ☐ Educação Familiar ☐ Finanças Pessoais ☐ Idiomas ☐ Interesse Geral ☐ Motivação ☐ Qualidade de Vida ☐ Sociedade e Política

Negócios - ☐ Administração/Gestão Empresarial ☐ Biografias ☐ Carreira e Liderança Empresariais ☐ E-Business ☐ Estratégia ☐ Light Business ☐ Marketing/Vendas ☐ RH/Gestão de Pessoas ☐ Tecnologia

Concursos - ☐ Administração Pública e Orçamento ☐ Ciências ☐ Contabilidade ☐ Dicas e Técnicas de Estudo ☐ Informática ☐ Jurídico Exatas ☐ Língua Estrangeira ☐ Língua Portuguesa ☐ Outros

Universitário - ☐ Administração ☐ Ciências Políticas ☐ Computação ☐ Comunicação ☐ Economia ☐ Engenharia ☐ Estatística ☐ Finanças ☐ Física ☐ História ☐ Psicologia ☐ Relações Internacionais ☐ Turismo

Áreas da Saúde - ☐ Anestesia ☐ Bioética ☐ Cardiologia ☐ Ciências Básicas ☐ Cirurgia ☐ Cirurgia Plástica ☐ Cirurgia Vascular e Endovascular ☐ Dermatologia ☐ Ecocardiologia ☐ Eletrocardiologia ☐ Emergência ☐ Enfermagem ☐ Fisioterapia ☐ Genética Médica ☐ Ginecologia e Obstetrícia ☐ Imunologia Clínica ☐ Medicina Baseada em Evidências ☐ Neurologia ☐ Odontologia ☐ Oftalmologia ☐ Ortopedia ☐ Pediatria ☐ Radiologia ☐ Terapia Intensiva ☐ Urologia ☐ Veterinária

Outras Áreas - _____

Tem algum comentário sobre este livro que deseja compartilhar conosco?

_____

* A informação que você está fornecendo será usada apenas pela Elsevier e não será vendida, alugada ou distribuída por terceiros sem permissão preliminar.
* Para obter mais informações sobre nossos catálogos e livros por favor acesse **www.elsevier.com.br** ou ligue para **0800 026 53 40**.